高等院校公共管理教材新系

U0674701

社会保障概论

（第四版）

丛春霞 刘晓梅 主编

东北财经大学出版社
Dongbei University of Finance & Economics Press

大 连

图书在版编目（CIP）数据

社会保障概论 / 丛春霞，刘晓梅主编. —4 版. —大连：东北财经大学出版社，2019.8（2020.12 重印）

（高等院校公共管理教材新系）

ISBN 978-7-5654-3483-9

Ⅰ.社… Ⅱ.①丛… ②刘… Ⅲ.社会保障-高等学校-教材 Ⅳ.C931.7

中国版本图书馆 CIP 数据核字（2019）第 042115 号

东北财经大学出版社出版

（大连市黑石礁尖山街 217 号 邮政编码 116025）

网 址：http://www.dufep.cn

读者信箱：dufep@dufe.edu.cn

大连东泰彩印技术开发有限公司印刷 东北财经大学出版社发行

幅面尺寸：170mm×240mm	字数：473 千字	印张：22.5
2019 年 8 月第 4 版		2020 年 12 月第 7 次印刷
责任编辑：时 博		责任校对：王芃南
封面设计：张智波		版式设计：钟福建

定价：48.00 元

总　　序

随着我国社会主义市场经济的不断发展、行政管理体制的不断改革、社会治理的不断深化，如何培养高质量的公共管理人才、如何不断提升一个国家和地区的公共管理水平，日益成为社会关注的重大事务。

在我国，公共管理是一个新兴的、不断发展壮大的学科。许多高校为了适应经济社会发展对于专业化的公共管理人才的需要，设置了公共管理专业，致力于培养能够适应政府组织及其他公共组织需求的高水平管理人才。事实上，由于"管理主义"的发展，公共管理硕士（master of public administration，MPA）教育在西方国家如火如荼，迄今已有几十年的历史，早已成为培养公共管理专业人才的最重要途径。在国际上，取得了公共管理硕士、公共事务硕士（master of public affairs）和公共政策硕士（master of public policy）学位，就等于获得了进入公共管理领域的一个"准入证"以及事业成功的基本条件。公共管理硕士与工商管理硕士、法律硕士在一些发达国家被视为文科高层次职业研究生教育的三大支柱。目前，我国公共管理学科和MPA教育的发展态势良好。政府如何在市场经济发展中发挥作用、如何为民众和社会提供高质量的公共服务、如何协调政府间的关系实现区域的协同治理和发展、如何应对和处理各种突发性的危机事件等等，这些问题也成为不断推动公共管理学科发展的强大动力。东北财经大学公共管理学院组织编写的这套教材正是在这样的背景下推出的。

目前，在我国虽然已有不同版本的公共管理教材问世，但是，鲜有将公共管理理论与现代经济学、管理学理论结合起来，运用通俗的语言向广大读者全面、系统、详细地阐述公共管理的主要内容及运行规律的教材。东北财经大学作为全国最早发展公共管理学科、培养公共管理人才的财经院校，在经济、管理学科方面优势突出。这套公共管理教材试图在以下方面有创新和突破：

这套公共管理教材的主要特色体现在三个方面：（1）前瞻性。密切关注国内外公共管理学界的最新研究成果，试图把公共管理理论和实践领域的新成果推介给读者，既保留国外公共管理学之精华，又体现"本土化"的特点，内容系统、新颖、规范。（2）融合性。力求突破一些同类教材单纯从行政学、政治学角度研究公共管理的狭隘视角，而将行政学、政治学与经济学、管理学、社会学理论融为一体，尽可能体现基于经济学、管理学知识进行公共管理的特点。（3）适用性。除了对一般性的公共管理理论进行阐述、分析之外，力求最大限度地与中国国情结合起来，以指导中国公共管理的体制改革和公共管理实践的发展。

这套公共管理教材的选题涵盖了公共管理的主要领域，不同题材之间既有一定的联系和呼应，又相对独立，可以作为高等院校公共管理各专业本科生、研究生教学用书，也可以作为 MPA 教育用书，还可以作为各级政府部门公务员和各类公共组织工作人员培训学习的教材。

第四版前言

完善社会保障制度是当前世界各国共同关注的热点主题，尤其是在步入21世纪的今天，许多国家关于社会保障方面的争论已经达到了白热化的程度。大家面临的共同课题是财政赤字的急剧扩大和人口结构的变化，以及由此带来的现行社会保障制度可持续性的丧失。各个国家在应对多样化需求的实践中寻找更加适合本国的社会保障制度的同时，也更加注重全球化的社会保障的未来。

"社会保障"一词是伴随改革开放的步伐进入中国的。然而，中国的社会保障制度改革比其他先进的工业化国家更具紧迫性和重要性。中国正处于体制转轨、制度转型的社会变革时期，再加上经济全球化的冲击，中国的社会保障制度建设不只是为了单纯解决制度变迁过程中所涌现出来的国内层面的社会问题，也不只是为了满足维系社会稳定的需要，更是为了满足在国际层面建立一种国家保护机制的需要。众所周知，越是处于变革激烈的动荡时期，越需要完善的社会保障做后盾，来确保改革的成功，推进社会的和谐。

自20世纪90年代以来，社会保障制度的研究得到中国政府和学术界共同重视，社会保障这一学科体系建设也随之加强。虽然中国的社会保障制度起步较晚，但先进国家对其上百年的探索为我们留下了可资借鉴的经验和教训。在20多年的改革实践中，我国虽然已经建立了有中国特色的社会保障体系，然而，在改革中却存在许多深层次的问题，因此，中国社会保障制度建设是一个艰巨而伟大的任务。中国已进入社会主义新时代，习近平总书记在党的十九大报告中对社会保障体系建设提出"兜底线、织密网、建机制"的要求，以及"全面建成覆盖全民、城乡统筹、权责清晰、保障适度、可持续的多层次社会保障体系"发展目标。社会保障是民生安全网，我们需要的不是一项或几项社会保障制度，而是一个完整的、权责清晰的、多层次的制度体系。只有建成完整的社会保障制度体系，才能全面确保宪法赋予全体人民公平地享有相应的社会保障权益。

本书正是在这样的背景下，基于我国社会保障制度建设的需要，为公共管理专业的本科生、研究生、MPA学生以及公务员培训所编写的教材。本书在论述社会保障基本理论的基础上，详细介绍和分析了中国的社会保障制度，并附加了大量的案例，形成了理论与实践相结合的特点，目的在于让学生在掌握基本理论的基础上，有独立的思考问题、分析问题和解决问题的能力。

本书的第三版出版距今已经四年了，在这四年中，我国的社会保障事业有了很大的发展。因此，我们对书中滞后的内容、数据和案例进行了更新，以便读者更好地理解。

本书共十一章，由丛春霞、刘晓梅担任主编，具体分工如下：第一章由刘晓梅撰写；第二章、第四章和第十一章由丛春霞撰写；第三章、第八章和第九章由张敏和刘晓梅撰写；第五章、第六章和第七章由夏敬撰写；第十章由楚廷勇撰写。另外，张曦文、胡海军、邵小妞、王舒瑶和王晓灿等参加了本书的编写工作。本书由丛春霞总纂。

为方便读者理解本书内容，在每章后设置了二维码，此为本次修订的一大亮点。

由于学术界对社会保障也正处于不断探索中，加之作者水平有限，本书可能存在许多不足之处，欢迎使用本书的师生提出宝贵意见，以期使之不断完善。

编　者

2019 年 8 月

目　　录

第一章　社会保障和福利社会

为了正确理解社会保障的过去，把握现在，展望未来，首先要学习并思考社会保障是什么，掌握社会保障的最基本知识。本章首先阐述了社会保障是什么，从理论上分析了社会保障的历史起源；其次，在探讨社会保障与福利国家和福利社会的关系之后，对社会保障制度建设进行了展望，它不仅面临着机遇也面临着挑战；最后，从我国发展战略角度探讨了社会保障与和谐社会的关系。

第一节　社会保障是什么

如今，我们的生活离开了社会保障就无法存在。如果你是一个普通职工，看一下你的工资单，就会知道你每个月有多少工资作为保险费从工资中硬性扣除。个体工商业者和下岗职工等个人缴纳保险费的感触可能更深。他们的养老保险和医疗保险等社会保险费用都要自己全额负担，每个月都要按时缴纳。缴纳保险费和交税金一样是一种义务，没有正当的理由是不能逃避的。缴费的回报是，当你过了一定年龄，就可以领取养老金，不至于因不工作、失去工资而无法生活。医疗保险和失业保险也是如此。当你因各种原因陷入贫困的时候，社会保障就会向你伸出援助之手。

一、社会保障的语源

社会保障（social security）一词来源于拉丁语，security 的语源是：se=without，curi=care，意思是没有烦恼、担心和忧虑。social security 的意思就是没有因社会原因引起的烦恼、担心和忧虑，但其实人从一出生就要面临许多生老病死的烦恼和忧虑。其中，有个人原因引起的烦恼和忧虑，也有社会原因引起的烦恼和忧虑；有的烦恼和忧虑可以自己解决，有的则要依靠外力来解决。社会保障的任务就是依靠社会的力量解决人们所面临的社会性的威胁。

二、社会保障的主体、客体、手段

真正意义上的社会保障制度，或者由中央或地方政府直接运营，或者由政府委托给一些准公共机构运营，因此，社会保障的主体是国家或者政府。完全独立于国家之外的机构举办的某些项目（如企业福利、私人慈善行为）其目的与社会保障一致，但不叫社会保障，不过如今民间部门和公共部门的界限越来越模糊，而且民间部门的作用持续增大。因此，尽管社会保障是政府的责任，也要重视并做好政府实行的社会保障制度和民间部门所举办的保障项目之间的相互补充、衔接。

通常社会保障的适用者即社会保障的客体大都被认为是国民，所谓国民是拥有本国国籍的人们。可是，随着国际化的展开，人们在国家间的移动增多，长期居住的外国人也增多，许多发达国家都把社会保障的适应对象扩大到外国居民。但对于暂时居住者和非法居住者，是否也吸收他们参加社会保障是争论的焦点。

实现社会保障目的的手段也应该是多种多样的，最常用的手段是现金给付。现金给付既有发放社会保险的方式，也有采取政府救助和社会津贴的方式，还有不采取现金支付而采取政策手段给予扶助的方式，如产假制度和税收优惠政策等。总之，在社会保障实现方式上，通常只限定为现金给付的形式，忽略其他实现方式。从社会保障目的的一贯性和整体性出发，今后应该考虑各种实现方法与制度的关系。

三、社会保障水平

社会保障的给付水平是社会保障的一个重要论点。首先应该明确的是社会保障的目的不是追求幸福而是回避不幸，所以社会保障的水平应该有界限。如果极端一点说，可以把社会保障的水平理解为基本生活保障，也就是说如果我们承认存在着社会不能容忍的不幸，那么，我们就应该设定一个给付水准，使人们不至于落入不幸的境地。从另一个角度说，社会保障也不应该超过基本生活水平，但实际上，在医疗领域，即使为患者提供了适合的标准，随着医疗技术的发展，人们却仍不断追求更好的医疗服务。在养老保险领域也是如此，本来养老保险是收入保障，但实际上养老金并没有仅仅局限于对低收入的保障上。虽然如此，不论在医疗领域，还是养老领域，都规定了基本的保障水平和范围。

四、社会保障的定义

社会保障不是孤立存在的，它要受到一个国家的政治、经济、社会、历史文化和伦理道德等因素的影响。由于各国的国情不同，使各国的社会保障的实践过程各有特色，各具千秋，因此，对社会保障定义的理解也自然会产生差异。

对社会保障含义的阐释最有权威性的机构之一是国际劳工组织。它在1952—1982年正式采取的规范化概念是：社会保障是社会通过一系列处置经济和社会灾害的公共措施为其成员提供保护，它由社会保险、社会救助、国家补助金、家属补助金、储蓄基金、雇主补充条款等方案组成。

在2001年第89届国际劳工大会上，国际劳工组织进一步阐明社会保障的概念："社会保障属于范围广泛的如基本社会服务投资、保护性劳动立法和维护劳工基本权利等社会政策的组成部分，并与之相互作用。""社会保障日益被看成是发展过程的一个不可分割的组成部分。""目前社会保障措施包括社会救助方案、权益保障方案、社会保险以及公共和私人保险项目。"

不言而喻，进入 21 世纪以后，社会保障的含义发生了很大的变化。

变化之一是从内涵到外延上都发生了变化。从内涵上，新的社会保障定义明确提出社会保障就是社会政策的组成部分，从而将 20 世纪已经确定下来的社会保障制度重新推入为解决社会新问题的社会政策方案探索的新轨道；从外延上，新的社会保障定义从侧重以国家干预个人抵御社会灾害或社会风险，演变为以政府为首的社会各类主体组织起来保护全体国民的就业与劳动、基本收入与体面生活的所有方案的集合。

变化之二是社会保障的优先次序发生了明显的变化，占据首位的社会保障制度从社会保险演变为社会救助制度。

变化之三是着重强调基本社会服务保障在社会保障中的重要性。在 2001 年的有关文件中提出，社会保障的主要职能是提供收入保障和使受保人享受医疗与基本社会服务。在基本服务之中，医疗保健服务的地位显著上升，而且开始与医疗保险形成主体内容与基本手段的关系。

变化之四是社会保障可容纳私营制度，就是说，私营福利服务的提供和私人保险的提供，对于一个国家的社会保障也负有明确的或者隐含的责任。新世纪之初，国际劳工组织开始使用新词"社会保护"，其目的就是要与传统意义上的社会保障制度相区别，把私营制度也包括进来。

变化之五是社会保障的参与主体大为增加。家庭和当地的互动网络、民间团体与机构、企业和商业市场、政府和社会保障机构以及国际社会，都参与到社会保障的政策制定和操作执行中。

变化之六是社会保障体系建设的追求目标更加清晰。社会保障改革曾被定位为国有企业改革的配套机制，或者被界定为市场经济体系的一部分，扮演的只是服从并服务于经济增长的工具的角色或手段，社会保障制度主体性和目的性的迷失，是我国社会保障制度长期处于试验性改革状态而难以进入成熟、定型发展阶段的重要原因。党的十九大报告确立了以人民为中心的发展思想，在以人民为中心的发展思想指引下，新时代的社会保障体系建设就不会再陷入服从或服务于经济增长的被动局面，是对过去一直强调以经济建设为中心的发展思想的历史性超越，新时代社会保障体系建设提供了强大的思想指引。

变化之七是社会保障体系建设的发展方向更加明确。党的十九大报告做出了我国社会基本矛盾已经转化为人民日益增长的美好生活需要和不平衡不充分的发展之间的矛盾的重大政治判断，决定了新时代的改革与发展任务也需要根据社会基本矛盾的转化而做出调整。党的十九大报告中提出的"幼有所育、学有所教、劳有所得、病有所医、老有所养、住有所居、弱有所扶"等民生"七有"，构成了人民群众的基本民生诉求，也构成了社会保障体系建设的基本方向；十九大报告中提出的城乡居民在就业、教育、医疗、居住、养老等方面遭遇的民生"五难"，则是政府必须妥善应对的现实挑战，也是社会保障体系建设的重要着力点。只有解决了民生"五难"，实现了民生"七有"，才能真正使民生"三感"即人民获得感、幸福感、安全感，更加充实、更有保障、更可持续。因此，新时代社会基本矛盾的转化，客观上决定了社会保障体系建设的发展方向。

中国政府第一次使用社会保障概念是在 1986 年制定和实施国民经济与社会发展第七个五年计划的文献中。那是一个大社会保障的含义，文献中肯定了社会保障是国家和社会对全体社会成员的社会生活提供基本保障的制度安排，但也不是完全定型。国内学者郑功成把社会保障定义为：国家和社会依法建立的、具有经济福利性的、社会化的国民生活保障系统。在中国，社会保障则是各种社会保险、社会救助、社会福利、军人福利、医疗保障、福利服务以及各种政府或企业补助、社会互助等社会措施的总称。这一定义接近国际劳工组织的概念，也有中国特色。

社会保障是一个集合名词，是一个以维护人类的社会生存和社会的群体安全为目标的所有社会政策与政策固定化所形成的社会制度的集合体。它从来不是单一的制度，而是一个制度体系。我们说一个国家的社会保障制度其实是指这个国家所选择的社会保障体系。在这个体系中，各类制度的功能、执行程序、反馈和评估的方式都因选择者的价值观和规划组合的方式不同而不同，但不论哪一个国家，都不可能用社会保障体系中的任何一项制度来替代其他制度，因为各项制度之间是一个互补和协同的功能。

第二节　社会保障的历史起源

现代社会保障制度由生存权和社会连带这两个理念支撑。生存权的基本思想是所有的人都有生存权利。为了保障这一权利，国家需要建设社会保障制度。《中华人民共和国宪法》第 45 条规定，中华人民共和国公民在年老、疾病或丧失劳动能力的情况下，有从国家和社会获得物质帮助的权利。这是社会保障的根本大法，也可以把社会保障看成是"作为权利的社会保障"。

另外，人类自古以来为了不陷入威胁生存的窘迫状态，或者说为了摆脱窘迫状态，有互相帮助的历史。这种互相扶助、互相帮助的状态，在现代社会表现为社会保障。我们把它称为"作为社会支持的社会保障"。

"作为权利的社会保障"和"作为社会支持的社会保障"是相辅相成的。"作为社会支持的社会保障"以"作为权利的社会保障"为前提；"作为权利的社会保障"通过"作为社会支持的社会保障"来实现。

但是，作为权利的社会保障在国家和个人的关系中，强调个人的权利和国家的义务；而作为社会支持的社会保障是强调个人和个人的关系，也可以把国家看作是社会支持的一个表现。社会支持不仅仅是国家的问题，它涉及市民社会的整个领域。

一、传统社会中的救贫和共济

在社会保障中，生存权的要素和社会支持的要素并不是在现代社会中突然出现的，而是在传统社会中就已经存在着各自的萌芽。例如，生存权的要素我们可以从亲族体系中的各种救贫活动中看到；而社会支持的要素我们可以从各种组织的互助共济活动中看到。

在传统的共同体中，当人们遇到一些不测和生存危机的时候应该如何解决呢？在共同体的生产力水平还没达到一定程度的情况下，把这些人遗弃掉的事情也不少见。自古至今都有把老人背到山上遗弃的事情发生，但是，不是所有的人老了以后都被遗弃掉，大部分人年老后或陷入贫困状态以后，依靠宗族体系来保障。这一习惯在近代社会乃至当今的中国也同样存在。比如，一些弱势群体在患大病住院时，主要是通过向亲戚借钱用以治病。

另外，在传统的共同体中，不是所有的困难和风险都靠亲族关系来解决。其实，在传统的共同体中，由各种互助组织形成了各种各样的相互帮助体系。例如，古埃及石匠的互助基金组织，即是通过互助金的缴纳与汇集，在石匠发生伤亡的情况下对其本人及家属进行补偿和救助。

二、产业化带来的变化

上述传统社会中的救贫和共济，在近代化过程中发生了巨大变化。

第一，在资本主义形成过程中，由于共同体不断分化解体，使救贫活动中的亲族关系逐渐弱化；另外，共同体的解体本身也会产生大量的贫民。因此，在资本主义时代初期的英国，国家就要从共同体的外部，以《伊丽莎白济贫法》的形式来开展救贫事业。

第二，产业资本主义形成，生活方式发生变化，伴随而来的是新的贫穷原因的出现。由于没有雇佣，就没有失业的意识，由于没有工场，也就没有劳动灾害的概念。现在的社会保障制度所要防范的社会性风险和事故主要是在产业化进程中产生的。另外，像高龄和少子这样的概念也是近代社会的产物。在以上变化中，到了19世纪左右，在发达资本主义国家中，救贫和互助共济的形态进一步发生变化。

在救贫的领域里，国家发挥着更大的作用。在当时先进的资本主义国家——英国，《伊丽莎白济贫法》被修订成更适合自由资本主义经济发展的法律。英国《伊丽莎白济贫法》虽然带有对贫民的惩罚要素，但是从另一个角度讲，也规定了国家的责任和义务，从这一点上看，也包含了生存权的要素。

除了这种由国家责任来承担的救贫之外，还有属于慈善领域中的民间慈善行为。帮助亲族以外的贫困者就是慈善的思想。慈善通常认为是超越时代的产物，其实慈善也是近代的产物。在传统社会中，富者对贫者的救助的目的，与其说是对贫者的救助，还不如说是显示富者的灵魂的救济和积德。传统的救助和慈善很相似，只有施救者有权利，而被救者没有权利。

在互助共济的领域里，为了应对新出现的各种各样的社会风险和事故，有很多共济组织在民间不断出现。在19世纪的英国，有一半的工人加入了友爱组合。其他国家的工人也相继加入了以共济为目的的组合，但这些组合都是一种任意加入的团体，是属于独立于国家之外的互助领域的组织，不能容纳全体国民。

再者，随着保险技术的进步，对于一部分保险事故的防范，有可能成为营利性共济事业。这作为民间保险，属于市场领域，此后因商业经营而发展起来。如今，民间保险和社会保险之间的关系越来越被关注，其实，在当初这两者之间没有任何关联。

三、作为市民权一部分的社会保障

不仅产业革命引起了社会变动，与之相伴随的市民革命也引起了巨大的社会变动。通过市民运动，近代的市民权（citizenship）被确立了。市民权是由公民权（civil rights）、参政权（political rights）、社会权（social rights）组成并发展起来。市民权中的社会权的确立对社会保障起决定性作用。

第一，社会权的确立，使救贫成为一种权利。近代的市民权意味着人们作为市民，其行动、思想、财产的自由受政府保护，享有所在国、地方自治体的参政权利。而参与的前提是生存，把生存作为权利来认可是社会权的基本思想。理所当然，当人们处于困境且生存受到威胁的时候，对他的救济就成为一种权利。在《伊丽莎白济贫法》中规定了国家的救济义务，也进一步确定了救济是公民的权利。它意味着作为社会保障的一大重要组成部分——社会救济的成立。

第二，社会权的确立，在互助共济领域也出现了普遍化的趋势。像英国友爱组合这样的互助共济组织所容纳的社会成员越来越多，但它毕竟是一种民间成员任意加入的组织，它所容纳的成员还是有局限性。由于市民权意味着拥有这一权利的国民之间的平等，所以，国家把这些互助共济组织普遍化并放入自己的管辖之内。互助共济组织从一种自愿的组织发展到国家的制度。

社会保险成立以后，一直在走一条普遍化的道路。在没有互助共济组织的领域，由国家成立社会保险组织。另外，社会保险的对象也从特定的领域向全体劳动者甚至全体国民扩大，社会保险事业所涉及的保险事故范围也在扩大。

世界上最早的社会保险是德国铁血宰相俾斯麦创立的，而且在很短时间内向国外普及。在日本这样互助共济组织不太发达的后进资本主义国家，从国家高度出发成立了社会保险。俾斯麦型社会保险具有强大的生命力，在欧洲以及世界各国持续发展，并成为各国社会保障的核心。

如上所述，由于社会权的确立，权利性救贫的社会救助和逐渐普遍化的互助共济渐渐形成了。到了第二次世界大战期间，各个不同的制度逐渐走向统一，最后贝弗里奇报告把统一推到了顶点。贝弗里奇报告设计的社会保障是把社会保险和社会救助全部结合起来。

第三节　福利国家的成立和社会保障

一、福利国家的成立

在思考现代社会保障的时候，还有一个决定因素是在第二次世界大战以后，在先进国家中普遍建立了福利国家体制。

"福利国家"是第二次世界大战后在欧洲国家发展起来的，是一种国家应有的理想状态，是针对德国的权利国家、战争国家建立起来的。福利国家的目的是有意识地运用政治权力和组织管理的力量，在某些领域（主要是在分配领域）缩小市场机制作用的范围，矫正市场机制对无劳动能力者在分配方面无能为力的缺陷，为一部分特殊的社会成员提供物质生活帮助。一般认为，大多数发达国家在第二次世界大战以后建立了福利国家。它追求完全就业，把与国民生活相关的广泛的社会政策制度化，并且福利支出占国民经济的相当比例。但是福利国家既是国民国家，也是资本主义国家。

第一次世界大战之后，英美等国进入资本主义垄断阶段，在资本主义体制下市场经济的自由竞争使国内的阶级矛盾和阶级斗争不断激化。尤其是 1929 年席卷资本主义国家的世界经济危机，使得当时以社会救济为主的社会福利事业对于缓和阶级矛盾和维护社会治安已经无济于事。此外，第一个社会主义国家——苏联的诞生给阶级矛盾和阶级斗争不断激化的欧洲资本主义国家敲起了警钟。社会主义思想在欧洲的渗透，大大加快了资本主义国家内部市民社会的形成与政治民主化的进程。以北欧为首的资本主义国家开始采取国家计划的手法对资本主义市场经济体制下的自由竞争进行干预和限制。在反对暴力革命、坚持议会道路的前提下，通过国家权力对重点产业进行直接经营或干涉，通过社会改革逐渐形成比较公正的所得再分配的机制，使每一个国民都能够平等地实现安居乐业，追求自我价值的实现。这就是"费边主义"提倡的"福祉国家"的实践。20 世纪"福祉国家"的理念和实践在结果上都起到了挽救垄断资本主义国家的作用，使其避免了在国家内部通过暴力革命进行资源再分配所付出的血的代价以及因此而引起的民族文化遗产的破坏和社会价值标准的混乱。

二、福利国家、福利社会和社会保障的关系

在福利国家中，社会保障制度占有特别重要的地位。当然，福利国家不是只有社会保障，教育、住宅、城市计划、社会资本整备等也是福利国家的重要支柱，但是，社会保障在福利国家政策中具有重要的意义。这是因为：第一，在福利国家的社会支出中，社会保障的相关费用比其他支出多；第二，以防范社会风险和事故并实行救济为目的的社会保障制度是其他以追求幸福为目的的政策的前提，承担着保障国民基本生活的重任。同时，福利国家体制的形成，也为社会保

障的发展奠定了基础。社会保障以完全就业为前提，并需要更多的国民收入，而福利国家正是以完全就业为目标，通过对经济活动的积极干预，为社会保障筹集必要的财源。

从 20 世纪 50 年代到 60 年代，各发达资本主义国家都实现了经济高速发展和低失业，在世界史上写下了最繁荣的篇章。这个阶段被称为资本主义的黄金时期。资本主义的繁荣，也是福利国家的繁荣。社会支出和经济活动形成良性循环，各国的社会支出也大大增加，因此这个阶段也被称为福利国家的黄金时期，同时也是社会保障的黄金时期。此间，社会保障随着福利国家的成长得到很大发展。

三、福利国家的危机和它的界限

1. 福利国家的危机

20 世纪 70 年代以后，石油危机引发了经济危机，导致发达国家经济出现"滞胀"，要求削减政府开支和社会福利，减少税收以刺激投资，但高税收是高福利的基础，减少税收导致出现财政赤字，高福利难以为继。此外，近年来国际竞争日益激烈，福利国家高福利、高工资、高补贴、长假期的优越条件，削弱了他们产品的市场竞争力。

福利制度对保障一个文明、稳定的发达资本主义国家发挥了巨大作用，但也造就了一个庞大的白吃福利阶层。与美国规定一定时间期限不同，法国的福利政策允许失业者可以长期领取政府补助，再加上政府提供的廉租房，失业人员的温饱完全没有问题。更为严重的问题是，"福利国家机制"抑制了工作岗位的创造。欧洲各国政府为了解决社会福利、失业和医疗保健等问题征收很重的税，在这部分税收中包括工人的贡献，占法国经济的 16.4% 和德国经济的 14.4%。相比之下，这样的税收却仅占美国经济的 6.7%。除了这些之外，欧洲各国政府用严格的劳动法规限制企业，使其难以解雇工人或通过临时合同雇用工人。

欧洲各国政府重视社会保护和就业保障政策有一个值得赞许的目标，即保证每个人都能达到体面的生活标准；但在今天经济全球化的条件下，这种政策会制造大批有移民背景的下层失业青年。

2. 福利国家的量的界限和质的界限

福利国家虽然出现了危机，但要直接废止也是不可能的。通过危机能够非常明确看到的是福利国家不可能像以往那样去搞。不能全盘否定福利国家，但它确实存在质和量的界限。

所谓的福利国家量的界限体现在规定了国民负担率上限的问题上。一般国家都要规定社会保障的国民最高负担率。例如，日本规定由税和社会保险费组成的国民负担率在 40%~50% 之间，换句话说，就是用国民负担率这一指标，把社会支出控制在一定范围内。可是国民负担率这一指标也包含诸多问题。如果控制了国民负担率，很多社会保障的负担就得由国民自己负担。例如，抚养孩子、老人护理等方面都要由个人负担，收入将大大缩水。此外，国债的负担也没有包括在国民负担率内。还有，为了促进经济发展要适当控制国民负担率，可是国民负担率低的国家不一定就是经济成长率高的国家；但是，社会支出规模确确实实要受到经济成长的制约。

福利国家不仅在量上有一定的界限，而且在质上也存在界限。质的界限在20世纪80年代表现比较明显，主要表现在两个方面，即划一主义和模式主义。

所谓划一主义就是福利国家所提供的金钱和服务等给付方面有划一主义的特点，很难适合利用者的需要。因而人们对福利国家的不满不仅是量上的不满足，而且还是质的方面也不满意。福利国家的划一主义从福利国家成立当初就存在，其之所以成为问题是因为福利国家的金钱和服务的接受者发生了变化。福利国家是在第二次世界大战以后建立起来的，这种划一主义模式在贫穷的年代不仅没有问题，而且还与战后大量生产大量消费的体制相一致。当富裕社会、消费社会到来以后，人们越来越重视与他人的区别，对福利社会的划一主义模式就越来越不满足了。

福利国家另外一个界限就是模式主义。福利国家的给付是中央集权再分配的结果，其中也包含了国家强制的行为和因素。因此，就产生了批判福利国家危害个人自由和独立的模式主义的思想。

福利国家所追求的公民权是为了保护个人而确立的。它由极力排除权力而实现。然而，福利国家的模式主义建立在国家的介入之上，加上服务自身的特性而加强了其模式主义的味道。以医疗为典型，提供的服务由专门的提供者决定，门外汉是没有权利和能力决定享受什么服务的，这也是一种模式主义。因此福利国家被批评为目的和手段互相矛盾。当人们的价值观多样化以后，更加重视自我决定权和自我责任，而模式主义正好成了绊脚石。

四、福利社会的必要性

在以上福利国家的界限论提到日程之后，与之相对应的"福利社会论"登场了。所谓福利社会论就是福利国家所承担的各种功能由社会全体来承担的观点。构成福利社会的有家庭、地域、企业、NGO/NPO和政府等。社会保障是福利社会最重要的制度之一。

福利国家对福利资源的整合能力是有限的。当然水准也不是绝对的，因为水准是由经济环境和政府的正统性处于什么状态而决定；但可以肯定的是政府是有界限的，界限外的部分就要通过政府以外各个主体来补充。福利社会正是由于福利国家的界限而诞生。

福利社会是因福利国家存在界限而产生的，所以看上去似乎是新事物，可是它有古老性的一面。它的古老性表现在期待家庭发挥更大的作用。家庭和亲戚体系始终都是扶助和连带体系，但也不能过分强调家庭作用。家庭也有无法处理的问题，正因如此福利国家诞生了。所以在强调家庭作用的同时不能过分夸大。

另外，福利社会产生的前提是福利社会的分工和福利多元主义。当然，在福利国家产生以前，福利国家的功能都是由家庭和民间的诸多团体来发挥的。那也是一种多元主义，所以，福利社会给人的印象是好像回到福利国家以前的状态。事实上，如今的福利社会作为福利国家的一个制度，其状态不是福利国家以前状态的再现。也就是说福利国家以前的福利多元主义和以后的福利多元主义是不同的。

福利社会又具有创新性。其创新性表现在市民社会的复权，包括市场的复权和自由主义的复权。

福利国家的社会政策主要是解决市场解决不了的问题。可是，随着经济的发展、时代的变迁，与福利国家成立时不同的是，市场能解决的领域越来越大。另外，民间非营利部门也可以克服政府的缺点，来代替政府承担一些服务。诚然，社会保障是把民间的任意的连带组织变成国家的强制组织，并由此而产生。可是由于福利国家存在量和质的界限，政府以外的民间组织就开始受到瞩目。

在由福利国家向福利社会转变的过程中，社会保障的理念也发生了变化。其表现是在以前的权利性和普遍性的基础上加上了自我决定这一新理念。超越了福利国家划一主义和模式主义的界限之后，福利社会更加期待市场和自由主义发挥作用。市场依据消费主义来完成作用，自由主义依靠强化力量来完成作用。可是福利国家界限问题的解决不能只依靠市场和自由主义就能解决。社会保障的任务是为了适应消费主义和强化力量、保证自我决定权而探索出的实践制度化，这也是社会保障改革的方向。

第四节　社会保障的展望

一、社会保障制度的再设计

1. 方兴未艾的关于社会保障前景的大辩论

社会保障政策从诞生开始就一直是激烈争论的焦点，目前对社会保障政策的辩论持续升温，且已渗透到了世界的每一个角落，超越了各国间经济发展水平及其国民享受社会保险福利保障程度差异的界限，这一普遍现象背后的原因是复杂多样的。

第一，民族经济的全球化。越来越少的国家能够置身于世界经济的大趋势之外。全球化市场范围内的劳动力分工趋势实际上已影响到了每个国家。因此，政府面临越来越难以控制自身经济、财政命运的局面，人们对其能为国民提供什么种类及水平的社会保障的决策和能力表现出怀疑态度便不足为奇了。

第二，市场主导思想的统治地位。20世纪的结束是以市场经济取代计划经济模式为显著标志的。社会保障能够与经济发展和谐统一，促进经济发展的理念已经受到了质疑。

第三，对政府筹划未来的能力失去信心。政府机构常常受到效率低下、服务水平差的指责，而私有部门却被认为能够克服这些弊病。最为严重的是，公民越来越对用政治程序解决社会保障福利的公平分配方式表示怀疑。

2.有关前景大辩论的转折点

许多证据表明，有关社会保障制度前景的辩论逐渐转向改革方向这一较为平衡的论点上来，具体如下：

第一，认识到社会保障所覆盖的风险并未真正消失。世界上许多地区的绝大多数公民并没有从风险中解脱出来，许多地区的风险反而在加剧。首先，广泛的失业仍然是一个难堪的现实。经济合作与发展组织的许多成员国的失业率仍然呈现两位数。在不发达国家，就业形势无明显改观。其次，贫困的风险威胁着大批公众。根据世界银行1997年的《世界发展报告》，中、东欧地区和英联邦国家的情况在之前的10年中遭受了最大限度的恶化，缺乏收入的贫困人口由一小部分增长至总人口的1/3。最后，"年老"同样冲击着世界的每一个角落。例如，美国的社会保障管理局估计，如果没有国家养老金项目，42%的退休人员的生活水平将降到贫困线以下。以上事实给了我们这样一个教训：经济的发展和全球化的升级并不一定能够减少贫困、增加社会对公民的保障和保护。

第二，越来越多的证据表明，只要肯筹划，社会能够负担起年老的风险。人口老龄化问题已经是一个不争的事实。在目前的大辩论背景下，有相当数量的国家已经成功地采取措施确保金融稳定，将其公共养老金和其他社会保障项目安排到了下个世纪。尽管措施不尽相同，但大都采取了一致的努力：制止用提前退休作为补救措施的风潮，并且逐步提高男女的法定退休年龄，鼓励开发多渠道的养老金计划，以缓解公共养老项目的压力。人们越来越认识到，私有化并不是一剂良药，而金融财政措施的调整才是抵御市场经济的不可预见性以及应对其他影响经济产出水平因素的谨慎措施。

第三，人们越来越认识到，社会保障不仅应该维持人们的收入水平，而且还应该帮助人们获得独立。当失业率在许多工业化国家居高不下时，失业的期限也明显延长。为暂时失去工作而设计的收入补贴性失业保险计划，已经不再适合应付长期失业现象。领取失去工作能力保险金的人数在许多国家都有所上升。各国的社会保障机构纷纷逐渐加大投入，鼓励社会保障受益人摆脱依赖，重新回到正常的就业队伍中。这些措施在政治和心理方面的重要性不可低估，但它要求相关工作人员必须掌握各种技能，引进新的管理程序，采取新的工作方法和态度。所以到目前为止，从领取收入保障金的队伍中转到就业行列的人数还十分有限，一种涉及收入保障的新的社会契约正在重新定义之中。

第四，重新策划社会保障管理模式以应对变革。对国际社会保障协会成员组织过去10年的工作情况所做的调查表明，最为显著和突出的特点之一是，他们在引进革新项目、改善公众服务方面取得了巨大成功。社会保障机构在保证提供高质量服务方面取得的明显成功，在许多国家导致了一个新的现象产生：允许社会保障机构和其他公共部门签订提供相关服务的合同。公共社会保障机构甚至在某些情况下展开了与私营部门的竞争，这种现象将是新世纪中重树社会保障政策最有趣的方面之一。

3.挑战与障碍

21世纪面临的一项关键性课题就是，如何在这些经济目标——全球性的或一国之内的——和向全世界公民提供社会保障之间找到新的平衡点。这就意味着社会保障界面临的主要挑战之一是在变革的社会中把维持正义所必需的标准和尺度重新带回到谈判桌上来，这些必须加以考虑的标准和尺度包括：多代人之间的平等；贫困的缓解、受教育的权利、照顾家庭的责任、阶段性或部分退休、终身学习等机会的灵活性；为男女公民设计适合个性需求的保障权益；社会保障政策以及项目规定的一致性、透明性和易理解性；社会保障政策条款和创造就业岗位、劳动力流动目标的一致性；社会保障政策条款和鼓励劳动、最大限度地利用人力资源政策目标的一致性，尤其是对残疾人和年纪较大的一代人；平等对待移民；对基本疾病保险、失业保险、职业伤残和养老保险的全球性覆盖等。如何使这些标准和尺度在改革中派上用场，不仅仅是一种智力上的挑战，而且是对社会保障制度改革做出贡献的先决条件。党的十九大是我国发展进程中具有划时代意义的一次重要会议，它明确了"中国特色社会主义进入了新时代，这是我国发展新的历史方位"，确立了坚持以人民为中心的习近平新时代中国特色社会主义思想和根据这一思想规划的国家发展基本方略，以及走向富强民主文明和谐美丽的社会主义现代化强国的战略步骤与行动纲领，为深化社会保障改革和全面建成中国特色社会保障体系构筑了新的时代背景。

二、社会保障——社会和谐发展的基本保障

1.社会保障是社会和谐发展的客观基础与必要条件

在国际上，通常可以看到一种现象，发展不和谐的国家通常是社会危机、经济危机乃至政治危机不断的国家，也是当代世界不安定的重要风险来源。相反，一个国家或地区的和谐发展不仅是本国或本地区正常、健康、可持续发展的客观基础，而且也是世界和平发展的重要基础。进入21世纪以后，中国明确提出并实施构建和谐社会的发展战略，是为了更好地促进经济发展与经济增长，而最终目的是为了促进社会的和谐发展和人的全面发展。在促进社会全面发展和人的全面发展以及实现全体国民共享发展成果方面，社会保障毫无疑问是不可替代的基本制度安排与保证，对社会公平与正义的追求和对全体国民共享经济发展成果的保障，恰恰是社会和谐发展和构建社会核心价值的具体体现。社会保障对构建和谐社会之所以如此重要，是因为它作为国家干预收入分配和协调经济社会发展的重要工具与基本手段，具有缩小差距、化解矛盾、实现共享发展成果等多方面的独特功能；同时也能化解现实社会中的问题与矛盾，满足社会成员的生活保障与发展需要，促进人的全面发展，从而真正全面体现以人为本的新发展理念和对社会公平正义的核心价值追求。

2.健全并完善社会保障制度是促进社会和谐发展的必由之路

社会保障制度与社会和谐发展的正相关关系，要求我们在构建和谐社会的进程

中必须高度重视社会保障的制度建设，并通过健全和完善社会保障制度来化解社会矛盾。在充分肯定中国改革开放 40 多年来取得巨大发展成就的同时，还应该注意到存在的诸多引人关注的社会问题：贫富差距持续扩大、劳动关系日益失衡、流动人口与固定户籍的利益冲突、城乡之间差距持续扩大等。这些问题的存在与发展在很大程度上与社会保障的不公平、不健全、不完备直接相关。要缓和乃至解决这些问题，必须建立健全社会保障制度。党的十九大提出按照"兜底线、织密网、建机制"的要求，我国要全面建成覆盖全民、城乡统筹、权责清晰、保障适度、可持续的多层次社会保障体系。要坚持把人民群众的小事当作自己的大事，从人民群众关心的事情做起，从让人民群众满意的事情做起，带领人民不断创造美好生活。中国构建和谐社会的过程，同时也应当是社会保障制度走向健全的过程，健全并完善社会保障制度是促进社会和谐发展的必由之路。

3. 中国应当加快建设健全、完备的社会保障制度

党的十九大报告做出了我国社会基本矛盾已经转化为人民日益增长的美好生活需要和不平衡不充分的发展之间的矛盾的重大政治判断，当前我国城乡居民对美好生活的向往相对集中地表现在对发展社会保障的诉求上，而社会保障领域的不平衡不充分发展是一个客观事实，因为自 20 世纪 80 年代启动的社会保障改革是一场全面而深刻的制度变革，它改变了原有的社会保障格局以及与之相关的利益分配关系，不可避免地要受到国内经济、社会、政治、文化等因素与全球化进程的影响。为了避免激烈变革导致社会危机，同时为经济增长服务，我国的社会保障改革采取了与经济改革相似的渐进方式，在不同阶段经历了从被动变革到主动变革、从自下而上到自上而下、从试点先行与逐渐推进到中央政府顶层设计与全面推进、从作为治理工具服务并服从于经济改革到独成体系地维系和促进经济社会发展的转变过程。进入 21 世纪后，整个社会保障制度实现了从"国家-单位"保障制向"国家-社会"保障制的转型，即从计划经济时代的国家负责、单位包办、全面保障、板块结构、封闭运行式的社会保障制度转换成了政府主导、企业与个人责任分担、覆盖全民、社会化、多层次化的新型社会保障体系，这一制度也从城市居民的专利转变成惠及全民的制度安排。如基本养老保险在 2012 年就实现了制度全覆盖，所有老年人都能够按月领取数额不等的养老金；医保制度的参保率稳定在 97% 左右，覆盖 13 亿多人；以低保制度为核心的综合型社会救助制度实现了应保尽保，等等。不仅如此，社会保障改革还为经济改革与发展创造了相对稳定的社会环境，并通过相关制度安排扫除了阻碍劳动力自由流动的障碍，继而通过新的融资方式直接推动着中国经济增长。因此，中国社会保障改革的成就是巨大的，它不仅使我国人民的福利水平与民生质量得到了大幅度提升，也对世界社会保障发展做出了重要贡献。如果不算中国，全世界社保覆盖面只有 50%，算上中国则达到了 61%。2016 年国际社会保障协会将"社会保障杰出成就奖"授予中华人民共和国政府，即是国际社会对中国社会保障发展成就的高度认可。但是，这一制度体系的不平衡不充分发展格局仍未改变，因此，党的十九大报告阐述的人民日益增长的美好生活需要和不平

衡不充分的发展之间的矛盾在社会保障领域表现得尤其明显。实事求是地讲，能够适应市场经济与社会发展需要的新型社会保障制度还未真正形成，当前社会保障领域存在的问题主要有：

（1）维护社会公平与正义和促进共享发展成果的价值取向与理念一直未能真正得到确立。受自由主义经济思想的影响，整个社会过度的效率取向既影响了社会保障制度改革中的理性判断与决策，又损害了这一制度应有的公平性。即使在学术界，多数人仍热衷于关注社会保障基金与资本市场结合及如何投资、如何收益的问题，而将社会保障的根本宗旨抛在一边，从而将社会制度改革引入莫衷一是的理论误区。

（2）渐进改革与摸着石头过河的改革方式已经形成新的路径依赖，并阻碍着社会保障制度改革的深化。迄今为止，在市场经济体制得到确立、社会发展格局逐渐明朗的背景下，社会保障制度改革却长期试而不定，导致了新的路径依赖，每一项改革只能在原有的改革基础上进行，每一项改革又都充满着不确定性。当改革方案不成熟、不理性时，这种不成熟、不理性就很自然地延续下来，从而既直接损害这一制度的稳定性、可靠性与权威性，又增加了这一制度改革的成本。

（3）多层次缺失，政府主导的法定基本保障独大，市场与社会提供的补充保障并未得到应有的发展，不仅导致整个社会保障体系的物质基础无法壮大，而且造成政府负担加重，一部分人的需求无法得到满足。建立多层次的社会保障体系是当今世界最具共识意义的议题，也是许多国家改革或完善社会保障体系的基本做法，因为多层次社会保障体系的实质意义是对社会保障责任分担机制的重塑，是适应人口老龄化并能够使责任分担更加合理、制度发展更可持续的取向。我国自 20 世纪 90 年代就明确提出了社会保障多层次化的政策取向与发展目标，但 20 多年过去了，仍然是政府主导的法定社会保障处于独大的局面，公益性的社会慈善机制、政策性的保险机制与职业福利机制，以及市场化的个人保险机制均未得到应有的发展。以养老保险为例，2016 年全国领取社会养老金的人数达 2.6 亿人，而同时能够领取企业年金的人数只有 105.5 万人；在养老保险筹资中，基本养老保险基金收支规模占整个养老基金的 80% 以上。在医疗保险方面，被社会医疗保险制度覆盖的人数稳定在 97% 左右，而参加补充医疗保险者（包括职工大额医疗费用补助、公务员医疗补助和其他补充医疗保险）为 2.9 亿人，其中真正自主参保者仅有 205 万人；真正商业意义的健康保险几乎可以忽略不计，这使得高收入阶层即使有更高的需求并有支付能力也不可能购买到令人满意的保障及服务。在全球有关灾害损失补偿的统计中，来自保险公司的赔款要占整个灾害损失的 36% 以上，发达国家甚至高达 80% 以上，而我国因商业保险作用微小，救灾陷入政府包办的困境。如 1998 年中国发生特大洪涝灾害，造成的直接经济损失达 2 551 亿元，而保险公司的赔款为 33.5 亿元，仅占洪涝灾害损失的 1.3%；2008 年年初，中国南方冰雪灾害造成的直接经济损失为 1 516.5 亿元，保险公司的补偿不足 20 亿元，仅占冰雪灾害损失的 1.3%；同年"5·12"汶川特大地震发生后，所造成的直接经济损失高达 8 523.09

亿元，而保险公司的补偿不到 2%。这种局面迄今仍未有所改变。再以慈善事业为例，根据民政部发布的《2016 年社会服务发展统计公报》，2016 年全国共接收社会捐赠款 827 亿元，占 GDP 之比仅为 0.1%。由此可见，我国多层次社会保障体系建设是严重失衡的，第二、三层次实际上才刚起步，虽然国家财富与社会财富在快速积累，市场机制与社会机制的作用却极其有限，整个社会保障体系的物质基础因缺乏对市场机制与社会机制的利用而处于无法有效壮大的境地，这既不利于优化责任分担机制，也无法保障人民福祉不断增长。

（4）主体各方责任边界模糊，进而造成责任失衡、结构失衡和受益主体权益失衡。主体各方合理分担责任是现代社会保障可持续发展的根本，一个成熟、优良的社会保障体系必定是主体各方责任边界清晰并能够有机协同的体系，但从我国现行制度实践出发，可以发现，作为社会保障责任主体的政府（含中央政府与地方各级政府）、企业、社会、市场、个人及家庭的责任边界是不清晰的，甚至还出现了相互错位、效果对冲的现象。以基本养老保险为例，虽然由用人单位与参保者个人分担缴费，但单位缴费相当于个人缴费的 2 倍以上，且个人缴费全部记入私人所有的个人账户，这意味着参保人之间是完全没有互助共济的，而政府承担的也不是相对稳定的比例而是难以预计的兜底责任；同时，由于养老保险制度处于地区分割状态，不同地区的缴费基数与缴费率均因人口年龄结构不同而不同，缴费责任的调整处于地方控制之下，使得作为国家利益的基本养老保险沦为地方利益，其权责关系变得混乱无序。在医疗保险方面，不同的医保制度有着不同的筹资标准，职工与居民有别，政府对参保人的补贴在城镇与乡村之间有别，有的地方政府补贴与个人缴费之比高达 9∶1，各地各行其是的结果即是缴费责任日益失衡。在社会救助方面，低保制度以中央财政为主要支撑，地方政府承担何种责任及多大责任并无规制；灾害救助更是缺乏公正的规制，形成了有灾找政府、下级找上级、全国找中央的政府救灾格局。在儿童福利方面，托幼事业是全民关注的核心内容，但政府在这方面的投入极其有限。据财政部提供的资料，在 2017 年度的财政性教育经费支出中，学前教育支出仅占 7.65%。在养老服务方面，公共投入主要依靠有限的福利彩票公益金，且主要用于公办养老院或敬老院，总量供给不足与结构严重失衡的格局是一种普遍现象。因此，社会保障制度作为需要调动政府、市场、社会与个人及家庭之力量，进而实现全民共享国家发展成果的基本制度保障，因为缺乏对主体各方权责的清晰规制，带来的即是责任失衡、结构失衡与受益主体权益失衡，这种局面如果不能得到逐步改变，最终必定损害整个制度的健康持续发展。社会保障的历史责任与现实责任划分不清（主要是养老保险），政府责任与民间、社会及市场责任划分不清，中央政府与地方政府责任划分不清，这三个责任划分不清影响了新型社会保障制度的建设与发展，影响了政府及其他各方在社会保障方面责任的合理分担。

（5）制度分割，导致了地区利益与群体利益的失衡，进而使公平性受到损害。例如，基本养老保险仍然处于地区分割的状态，保留着地方承包制的痕迹，其结果是不同地区的筹资负担畸轻畸重，基金余缺并存且不断扩大，既损害了参保人的权益公平，也损害了市场经济竞争的公平；原来面向机关事业单位工作人员的非缴费型退休金制虽然在 2014 年年底改革成与企业职工相似的缴费型统账结合式社会养老保险制度，但与后者各自独立运行，职业年金有保障，两者之间待遇过大的差距并未缩小。在医疗保险方面，仍然是职工、城镇居民、农村居民分割，一些地方虽然整合了城乡居民的医疗保险制度，但筹资与待遇差距仍然存在。社会救助制度虽然由 2014 年国务院颁布的《社会救助暂行办法》打破了城乡分割的界限，但实际操作中仍然存在着城乡分割的惯性。在灾害救助方面，仍然是按灾害种类施策，不同灾种的救助范围与标准不一。在老年福利、儿童福利及相关服务方面，同样存在着制度或政策分割的现象，不同户籍、不同阶层的人群享受着不同的保障待遇，等等。这种基于地域、户籍、职业身份等要素确立的不同制度安排，必定带来利益失衡、公平不足的结果。不仅如此，制度分割还使处于流动状态的人口特别是农民工无所适从，或者重复参保，或者被漏在应有的保障之外。如一部分农民工在输出地被算成农民参加了新型合作医疗，在工作地被算成了城镇职工或居民又参加当地的职工或居民医疗保险，一部分人则可能两地均被遗漏；作为我国产业工人的主力军，农民工中还有 1 亿多并未参加职工基本养老保险；在参加城乡居民养老保险的 5 亿多人中，大多数人选择的是只具象征意义的每年缴费 100 元的低档标准，年老后完全不可能获得有效保障老年生活经济来源的养老金。可见，社会保障领域普遍的制度分割现象，构成了制度发展不平衡不公平的根源，进而衍生出一系列的不良社会效应。

（6）养老、育幼、助残等方面的基本公共服务发展不足，既影响了老年人、残疾人的生活质量和未成年人的健康成长，也构成了家庭成员的沉重负担。我国自 2000 年跨入"老龄化社会"后一直在加速度行进，全国 65 岁及以上老年人占总人口比重从 1982 年的 4.9%，上升到 2001 年的 7.1%，2016 年为 10.8%，1.5 亿多人。而全国各类养老服务机构和设施仅有 14 万个，各类养老床位合计 730.2 万张，其中社区留宿和日间照料床位仅有 322.9 万张。在育幼方面，根据教育部发布的规划，决定 2017—2020 年实施第三期学前教育行动计划，到 2020 年全国学前三年毛入园率将达到 85%，普惠性幼儿园覆盖率达到 80% 左右。目前这一指标约为 70%，而 80% 以上的幼儿园为私人举办且收费的幼儿园；能够保育 3 岁以下儿童的托儿所几近空白。在残疾人保障与服务方面，更主要依靠家庭照顾。因此，面向老年人、儿童、残疾人、妇女等群体的社会福利及相关服务事业发展严重滞后，构成了整个社会保障体系发展不充分的短板。

总体而言，我国社会保障体系框架虽然已经基本成形，但结构失衡、发展不足仍然是主要矛盾。政府责任边界以及中央与地方政府的责任分担还不明确，社会保障责任、财政体制、税收体制并未实现有效匹配，其他主体的责任分担更是非常有限；社会保障水平虽然在不断提高，但缺乏统筹考虑与正常增长的机制，养老金、医保、低保、救灾、各项福利服务等基本上处于各行其是状态，亦缺乏与物价、工资等以及不同社保项目之间的挂钩，这使社会保障待遇的提高缺乏可预期性。不仅如此，现行社会保障制度还存在着内在缺陷或不足，并且缺乏与时俱进的自我调节功能。如 1994 年建立的统账结合型职工医保制度中的个人账户，一直处于低效运行状态并减损制度功效，但迄今未见废止或替代；1995 年确立的个人缴费满 15 年即可按月领取养老金的政策，是对老一代产业工人过去长期奉献的补偿性规制，20多年过去了亦未见调整；2010 年制定的《中华人民共和国社会保险法》中规定退休人员可免缴医疗保险费，是基于对老一代退休人员过去所做贡献和当时养老金水平偏低的照顾性规制，但被视为永久性政策，同样缺乏相应的调适机制，等等。所有这些，均反映了现行制度缺乏自我修正功能的问题，不良后果日益显性化，并给国家治理带来了巨大难题。这从近年来国家拟延迟退休年龄、让退休人员缴纳医保费等政策议题遭到巨大的反对声浪中可窥一斑。党的十九大报告规划了走向富强民主文明和谐美丽的社会主义现代化强国的战略步骤与行动纲领，使社会保障体系建设的发展进程有了具体的指引，只有建立起健全、完备的社会保障制度，中国才能实现社会和谐，经济才能持续发展，文明才会不断进步。中国社会保障制度建设的当务之急主要有：

第一，必须澄清社会保障领域中的一些似是而非的认识误区，尽快确立公平、共享的价值理念与政策取向，并真正体现在各项社会保障制度之中。以人民为中心的发展思想体现在国家发展战略规划中，就是在确认 2020 年实现全面建成小康社会目标的基础上，规划了从 2020 年到 21 世纪中叶分两步走的战略。其中，第一阶段的目标就是基本实现现代化，其关键性指标是人民平等参与、平等发展权利得到充分保障，人民生活更为宽裕，中等收入群体比例明显提高，城乡区域发展差距和居民生活水平差距显著缩小，基本公共服务均等化基本实现，向着全体人民共同富裕迈出坚实步伐。第二阶段的目标是建成富强民主文明和谐美丽的社会主义现代化强国，其核心指标是全体人民共同富裕基本实现，并将享有更加幸福安康的生活。这两个阶段的目标任务都离不开社会保障制度的强力支撑。因为初次分配主要依据生产要素分配，个人所得的差距必定因个人禀赋、资本、机会、环境等不同而偏大，如果没有健全的社会保障体系并充分发挥其再分配功能，不可能显著缩小居民生活差距。而在全球化和市场经济竞争激烈导致生活风险增加的背景下，没有完善的社会保障体系，也很难有安全感，能否过上幸福安康的生活亦会具有不确定性，更无法实现共同富裕。在中国构建和谐社会的进程中，即使现阶段还不可能在社会保障制度上实现全民公平，也必须确立社会保障制度建设的公平、共享的价值取向，并根据公平正义与共享发展成果的原则来推进社会保障制度建设，这无疑是完善这一制度的基础。

第二，加快构建具有中国特色的完整社会保障体系。从过去强调社会保障制度到党的十九大报告明确提出全面建成多层次社会保障体系，表明社会保障除了法定的制度安排还需要有其他层次的保障才能全面满足人民对美好生活的需要。尽快实现法定基本保障制度定型，同时据需增加或调整相关制度安排，并真正做到全覆盖，这是构建完整社会保障体系必须首先筑牢的基石。一是将漏在社会保险制度外的未参保人群全部纳入进来，这是必须啃下的"硬骨头"。如在医保制度实践中落实全民参保计划，确保所有人都能够在工作或生活的常住地参保并享受医保待遇；在基本养老保险制度实践中尽快摸清适龄人口的就业状况和职业特性，确保全部参加基本养老保险，当务之急是要将1亿多产业工人（主体是农民工）纳入职工基本养老保险，同时对因各种原因导致的漏保或脱保现象采取切实有效的补救性措施，确保适龄人口人人参保，年老后人人享有能够保障自己基本生活的养老金。二是确保面向特定群体的保障制度能够真正覆盖该群体全体成员。其中，工伤、失业保险等应当覆盖所有职业劳动者，社会救助应将贫困线下以及有急难救助需求的城乡居民悉数纳入并施以援助，面向老年人、儿童、残疾人的社会福利及相关服务体系能够覆盖有需要的所有老年人、儿童、残疾人，保障性住房能够满足那些既买不起房也租不起房的人的需要，等等。同时，还有必要适时顺应人民福利诉求和社会公正要求，增加或调整法定保障项目，如根据人口老龄化需要建立长期护理保险制度，根据人口政策调整增加生育津贴或儿童津贴制度，等等。完整的社会保障体系必须且只能建立在完整的法定基本保障制度之上。

第三，明确政府主导，加大财政投入，不断增进国民福利。社会保障属于公共产品，必须坚持政府主导。在中国特色社会保障体系走向成熟、定型的时候，特别需要尽快从以往的地方创新为主提升到国家层面统筹考虑，由此必须强化中央政府的决策责任，确保中央政府对基本保障制度有牢靠的掌控权，地方政府可以博弈责任分担方式与比重，但不应享有自行创制或按"承包制"思维来独立运行制度的权力。在地区发展不平衡的条件下，可以允许一定时期内存在差距，但任何时候都不能动摇统一制度的目标和扭曲通向目标的路径，在深化改革中不仅不能屈从地区差距、放任地区分割，而且应当尽可能地通过社会保障制度的统一来促使公共资源得到更为公正的配置，让社会保障真正成为缩小地区差距、实现地区之间公正与协同发展的重要手段。中央政府应当担负起做好顶层设计、推动社保立法、合理配置资源、维护制度统一的重大责任。同时，明确划分中央与地方政府的社会保障责任并实现财力的合理匹配。还应当充分调动企业、社会团体与个人及家庭的积极性，不仅要让其承担缴费等相应的责任与义务，而且要让代表不同群体利益的工会、雇主组织、残联等各方参与制度设计、监督制度运行。只有这样，才能确保各方主体有效地参与共建共治，这是维护制度理性发展的重要条件。政府的根本职责就是谋取公众福利。在中国构建和谐社会的进程中，社会保障制度的健全、完备，必须以政府真正承担起主导责任并加大财政投入为必要条件，需要政府承担起社会保障改革成败的全部责任。就现阶段而言，强化政府主导社会保障制度的责任，通过加大财政投入来促进社会保障制度的公平性与福利性，各级政府显然责无旁贷。

第四，在理性决策的基础上，对现行社会保障制度做出重大调整，并采取切实措施加速推进，促使社会保障制度尽快定型。基于现行制度的缺陷与不足，必须通过深化改革加以优化，当务之急是骨干项目需要尽快得到优化。这主要包括：一是尽快实现基本养老保险全国统筹，促使养老保险制度真正走向全国统一；在2018年建立中央调剂金作为过渡的基础上，明确最终实现全国统收统支的时间表与路线图，同时调整筹资责任分担比例、缴费年限及替代率。二是在整合城乡居民医疗保险制度的基础上，积极推进居民医保与职工医保的整合，争取早日用一个制度覆盖全民，同时取消个人账户，均衡筹资责任负担，真正建成成熟的全民医保制度，并借此切实解除人民的疾病医疗后顾之忧。三是尽快完善低保制度，包括实行一定的收入豁免来激励低保对象努力通过劳动获得收入增加、生活改善，建立规范的家计调查制度以确保符合条件的对象应保尽保，同时促进低保与扶贫有序衔接，真正兜住低收入困难群体的民生底线，还需要尽快启动《社会救助法》的立法程序，让包括低保制度在内的所有救助项目运行在法制轨道上。四是加快优化养老服务体系。关键是要立足社区，加大公共投入，同时将现代型的社会养老服务与传统型孝老、敬老的家庭保障有机结合，真正放开对民间甚至外资的投资管制，以便充分调动市场资源与社会资源，不断壮大支撑养老服务业发展的物质基础；五是落实儿童优先战略，采取公私并举、官民结合、合理布局的方略，大力发展托幼事业，以此减轻居民家庭育儿负担，增进居民福利，实现人口均衡增长的目标。同时，为维护整个社会保障制度的健康持续发展，重塑富有效率的社会保障运行机制势在必行。一是按照党的十九大报告的要求，尽快建立全国统一的社会保险公共服务平台，全面实施全民参保计划，也为提高社会保险统筹层次、有效促进制度整合进而提升制度公平性提供技术支撑。二是充分利用社会力量，运用互联网、大数据等信息技术，提升制度运行的预测、预警与监控能力。三是增强经办机制的灵活性。如适应新业态与流动性，在缴费方面允许按年或季缴费，实行本地缴费与异地缴费、柜台缴费与网络（如手机）缴费并行，在社会保险待遇方面实行本地享有与异地享有并行、连续计算与分段计算并用。四是建立科学的评估机制。这包括社会保障政策评估机制、制度运行风险评估机制、项目实施效果评估机制等，并接受社会监督。针对现行社会保障制度存在的问题甚至是重大缺陷，国家不宜再继续采取摸着石头过河的试验方法，而应在理性决策的基础上，对现行制度做出必要调整。基本养老保险、医疗保障、社会救助等方面均须作出相应调整，制度的有效性才能得以发挥，才能带来社会的和谐发展。

第五，大力发展通过市场机制与社会机制建立的各种补充保障，全面建成多层次的社会保障体系。构建多层次的社会保障体系是各国社会保障改革的共同取向，实质上是要通过多层次的构架来进一步合理划分不同主体的责任，更加合理地配置社会保障资源。以养老保险为例，基本养老保险由用人单位或雇主、劳动者与政府三方分担责任，职业或企业年金通常由雇主与劳动者双方分担缴费责任，而商业性的人寿保险或养老金则纯粹是参保者个人自负缴费责任，三个层次三种责任承担方式。在老龄社会背景下，单一层次的养老金难以持续发展，发展第二、三层次的养老保险就具有了必要性和重要性。以医疗保险为例，要全面解决疾病医疗的后顾之忧，要想获得更为便捷、高效的医疗服务，仅有基本医疗保险制度是不够的，还需要发展商业健康保险加以补充。它不会损害第一层次参保人的权益，却可以满足有需要、有条件者的更高要求。以社会救助与社会福利服务为例，政府可以兜底但不可能满足不同层次群体的全部需求，而慈善事业恰恰是最好的补充，因为慈善组织所募集的资源能够弥补政府社会救助资源的不足，慈善组织的服务更可以满足有需要者的个性化需求，等等。可见，我国需要的是整个社会保障制度的多层次化，完整的中国特色社会保障体系应当是一个由政府、市场、社会分别主导却又有机协同的多层次体系。只有这样，才能更好地让政府、企业、社会及个人与家庭合理分担社会保障责任，才能源源不断地壮大社会保障物质基础，这是实现国民福利持续增长的前提条件。此外，还必须注意到值得维系的家庭保障与邻里、亲友互助的传统在持续弱化，计划经济时代曾经起过重大作用的单位保障制几乎被摒弃，值得肯定的自力更生与生产自救传统亦在走向式微，这已经影响到了社会保障体系的未来发展。因此，加快发展商业保险与慈善事业，用相关政策来维系家庭保障与民间互助传统，同时促进机构福利正常发展，鼓励城乡居民提升防范风险与自我保障的能力，应当成为全面建成中国特色社会保障体系的重要方向。

第六，做好社会保障体系建设的顶层设计。基于现行社会保障体系还未成熟，各项社会保障制度缺乏统筹并且几乎均存在着内在缺陷或不足，必须全面优化才能理性地走向定型。而传统的体制性障碍、渐进改革的历史局限性、利益失衡格局的形成以及牵一发而动全身的复杂社会形态，决定了深化社保改革必须牢固树立统筹、协同观，全面建成中国特色社会保障体系应当首先做好科学的顶层设计。在宏观层面，应专责统筹，将社会保障体系建设总体设计纳入中央全面深化改革和国家治理体系现代化的总体设计中，实现对社会保障体系及其功能的科学定位。这具体包括：基于国家发展目标与进程对社会保障体系进行科学规划，明确这一制度的建制初衷、发展目标与功能定位，同时厘清制度发展的路径。宏观层面的设计还需要解决好社会救助、社会保险、社会福利三大基本制度体系的统筹安排与分工协调问题，解决好法定基本保障层次与市场化、社会化及家庭保障等其他层次之间的统筹安排与合理定位。在中观层面，应当解决不同社会保障类别或主要项目的结构、功能定位与资源配置方式，以及与相关制度安排的关系，避免主次不分或顾此失彼。例如，医疗保障体系的结构优化及其与医疗、医药之间的协同推进，老年保障体系中经济保障与服务保障之间的协同推进与结构优化，社会救助与扶贫开发之间的协同推进与结构优化，基本养老保险与企（职）业年金及商业养老金之间的协同推进与结构优化，均需要有统筹规划的优化方案。在微观层面，应当细化具体保障项目的顶层设计，重点是优化制度结构，合理分配责任，保证制度公正、有效且可持续。以医疗保险的顶层设计为例，在切实推进"三医"联动的条件下，不仅需要整合现行制度，还需要同步优化筹资机制与合理分担责任，并对分级诊疗、支付方式、信息系统与智能监管等做出具体而明确的制度安排，同时清晰划定社会医疗保险与商业健康保险的边界，最终向覆盖全民的健康保险制度迈进。在构建完整的社会保障体系时，还特别需要尽快补上短板，包括：大力发展立足社区、支撑居家养老的养老服务；加大儿童福利投入力度，将解决托幼难的问题摆在社会保障体系建设的优先位置，将儿童优先战略落到实处；加快残疾人福利事业发展步伐等等。我国需要筑牢法定保障层次的基石，坚持正式制度与非正式制度有机结合，普惠性制度与特惠性制度双层构架，政府与市场、社会、家庭、个人等多支力量相融合，真正构建起有序组合并且具有一定弹性的多层次化社会保障体系。

总之，社会保障与社会和谐是一种正相关关系，健全、完备的社会保障制度是整个社会得以和谐发展的基础与保证，社会保障制度的健全、完备程度，将是中国向和谐社会迈进的重要标志。

思考题

1. 如何理解社会保障？
2. 如何理解作为权利的社会保障？
3. 简述福利国家和社会保障的关系。
4. 简述福利国家的界限。
5. 简述社会保障与和谐社会的关系。

案例

案例1　为人民谋幸福的前进脚步——十九大报告中的民生看点（节选）

构筑多层次社会保障体系

【报告原文】加强社会保障体系建设。全面建成覆盖全民、城乡统筹、权责清晰、保障适度、可持续的多层次社会保障体系。

【代表点评】十九大代表、格特拉克赣州分公司车间领班彭发福告诉记者：这几年伴随着经济发展和企业成长，他在企业的待遇也逐步提高。2013年每月工资只有3 500元左右，今年已涨到5 800元左右。"报告中说要完善失业、工伤保险制度，这对产业工人来说就更有保障了。"

"社保保的是民生，更是民心。报告说要全面建成多层次的社会保障体系，这体现了党中央对百姓的关爱。大家觉得日子更有盼头了！"彭发福说。

幼有所育、弱有所扶，在发展中补齐民生短板

【报告原文】在幼有所育、学有所教、劳有所得、病有所医、老有所养、住有所居、弱有所扶上不断取得新进展。

【代表点评】十九大代表、中国中铁一局技术工人巨晓林表示，"幼有所育""弱有所扶"是这次报告的新提法，表明我们党是真正为人民谋幸福的政党，是不忘初心的政党。同时，这也表明我们的民生工作进一步扩大了覆盖面，在学有所教、劳有所得、病有所医、老有所养、住有所居的基础上，又有所延伸，真正实现"小康路上一个都不能少"的执政理念。

让全体人民住有所居

【报告原文】坚持房子是用来住的、不是用来炒的定位，加快建立多主体供给、多渠道保障、租购并举的住房制度，让全体人民住有所居。

【代表点评】来自北京建工集团第三建筑工程有限公司的谭双剑代表认为，报告强调要坚持房子是用来住的、不是用来炒的定位，让房地产回归"居住属性"，有利于稳定市场预期，有利于遏制投机行为。

谭双剑认为，报告提出加快建立多主体供给、多渠道保障、租购并举的住房制度，有利于保障普通百姓的住房需求，有助于激活房屋租赁市场，特别是有利于到大城市奋斗的年轻人住有所居、融入其中。

资料来源：齐中熙，王希，张辛欣，等. 为人民谋幸福的前进脚步——十九大报告中的民生看点［EB/OL］.［2017-10-18］. http://politics.people.com.cn/GB/n1/2017/1018/c1001-29595223.html.

案例2　　　　　　　　谈社保"高福利陷阱"为时太早

"十三五"建议发布后，人民出版社近日出版发行了《〈中共中央关于制定国民经济和社会发展第十三个五年规划的建议〉辅导读本》。其中，财政部部长楼继伟撰文《建立更加公平更可持续的社会保障制度》，提出中国社保制度建设必须"立足基本国情，以保基本为优选目标，防止高福利倾向"。

对于"防止高福利倾向"这个提法，笔者觉得值得商榷。避免高福利倾向或陷阱，先得有高福利水平。然而现在，我们的社保制度还远远没有达到高福利的程度，即使在"十三五"期间，我们的社保制度建设，也只是处于向中福利追求的过程当中，还在弥补历史的"欠账"，谈社保"高福利陷阱"为时太早。

一方面，公众的社保缴费负担长期居高不下。有人计算过，上班族按月缴纳社保，即使他只拿着约为北京社会平均工资水准的收入，整个职业生涯他和单位所交的社保高达几十万元。还有统计显示，在列出统计数据的173个国家和地区中，我国社会保险缴费率居第13位，高于160个国家和地区。

另一方面，社保支出相对较少，享受社保待遇门槛重重，大大降低了公众关于社保制度的满意度。比如自由职业者入医保要"观察"半年、职工主动辞职不能领取失业金、全职妈妈生娃无法享生育津贴、工伤保险设置"48小时生死线"、补缴养老保险不是想补就能补等，都让我国的社保制度，被不少舆论称为"低福利、低保障"，落后于经济发展水平。再加上当前社保基金缺口不断扩大，未来养老资金严重不足，让人对社保制度非常担忧。

可以说，我国社保制度的总体保障水平仍很低，在"十三五"期间最多向"中福利、中保障"水平迈进。若说我们的社保制度果真存在高福利倾向，那也只存在于机关公务员、国企职工身上，这种局部的高福利倾向，不是防止的问题，而是马上制止的问题。

立足基本国情、立足经济社会发展实际情况制定的社保制度，应对体制内外的公民一视同仁。社保福利的高和低是相对而言的，对于收入低、社会地位低的人乃至穷苦者，他们应该拿得最多才对。

资料来源：何勇海. 谈社保"高福利陷阱"为时太早 ［EB/OL］. ［2015-11-07］. http：// news.ifeng.com/a/20151107/46146615_0.shtml.

更多案例（第一章）

第二章　社会保障制度概要

通过本章的学习，应当了解社会保障及社会保障制度发展的脉络，及其发展演变的历史过程和发展规律，很好地理解社会保障制度的丰富内涵；同时，能够理解和掌握有关社会保障的一些基本问题，对中国目前的社会保障的现状、存在的问题及其发展方向有一个客观的了解。本章的具体内容由以下四个部分组成：第一部分主要介绍社会保障制度的产生与发展以及社会保障的概念，从而引出社会保障的基本特征；第二部分介绍了社会保障体系具体包含的基本内容；第三部分介绍了中国社会保障制度的建立与发展，并且介绍了中国社会保障制度的现状及其存在的问题；本章的最后一部分通过发达国家社会保障制度的再建提出中国实行社会保障制度再建的发展方向。

社会保障制度是工业社会的产物和人类社会文明进步的表现。社会保障制度产生于 20 世纪初叶，经过近一个世纪的发展，世界大多数国家已逐渐建立了较为完整的社会保障体系。随着社会保障的普及，它在保障社会稳定发展和维持经济秩序中的作用越来越为人们所认识；它在缓解由收入分配不公引起的矛盾、保证大多数社会成员的基本生活及社会安全性方面的贡献，也已得到国际社会和学术界的肯定。

第一节　社会保障的含义

一、社会保障制度的产生与发展

尽管"社会保障"一词首次出现在 1935 年美国国会通过的《社会保障法》中，但是，社会保障作为社会发展的一种自我保护措施，无论在国内还是国外都是古已有之。纵观历史，每一种社会保障形式，都对缓解社会矛盾、稳定社会秩序起到了重要作用。因此，我们有必要弄清楚社会保障发展的脉络，这不仅可以使我们看清社会保障发展演变的历史过程，很好地理解社会保障的丰富内涵，而且了解社会保障的历史也有助于改进我国的社会保障制度。

社会保障的发展历史，大体可以分为四个时期：

1. 萌芽时期（人类社会之初至 19 世纪 80 年代）

社会保障制度发祥于实现工业化最早的英国，是以社会救济的形式出现的，主要是因为：圈地运动使大批农民被剥夺土地后在城镇沦为贫困者；发生了产业革命，使大批手工业者无法从事大机器生产而失去了原有的工作，从而失去了生活保障。在这种背景下，英国于 1601 年颁布并实施了《伊丽莎白济贫法》，从而在一定程度上解决了贫困问题，但随着农村圈地运动的深入和城镇产业革命的发展，该法案后来已不适应当时的发展趋势，并不断暴露出它的局限性。因此，在 1834 年英国又通过了《伊丽莎白济贫法（修正案）》，我们通常把它称为新《济贫法》。新《济贫法》认为保障公民的生存是国家的一项义务，救济不是消极行为，而是一项积极的福利措施，并且应由经过专门训练的社会工作人员从事此项工作。从这个意义上说，新《济贫法》的颁布和实施标志着英国社会救济的性质发生了质的变化，即加强了政府在社会救济中的作用。这种转变意味着英国社会救济的重点不再仅仅局限于济贫，防贫也是它的一项重要内容。在这一阶段，包括英国在内的工业化欧洲国家在实行社会保障制度时，都确立了以国家为责任主体的政府社会救济原则；同时，政府在全国范围内普遍实行社会保障制度，从而在其实施对象上实现了普遍性。这样，以国家为责任主体和实施对象、具有普遍性的生活保障制度从此在世界上被确立起来。

2. 发展阶段（1883—1944 年）

（1）社会保险制度的确立

社会保险制度的产生以德国于 1883 年颁布的《疾病社会保险法》为标志，其产生的原因有以下几个方面：

第一是德国工人运动的迅速发展。到 19 世纪中叶，随着资本主义市场经济的发展，劳动条件和环境日益恶劣，工伤事故经常发生，工人收入微薄，对此工人非常不满，从而加深了劳资矛盾，工人运动时有发生。同时，随着马克思主义在工人中的广泛传播，工人运动迅速发展，阶级斗争十分尖锐。当时的德国已经成为欧洲的政治运动中心之一，德国的俾斯麦政权在镇压工人运动失败之后，转而采用"胡萝卜"的软化政策，以缓和劳资矛盾。

第二是德国新历史学派的产生。当时在德国，由于劳资矛盾已经成为最严重的社会问题，为了解决这个问题，德国新历史学派应运而生。它的基本思想是主张劳资双方合作并实行社会改良政策。其具体的政策主张是，国家直接干预经济生活，承担起"文明与福利"的责任，国家法律和法规至上并且是决定经济发展的基本因素。在此基础上，该学派主张国家必须通过立法，实行包括社会保险在内的一系列社会政策，自上而下地实行经济与社会改革；但是，该学派同时又认为，包括劳资矛盾在内的经济问题必须同伦理道德联系起来才能解决。俾斯麦政权认同并采用了该学派的基本政策主张。

第三是为了加快德国的工业化发展和对外扩张。1871 年，德国实现了全国统一，并在普法战争后得到了大量的战争赔款。在这种条件下，德国努力加快国内经济的发展，谋求欧洲霸主的地位。俾斯麦首相认为，要实现这个目标，首先必须比较圆满地解决本国当时已非常尖锐的劳资矛盾，安抚好国内民众。

德国于 1883 年制定了世界上第一部社会保险法律，即《疾病社会保险法》；

1884 年颁布了《工伤事故保险法》；1889 年又颁布了《老年和残障社会保险法》。以此为标志，世界上开始有了社会保险制度。这一系列法律在德国的颁布和实施，对其他欧洲工业化国家产生了重大影响。

（2）《社会保障法》的诞生

1929—1933 年资本主义世界爆发了空前严重的经济危机，给劳动者带来了巨大的灾难。随着经济大萧条而来的失业、贫困的加重使得整个社会陷入了一片危机之中。垄断资产阶级为了维护自己的统治，纷纷要求国家干预经济。英国经济学家凯恩斯提出了反危机理论——国家干预理论，主张扩大财政开支、降低利率、刺激需求以解决社会就业问题。理论界提出了通过征税为失业者提供生活保障，包括退休金、医疗费和养老金等理论。凯恩斯的理论为大多数国家所采用，成为制定国家经济和社会政策的理论基础。1933 年，美国通过"罗斯福新政"使政府得以干预经济活动。1935 年美国颁布了《社会保障法》，这是世界上第一部关于社会保障方面的法律，而且也是真正具有综合性质特征的社会保障法律。此法设立了老年社会保险、失业保险、盲人救济、老年救济以及未成年人救济等五项内容，形成了比较完整的社会保障体系。美国以此为反危机的有效措施，促进了资本主义经济的复苏和繁荣。

3. 充分发展阶段（1945—1978 年）

第二次世界大战以前，虽然社会保障在资本主义各国发展很快，但仍然是不完善的。这主要表现为社会保障项目少，支付标准相对较低。第二次世界大战以后，在资本主义各国，社会保障事业发展迅速，进入了一个崭新的阶段，即充分发展阶段或黄金阶段。

（1）经济发展的黄金时期

第二次世界大战以后，资本主义各国的经济飞速发展，进入了一个所谓的"黄金时期"。在这个阶段，资本主义各国把政策的重点由原来的"一切为了战争"转向恢复本国经济、治愈第二次世界大战所带来的创伤，而且战争结束后的和平也为各国大力发展国民经济创造了良好的外部环境。在这种形势下，资本主义各国，包括农业生产在内的整个社会生产的社会化程度明显提高，国民经济保持着持续、高速增长的态势，国家财政收支状况得到了很大改善，国力大大增强。经济的高速增长，为社会保障的发展打下了坚实的物质基础。

（2）《贝弗里奇报告》的影响

1941 年，英国成立社会保险和相关服务部际协调委员会，着手制订战后社会保障计划。经济学家贝弗里奇爵士受托，出任部际协调委员会主席，负责对现行的国家社会保险方案及相关服务进行调查，并设计战后重建社会保障计划，提出具体方案和建议，于 1942 年提出了《社会保险及其有关服务》（又称《贝弗里奇报告》）。提出这份报告时，正处于第二次世界大战期间，英国政府当时忙于战争，因此这份报告并没有立即发挥很大作用。但是，在第二次世界大战结束后，由于这份报告对英国当时的社会保障制度提出了尖锐批评，并提出了如何改革社会保障制度的基本理念，因此，对以后英国在完善社会保障制度方面产生了重大影响。

《贝弗里奇报告》提出，英国的社会政策应该以消灭贫困、疾病、无知（教育问题）、肮脏和懒惰（住房和环境问题）这五大祸害为目标，主张建立一个覆盖所有社会成员的社会保障制度，对每一个公民提出了儿童补助、养老金制度、残疾津贴、失业救济、丧葬补助、妇女福利和贫困救济七个方面的生活保障。并且，这份报告还提出了三大原则：第一是普遍性原则，即社会保障的实施范围应该包括所有社会成员；第二是政府统一管理原则，即政府对所有社会保障项目实行集中统一管理；第三是全面保障原则，即根据公民的需要建立一整套社会保障制度。总之，它提出了英国所有社会成员都能享受福利的"福利国家"的指导思想，并设计出了一整套"从摇篮到坟墓"的社会保障计划，从而贝弗里奇本人也获得了"福利国家之父"的称号。资本主义各国根据《贝弗里奇报告》的政策主张，全面制订和实行社会保障计划，可以说20世纪五六十年代是"福利国家"发展的鼎盛时期。

（3）苏联的作用

苏联在1917年成为世界上第一个社会主义国家之后，虽然社会主义思想给资本主义世界带来了很大冲击，但真正形成社会主义阵营并与资本主义阵营相对抗是在第二次世界大战结束以后。苏联在生产资料公有制基础上建立了社会主义国家的保障体系。社会主义国家生产的目的是为了满足人民日益增长的物质和文化生活的需要，个人消费品贯彻按劳分配的原则，又要防止出现贫富悬殊。苏联共产党和苏维埃政府在半个多世纪的时间里，先后颁布了900多种有关老残恤金和各种生活补贴的文件，颁布并实施了《苏联国家老残恤金法》和《集体农庄老残恤金和补助费法》等多项有关保障劳动人民基本生活需要的法律，并不断完善生活保障制度。第二次世界大战以后建立起来的社会主义国家基本上参照苏联的做法建立自己的社会保障体系。苏联所建立的社会保障制度为社会保障发展做出了不可磨灭的贡献。

4. 改革阶段（1979年至今）

20世纪70年代的两次石油危机直接给主要发达资本主义国家带来了经济危机，而这一时期的经济萧条又是以经济发展停滞与通货膨胀并存为特征的。特别是失业率急剧上升，支持失业保险的社会保障出现了沉重的财政负担，在庞大的财政赤字面前，社会保障受到了极大冲击。社会保障不仅成为政府沉重的包袱，而且阻碍了企业的发展。一时间，社会保障成为众矢之的，各国开始反思并改革社会保障制度，社会保障走向改革完善时期。

在这种形势下，改革社会保障制度的呼声在整个资本主义世界日趋高涨，无论是政府官员、学者、专家还是普通国民，都意识到社会保障制度已经到了非改不可的地步。因此，许多资本主义国家为了摆脱经济萧条，为了恢复公众对社会保障制度的信任，对社会保障制度和政策进行了调整与改革。在这种改革浪潮中，社会保障的发展具有以下几个特征：

第一，强调社会保障水平要适应国民经济的发展。从 17 世纪社会保障制度诞生起，社会保障就处于一个较快的上升时期，这主要是由经济的发展、政治体制的变革以及价值观念的变化等因素引起的。其中一个重要原因就是经济发展所带来的国民生活水平的提高，对国家提出了保障每个公民更高生活水平的要求。但是，在社会保障制度发展过程中，忽视了社会保障与经济发展之间存在着一种互相依赖、互相促进的关系，尤其是忽略了社会保障对国民经济发展的阻碍作用，而仅仅偏重于社会保障对国民经济发展的促进作用以及国民经济发展对社会保障发展的促进作用。

第二次世界大战结束后资本主义各国纷纷加快完善本国的社会保障制度，社会保障水平已经超越了国民经济发展水平，或者说超过了经济发展水平的承受能力。这个结果使国家财政在社会保障方面的负担加重，在一定程度上阻碍了国民经济的发展。随着 20 世纪 70 年代世界性经济萧条的爆发，人们进一步认识到社会保障的发展必须与国民经济的发展相适应。因此，在随后的社会保障改革中，资本主义各国注意纠正过去社会保障与经济发展不相适应的状况，具体措施表现为对一部分社会保障项目实行私有化、降低社会保障支付水平等。

第二，强调国家、企业和个人三者负担，注重个人责任。关于国民的生活保障，在许多资本主义国家，过去比较偏重于国家责任，也就是说通过建立完善的社会保障制度，从国家财政中拨出大量的资金用于社会保障，从而保障每个公民的生活水平。正是基于这种认识，在许多资本主义国家，用于社会保障的资金，无论从绝对份额还是从相对份额来看，都一直处于增长状态。但是，随着人们对过高的社会保障水平会阻碍经济发展的清晰认识，在改革社会保障制度时，也开始更加注重个人在保障中的责任和作用，注重协调国家责任与个人责任之间的平衡，纠正过去两者之间的失衡状况。

实际上，这一点也与削减国家财政在社会保障方面的过重负担、纠正社会保障水平超出经济发展水平紧密相关。为了削减社会保障给国家财政带来的过重负担，必须注重个人责任，这样才能实现上述目标。因此，在降低国家财政对社会保障支出水平的同时，必须提高个人在社会保障方面的负担水平。具体措施有：提高个人的缴费比率或提高社会保障税率，减少国家财政支出；建立多层次的保障体系，降低社会保障的支付水平等。

第三，着手解决社会保障基金收支失衡问题。一方面，在资本主义国家，人口老龄化程度都比较高，随着人口的老龄化，社会保障支出额也在不断增加；但是另一方面，由于人们在结婚、生育观念上的变化，出现了少子化现象，随着年轻人数量的减少，负担社会保障费用的人数也随之减少。结果，导致了社会保障基金收支不平衡的状况。为了维持社会保障基金收支平衡，国家财政在社会保障方面的投入不断增加。因此，为了改变国家财政负担过重的状况，许多资本主义国家在改革社会保障制度时，都更加重视社会保障基金的收支平衡。

为了应对人口的老龄化和少子化，资本主义各国进一步进行了人口预测，通过科学测算，制定分阶段提高社会保障费用征收比率的计划；重新探讨社会保障基金模式，为了克服现收现付制和税收方式的弊端，重新开始部分积累制或完全积累制；同时，放宽征收社会保险费或社会保障税收入额的上、下限，增加社会保障基金收入；另外，在基本养老保险制度改革中，废除长期以来执行的工资再评价制度，改为仅仅与物价挂钩，从而减轻基本养老保险基金支出的压力。

二、社会保障的概念

最初使用社会保障这个词的是 1935 年美国的《社会保障法》，随之这一概念又在 1938 年新西兰的有关法案中出现过。1941 年的《大西洋宪章》两次使用这一概念。1944 年，第 26 届国际劳工大会发表了《费城宣言》，国际组织开始正式采用社会保障一词。1952 年 6 月 28 日在日内瓦召开的国际劳工会议通过了第 102 号文件《社会保障最低标准公约》，该公约作为社会保障的国际性文件，被视为社会保障制度建立的里程碑，并成为解释社会保障制度规定的基本依据。

尽管社会保障已经为世界大多数国家广泛采用并建立了相应的制度，但是，由于各国的经济、文化发展水平等国情不同，对社会保障的理解和制度规定亦有差异。《简明不列颠百科全书》中对社会保障所做的解释是：社会保障是一项公共福利计划，旨在保护个人及家庭免除因失业、年老、疾病或死亡而在收入上所受的损失，并通过公益服务和家庭生活补助提高其福利。社会保障可包括社会保险计划、保健、福利事业和各种维护收入的计划。美国社会保障总署编写的《全球社会保障制度》（1985 年版）则规定社会保障计划的具体方式是："社会保障计划对受保人及其家属的保护，通常是通过下述方法中的一种或两种实现的：第一种是以现金支付的形式对年老、伤残或死亡、疾病和生育、工伤或失业造成的收入减少，至少提供一部分补偿；第二种是以服务的形式提供的保护，主要是住院治疗、医疗服务和康复服务。"其中第一种针对收入损失提供现金补助的措施，通常称作"收入保障"计划；第二种对受保人提供资助或直接服务的计划，通常称作"实物补助"计划。根据对社会保障的各种理解，国际劳工组织对社会保障作了较为一般的宽泛的解释：社会保障，就是通过采取一系列综合性的政策和措施达成的一种社会效果。这些政策和措施是对因疾病、失业、年老以及死亡而中断收入来源、陷入贫困的工种加以保护。总体上说社会保障除了现金的资助和补偿，越来越需要广泛的医疗和社会服务。对这种社会保障含义和实施方式的扩展，已得到国际社会的广泛认同。

鉴于上述对社会保障的理解，概括起来社会保障的含义包括以下几方面的内容：

（1）社会保障的对象。完全的社会保障应该把全体社会成员列为保障的对象。每个人及其家庭，出于健康与幸福的需要，有权得到衣、食、住、医疗及其他必需的社会服务设施供给的保障。特别是对由于失业、疾病、残疾、寡居、老年等情况，以及由个人不可抵抗力遭遇到生活危机，无法为生，有权通过保障体系得到基本生活的保障。但是，在各国的社会保障制度中，大部分国家尚未对全部的社会成员实施全面的社会保障项目，只是对部分成员或部分项目实施了保障措施。

（2）社会保障的责任主体。社会保障作为一种社会制度，其责任的主体主要是政府。在一些国家，企业和社会团体也承担了社会保障的主要责任。由此，社会保障需要通过国家立法、政策措施、统一管理来保障社会成员的基本生活权利，并体现出社会性。

（3）社会保障的目的。总体上说，社会保障是为了保证社会的稳定，促进整个社会经济的协调、稳定发展。20世纪80年代中期，国际劳工组织发表的《21世纪社会保障展望》报告表明，社会保障的目标不止于减轻贫困，应该更为广泛。它反映着一种最广义的社会保障意愿。它的根本宗旨是使个人和家庭相信他们的生活水平和生活质量会尽可能不因任何社会和经济上的不测事件而受很大影响。这就不仅是在不测事件中或已出现不测事件时去解决困难，而且也要防患于未然，帮助个人和家庭在面临未能避免或者不可避免的伤残或损失的时候，尽可能做到妥善安排。

（4）社会保障的资金与受保障者收益。资金主要来源于政府财政支出、企业及个人的缴纳及社会成员的自愿捐献。对受保障者而言，其收益有的取决于投保和缴费的多少；有的则与其个人的投保无关，而取决于整个社会保障的待遇水平。

由此可见，社会保障是指国家通过立法对社会成员及其家庭在遇到年老、疾病、伤残、死亡、灾害或其他风险时给予相应的物质和服务帮助而建立起来的一种社会福利制度。当然，随着社会的发展，社会保障的含义也会不断扩大和完善。

三、社会保障的基本特征

一般来说，社会保障具有六个方面的基本特征。

第一，保障性。社会保障是以保障社会成员的基本生活为目标来维持社会稳定的一种社会经济制度。在社会生活中，当成员遇到年老、疾病、失业和伤残等问题时能及时给予物质帮助与服务，使其能够维持基本生活。这种保障性通常由国家立法加以确定，政府和社会组织加以保证。《中华人民共和国宪法》（以下简称《宪法》）第四十四条、四十五条规定："退休人员的生活受到国家和社会的保障。""中华人民共和国公民在年老、疾病或者丧失劳动能力的情况下，有从国家和社会获得物质帮助的权利。国家发展为公民享受这些权利所需要的社会保险、社会救济和医疗卫生事业。""国家和社会帮助安排盲、聋、哑和其他有残疾的公民的劳动、生活和教育。"

第二，强制性。社会保障通过立法确定国家和社会成员的权利义务关系。每个社会成员只要符合法律规定的条件，都必须参加社会保障并受到保障，任何社会保障机构和个人都无权拒绝社会成员享受其权利。国家必须保证社会成员在遇到年老、疾病、生育、死亡等风险时得到基本生活的保障；同时，必须依法向社会成员强制征收社会保障税（费）。

第三，社会性。社会保障的社会性是与生俱来的，它的出现本身就是生产方式和生活方式社会化的产物，就像它的名字一样，"社会"是这种保障的前提、范围和方式。社会保障不同于农业社会中的家庭保障，也不同于产品经济体制下的劳动保险，也就是说，社会保障早已跳出家庭和企业的狭小空间，立足于广阔的社会之中；不仅把社会作为自己的用武之地，同时又从社会中汲取营养，不断发展自我，使社会成为社会保障发展的成长土壤。社会保障的覆盖范围应是全体社会成员，各行各业的劳动者及无业者，一旦遇到生存危机，其都应得到基本生活的保障。社会成员之间只存在保障基金的筹集方式，保障的范围、项目、标准以及采取的形式等方面的不同，而不应存在能否享有相应的社会保障待遇方面的差异。社会保障的社会性具体体现在：社会保障以国家为主体组织实施，社会保障资金实行统筹和调剂，社会保障实行社会化管理，以及在全社会实行统一的社会保障制度等。

第四，福利性。社会保障的福利性表现为社会保障事业是一种社会福利事业，它以非营利为基本目的，指导思想也以造福所有社会成员为前提。在对被保障者给予资金支付的同时，还提供医疗护理、伤残康复、职业介绍、职业培训以及各种社会服务。特别是对待特殊群体（如老年、儿童、残疾人等），为他们设置了较高的福利待遇。有些社会保障项目直接由国家财政预算开支，使个人的负担相对较轻。

第五，公平性。社会保障作为一种分配和再分配制度，其追求的目标应是实现分配公平的最大化。社会保障的公平性主要体现在社会成员享受社会保障待遇的权利和机会是均等的。任何一位社会成员，当其基本生活发生危机时，都能均等获得社会保障的机会和权利。而社会保障的目标和作用，最终也在于促进社会公平目标的实现。

第六，互济性。社会保障是按照社会成员共担风险的原理组织进行的。从原则上讲，社会保障具有权利义务的统一性；从现实操作来看，个人是否承担了义务以及承担了多少义务，是与本人享受社会保障待遇的多少相关的。社会保障的统筹制充分体现了人类互助互济的原则。

第二节　社会保障体系

社会保障体系是指社会保障各个部分构成有机的相互联系、相辅相成的整体。从世界大多数国家的情况来看，社会保障体系通常包括基本社会保障和补充社会保障两大类，前者由国家立法统一规范并由政府主导，一般包括社会保险、社会救助和社会福利三个基本组成部分，以及部分国家针对军人建立的特殊保障制度；后者则通常是在政府的支持下由民间及市场来解决，一般包括企业年金、慈善事业等，它们构成对基本社会保障制度的补充，并发挥着积极作用。

一、社会保险

社会保险是现代社会保障体系中的核心内容，它涉及面最广，适用对象最多，并且运用资金和保障作用最大，因此，它在整个体系中居于中心地位。社会保险一般是指根据国家和各级政府立法，由劳动者、劳动者所在的企业或社区和国家等共同出资，以便在劳动者及其家庭因遭遇年老、疾病、伤残、生育、死亡、失业等风险，导致收入减少、中断或丧失而陷入贫困时，能够使其达到最低限度生活水平或满足基本生活需要而建立的一种社会保障制度。

除了具有社会保障制度的一般特点，社会保险制度还具有以下一些特点：

（1）预防性。这一特点主要反映在社会保险基金的建立上。通过多方筹措而建立起来的社会保险基金，可由国家用在每个投保者身上，防范他们一旦发生社会保险立法规定范围内的风险而遭受损失，起到有备无患、未雨绸缪的作用。

（2）互济性。参加社会保险者需要定期缴纳社会保险费，建立社会保险基金，当其中有人遭遇特定风险而受到损失时，可以按规定领取一定数量的保险金，从而达到风险分担、互助共济的目的。

（3）储备性。社会保险机构依法收取企业和个人的社会保险费，同时，也吸取来自国民收入的分配与再分配资金，并按立法规定进行积累，然后根据社会保险政策进行分配。只有积累社会保险基金，才能对丧失劳动能力或收入中断的劳动者及其供养的亲属提供必要的物质帮助，才能保证其基本生活需要。因此，社会保险资金在征集与管理过程中具有相应的储备性。

（4）责任分担。社会保险资金来源于多种渠道，不仅有劳动者、企业单位或雇主缴费，政府补贴，还包括相应的投资收益等。三方共同筹资，不仅体现了社会保险责任的分担，而且也保证了资金来源的可靠性。

导致劳动者失去收入的风险有多种，因而收入补偿也有多项，这就是社会保险项目。设置哪些社会保险项目，主要取决于一个国家的经济、政治、文化等因素。由于各个国家的具体情况不同，因而所设置社会保险种类也不尽相同。一般来说，社会保险应该包括以下项目：

（1）养老保险。这是指对法定范围内的劳动者或其他职员因年老而退出社会劳动后，能够获得满足其基本生活需要的、稳定可靠的经济来源的社会保险项目。这是社会保险中涉及面最为广泛的一种保险项目。在各个国家的社会保障体系中，养老保险一般都是最重要的项目，这是因为在养老保险中受保人享受保险待遇的时间最久，待遇给付的标准相对较高；尤其是在人口老龄化加剧的条件下，养老保险的重要性更是不言而喻。在制度实践中，养老保险必须贯彻切实保障老年人基本生活的原则，因此，退休水平不仅要适度而且要有能随着物价上升而不断调整的弹性，真正让退休的老年人继续分享社会经济发展的成果。

（2）医疗保险。这是指对法定范围内的劳动者或者其他职员在患病或因工受伤时所提供的医疗保险制度。它既包括医疗费用的给付，又包括各种医疗服务。医疗保险的目的是恢复劳动者的劳动能力和补偿劳动者病假期间的生活开销。在各国的社会保险制度中，医疗保险是仅次于养老保险的又一项重要的社会保险制度。不过，疾病津贴的发放也不是无限期的，超出规定期限则不能继续享受医疗保险待遇，而是转由社会救助系统来承担。

（3）失业保险。这是指对法定范围内的劳动者因失业而失去经济来源时，按法定时限保障其基本生活需要的社会保险。这是社会保险中最为基本的一种保险项目。在现代市场经济条件下，失业不可避免。为了使失业者及其赡养的家庭人口能维持生活，保护劳动力和维持劳动力再生产，满足社会经济发展的需要和社会安定，建立失业保险是非常必要的。失业者享受失业保险待遇是有条件的，即失业前必须工作过或缴纳过一定时间的保险费，失业后立即到职业介绍机构登记，表示有劳动意愿等。领取失业保险金有一定期限，超过这个期限，就失去领取的资格，也不利于失业人员再就业。若到期仍未找到工作，则改领失业救助金，救助金的水平要低于失业保险。

（4）工伤保险。这是指向法定范围内的劳动者提供因职业伤病而造成经济损失的补偿费用，以及使其不致因职业伤病而降低收入水平的社会保险项目；也是指向法定范围的劳动者提供因不幸致残而需花费的治疗和康复的费用，以及在其致残后保证其基本生活需要的社会保险项目。与其他社会保险制度相比，工伤保险具有雇主赔偿的性质，工伤保险的缴费一般完全由雇主承担，政府在特殊情况下予以资助，而劳动者个人不承担缴费义务。在工伤责任认定方面，各国普遍采取"无过失补偿"原则，即不管导致工伤的责任在何方，只要不是劳动者的故意行为所致，遭受伤害的劳动者均有权享受工伤保险待遇。工伤保险的对象是从事经济活动的劳动者本人，但获取保险待遇的往往不限于劳动者本人，还包括他们的家属。

（5）生育保险。这是指专门向妇女提供的，使其在怀孕、生产、哺乳期间能够获得基本生活需要的社会保险项目。生育活动有一定的周期，包括怀孕、临产、分娩、抚育等。因此，生育保险要贯彻产前产后一律给予保险待遇的原则，应包括妇女产前产后一定时间的带薪假期，有时还包括生育补助费。产假工资的多少、产假的长短、补助费的数目，各国不尽相同。

（6）死亡抚恤，亦称遗属保险。其待遇包括两个部分，一部分是死者的丧事治理和安葬费用，另一部分是死者遗属享有的抚恤金。丧葬费包括死者穿戴的服装衣帽、整容、遗体存放、运送、火化、骨灰盒及其存放费用等支出，至于遗属领取的抚恤金一般均按死者生前一定时限的工资收入发放，未成年子女和无收入的配偶还可按期领到补助。

（7）残障保险。这是指对因病致残的劳动者提供残障保险待遇的社会保险项目。它包括经常性补偿和一次性补偿，还包括医疗服务、休养、康复疗养等待遇。残障保险除了满足残疾人的基本生活需要之外，还尽可能使他们恢复部分劳动能力，重新走上工作岗位，从事力所能及的工作。

（8）护理保险。在德国、日本等发达国家，由于进入少子高龄化时期，国家还建立了专门的护理保险制度，即劳动者在劳动期间可以参加护理保险，待年老需要生活照料时，可以使用护理保险。

二、社会救助

社会救助是国家通过国民收入的再分配，对因自然灾害或其他经济、社会原因而无法维持最低生活水平的社会成员予以补助，以保障其最低生活水平的制度。

社会救助虽然不像社会保险那样是社会保障体系中的核心部分，但也是该体系中非常重要的组成部分，它是保障社会安全的"最后一道防线"。因为社会救助的对象是社会保险这张安全网保护不了的人群，社会保险是需要缴费的，而无收入和低收入的人是没有能力缴费的，所以还需要社会救助。

与社会保障系统中的其他项目相比，社会救助的特点十分明显：

第一，社会救助的资金来源主要是国家财政预算拨款或特别捐税辅助。

第二，社会救助的对象是社会成员中的一个特殊弱势群体。他们由于没有或丧失了劳动能力（如孤儿、孤苦老人、残疾人等）而没有收入，或者有劳动能力但由于各种原因（如自然灾害、意外事故或其他经济、社会原因）一时或在相当长的时间内减少或丧失了收入，是社会保险不能或不能完全保障的贫困人群，他们连最起码的生活水平都不能维持。

第三，社会救助的实施既要求被救助者提出申请，具有自愿性的特点，又要求按法定的工作程序，对被救助者的实际经济情况做出确切调查，在得到有关部门审核批准后才能实施。

第四，社会救助强调国家及社会对社会救助对象的责任和义务。

社会救助的内容大体可分为三个方面：

第一，自然灾害救助。这是指公民在遭受自然灾害而陷于生活贫困时，由国家和社会紧急提供维持其最低生活水平的资金和物资的社会救助项目。

第二，失业破产救助。这是指公民因企业破产或较长时间失业（超过失业保险期限）而陷入生活困难时，由国家和社会紧急提供维持其最低生活水平的资金和物资的社会救助项目。

第三，孤寡病残救助。这是指公民在因个人生理原因丧失劳动能力而陷入生活困难时，由国家和社会紧急提供维持其最低生活水平的资金和物资的社会救助项目。

三、社会福利

社会福利的含义有广义和狭义两种。

广义的社会福利实际上是广义的社会保障的同义语，是指国家和社会对全体社会成员提供的全部物质和文化生活的保障和福利，除前述社会保险、社会救助外，还包括其他旨在改善与提高国民生活质量的物质福利，以及全部公共的文化、教育、卫生、体育设施和服务。狭义的社会福利，作为社会保障的从属概念，是指与社会保险、社会救助并列的概念，是社会保险体系中日益重要的子系统。

社会福利也具有自身的一些特点，主要表现在以下几个方面：

第一，对象全民化。社会福利的对象是全体社会成员，不论性别、年龄，也不分身份、地域和职业，所有社会成员都有享受社会福利的权利；同时，遵循"机会均等、利益共沾"的原则，努力使每个社会成员都能公平地获得应享有的社会福利待遇。

第二，主体多元化。社会福利的主体可以是国家，也可以是社会福利法人、民间团体和个人。社会福利的这种主体多元化特征，不仅促进了社会共同局面的形成，而且还带来了社会福利财源的多渠道。虽然政府要承担费用的大部分，但是公共团体、企业和个人的投资、资助及社会慈善募捐等，都可以成为社会福利的重要财源。

第三，福利服务化。社会福利与其他社会保障项目相比较，更突出地表现在服务化上。除提供各种福利性补贴外，社会福利还非常重视通过各种社会福利机构、社会福利设施以及专职和志愿人员，向社会成员提供全面的福利服务。福利服务内容广泛，涉及生、老、病、残、衣、食、住、行等方方面面。

社会福利的内容主要包括以下几个方面：

（1）未成年人福利

未成年人泛指劳动年龄或学校毕业年龄以前的婴儿、幼儿、学前儿童、少年，若继续就读于职业高中、高等学校，年龄可一直延伸到 18 岁或 21 岁。未成年人的福利包括：①未成年人的普通福利，如国家和各部门举办的托幼事业、学前教育、儿童健康指导、娱乐活动、儿童少年营养、学生免费午餐、妇幼保健、优生咨询、体格免费检查、儿童卫生中心服务、早产儿照顾、家庭看护等；②不幸未成年人的福利，如未成年人死亡补助、对领养未成年人的监护人员给予补贴等；③生活困难家庭的未成年子女补助。

（2）老人福利

老人福利的对象为属于老龄和长寿年龄的老人，而不论其是否享有退休金。老人福利包括的项目有：老人优待旅行和娱乐、老人免费检查健康状况、敬老院和托老所的设立、老人电话服务、老人家庭服务、老人俱乐部服务、长寿老人补助等。

（3）残疾人福利

残疾人福利包括向残疾人免费提供假肢、康复就业、就业训练，举办残疾人参与的福利生产、盲童学校、聋哑学校、弱智教育等福利项目。

（4）劳动者福利

劳动者福利是指在业者和失业者享受的社会福利服务，例如：集体福利设施的营建和服务，农副产品补贴，困难生活补助，房租优待等。

从上述社会保障的基本内容看，社会救助是社会保障的最低目标，它仅仅保障社会成员最低的生存需要；社会保险是社会保障的基本目标，它保障社会成员的基本生活需要；社会福利是社会保障的最高目标，旨在改善并提高社会成员的生活质量。

四、社会优抚

社会优抚是群众优待和国家抚恤的总称，是国家和社会依据法律规定，对那些为保护人民利益和保卫国家安全而牺牲、伤残的人员及其家属，提供生活和工作上的优待、抚恤、照顾的制度。其中，军人保障是社会优抚的重要组成部分，包括对转业、复员、退伍军人给予妥善安置，对为国捐躯和伤残军人的家属给予精神上的慰藉以及物质上的帮助等。做好社会优抚工作，对于鼓励社会正气、安定军心、维护国家安全和社会稳定，有着不可替代的作用。

社会优抚的内容大致包括以下四个方面：一是军人退伍安置；二是伤残人员或烈属抚恤；三是军烈属优待；四是社会优抚事业（疗养院、教养院、养老院、精神病院等）。在市场经济条件下，社会优抚的内容有所扩充和更新。例如，军人安置更重视就业保障，军人抚恤则根据因战、因公、因病三个层次分别实施，军人社会保险和军人福利也被充实进来。

结合我国的实际情况，社会优抚具有以下几个特点：

（1）实行群众优待和国家抚恤并举的方针

群众优待主要是帮助优抚的对象及时解决生活、生产中的各种困难；国家抚恤主要是维持优抚对象的基本生活水平。两者并举，可以保证优抚对象基本生活保障的落实。

（2）制定保障标准应因地制宜、因人制宜

首先，必须根据本国的国情和国力制定保障标准，并随经济发展和国民收入的提高同步增长；其次，必须根据当地的经济发展水平和人民生活水平来制定保障标准，也就是要根据当地的实际情况来制定保障标准；最后，必须根据对国家的贡献大小和困难程度，确定优抚对象的保障标准。

（3）物质保障与精神鼓励相结合

在社会优抚中，无论是群众待遇还是国家抚恤，都必须提供物质保障，保障费用基本由国家财政负担，并专款专用于优抚对象。与此同时，精神鼓励是社会优抚的一项重要内容，包括精神抚慰制度以及给予各种社会荣誉和奖励等。两者结合能够充分满足优抚对象的各种需要，对于提高优抚对象的生活质量，是一项重要措施。

五、补充保障

在各国的社会保障体系中，除由政府主导并由专门法律具体规范的基本社会生活保障制度外，往往还有一些非正式的社会保障措施同时存在并发挥着相应的功能作用。慈善事业、社区服务、企业年金、商业保险、家庭保障等在客观上均不同程度地发挥着社会保障的作用，从而亦是现代社会保障体系的有机组成部分。

1. 慈善事业

慈善事业是建立在社会捐献基础之上的一种民办社会救助事业，它以社会成员的慈爱之心为道德基础，以社会各界的自愿捐献为经济基础，以民间公益事业团体为组织基础，以大众参与为发展基础。在实践中，慈善机构根据捐献者的意愿，对需要帮助的社会成员进行物质帮助，从而是现代社会保障体系中的特殊组成部分。

发达国家和地区的经验表明，发展慈善事业是当代社会化解诸多社会问题、促进社会良性发展的一条重要、有效的途径。许多慈善事业不仅能有效地弥补政府基本社会保障制度的不足，而且对处于困境且无力自行摆脱危难的社会弱势群体提供了更多的来自社会的救助和关爱，进而充当着沟通不同社会阶层的桥梁，有效地协调着社会关系，促进整个社会的安定、和谐发展。不仅如此，慈善事业还直接弘扬了优良的社会道德，净化了社会风气，从而有助于推动社会文明的进步。

2. 社区服务

社区服务是指在政府引导下，以社区组织为依托，在城乡一定层次的社区内以全体社区居民为对象，以特殊群体为重点，运用灵活多样的形式向他们提供福利性服务的一种社会化保障机制。在 20 世纪 30 年代，国外就开始出现社区这种社会基层组织，并相应出现社区服务这种形式，发展到今天，它已成为社会保障体系的一项新内容。

社区服务属于社会服务范畴，但又不同于一般的社会服务，它是指以社区为单位组织的社会服务。其特点主要是：第一，自主性。它不依赖政府或等待外援，而是社区从本社区居民的需要出发，自主筹办并自觉地为社区居民就近提供服务，是社区居民以自助、互助为特征的自我服务。第二，社会性。社区服务的组织管理强调动员社区范围有关组织和个人广泛参与，既可以适应社会生活的需要，又可以在社会共同关心下健康发展，它是福利事业社会化的基础形式与重要途径。第三，多样化。社区服务采取社会效益和经济效益并重的方针，针对不同对象实行有偿、低偿、无偿等不同的服务方式，以有偿服务为主，并在实践中取得自我生存、自我发展的能力，既不增加国家负担，又能长盛不衰地为国家分忧、为民解愁。

3. 企业年金

企业年金是指由企业建立的面向本企业职工的一项补充养老保险制度，是职业福利或机构福利中日益重要的组成部分，是对政府主导的基本养老保险制度的重要补充。

由于企业年金具有调和劳资关系、改善劳动者福利和补充基本养老保险制度的多重功能，它一般能够得到政府的税收优惠，其费用通常可以列入企业成本，并允许企业在规定的额度内实行税前开支。

4. 商业保险

商业保险是指保险人与投保人或被保险人通过保险合同建立保险关系的一种商业交易行为，是由投保人或被保险人向保险人支付一定的保险费，将自己特定的风险转移给保险人，当约定的风险或事件发生后，由保险人依据保险合同支付赔款或保险金的一种风险管理机制。商业保险包括人寿保险、人身意外伤害保险、健康保险及各种财产保险、责任保险等。

　　需要指出的是，商业保险的发展，能够在一定程度上解除社会成员的后顾之忧并弥补基本社会保障制度的不足，但商业保险毕竟是一种商业行为，追求利润是商业保险的根本目的。因此，无论商业保险多么发达，均不能替代基本社会保障。

　　5.家庭保障

　　家庭保障虽然不是社会性保障机制，但对于亚洲国家而言尤其是中国，它又确实是可靠且稳定的一种生活保障机制。家庭保障是指在家庭内部、家庭成员之间相互提供包括经济保障、服务保障和精神慰藉等内容在内的生活保障机制，它在保障社会成员的生活方面通常与国家和社会负责的社会保障并驾齐驱。

　　最后，应该指出：补充保障的财源虽来自多种渠道，但又是独立的，它的经营方式应尽可能贴近市场操作；政府主要是提供政策支持和各种服务，以及勤于监督，必要时还应通过法律手段进一步规范，使之能够更加健康地成长。

第三节　中国的社会保障制度

　　1949 年以后，我国建立和发展了适应计划经济体制的社会保障制度，并形成了较为完整的体系，但其保障的社会性差、运行机制僵化、保障程度低等弊病非常明显。自改革开放以后，随着社会主义市场经济的发展，传统的社会保障制度越来越不适应新的体制，因此，20 世纪 80 年代初，我国对社会保障制度进行了全面改革。经过 10 余年的摸索、实践以及不断地吸取国际经验，我国已初步建立了以社会保险、社会福利、社会救济制度为主体的社会保障体系。随着我国社会经济的发展，社会保障制度将逐步规范和完善。

一、中国社会保障制度的建立与发展

　　在中国社会中，社会保障的意识和措施由来已久。孟子曾说，鳏寡孤独"此四者天下之穷民而无告者。文王发政施仁，必先四者"。[①]在古代，我国对于老弱病残和鳏寡孤独的照顾采用多种多样的方式，有宗族设立的公产、义田和义仓，也有政府设立的常平仓等；但总体上，这些救济措施许多是临时性的、局部的，作用非常有限。历代政府施赈和实行其他救济的目的，主要是在天灾人祸中安抚百姓。同时，以小农为主体的自然经济特性，也缺乏形成现代意义上的社会保障制度的经济基础。

　　在中华人民共和国诞生前，中国共产党于 1949 年 4 月 1 日已在东北公布实行《东北公营企业战时劳动保险条例》。在中华人民共和国成立后，中央人民政府于 1951 年公布了《中华人民共和国劳动保险条例》；同时，以独立法规的形式，制定并实行了公共卫生保健、社会救济、社会福利等社会保障制度。此后，我国逐渐建立了适应计划经济体制的社会保障制度，并发挥了一定的作用。20 世纪 80 年代初

---

　　① 孟轲. 孟子［M］. 上海：上海古籍出版社，1987：12.

期，随着我国经济体制改革的不断深入，传统的社会保障制度越来越不能适应市场经济发展的需要，暴露的问题也越来越多，社会保障制度的改革便成为必然。从20世纪90年代开始，我国社会保障制度的改革取得了实质性的进展。总结50年来中国社会保障制度的形成和发展过程，大致可分为四个阶段：

第一阶段，从中华人民共和国成立初期到1965年，这是我国社会保障制度的创建阶段。中国共产党在未取得全国政权之前，在革命根据地已开始实行以为人民服务为宗旨的社会保障制度，并颁布了相应的条例法规。例如，1931年在中央苏区颁布了《中华苏维埃共和国劳动法》，1940年颁布了《陕甘宁边区劳动保护条例》《苏皖边区劳动保护条例》《晋冀鲁豫劳动保护条例》，1948年东北行政区颁布了《东北公营企业战时暂行劳动保险条例》等。

1949年中华人民共和国成立后，经济萧条、通货膨胀、工人失业等社会问题严重影响了社会稳定和经济发展。为了保障职工生活，促进经济发展，政府在1951年2月颁布了《劳动保险条例》（以下简称《条例》）。作为中华人民共和国成立后的第一个社会保障法规，《条例》建立了职工养老保险，职工疾病及医疗保健，职工因工致伤、致残、死亡保险，职工生育保险，职工供养直系亲属医疗及死亡保险等多种保险项目；具体规定了保险的实施范围为100名工人职员以上的国营、公私合营、私营及合作经营的工厂、矿场及其附属单位与业务管理机关，铁路、航运、邮电三行的各企业单位与附属单位。《条例》具体规定了职工在疾病、伤残、死亡以及养老等方面可以享受的保险待遇。《条例》还具体规定：职工享受劳动保险的各项费用全部由实行劳动保险的各企业行政单位或资方负担，劳动保险费的缴纳由中国各级工会组织办理；中华全国总工会为全国劳动保险事业的最高领导机关，统一负责全国劳动保险事业；中央人民政府劳动部为全国劳动保险业务的最高监督机关，负责监督《劳动保险条例》的实施。

《劳动保险条例》的颁布与实施，使我国形成了除失业保险以外的老年保险、工伤保险、疾病保险、生育保险、遗属保险等社会保险体系，标志着中国以社会统筹为特征的社会保险制度已初步确立。

1953年1月，政务院鉴于当时的国民经济恢复任务已基本完成、国家开始社会主义建设的情况，修订了《劳动保险条例》，劳动部又颁布了《劳动保险条例实施细则修正草案》。与1951年的《劳动保险条例》相比，修订后的条例和实施细则草案把实施范围扩大到一般工厂、厂矿和交通事业的基本建设单位、国营建筑公司；同时提高了部分劳动保险项目的待遇水平，如退休费的替代率由原来的35%~60%提高到60%~80%，因工死亡丧葬费由2个月的企业平均工资提高到3个月等；还规定合作社经营的工厂、矿场及其附属单位，按国营企业的办法实施劳动保险待遇。1956年，企业社会保险的实施范围扩大到商业、外贸、粮食、供销合作社、金融、民航、石油、地质、水产、国营农场、造林等14个产业和部门，社会保险覆盖了当时各类企业职工的94%。

在企业社会保险建立的同时，机关事业单位的社会保险也逐步建立起来。例如，1952 年政务院颁布的《关于对人民政府、党派、团体及所属事业单位的国家机关工作人员实行公费医疗预防措施的指示》、1955 年国务院颁布的《国家机关工作人员退休处理暂行办法》和《国家机关工作人员退职处理暂行办法》、1956 年颁布的有关女工保护条例等，使养老、疾病、死亡、生育等主要社会保险项目基本建立起来。

此外，我国政府开始建立社会救济、社会福利和优抚安置等保障制度，如 1950 年内务部公布的有关革命军烈属优抚工作的 5 个条例、1950 年颁布的《工会法》中对工会在改善职工福利方面的有关规定、1956 年的全国总工会颁布的《职工生活困难补助办法》、1957 年国务院发出的《关于职工生活方面若干问题的指示》等。至 1957 年年末，我国社会保障制度建设取得了重大进展，社会保险、社会救济、社会福利和优抚安置等一系列社会保障法规都基本建立起来，它对保障职工权益、稳定社会生活、促进经济发展都起到了重要作用。

1957—1965 年，政府根据社会保障制度的实施情况，对其作了一些调整。在养老保险方面，1958 年国务院通过了《关于工人、职员退休处理的暂行规定（草案）》和《关于工人、职员退职处理的暂行规定（草案）》，将原来企业与行政事业单位分设两套的退休、退职制度合并为一个。在退休、退职的条件、待遇、标准上也都作了修正。例如，增加了职工因身体衰弱可以经医生证明提前退休的规定；制定了职工因工作致残完全丧失劳动能力后退休的待遇；适当放宽了退休的工龄；对有特殊贡献职工的退休待遇提高 5%；进一步把退休制度扩大到供销合作社和部队无军籍职工。

在医疗保险方面，针对企业劳动保险医疗和国家机关公费医疗中存在的浪费现象，中央于 1965 年批转了卫生部党委《关于把卫生工作的重点放到农村的报告》。卫生部和财政部发出了《关于改进公费医疗管理问题的通知》，劳动部和全国总工会发出了《关于改进企业职工劳保医疗制度几个问题的通知》，分别对公费和劳保医疗的整顿做出了具体规定。新规定要求：职工就医要收挂号费；营养滋补品除特批外一律自理；职工因工受伤或因职业病住院，本人需承担 1/3 的膳费等。此外，1963 年，国务院在批转劳动部的有关报告中，对硅肺病人的生活待遇和保险福利等也作了具体规定。

在精简、下放职工的安置方面，1962 年国务院颁布了《关于精简职工安置办法的若干规定》和《关于精简退职老职工生活困难救济问题的通知》，规定凡精简下来的老弱残职工，符合退休条件的作退休安置，不符合退休条件的作退职处理。此外，还规定：对家庭生活有依靠者，发给退职补助费；对家庭生活无依靠者，由当地民政部门按月发给相当于本人原工资 40% 的救济费。同时政府对大量"大跃进"时期从农村招收的工人也采取了精简回乡的措施，落实了相关的待遇。

1960 年 7 月，全国总工会制定并颁布了《关于享受长期劳动保险待遇的移地支付试行办法》。该办法规定：凡享受退休金、因工致残恤金和非因工致残恤金的职工，以及享受遗属恤金的家属，若已迁移居住地点，可由本人提出申请，办理移地支付手续，并到新迁移地的工会组织负责领取劳动保险金；迁入新居住地的职工患病，有权在新区指定的医疗机构就医，所需医疗费由支付保险待遇的工会组织报销。

在社会福利和社会救济、优抚方面，1963年国家提高了国家机关工作人员的福利费待遇；1962年内务部和财政部颁发了《抚恤、救济费管理使用办法》，对合理使用抚恤金、救济费起了很大作用；1965年国务院发出通知，要求解决精简回乡职工的生活问题。

第二阶段，1966—1976年。在这段时期，我国政治、经济、文化和社会生活均受到严重破坏。社会保障事业处于停滞和倒退之中。社会保险管理机构被撤销，总工会、劳动部、民政部、卫生部和人事部等部门长期处于瘫痪状态；中华人民共和国成立以来建立的各种社会保障法律法规和制度实际被废止，社会保障工作无章可循；社会保障基金被停止提取，退休费用的社会统筹被取消。社会保险变成了企业保险。1969年2月，财政部发出《关于国营企业财务工作中几项制度的改革意见（草案）》，规定"国营企业一律停止提取劳动保险金，企业的退休职工、长期病号工资和其他劳保开支，在营业外列支"。这一"改革"意见完全破坏了社会保障的统筹调剂作用，造成企业负担失衡，也使积累基金调节人口老龄化负担高峰的职能完全丧失，成为当今社会保障问题的根源。从此，社会保障由企业自保的格局逐步形成。

第三阶段，1977—1992年。随着社会主义市场经济的逐步建立，企业制度和劳动制度改革的不断深化，社会保障制度也被作为经济体制改革中的一项重要内容而加以研究和推进。但此阶段主要的工作只是根据新的情况，对原有制度进行一些修改和补充，具体内容包括以下几个方面：

第一，企业劳动保险方面。政府逐步颁布了有关劳动保险的通知，对手工业合作社职工的社会保险待遇，集体卫生人员的退休、退职等做出了规定。1980年3月14日国家劳动总局、全国总工会联合发出《关于整顿与加强劳动保险工作的通知》，规定了整顿劳动保险的目的、内容、业务分工等问题。紧接着，在全国范围内对中断的国营企业劳动保险管理工作进行整顿和恢复，主要内容是：清理"文化大革命"期间各种不符合国家劳动保险政策规定的错误支付并加以纠正；恢复和健全劳动保险的管理机构；对从事社会保险业务的工作者进行专业培训。

第二，职工退休退职方面。1978年6月2日，国务院颁发了《关于安置老弱病残干部的暂行办法》和《关于工人退休、退职的暂行办法》，对老弱病残干部及工人退休、退职后的安置、退休待遇等做出了明确的规定。

第三，死亡抚恤待遇方面。1979年1月8日，财政部、民政部联合发出《关于调整军人、机关工作人员、参战民兵民工牺牲、病故抚恤金标准的通知》。1980年6月4日，国务院颁发了《革命烈士褒扬条例》。

第四，社会福利方面。自1976年以后，修改并增设了若干职工福利补贴制度，提高了职工福利补助起点标准，增加了福利基金的来源。从1984年起，部分地区开始探索养老保险制度改革，在国有企业和大部分城镇集体企业中推行养老社会统筹，确定实行职工个人缴费制度。一些地区还推行了社会统筹与个人账户相结合的制度。相关事业单位和部分农村也进行了养老保险制度改革的试点。

第四阶段，从1992年起至今。党的十四大报告在第一次提出建立社会主义市场经济体制的同时，也第一次明确地把深化社会保障制度改革作为经济体制改革的重要环节之一。1993年中国共产党第十四届中央委员会第三次全体会议通过了《中共中央关于建立社会主义市场经济体制若干问题的决定》（以下简称《决定》），这项决定提出：按资金筹集方式、保障目标分类，我国社会保障体系大致由三大部分构成，含13个项目，由国家、工作单位和个人共同负担。第一部分是主要由国家财政支付的保障项目，主要为社会救济、社会福利、优抚安置、社区服务四项。第二部分是由法律规定强制实施的社会保险，包括养老、失业、医疗、工伤、生育和住房六项。这些项目涉及面广，直接影响人民生活的最基本方面，是中国社会保障制度的主体。第三部分是以自愿为原则的商业保险，主要是个人投保、企业投保和互助性保险三项。这些项目可以满足社会各方面、各阶层的不同需求，是社会保障主体部分的一个补充，使中国社会保障更加灵活、有效、丰富多彩。为了加强对社会保障工作的管理，国务院成立了劳动和社会保障部，逐步统一对社会保障基金的管理，将过去分别由各企业、各行业分头征集资金、提供保障的办法，逐步转向由社会统筹与个人账户相结合的制度，以便与经济体制的改革相适应，与劳动力跨行业流动扩大的情况相适应，与社会保障基金的需求日益增长的状况相适应。养老资金的管理模式从计划经济下的现收现付制转变为部分基金制。全国许多地区的试点工作说明：采用这种新的管理模式是完全必要的，但也还存在着许多需要进一步解决的问题。其中，最主要的就是由此而引起的双重负担问题、扩大社会保障覆盖面的问题及社会保障基金的分摊问题。这些问题的解决涉及能否正确体现社会保障的劳动属性、分配属性、保障属性和互济属性。与此同时，还应当解决好社会保障基金来源的可靠性，资金的保值与增值以及资金的易分割性，以便有效用好资金，使之发挥最大效益，保证社会稳定、人民生活水平提高。

二、中国社会保障制度的现状

党的十八大以来，以习近平同志为核心的党中央不断进行全面深化改革，我国社会保障改革成果显著，社会保障制度有了更进一步的发展。在养老保险、失业保险、医疗保险、社会救助、管理体制等各方面均取得了实质性进展。

（一）养老保险制度改革

1.城镇企业职工养老保险制度改革

自中华人民共和国成立以来，我国城镇企业职工养老保险采取现收现付制的社会统筹办法，养老保险费全部由国家和企业承担，个人不缴费。

1991年6月《国务院关于企业职工养老保险制度改革的决定》提出，改变养老保险由国家和企业包下来的办法，实行国家、企业、个人三方共同负担，即职工个人也要缴纳一定的费用；同时规定，企业和职工个人缴纳的基本养老保险费转入"养老保险基金账户"。

1995 年国务院发布《关于深化企业职工养老保险制度改革的通知》，其中提出了企业职工养老保险制度改革的目标、原则，规定基本养老保险费由企业和个人共同负担，实行社会统筹和个人账户相结合的办法。

1997 年国务院颁发了《关于建立统一的企业职工养老保险制度的决定》，要求各地现行的多种养老保险制度，向全国统一的养老保险制度并轨。

截至 1998 年年底，全国除个别地区外，都已按统一的社会统筹与个人账户相结合的养老保险制度运行。

2014 年人力资源和社会保障部、财政部印发《城乡养老保险制度衔接暂行办法》，解决了城镇职工与城乡居民两大制度的衔接问题。

2016 年人力资源和社会保障部印发《关于城镇企业职工基本养老保险关系转移接续若干问题的通知》，进一步完善了企业职工养老保险关系转移接续的相关规定。

2018 年 6 月 14 日，为均衡地区间企业职工基本养老保险基金负担，实现基本养老保险制度可持续发展，国务院决定建立养老保险基金中央调剂制度，自 2018 年 7 月 1 日起实施。

2. 机关事业单位养老保险制度改革

我国在 1955 年开始建立机关事业单位退休制度，这项制度起步晚，在随着社会主义市场经济不断发展的同时也暴露出了许多问题，如双轨制、待遇差等。要求对机关事业单位养老保险制度进行改革的呼声越来越高。

2008 年，国务院原则通过了《事业单位工作人员养老保险制度改革试点方案》，确定在山西、上海、浙江、广东、重庆 5 省市先期开展试点，与事业单位分类改革配套推进。

2009 年 1 月，国务院要求 5 个试点省市正式启动此项改革，实现企业与机关事业单位之间制度能够衔接、事业单位养老保险制度改革与企业基本一致。

党的十八大和十八届三中全会明确提出要推进机关事业单位养老保险制度改革，《社会保险法》和社会保障"十二五"规划也作了相应规定。

2014 年 12 月，第十二届全国人民代表大会常务委员会第十二次会议 23 日审议了国务院关于统筹推进城乡社会保障体系建设工作情况的报告，该报告指出，我国将推进机关事业单位养老保险制度改革，并建立与城镇职工统一的养老保险制度。

2015 年 1 月，国务院印发了《关于机关事业单位工作人员养老保险制度改革的决定》，全面展开机关事业单位养老保险制度改革。这标志着废除了存在近 20 年的养老金"双轨制"，大约 4 000 万的机关事业单位人员同样需要缴纳养老金。

人力资源和社会保障部、财政部 2017 年印发《关于机关事业单位基本养老保险关系和职业年金转移接续有关问题的通知》，解决了职工在机关事业和企业之间流动就业时基本养老保险和补充养老保险关系的转移接续问题。

3. 城乡居民基本养老保险制度

新型农村基本养老保险制度和城镇居民基本养老保险制度在 2012 年实现全覆盖。2014 年 2 月，国务院印发了《关于建立统一的城乡居民基本养老保险制度的意见》，将两项制度合并实施。至 2015 年年底，全国所有县级行政区基本完成两项制度的整合，实现了制度名称、政策标准、管理服务、信息系统"四统一"。城乡居民基本养老保险拥有 51 255 万参保人，在全世界范围内是覆盖人数最多的养老保险制度，截至 2017 年年底，领取待遇人数达到 15 598 万人。

（二）失业保险制度改革

自改革开放以来，失业问题一直是有争论的问题，为避免冲突，1986 年国务院在第一次制定《国有企业失业保险暂行规定》时，采用了"待业保险"的概念。1993 年国务院颁发了《国有企业职工待业保险规定》和《国有企业富余职工安置规定》，初步建立了失业保险制度。近年来我国劳动力市场发生了较大变化，原有的失业保险规定已不适合市场经济的需要，为此，1999 年 1 月国务院颁发了《失业保险条例》，对失业保险制度起到了规范作用，标志着中国失业保险制度的改革进入了新的发展阶段。

2014 年 11 月，为了贯彻党的十八届三中全会关于增强失业保险制度预防失业、促进就业功能的精神，人力资源和社会保障部与有关部门一起印发了《关于失业保险支持企业稳定岗位有关问题的通知》，对于在兼并重组、化解过剩产能、淘汰落后产能过程中采取措施后能够稳定职工队伍的企业，由失业保险基金拿出一部分资金作为稳岗补贴。

2015 年 4 月，国务院印发《国务院关于进一步做好新形势下就业创业工作的意见》（国发〔2015〕23 号）。该《意见》指出，将失业保险支持企业稳岗补贴政策的范围扩大到所有符合条件的企业。在经济发展疲软、企业转型升级困难、工人失业风险增大的情况下，失业保险在预防失业、稳定就业岗位的政策中发挥了重要作用。2015—2016 年，全国共发放 364 亿元的稳岗补贴给予近 54 万户企业，惠及职工 6 561 万人。这项政策使得企业切身感受到了政府的关心和支持，有利于企业切实积极履行稳定就业岗位的社会责任，更进一步促进了职工岗位稳定和社会稳定。

（三）医疗保险制度改革

1. 积极整合城乡居民基本医疗保险制度

2016 年，国务院印发了《关于整合城乡居民基本医疗保险制度的意见》，为了建立统一的城乡居民基本医疗保险制度，必须把城镇居民基本医疗保险与新型农村合作医疗进行整合，以此来实现覆盖范围、筹资政策、保障待遇、医保目录、定点管理、基金管理"六统一"。目前，30 个省、自治区、直辖市及新疆生产建设兵团对整合制度的部署全面开始，统筹地区接连出台方案并准备开始实施，对于进一步提高基本医保制度公平性具有积极作用，参保人员特别是农村居民的保障水平得到提升。

2. 全面实施城乡居民大病保险

我国城乡居民大病保险试点在 2012 年开展实施。2015 年，国办印发了《关于全面实施城乡居民大病保险的意见》，所有地级市全面启动实施大病保险，支付比例将达到 50% 以上。2016 年，在精准扶贫的要求下，保险不断巩固完善大病保险，对贫困人口等困难人员实行精准施策，在起付线、报销比例等方面给予重点倾斜。"十二五"期间，大病保险覆盖已经达到 9.2 亿人，普遍提高了报销比例 10~15 个百分点，有将近 345 万大病患者从中直接受益，强有力地缓解了"因病致贫、因病返贫"现象。2017 年，民政部、人力资源和社会保障部等部门印发了《关于进一步加强医疗救助与城乡居民大病保险有效衔接的通知》，加强两项制度的政策衔接和经办协作。

3. 开展长期护理保险制度试点

截至 2016 年年底，我国 60 岁及以上老年人口约有 2.3 亿人，占总人口 16.7%，其中失能、半失能老年人口大约 4 000 多万人，约占老年人口的 18.3%。为了满足庞大的长期护理需求，2016 年人力资源和社会保障部印发了《关于开展长期护理保险制度试点的指导意见》，选择了 15 个城市进行长期护理保险制度试点，立足于我国国情，为与长期失能人口的基本生活照料及生活密切相关的医疗护理提供保障。这将为我国应对人口老龄化问题开辟新路径，更好地满足失能老年人的长期护理需求，更有利地维护和保障老年人权益。

4. 跨省异地就医直接结算

为了更好地保障流动就业人员基本医疗保险权益，2015 年人力资源和社会保障部、国家发改委、财政部、国家卫计委印发了《关于做好进城落户农民工参加基本医疗保险和关系转移接续工作的办法》，确定了进城落户农民工的参保政策，对基本医疗保险关系转移接续手续进行了明确规范，医疗保险关系转移接续中当事人的权益得到了保障，经办服务机构和相关主体的责任更加明确。为更好地落实该《办法》，2016 年又印发了《流动就业人员基本医疗保险关系转移接续业务经办规程》，更进一步完善了转移接续经办管理服务的相关规定。与此同时，为了患者在异地方便就医，异地就医住院费用直接结算工作不断推进。2016 年 12 月，人力资源和社会保障部发布了《关于做好基本医疗保险跨省异地就医住院医疗费用直接结算工作的通知》，对异地就医的目标任务、工作原则、异地就医结算流程和管理服务标准等进行了明确的规定，这为不断推进该项工作的顺利进行提供了政策基础。跨省异地就医直接结算工作取得突破性进展，截至 2018 年 5 月 31 日，国家平台备案人数 257 万，2018 年以来平均每个工作日增加 4 923 人。跨省异地就医定点医疗机构数量继续增加，数量已经达到 9 487 家。基层医疗机构覆盖范围不断扩大，二级及以下定点医疗机构达 7 072 家。

（四）改革完善社会救助，逐步建立城市居民最低生活保障制度

随着改革不断深入，在经济结构调整和企业转换经营机制的过程中，我国各地

城市出现了由于失业、下岗而导致的新贫困群体。面对这一社会问题，国务院于1997年9月颁发了《关于建立城市居民最低生活保障制度的通知》，并要求在1999年年底以前全国所有城市都要建立这一制度。目前，这一制度基本上已在全国各城市建立并实施，它对于帮助社会成员抵御生存危机、防止贫困，维护社会安定，均产生了积极影响。

在建立城市居民最低生活保障制度的同时，一些地区还进行了建立农村最低生活保障制度的试点工作。目前，全国参加城乡低保的人数已经达到7 000多万人，其中，城市低保2 000多万人，农村低保5 000多万人。最低生活保障制度的建立是对我国社会救助制度的改革和完善，目前已取得了很大进展，但是还存在需要进一步探索和完善的问题，如保障对象和保障标准如何确定，如何开拓保障资金渠道，以及如何使保障制度法制化和规范化等。

（五）社会保障管理体制的改革

长期以来，我国的社会保障工作尤其是社会保险工作，由多部门管理，办事效率低。由于管理体制不顺，影响了社会保障制度的改革进程和改革绩效，也给实际工作造成了许多矛盾和困难。1998年3月，国务院通过了机构改革方案，新组建了劳动和社会保障部。劳动和社会保障部的职责是全面制定、组织劳动和社会保障工作，包括基本方针、政策及总体改革方案的拟定，发展规划和年度工作计划的编制、组织和实施等。劳动和社会保障部的建立和运作，使社会保险由劳动部、人事部、工会、民政部、卫生部等各部门分头主管的局面得到改变，形成了社会保险的统一管理体制，为提高管理效率和管理水平创造了条件。

基于新时代新任务新要求，党的十九届三中全会通过了《深化党和国家机构改革方案》，在这次国务院机构改革中，社会保障管理成为其中一项非常重要的内容，它涉及新部门组建和原有部门的职能调整，社会保障受到了更高的重视，突出体现了社会保障管理体制从过去的部门分割走向优化的目标。

一方面，这次机构改革减少了正部级机构8个、副部级机构7个，将原来人社部的城镇职工和城镇居民基本医疗保险与生育保险职责、国家卫计委的新型农村合作医疗职责、国家发改委的药品和医疗服务价格管理职责、民政部的医疗救助职责整合在一起组建国家医疗保障局，这一整合符合同一类业务或事务由一部门统一管理的原则。将原来民政部的退役军人优抚安置职责、人社部的军官转业安置职责、中央军委政治工作部、后勤保障部有关职责整合在一起设立退役军人事务部，这保证了同一类人的保障、安置及相关事务由一部门统一管理。这一部一局的设立，确立了社会保障在国家事务与国家治理中更加重要的地位。

另一方面，新增部门和相关部门的职责调整极大地优化了社会保障管理体制。例如，退役军人事务部、国家医疗保障局的设立，为退役官、兵分割管理和不同群体医疗保障分割管理的行政管理扫除了很大障碍，这将充分体现公平、提高效率。再如，由国务院管理的全国社会保障基金理事会划归财政部管理，使这一机构纯粹负责基金运营、实现保值增值目标的性质更加合理。将民政部的救灾职责、国家减灾委职责整合在一起成立应急管理部，并将组织灾害救助体系建设的职责赋予应急管理部，这是政府救灾回归本位的一项行政措施。将银监会与保监会合并，将会为保险资金正规有序地融资提供一个大好环境，真正使保险业姓"保"，更好地发展商业保险，并且会对社会保障体系建设产生助力。

（六）社会保障的法律制度建设有了较大发展

1994 年 7 月，《中华人民共和国劳动法》颁布实施，对保护劳动者的合法权益，调整劳动关系，建立并维护适应社会主义市场经济的劳动制度和社会保障制度，促进经济发展和社会进步发挥了重要作用。

为了规范商业保险活动，保护保险当事人的合法权益，加强对保险业的监督管理，促进保险事业的健康发展，1995 年 6 月《中华人民共和国保险法》颁布实施。

在对特殊人群的社会保障方面，1995 年 6 月颁布了《中华人民共和国残疾人保障法》。

在更好维护公民参加社会保险和享受社会保险待遇的合法权益方面，2010 年10 月颁布了《中华人民共和国社会保险法》。它的颁布实施，是我国社会保障法制建设中的又一个里程碑，有效促进了我国社会保障事业的发展。

2015 年，为了拓宽养老保险基金保值增值的渠道，国务院印发了《基本养老保险基金投资管理办法》，并出台了《职业年金基金管理暂行办法》及 4 个配套文件，实现了职业年金的基金制度化、规范化管理。

2016 年 3 月，第十二届全国人民代表大会第四次会议通过了《慈善法》，同日由国家主席以第 43 号主席令予以公布，自 2016 年 9 月 1 日开始施行，全文共 12章 107 条。这部国家大法的制定，体现了我国扶贫、脱贫工作在法治方面又迈出了坚实的一步，在构建多层次的社会保障体系中增加了浓重的一笔。

在养老保险三大支柱体系中，基本养老保险"一支独大"，第二支柱企业年金的发展不是很令人满意，为补齐第三支柱商业养老保险的短板，2018 年 5 月，中国银行保险监督管理委员会制定发布了《个人税收递延型商业养老保险业务管理暂行办法》。

三、中国社会保障制度存在的问题

我国社会保障制度的改革，经过 10 余年的发展，许多制度从保障方式到管理体制都进行了彻底的变革，新的制度和保障体系已初步形成。但不可否认，在变革过程中，还存在着许多问题，主要有以下几个方面：

第一，社会保障还没有实现全社会的覆盖。在社会保障制度中最基本和核心的内容是社会保险，同时在客观上要求全社会覆盖。或者说，全社会覆盖是社会保险实现社会公平的基本要求和条件。但从目前来看，现行的社会保险离全社会覆盖仍有差距。据统计，截至 2017 年年末，全国参加城镇职工基本养老保险的人数为 40 293 万人，比上年年末增加 2 364 万人。参加城乡居民基本养老保险的人数为 51 255 万人，比上年年末增加 408 万人。参加基本医疗保险的人数为 117 681 万人，比上年年末增加 43 290 万人。其中，参加职工基本医疗保险的人数为 30 323 万人，比上年年末增加 791 万人；参加城乡居民基本医疗保险的人数为 87 359 万人，比上年年末增加 42 499 万人。参加失业保险的人数为 18 784 万人，比上年年末增加 695 万人。2017 年年末全国领取失业保险金的人数为 220 万人。参加工伤保险的人数为 22 724 万人，比上年年末增加 834 万人，其中参加工伤保险的农民工的人数为 7 807 万人，比上年年末增加 297 万人。参加生育保险的人数为 19 300 万人，比上年年末增加 849 万人。

2017 年年末全国共有 1 264 万人享受城市居民最低生活保障，4 047 万人享受农村居民最低生活保障，467 万人享受农村特困人员救助供养。基本养老金制度在我国覆盖了超过 8 亿人口，占我国总人口的 64%，绝对数字十分庞大，但还是存在明显的覆盖不足。我国还有接近 5 亿的人口尚未参与基本养老保险，同时这些群体也没有参加企业年金，这类群体未来的养老将会成为一个严峻的问题。

第二，权责关系不清晰。我国现行的社会保障制度还没有做到真正明确政府、市场、个人的责任，中央政府与地方政府的责任界定不明确，政府与市场的责任划分不清，市场主体和社会组织可作为的空间受到限制，这会让政府的责任更加沉重，而市场主体、社会组织和个人则缺乏活力。比如在医疗保险方面，政府在新型农村合作医疗和城乡居民医疗保险筹资中占比较高，除此之外，在商业健康保险方面始终得不到快速发展。再比如在养老保险方面，第一支柱基本养老保险"一支独大"，而作为我国第二支柱的企业年金只有大约 5% 的人参保，商业养老保险参保人数更是微乎其微。这些都体现了政府责任大，社会和个人责任小。这种极端的权责关系不利于我国社会保障体系的平衡发展。

第三，公平性不足问题。国际劳工组织公开资料显示，全世界社会保障覆盖率只有一半，然而加上中国则达到了 61%。以此表明，我国社会保障制度大体上实现了普惠性要求，但公平性不足问题依然存在。比如，制度分割造成的不公平，新型农村社会养老保险自 2010 年 10 月 1 日开展，到 2012 年年底，就实现了新农保全覆盖，城镇居民社会养老保险从 2011 年 7 月 1 日开始实行，用一年多的时间同步实现了城镇居民社会养老保险全覆盖，2014 年 2 月国务院决定将这两类制度统一整合为"城乡居民基本养老保险"。从 2014 年 10 月 1 日起，机关事业单位职工养老保险和企业职工基本养老保险合并，一致称为"职工基本养老保险"。自此出现了两套制度，即职工基本养老保险和城乡居民基本养老保险，虽然两者同时并存但却相互独立，劳动者如果没有参加职工基本养老保险，一律要求参加城乡居民基本养老保险。换句话说，就是经过了多次合并改革之后，我国基本养老保险仍然存在"双轨制"。再比如，在统筹层次方面，早在 2010 年，为了解决基本养老保险统筹层次低的问题，《社会保险法》规定基本养老保险要采取全国统筹，紧接着在"十二五"规划期间，也提出要完成基本养老保险全国统筹，遗憾的是这一目标并没有实现，职工养老还是省级统筹，由于存在着中央政府与地方政府之间的利益博弈，全国统筹可以说举步维艰，虽然为了实现全国统筹，国务院发布了《关于建立企业职工基本养老保险基金中央调剂制度的通知》，从 2018 年 7 月 1 日起正式实施养老保险基金中央调剂制度，但紧接着可能会出现"贡献方"与"受益方"之间的不公平，全国统筹任重而道远。

第四，社会保险资金缺口较大，管理体制不够完善。随着我国人口老龄化速度的加快，人口抚养负担也在逐步加强，领取养老金的人数在不断增加，赡养率在不断提高，特别引人关注的是东北三省的赡养率整体上已经超过了 60%，让人担忧的是基本养老保险的实际缴费率仅有 80% 左右，这使得我国的社会保障资金压力越来越大，资金缺口也越来越明显。此外，由于社会保险资金的保值增值能力较差，社保结余基金只存放在银行，收益率很低。目前社会保障资金管理的另一个问题是社会保险费欠缴现象严重，逃避参保缴费现象比较普遍。社会保险基金以全部职工工资总额为基数征缴的征收率比较低，长期欠费很难清理；在社会保险待遇支付方面也存在一定漏洞，弄虚作假获取社保基金的现象时有发生。财政、地税和社保经办机构对各自应承担的监管责任分配不清，责任不落实，监管措施不到位。对不足额参保缴费及长期欠费单位也没有采取积极有效的监管措施，不足额参保缴费及长期欠费等问题无法得到切实解决。

人社部公开资料显示，2012—2016 年，全国实地稽核五项社会保险共查出少缴社会保险费 153 亿元，补缴到账 144 亿元，查出冒领社会保险待遇金额 7.6 亿元，追回冒领金额 7.1 亿元，稽核查出大量违规行为，牵涉到多家医疗、工伤和生育保险定点医疗机构和定点零售药店，违规金额高达 21.3 亿元，追回金额 20.7 亿元（含罚金），另外，企业少报漏报、少缴漏缴社会养老保险及欠缴养老保险费的数字都在攀升。除此之外，由地区间的经济发展水平与人口流动情况的差异所导致的部分地区资金缺口大。2017 年，企业职工基本养老保险基金总额达到 3.3 万亿元，总支出 2.9 万亿元，2017 年年末累计结余高达 4.1 万亿元，在全国足够支付一年多。在广东、北京等东部地区企业职工基本养老保险基金结余最多，占全部结余的 2/3，但辽宁、黑龙江等省份已经出现透支的情况，基金运行面临较大压力。

第五，各项社会保险制度有待进一步改革和完善。近年来政府陆续制定了社会保险制度和条例，起到了社会保险事业的制度保证和法律规范作用，但从社会保险制度的实际运行情况看，还存在不少问题。在养老保险方面，新老职工的养老保险实施方案不同，一些企业经营情况差，无力承担养老保险费用，老职工的养老金来源得不到解决，因此，出现了企业挪用职工个人账户资金来支付老职工养老金，造成职工个人账户空账的问题。在失业保险方面，失业保险并没有覆盖全体失业者和下岗者，使用保险金支付水平比较低，不能满足失业者的基本需求。按规定，失业保险基金的来源为财政、社会、企业各占 1/3，但从目前来看，失业保险基金的来源存在缺口，尤其是企业由于资金缺乏，无力支付失业保险基金的 1/3 部分，因而也将得不到来自财政和社会的另外 2/3 部分。在医疗保险方面，各地虽在实行医疗保险改革，但原体制所遗留下来的弊病仍然存在。例如，不合理的医疗行为,导致医疗资源严重浪费;医疗费用大幅度增长;医疗服务质量效果不能令人满意等。

第六,从社会福利方面来看,各项社会福利事业面临资金短缺、服务设施老化等问题,社区社会福利服务也正在建设中,如何提高社会成员的生活质量,如何对社会弱势群体进行更多关注,是社会福利制度建设的关键所在。从社会救助方面看,虽然国务院要求尽快建立城市居民最低生活保障制度,但目前仍有部分城市未建立起这项保障居民最基本生存需要的制度。

不过,我们有充分的理由相信,在中国新的社会保障制度和改革的基本构架下,我国社会保障制度能够逐渐克服上述问题,在完善和发展过程中实现保障社会成员的基本生活和提高社会成员生活质量的目标。

第四节　社会保障制度的再建

20世纪70年代以来,世界上不同类型国家的社会保障制度都出现了问题。通过本节的学习,可以更好地了解目前全球社会保障制度再建的情况,明确再建的方向和再建的措施,借以指导我国社会保障制度改革的实践。

一、发达国家社会保障制度的再建

1. 发达国家社会保障制度的现状

西方国家社会保障的发展过程经历了三个阶段:第一阶段是从19世纪80年代到20世纪20年代。为缓和在工业生产领域内资本家和工人之间的阶级矛盾,德国、英国和瑞典等国家相继通过了一些社会保障法案。第二阶段是从20世纪20年代末到第二次世界大战。为解决工业生产能力扩张引发的经济危机和社会动荡带来的失业和老年人生活问题,社会保障在欧美各国得到较快发展。美国于1935年8月通过了世界第一个由联邦政府承担义务的全国性的社会保障法案《社会保障法》。社会保障还被用作国家干预、刺激和扩大社会需求、缓和生产过剩经济危机的手段。第三阶段是第二次世界大战后。这是社会保障制度进一步扩大、发展和完善的时期,此时的社会保障开始惠及包括农民在内的全体公民。

总体来说,当今世界比较完整的社会保障制度大体上可以分为三种类型:福利型、保险型和强制储蓄型。其中,福利型社会保障制度强调政府的责任;保险型社会保障制度突出政府、企业和个人三个方面的责任;强制储蓄型社会保障制度则更强调个人的责任。这三种模式的社会保障各自都有十分鲜明的特征,也存在着许多共性的地方,并随着时代的发展呈现出融合的趋势,彼此之间的区别越来越模糊。兼取各家之长,建立一种混合型的社会保障制度,已经成为当今社会保障制度改革的基本方向。

福利型社会保障模式以英国、瑞典为代表,多见于北欧和西欧国家。其基本特征是:全民保障;社会保障范围由生到死,几乎无所不包;社会保障资金主要来源于国家的一般性税收；实行广泛而优厚的公共津贴制度，津贴与个人收入及缴费之间缺乏联系；财政负担沉重。

德国、美国、日本等许多发达国家都建立了保险型社会保障制度。这一模式的基本特征是：权利与义务相对应；社会保障费用由政府、企业和劳动者三方分担，个人和企业缴费为社会保险基金的主要来源；以保障公民基本生活水平为原则；待遇给付标准与劳动者的个人收入和缴费相联系；强调公平与效率兼顾，既要保证每一个公民都能享受一定的社会保障待遇，又不能影响市场竞争力。

强制储蓄型社会保障制度以新加坡、智利为代表，其基本特征是：建立个人账户，雇主和雇员的缴费全部计入雇员的个人账户；个人账户资金投入资本市场运营，以实现保值增值；雇员退休后的养老保险待遇完全取决于其个人账户积累额。依据基金管理运营方式的不同，可将强制储蓄模式进一步分为两种类型：一种以新加坡为代表，其核心是政府集中管理和运营基金；另一种以智利为代表，其核心是由私营基金管理公司运营基金。

2. 以发达国家社会保障制度的共同特征

发达国家经过长时间的发展，都相继建立了比较完善的社会保障制度。尽管各国国情不同，社会保障制度各有侧重，也存在着一些差异，但在相似的经济发展形态下，各国的社会保障制度也呈现出一些共同之处，从而表现出某些共同特征。

（1）以国家举办为主体，采取立法等强制手段建立起来。自从1881年德国俾斯麦政府举办社会保障制度以后，社会保障的创立就与国家举办和立法紧密联系在了一起。英国的《工伤保险法》《儿童法》《国民健康法》，美国的《社会保障法》等，都是通过立法形式确立社会保障制度，具有法律依据；同时，各国社会保障制度都是以国家为举办主体。当然，社会保障虽然以国家为举办主体，但并不完全由国家出资，除了社会救济、社会福利由国家出资外，其余的社会保险基金主要由企业和个人缴纳。不过，这部分在国家社会保障主体中所占的比例较小。

（2）以普遍福利为特色。从保障对象看，发达国家规定，凡是劳动者，不论其在哪一种所有制经济下劳动，也不论其在城镇，还是在乡村，无论其是个体劳动者，还是自由职业者，全体社会成员均被包括在社会保障的安全网之中。从社会保障的内容看，包括了公民可以享受到的现代文明生活的全部待遇，从公民的物质、健康、伤残等各项社会保险，发展到全体社会成员现代生活方式所需要的食物、营养、居住条件、健康、教育等。

（3）资金来源的多渠道。发达国家社会保障的资金来源于社会多个方面，主要由雇主、雇员和政府按一定比例共同承担（工伤保险除外）。个人与职工单位缴纳的比例大致各占一半。即使企业破产，个人应享有的社会保障也不会受到影响，因为一旦出现企业和雇员缴纳的社会保障金收不抵支时，由政府给予补助。

（4）多层次的管理和监督机构保障制度运行。从社会保障制度本身看，分多个层次：一是国家立法规定的所有保证享有限额的强制性基本保险；二是各种企业自定的企业年金保险；三是个人年金保险。从社会保障的管理体制看，各国一般都设立自上而下的单独管理机构，对社会保障进行统一管理和监督。这种单独的管理机构可能是全面性的独立管理机构，实行自上而下的垂直领导，也可能是隶属于中央某个部门，接受部门监督；有的在集中统一领导和管理的前提下，地方也享有一定的或相当的管理权限。

3. 发达国家社会保障存在的共性问题

（1）社会保障开支庞大，造成政府财政负担过重。发达国家普遍存在社会福利措施过多、福利负担过重的问题。20 世纪 90 年代末，欧盟的社会福利费用占 GDP 的比重平均高达 28%，其中 1999 年德国为 33.7%，1998 年瑞典为 33.3%，法国为 30.5%，丹麦为 30%。由于社会福利投入较大，开支数目庞大，容易造成连年政府财政赤字的增加、通货膨胀，从而影响经济发展的速度。尽管各国政府都采取了一些相应的改革措施，但由于种种原因，这些措施往往难以真正得以执行，政府只好靠发行国债、扩大财政赤字来维持社会福利的运行，使国家利用财政手段调节经济的能力下降。

（2）税收负担过重，造成社会效率低。高税收是发达国家福利政策造成的直接结果。为支付庞大的社会保障开支，弥补财政赤字，它们一般是采取提高税收的方法，这在一定程度上可以缩小收入差距，但是却挫伤了人们的工作积极性，致使社会效率下降。法国国际关系研究所的研究人员说："过去的 20 年，法国 5 个人工作养活一个人，现在是一个人工作要养活 2~3 个人。人们一旦失业，初期得到的补贴和工作时得到的相差无几。一年之后也还能得到工资的 60%。全法国大约有 2/3 的家庭可以享受廉租住宅补贴。有的时候，一个人不劳动反而比劳动能得到更多的收入。"结果如同英国前首相布莱尔所说，他们"只知道从福利国家领钱，而对他所处的社会却毫无责任心"。同时，高税收必然导致企业成本的增加，降低其在市场上的竞争能力，不利于经济的发展。

（3）社会保障管理机构一般比较庞大，工作效率低。随着社会保障制度项目的逐步完善，发达国家管理社会保障的机构也随之相应增多。目前，各国已形成了庞大的社会保障管理机构体系，在工作中会不可避免地出现相互推诿的官僚主义现象，使工作效率降低。

4. 发达国家社会保障改革的再建

鉴于存在着相同或类似的问题及缺陷，各个发达国家社会保障制度的改革探索过程当然也会表现出一定的共性。虽然在现实中它们各自的改革方案不尽相同，但就其改革宗旨和总体任务及方向而言，却存在着若干趋同方面。这主要体现在它们各自对社会保障制度的改革措施上。

（1）推迟退休年龄。由于各国的养老保险在社会保障体系中的开支最大，居首要位置，因此，改革养老保险就成为各国的重要步骤。各国为减少养老保险的费用支出，纷纷采取推迟退休年龄的办法。这样，一方面可以延长职工和企业的缴费期限，增加养老保险基金的数额；另一方面也可以大大减少投保人领取基金的数量，从而在总体上降低费用支出。

（2）改革社会保障体系的受益方式。对社会保障受益方式进行改革，其主要目的在于加强对社会保障津贴增长速度的控制。例如，英国前首相撒切尔夫人改变以往津贴与平均收入挂钩的方式，改为同物价挂钩的方式，并相继减少对病人、孕妇、残疾人、失业者的附加补助；德国则降低了年金的工资替代率，以削减政府对失业的救济和对住房、教育的补贴。

（3）建立补充养老保险，减轻社会保障制度的政府负担。各国通过在现行社会保障体制之外，建立补充退休基金，提高退休人员晚年的生活水平，减轻政府的压力，使政府行使部分养老保险责任。此外，政府鼓励私营部门以职业年金与私人养老金计划、医疗计划等形式参与福利资源的配置。政府与私营部门在社会政策上的这种分工，导致混合福利的兴起。

5.发达国家社会保障制度值得借鉴的基本经验

发达国家社会保障制度建立的时间较早，制度相对较完善，为我国改革社会保障制度提供了不少值得借鉴的经验。

（1）建立一整套统一的、多层次的、覆盖全社会的、完备详尽的社会保障制度。通过法律规定，对因年老或失业而没有收入的人实行收入保障制度，使他们能维持基本生活，在生病时能够支付所需的医疗费用。

（2）建立政企分开的社会保障管理体制。在社会保障的管理体制中，我国目前存在的主要问题是分部门管理社会保障事务，而且在保险基金的管理中政企不分、政出多门、政策不统一，因而降低了社会保障的效率。而发达国家在社会保障管理上建立了中央和地方的分级管理体系，中央管理机构主要是调查研究，进行预测，提出有关社会保障的法律草案，制定规划、政策和有关标准，对社会保障事业的执行进行指导、检查和监督。地方各级社会保障事业管理机构具有相对独立性。在中国，政府应主要通过立法和宏观调控来推动社会保障事业的发展，并依法监督社会保障的实施；具体操作与社会保障的管理事务，则应本着政企分开的原则，由各类保险公司负责。

（3）社会保障管理和社会保障基金筹集方式的法制化和制度化。发达国家从一开始建立社会保障制度就采用了立法的形式，而且在其长期的发展过程中，社会保障经过多次改革，几乎都是通过法制化的形式来确立方案的。每一项社会保障的内容都有相应的法律依据。在社会保障的基金筹集上，也都采用立法形式来确立筹集基金的补助比例。当前发达国家大都建立了社会化程度较高、覆盖面较广、保障设施较完备的社会保障制度。在社会保障基金的收缴上，采取个人缴费与雇主缴费相结合的形式，通过保险基金的征集与发放，使一般人和贫困者、健康人和病人、有工作的人和失业者之间能够互济互助，形成一种收入的再分配。社会保障基金可以社会保障税的形式征集，使之制度化、法制化，纳入预算，专款专用。

（4）社会保障水平的基线要低。社会保障是一项系统工程，在确定社会保障水平的基线时，一定要谨慎，因为社会保障有一个重要特点，就是某些措施一旦出台，就难以再进行调整。基线正是如此，一旦被确立，则只能上升而难以下降。社会保障涉及利益格局的调整，所以一定要谨慎从事。我国目前的经济发展水平不高，如果初始保障线定高了，不但骑虎难下，而且容易使经济背上沉重的负担。

（5）社会保障要与工作业绩挂钩。普遍式的福利往往成为惰性的温床，易产生许多漏洞和不良后果，这就使社会保障失去了它的本来意义。社会保障的一条重要经验，就是要使社会保障待遇与工作业绩挂钩，这是值得重视的。失业保险金和救济金的发放，应结合各地的经济发展水平和失业者的负担，按失业者失业前实际工资水平的一定比例发放，避免他们过分依赖社会保障。在失业金中也可按一定比例发放食物券，凭券可在国家规定的商店折价购买食物，然后国家再按差额对商店进行补贴。这样可防止失业金被挪用，能更好地保证劳动力再生产，以实现利用失业金来保障失业者基本生活的目的。

（6）严格管理各种保险金，确保基金的保值增值。德国对于各种社会保险费的收缴，是通过金融机构的网点操作，统一集中于"健康账户"。这样做既方便了群众，又有利于基金管理。关于社会保险基金的运营，其原则是将风险降低到最低限度。按照法律规定，社会保险基金只能存入银行生息，或购买短期债券，绝对不允许搞投机性投资。而我国某些地区在前一阶段对社会保险基金的运营尚存在不规范的行为，有待对其加强统一管理，严格予以纠正和杜绝。我国人口多，并面临人口老龄化问题，社会保障任务繁重，社会保险基金的保值增值确实是一个大问题。在这方面应该学习德国对社会保险基金运用所持的审慎态度，对其实行严格管理。我国应该学习并借鉴西方发达国家社会保障的成功之处，但是我国有自己的国情，而且社会生产力发展水平较低，不能完全照搬发达国家的做法，而应做到洋为中用，把发达国家的经验同我国的具体实际结合起来，探索出一条适合中国国情的具有中国特色的社会保障建设之路。

二、中国社会保障制度的再建

习近平总书记在党的十九大报告中明确提出，要按照兜底线、织密网、建机制的要求，全面建成覆盖全民、城乡统筹、权责清晰、保障适度、可持续的多层次社会保障体系。这是党中央在新时代面临的世情国情基础上做出的重大举措。如今，中国特色社会主义已经进入新时代，我国社会主要矛盾已经转化为人民日益增长的美好生活需要和不平衡不充分的发展之间的矛盾，为了适应这一矛盾，必须在社会保障体系基本建立基础上提出新的奋斗目标。

1.我国社会保障体系建设的基本要求和奋斗目标

（1）建成多层次社会保障体系的基本要求。首先是兜底线，就是要兜住民生保障底线，最大限度地发挥社会保障的托底功能，要想兜住兜牢民生保障的底线，需要满足人民群众四个基本生活需求，即住有所居、病有所医、老有所养、困有所助。简单点说就是通过对特困群体的社会救助，完善最低生活保障、大病救助等制度，兜住特困群体的基本生活，让他们有饭吃、有衣穿、有房住、有医看，坚守社会稳定底线不动摇。在全面建成小康社会过程中，社会救助至关重要，尽最大努力保证社会保障的稳定器作用和社会救助的兜底作用得到充分发挥，真正兜住兜牢民生底线，才能让人民的获得感、幸福感、安全感不断增强。

其次是织密网，就是在人民群众面临各种社会风险的时候，政府都有相对的制度措施化解这些风险，让人民有安全感。党的十九大报告也明确指出，要全面推进在幼有所育、学有所教、劳有所得、病有所医、老有所养、住有所居、弱有所扶上的发展，保障人民的基本生活需要，要不断满足人民群众对美好生活的向往。如此看来，我国要在建立全方位的社会保障体系方面下功夫。

最后是建机制，就是要不断全面深化改革，建立健全体制机制，认真落实各项政策，尽力而为，量力而行，建立和完善适合本国国情的社会保障制度，逐步提升社会保障法治化、制度化水平。

（2）全面建成多层次社会保障体系的奋斗目标。覆盖全民，简单地说，就是一个人不论社会地位、财富多少都有权利被社会保障制度所覆盖，都应当有相应的保障，无论是职工、普通居民、老年人、年轻人、残疾人或者是劳动者，抑或是青少年儿童，要确保每一个人都在社会保障体系之内，保证一个都不能少，真正做到人人享有。党的十九大报告指出，要实施全民参保计划，基本实现法定人口全覆盖。由此看来，我们要认真落实社会保障，制度上做到全覆盖，尽可能地扩大在实际运行中的覆盖范围，便于化解各类人员面临的社会风险。

城乡统筹，就是要统筹推进城乡居民社会保障体系建设，合理缩小社会保障领域的城乡差异。我国农村社会保障建设经过多年的改革发展已经卓有成效，为了完善城乡社会保障体系，国家出台建立了一系列的农村社保制度，如新农合、农村居民基本养老保险、农村居民低保制度，这些都为提高农村社会保障水平做出了极大贡献。即便如此，农村社会保障仍然存在着覆盖范围不全面的问题，依然有1亿以上的农村居民、农民工、灵活就业人员因为各种各样的原因没有参加基本养老保险。在目前和今后的一段时间，要重点提高农村居民和农民工、灵活就业人员的覆盖率，切实建立统筹城乡的社会保障体系。

权责清晰，就是要明确划分各级政府和用人单位、个人、社会之间的社会保障权利、义务和责任。权利和义务相关，政府在社会保障中要防止"缺位"和"越位"，既要尽力而为又要量力而行。作为用人单位，应该依法为劳动者缴纳社会保险费用。作为个人，为了自己的利益，应当自觉依法参保、依法缴费，做到人人尽责，才可能人人享有。用人单位和个人的缴费，是社会保险待遇的资金来源，没有履行缴费的义务，就没有资格享有领取待遇的权利。

保障适度，就是要社会保障水平与社会经济发展水平相适应，社会保障水平不能过低亦不能过高，要保持适度，过低不仅不能满足人民群众的基本需求，而且会出现一系列很严重的社会问题，过高会使人产生"等靠要"的心理依赖，危害制度的持续性。

可持续，就是要确保各项社会保险基金收支平衡，制度方可长期稳定运行。可以说，社会保障最根源的问题是钱，或者说是基金。比如，社会保险基金、社会救助基金、社会福利基金，社会保障的可持续就是依赖这些基金，如果这些基金来源不稳定或者中断了，社会保障就很难维持。此外，我们还要确保社会保障基金达到一定的保障水平和标准。这是因为，如果提供的待遇水平低，不能保障人民基本生活，就不能化解生活中面临的风险，社会保障本身就已经不可持续了。所以说，要准确把握社会保障可持续，社会保障基金来源和保障待遇两方面都必须是可持续的。

多层次的社会保障体系应努力完善社会保险、社会救助、社会福利、慈善事业、优抚安置等保障项目，积极发挥市场与社会的力量，如加快推进第三支柱商业保险的发展，以此来弥补基本养老保险、医疗保险与政府救灾的不足，要想使社会保障的物质基础越积越厚就必须要建立多层次社保体系，最大限度地调动各种资源。

总之，确立社会保障制度改革的目标必须立足于中国国情，我国社会保障制度体系改革的奋斗目标可明确定位为"覆盖全民、城乡统筹、权责清晰、保障适度、可持续"，并在该目标基础上，强化最低生活保障制度建设，进一步推进养老保险制度改革，全面改革医疗卫生体制，并且建立更加适合中国国情的失业保险体制。

2.实施措施

中国社会保障制度改革不仅要考虑到是否适合当前的制度体系，而且更重要的是要考虑到是否适应国家经济与社会发展的长期需要。根据我国的现实状况，既要保障广大人民群众的基本生活安全，又要符合中国经济体制完善的需要，要实现以上所说的社会保障制度改革的五大目标，需要相当长的一段时期，不可能一蹴而就。因此，需要在明确目标的前提下，循序渐进。我们认为，关键的步骤或措施有以下几点：

（1）抓紧制定、颁布较为完备的社会保障法，明确社会保障的基本目标和管理办法。完善的社会保障法是社会保障制度改革与发展的根本保证。我国的社会保障法应充分吸收外国社会保障法规中的合理内容，并结合我国国情，规定我国社会保障制度的基本原则、基本内容、适用范围以及管理体制等，做到既完备，又公正、简明。党的十八届四中全会要求全面推进依法治国，尽快建立社会保险、社会救助、社会福利、社会慈善和老年人、残疾人权益保障等方面的法律法规。完善社会福利、慈善事业、优抚安置等制度，一是应该让家庭、社区和福利机构共同发挥作用，促进社会福利服务社会化，提供更多的残疾人、孤儿福利服务。二是政府应大力发展慈善事业，提高全社会的慈善意识，鼓励培养民间慈善组织，积极落实公益性捐赠的税收优惠政策，以此激发慈善主体的活力。除此之外，应完善优待、抚恤、安置等基本制度，尽可能快地制定《基本医疗保险条例》《社会保障基金管理条例》，修订《失业保险条例》，早日建成比较完善的社会保障法制体系，以便更好地保障和改善民生。

（2）扩大社会保障覆盖范围，合理调整社会保险缴费率。加快完善覆盖城乡居民的社会保障体系的步伐，目前社会保险制度覆盖的主要是国有企业和大型集体企业，应把非公有制经济主体及农民工、失地农民等引入社会保障范围，同时加快解决未参保的集体企业退休人员养老问题，加强残疾人社会保障和服务体系建设等，实现社会保障全面覆盖。由于各地的社会保险缴费率标准不同，管理复杂，保障力度不够，因此要制定统一的社会保险缴费率，并实行统一管理，从而方便社会保险关系的转移和接续。扩大社会保障覆盖面，可以提高抗风险能力，增加社会保障基金收入，充分发挥社会保障的互助互济功能。

（3）关于社会保障缴费，要逐步以税务部门统一征收保障税的办法来取代以单位、部门扣缴各项保险费用的做法。保障基金的来源，在初期阶段，由于收入水平不高，要从几个方面获得：一是对各种劳动报酬，包括各类企业、机关、事业单位职工的工资、农民家庭的各项经营性收入征税。职工可以个人为纳税对象，农民可以家庭为纳税对象；明确收入起征点，低于一定收入的免征，对高收入者应当实行累进税率；农民缴纳保障税可在发达地区试行，然后普及到欠发达地区，并且在农民缴纳保障税的同时，要改变或削减以往农民的负担。二是对各类企业的经营收入征税。征收办法可以根据企业正常的职工人数，按人头计征，税额计入企业的经营成本；个体户可按户计征，低于一定收入的减征或免征保障税。三是国家财政以往支出的有关社会福利金、救济金（这意味着从以往税收中割让一块用于社会保障）。四是在国有企业改制过程中出售股权的部分收入。在国家积累的国有资产中有相当一部分是从劳动者劳动收入中扣除形成的；全国国有经营资本约有 3 万亿元，其中可以出售 1/3 即 1 万亿元，这部分基金可逐步进入社会保障体系的启动基金。需要指出的是，以上几种来源的社会保障基金，必须设立专户储存，由国家指定的专门机构统一管理，除日常开支外，其余投入各种"共同基金"，以保值增值。

2018 年 7 月 20 日，中共中央办公厅、国务院办公厅印发了《国税地税征管体制改革方案》，规定该《方案》从 2019 年 1 月 1 日起，将由归口税务部门统一征收基本养老保险费、基本医疗保险费、失业保险费、工伤保险费和生育保险费等各项社会保险费。此次改革将会对企业漏缴少缴社保的行为有一定的遏制作用，有效解决部分地方社保"透支"情况。

（4）加强对社会保障基金的监管力度。可设立专门银行管理社会保障基金，统筹基金全部存入银行，由银行进行管理及运营，同时要设立专门的基金监管机构，机构成员应由审计、监察、金融等方面的专家及工会组成，实行各级共同监督，促进社会保障基金专款专用的透明化，并通过定期报表和不定期的抽查，检查基金的投资运营情况，以保证基金运营的安全性、盈利性、合法性。并且，要设立社会保障基金账户查询系统，参保人员可随时查询个人账户的余额，以实现全民监督。此外，以共享国有企业发展成果理念为基础，积极推进划转部分国有资本充实社保基金的落实，需要相关的人、部门、机构相互协调配合监管，使建立更加公平、更可持续的养老保险制度成为可能。

（5）配合社会保障立法过程，积极地进行宣传动员，对公民普遍进行社会保障知识教育，以调动所有公民参与社会保障体系建设的自觉性、积极性，从而为实行新的保障制度创造良好的舆论氛围，减少改革的阻力。

思考题

1. 什么是社会保障？
2. 社会保障发展经历了哪些时期？
3. 如何理解社会保障的含义？
4. 简述社会保障的基本特征。
5. 社会保障体系包含的具体内容有哪些？
6. 简述中国社会保障制度的发展阶段。
7. 谈谈你所了解的中国目前社会保障的基本状况以及存在的问题。
8. 为什么发达国家要进行社会保障制度的再建？

案例

案例1   加快健全社会保障体系是"十三五"时期一项重要任务

"十三五"时期是全面建成小康社会的决胜阶段，也是让全体人民在共建共享中有更多获得感并朝着共同富裕方向稳步前进的关键时期。社会保障作为共享发展成果的基本途径与制度保障，无疑应扮演更加重要的角色。加快健全社会保障体系，并使之沿着更加公平、更有效率、更可持续的方向走向成熟、定型的发展新阶段，是"十三五"时期经济社会发展的一项重要任务。

全面建成小康社会不仅需要兜住困难群众生活的底线，解除城乡居民的诸多后顾之忧，而且需要通过共享发展成果来缩小收入差距、化解社会矛盾、促进社会公平、增进人民团结。社会保障在其中的重要性与不可替代性，决定了"十三五"时期应对其给予更高程度的重视，投入更多的公共资源与社会资源，设计更为合理的制度安排。

毋庸讳言，现行社会保障制度安排还存在诸多缺失。一方面，以往形成的重经济保障轻服务保障、重政府包办轻责任分担、重局部改革轻统筹推进的格局并未从根本上改变，几乎每个社会保障项目都面临优化结构、厘清责任、理顺体制、创新机制等紧迫问题。另一方面，现行制度体系并不完整。例如，养老、医疗等基本保险制度逐步完善，但补充保险与商业保险发展滞后，未能发挥应有作用，市场资源还未得到有效调动，多层次体系并未真正形成；养老服务产品供给总量不足、质量不高的问题长期存在，制约了"老有所养"目标的实现；面向老残妇幼的社会福利事业发展不足，既影响这些群体的生活质量，又制约消费需求扩大，还影响就业与经济增长；慈善事业发展滞后，法定社会保障缺乏重要的有益补充等等。因此，我国社会保障当前面临的主要问题是健全制度体系，提高制度公平性和运行效率，合理分担保障责任。

加快健全社会保障体系，应客观看待社会保障的功能与作用，不能将社会保障视为国家发展与经济增长的负担，而应将其视为国家发展的重要目标和必要的社会投资，并始终把握好如下原则：一是政府积极主导，并尽可能做到立法先行、于法有据；二是责任合理分担，真正形成共建共享格局，充分调动社会与市场主体及个人参与的积极性；三是坚持互助共济，筑牢以群体力量化解个体风险的基石；四是切实维护制度公平，努力提高制度运行效率，追求制度可持续发展。社会保障体系是否健全的标志不仅在于体系是否完整，而且要看其能否兜住民生底线、保障困难群众生活，能否化解城乡居民的后顾之忧，以及能否不断增进人民福祉。

加快健全社会保障体系，当前应抓好以下几个方面：一是巩固普惠性，包括实施全民参保计划，实现社会保险、社会救助和其他法定保障对象应保尽保。二是全面完善社会保险制度，包括推进制度整合、重塑筹资机制、提高统筹层次，真正实现多层次发展；基本养老保险最好采取现收现付制，如果维持个人账户则不宜采取大账户，但可以考虑选择名义账户制；适应人口老龄化需要，建立长期护理保险制度。三是完善综合型社会救助制度，大力支持慈善事业发展，确保困难群众基本生活有保障。四是全面推进社会福利事业发展，包括不断提升教育福利水平，构建以居家养老为基础的养老服务体系，大力发展面向残疾人、儿童的福利事业。

"十三五"时期是我国健全社会保障体系的关键时期。党的十八届五中全会提出的"十三五"规划建议，将共享确立为经济社会发展需要遵循的新理念之一，并对社会保障体系建设做出了相应部署。我们有理由相信，一个成熟、定型的社会保障体系将在"十三五"时期得到确立，并成为全面建成小康社会的重要制度保障。

资料来源：郑功成. 人民日报大家手笔：加快健全社会保障体系［N］. 人民日报，2016-02-02.

更多案例（第二章）

第三章 社会保障的功能

社会保障的功能取决于社会保障制度的设计理念，综合国际情况来看，不管是以公共部门为主体的社会保障制度还是以私营部门为主体的社会保障制度都有着共同的理念，即随着国家和市场关系的演变，社会保障制度以国家为责任主体的，公民权利保障，在收入再分配中以公平性优先并兼顾效率。这些基本理念决定了社会保障具有作为社会"安全网"和"内在减震器"的功能、作为政治和经济"调节器"的功能、促进互助发展的人文思想传播等社会功能。从经济学角度分析，社会保障作为一种公共产品是在市场失效的情况下由政府介入提供。随着福利国家的改革以及各国为适应经济社会发展而对社会保障进行的修订，社会保障的基本理念也将更加科学，即在强调国家责任的同时，提倡多元主体的参与，强调社会保障权利与义务的统一，在保证公平的同时以制度本身的效率为前提。

第一节 社会保障制度的理念与价值取向

一、社会保障的政治理念

1.国家与市场关系的演变

国家与市场的关系是经济学中一直存在争论的问题，争论的结果表现为两种根本对立的立场和观点：一派主张自由经营，反对国家干预；另一派赞成国家干预，反对完全自由放任的市场经济。由于不同历史阶段的实际需要不同，这两种观点先后占据过主导地位，20 世纪末还出现了一种更客观、更接近实际的观点——市场增进论。

18 世纪下半叶，以亚当·斯密为首的古典经济学派，代表上升时期资产阶级的利益，反对封建贵族的统治，主张自由竞争、自由放任。亚当·斯密吸收了启蒙思想家的"自然秩序"观念，提出了"经济人"的假设和"看不见的手"的概念，认为"经济人"是社会经济体系的一分子，追求个人利益的最大化，而"看不见的手"是客观经济规律即市场机制，通过"看不见的手"引导"经济人"把个人利益和社会利益相结合，于无形中增进人类福利。随后的李嘉图继承亚当·斯密的传统，主张对内实行自由主义、对外实行自由贸易政策，并提出"比较成本学说"，为自由贸易奠定了理论基础；马歇尔则建立了新古典主义经济学的完全竞争市场理论，把经济发展过程视为连续的渐进过程，充分肯定了价格机制和市场调节的作用。

自由竞争市场经济理论的假设前提是总供给建立在稳定的充分就业的基础上，而总需求决定总供给，供求关系在充分就业的基础上实现均衡。但是，从19世纪末到20世纪初，这种理论受到垄断和外部经济问题的挑战。1929—1933年的世界经济危机彻底粉碎了市场自动均衡的理论，凯恩斯的国家干预主义应运而生。凯恩斯认为资本主义不是完美无缺的，存在失业和分配不均等缺点，认为消费倾向递减导致消费需求不足，资本边际效率递减和流动偏好规律导致投资需求不足，由消费需求和投资需求构成的总需求不足，因此，必须扩大政府对经济的干预，实施扩张性财政政策，扩大政府开支。凯恩斯主义在第二次世界大战后成为主流经济学派并大行其道，促进了国家垄断资本主义的发展。

20世纪70年代"滞胀"现象出现，凯恩斯主义的经济政策既不能控制失业，也无法抑制通货膨胀，国家干预的宏观经济理论遭到挫折和失败，自由主义卷土重来；1979年撒切尔夫人在英国上台和1980年里根在美国执政使自由主义经济政策得到大规模实验的机会，现代货币主义、供给学派、理性预期学派等风行一时。

20世纪90年代中期，世界银行经济学家青木昌彦等对政府在东亚经济发展过程中的作用进行深入研究之后，提出一个崭新的观点——市场增进论。市场增进论的观点认为政府政策的职能在于促进或补充民间部门的协调功能，而不是将政府和市场仅仅视为相互排斥的替代物。尽管民间部门比政府拥有重要的比较优势，能提供适当的激励并处理当地获得的信息，但不能解决所有的重大市场缺陷，在经济发展水平较低的发展中国家尤其如此。因此，市场增进论强调把政府的政策目标定位于改善和促进民间部门解决协调问题及克服其他市场缺陷的能力。总之，历史发展和现实经验证明，市场不可能完全摆脱国家，国家也不可能对市场完全放任不管，两者的关系是你中有我，我中有你，相互依赖，不可或缺。

2.国家和社会是社会保障的责任主体

社会保障是政府的一种制度行为，其基本目标是保障社会成员的基本生活需求，以确保其不因意外事件的发生而陷入生存困境，并体现出社会的公平性。社会保障实施的条件是相应的社会立法，其责任主体有政府、企业、个人，但最终责任主体是国家和政府。一个国家的社会保障制度是否发挥了应有的作用，是否得到了国民的全力拥护，关键是看政府在这一制度行为中是否负起了应有的责任。

社会发展史的基本原理表明，在生产力水平极低的自然经济条件下，生产自给自足，生活长幼相扶，人们基本生存和生活需要的保障单位是家庭，其特点是自给性的以直系血缘关系为纽带的嫡系扶养，养老、失业等社会问题都无从发生。国家的产生是社会生产力发展的必然结果，国家社会管理职能的日益强化更是与生产社会化的客观趋势相吻合。生产的社会化必然带来生活的社会化。在社会化大生产中，劳动者与生产资料分离，家庭不再是社会的基本生活单位，劳动者共处于一个相互依存、相互影响的统一体中，纷繁复杂的养老、医疗、工伤、失业等问题不再是仅靠个人和家庭所能应付的。社会性问题必须由社会及其利益的代表机构来解决，因此，国家和社会承担起了社会保障的主体责任。

3.国家和政府作为社会保障的首要责任主体的理论依据

（1）由政府的性质决定

在历史上的很长一段时期内，政府作为统治人民的工具和人民是对立的关系，但是，从国家或政府产生的终极根源上看，人们创设政府是为了过上更好的生活。"人是有理性的，人创造政府的宗旨是为个人能够过上理性的、正义的社会生活。因此，政府的根本目的是创造和保护公民或社会的'公正幸福'（公共利益），这是一个政治体系正义与否的根本标准。"可见，政府及其公共权力产生于人民直接或间接的授权。虽然人民授权的具体方式和过程在政治体制不同的国家会有所不同，如在实行总统制的美国，行政权力源于公民的直接授权；在实行内阁制的英国，政府权力源于人民通过代议机关的间接授权；在中国则是由全国人民代表大会产生对其负责的政府。人民授权方式的不同，并不影响政府产生于人民直接或间接授权的本质，这就从根本上决定了政府的公共行政活动必须遵循并体现人民的意愿，为人民负责。资产阶级国家起源学说也表明：国家由人民组成，国家权力由人民赋予，当人民的利益受到损害时，国家有责任对其施行保护，有责任给予救助。在这种现代政治观的基础上，边沁对政府在社会福利方面的作用做出进一步研究后提出，政府唯一应该追求的目标是社会最大可能的幸福——个人的享受基本上应由他自己去考虑，政府行动的原则是保护个人免受痛苦。孙中山先生在《民生主义》中说："衣食住行是人的基本需求，一定要国家来担负这种责任。如果国家做不到这一点，任何人都可以向国家要求。"

（2）由现代政府的公共职能决定

社会保障的主要对象是社会中的弱势群体。弱势群体的形成，固然有其不可控制的自然和自身的原因，如人力不可控制的生老病死、天灾人祸，会将人们现有的一切财富毁于一旦，使人的生活立刻从富裕变为无保障；艰苦的自然环境和个人先天资质低，使个人难以改变贫困的现实等。但是，现代社会随着市场经济的深入发展，自然因素和个人因素对人们生活的影响越来越弱，而政府的政策和制度行为对其生活的影响越来越强。市场经济是一种鼓励竞争的经济体制，有竞争就必然会出现优胜劣汰、贫富分化的现象。社会主义市场经济与资本主义市场经济的最大不同在于，政府可以利用各种制度和政策防止和纠正贫富分化的扩大。但是，政府的一些政策和制度行为有时会在客观上加重贫富分化和社会的不平等，对此，政府有责任通过社会保障制度给利益受损者以补偿。

二、社会保障的社会理念

1.社会保障权的发展历程

社会保障权是社会成员面临生活困难时，有权获得来自国家和社会提供的物质帮助，即当一个社会成员因年老、疾病、失业、伤残、遭遇灾害等而失去基本的生活来源时，有向国家提出为维持自己生存而必须获得的物质和劳动要求的权利。

自 19 世纪末开始，技术革命迅速推进，使大批不适应技术要求的体力型劳动者失业，垄断的形成，又进一步导致结构性工厂倒闭和大批失业，使众多人沦为贫困者，而且伴随大工业的生产带来的环境破坏和公害出现，衍生了许多非人的自然免疫力所能避免的疾病，又加剧了贫困。在这种背景下，生存权走到人权的前台。人们已认识到自己的生存状况与经济结构的变化息息相关，是市场取向的经济体制对资源配置的影响使社会成员失去基本生活的自然保障，因此，从经济结构变化而获得利益的人，有义务对不能维持基本生活的人给予一定的物质帮助。随着社会成员生存意识的提高和人权保护的强化，国家和社会保障公民的生存权逐渐地定型为法定的权利。

1919 年德国的魏玛共和国颁布了魏玛宪法，这部宪法第一次从立法上对生存权作了概括性的设立，并确认"经济生活秩序必须与公平原则及维持人类生存的目的相适应"，生存权被推上了体现全部经济秩序最高价值的地位。同时，在魏玛宪法中也特别规定了公民获得物质帮助的权利，其权利实现的方式是"为了维持健康和劳动能力，保护母亲，防备老年衰落和生活的突变，国家在被保险者的协力下，设置各种领域的社会保险制度"。这一规定意味着德国已经把公民获得物质帮助的权利上升为一种宪法权利。从此，社会保障权作为公民的一项基本权利，成为人权体系的重要组成部分，受到了应有的重视。

第二次世界大战以后，社会保障权的概念在世界范围内被普遍接受，如 1948 年联合国大会通过的《世界人权宣言》规定："所有公民作为社会成员之一，都享有社会保障权。""人人有权享受其本人及其家属所需的生活水平，举凡衣、食、住、医疗及必要的社会服务均包括其内，于失业、患病、残疾、寡居、衰老或因不可抗力的事故使生活能力丧失时，有权享受保障。"许多制宪国家则纷纷在宪法的权利规范中增加社会保障权的内容。

我国于 1954 年颁布的第一部宪法就确认了社会保障权是公民的一项基本权利。现行《宪法》第四十四条规定："国家依照法律规定实行企业事业组织的职工和国家机关人员的退休制度。退休人员的生活受到国家和社会的保障。"第四十五条规定："中华人民共和国公民在年老、疾病或者丧失劳动能力的情况下，有从国家和社会获得物质帮助的权利。国家发展为公民享受这些权利所需要的社会保险、社会救济和医疗卫生事业。国家和社会保障残疾军人的生活，抚恤烈士家属，优待军人家属。国家和社会帮助安排盲、聋、哑和其他有残疾的公民的劳动、生活和教育。"这些条款是对社会保障权的最高确认。

2. 社会保障制度中公民权利的体现

从社会保障的主体构成因素看，社会保障实质上体现了国家与其公民、社会与其成员之间的一种权利义务关系。社会保障对于受保障的主体公民而言本质上是一种权利，而对国家和社会来说则承担着确保公民基本生存权实现的义务。社会救助、社会保险和社会福利是当代社会保障制度的主要内容。社会保障制度的这三项内容都是围绕着保障人权来设计的，是人权保障的实现方式。其中，社会救助保障人们的生存权；社会福利保障人们的发展权；社会保险则二者兼顾。

社会救助作为社会保障制度的一个必不可少的项目，目的在于通过救灾济贫或援贫措施来缓解最困难的社会成员的生存危机。社会救助在实践中呈现出最低保障性、救助对象全民性、权利义务单向性、按需分配等特征，这些特征充分体现了社会救助是保障社会成员生存权的这一宗旨。因此，可以说社会救助就是为了保障社会成员的生存权而设计的。

社会保险是通过社会成员参加强制保险来实现对生存权和发展权的保障的。在现代社会中，社会成员要面临诸如年老、失业、疾病、工伤等诸多社会风险，这些社会风险一旦发生，就意味着社会成员的基本收入暂时中断或永久丧失，由此可能导致社会成员的生活水平下降甚至陷入生存危机。社会保险就是为了抵御社会风险而建立的一种社会保障制度，目的在于强制社会成员参加社会保险，在遭受社会风险侵害时，能够获得一定的经济补偿和服务保障，以防止其生活水平下降或陷入生存危机。它不仅可以防止社会成员陷入生存危机，保障社会成员的生存权，而且还可以维持甚至提高社会成员的生活水平，为社会成员的发展创造一定的条件，保障社会成员的发展权。

在社会保障制度中，社会福利是指国家和社会为改善并不断提高社会成员的物质文化生活水平而采取的具有福利色彩的社会政策与措施，其目的在于改善并提高社会成员的生活质量。社会福利主要是通过发放福利津贴、提供福利服务和福利设施等方式来实施，其目的在于改善并提高社会成员的物质文化生活水平，为社会成员的发展创造良好的环境，保障社会成员的发展权。

三、社会保障的经济理念

1. 社会保障中公平优先的价值理念

由于制度的不完善、宏观政策的选择不合理等，造成社会成员在竞争过程中不公平的结果，而这种结果与社会成员的努力程度并无太大关系。社会保障不应是对这部分人群的"恩赐"或"怜悯"，而应是保障他们平等参与社会竞争的前提和基础。建立了这样的基础，才有可能缩短社会各阶层在收入分配中的差距，弥合各种不平等，才能体现社会保障过程中公平优先的原则。从社会经济活动结果上体现社会保障公平优先的价值理念，应成为社会经济制度的价值取向。

从社会经济活动的起点看，公平优先要体现在社会保障制度的设计中，即要体现社会保障的宗旨或价值理念。现代社会保障制度从建立到现在已逾百年，尽管有国别及形式上的差别，但其宗旨没变，都是以一定的制度安排来维护社会每一成员的基本利益，从而维护社会公平。任何社会成员都不应由于地位、出身、年龄和性别等方面的差异而被排除在这种基本利益之外。由于技术、经济等原因而无法完全实现以上宗旨是另外一回事，但是制度设计的基础和价值理念是不能变更的。从这种逻辑出发，政府组织的社会保障活动，理所当然要体现这种理念和价值取向，保障竞争起点的公平。

2. 社会保障制度中公平与效率的兼顾

公平优先是社会保障制度的基本理念与价值取向。公平的本质是指人际利益交换中利害相等的交换行为。一般来说，公平既包括功利主义（如罗尔斯）的机会均等和过程均等，又包括非功利主义（如至善哲学）中的结果均等。效率是指合理配置资源和充分利用资源所产生的投入与产出的比较。效率是技术的结果，但根本上又是制度的产物。社会保障制度中的公平，是指：完善的社会保障制度是面向全体社会成员的，因而形成一种机会公平的保障；又由于社会保障为社会成员提供基本生活保障，使社会成员不至于因遭受某些社会风险的侵害或因先天的生存能力弱势，而陷入生活困境，这就为社会成员的基本生存能力提供了一种过程的平等；再者，社会保障通过收入再分配功能的发挥，起到调节收入差距的作用，使社会成员能享有一定程度的结果平等的权利。社会保障的效率，表现在：通过为社会成员提供基本生活保障，消除其后顾之忧，从而调动其积极性，提高劳动效率；通过提供健康和教育、职业培训，提高劳动者的素质，从而为提高社会劳动生产率提供劳动力支持。

综上所述，社会保障是国家和社会依据一定的法律和规定，通过国民收入的再分配，对社会成员的基本生活权利予以物质保障的一系列社会安全制度。社会保障的出发点和归宿，是向其社会成员提供基本生存和生活需求的保障。整个社会系统的运行应该具有稳定性、协调性和有序性，社会成员中任何一种与养老、工伤、医疗和失业等有关的基本生活需求问题的过多存在都会对该系统的正常运转产生不利影响。社会保障正是作为社会发展的内在需要和稳定机制而存在的。但是，社会保障对人们需求的满足仅限于生理方面和职业安全方面，而对更高层次的物质享受以及赢得尊重和自我实现等精神方面的需求，社会保障则无法满足。社会保障建立的直接目的，是保障社会成员的基本生存和生活需要，以保障基本生活为出发点，以便使先天无竞争能力或已失去竞争能力的社会成员获得必要的社会照顾，可以保证那些在竞争中失去职业的人不至于陷入绝境，使之能够在社会保障制度的帮助下重新投入到新的竞争和挑战中去。

第二节　社会保障的社会功能

一、社会保障的社会功能溯源

社会保障作为人类社会久远的福利制度安排，在进入工业社会后，逐渐与各国国民的切身利益密切相关，并能够对许多国家的政党与政治家的前程产生重要影响，这是一种历史的必然。

社会保障一词最早出现在 1935 年美国颁布的《社会保障法》。西方许多著作把社会保障制度的起源追溯到 19 世纪 80 年代德国的《社会保障法》。社会保障作为一种制度，是通过国家立法的形式，为保障人民的基本生活，安定社会，促进生产发展而制定的一系列制度的总称。社会保障一经产生便发挥了其特殊功能。

18世纪，欧洲国家在取得工业革命胜利后，先后迈进了工业社会；而工业社会带来的最大变化，就是由机器大生产逐渐取代手工生产而占据经济发展中的主导地位，市场经济取代了自给自足的小农经济，社会结构日益复杂化，工人阶级则逐渐成为社会结构中的主体。工业生产的社会化和规模化促使越来越多的劳动者从乡村进入城镇工作与生活，并构成一个日益庞大的无产者阶层，以往作为家庭或个人风险的年老、疾病、工伤、失业等特定事件，开始演变为一种具有典型社会性的群体风险，因为每一个工业劳动者只要发生这种风险，便意味着失去收入来源和生活保障，进而成为社会的不稳定因素。在这种情形下，依靠以往的济贫措施与慈善事业，已不可能从根本上解决问题，因此，各国执政者在继续对贫困、灾民进行救助的同时，将建立新的安全机制与保障机制提到重要位置来考虑，从而使适应工业社会需要的、完善的社会保障体系成为新的政策选择。

通过市场竞争优胜劣汰，市场机制有利于提高效率，实现资源的有效配置，但它不是十全十美的，它可能会带来收入分配不均，甚至贫富悬殊。各人的天赋条件不同，机遇各异，竞争的结果可能导致一部分人在竞争中的地位不断提高，变得更加富裕，而另一部分人则在竞争中处于劣势，地位不断降低，相对会变得更加贫穷。这对社会的稳定发展和人的全面发展来说可能会构成一定制约。社会保障制度所具有的稳定与促进等功能是市场机制所无法替代的。正是为了弥补市场机制的失灵，工业化国家才建立了健全完备的社会保障制度。凡是拥有健全完备的社会保障制度的国家，人们的后顾之忧便得到了部分解除，但不能单纯地把社会保障看成是一种福利，它在增进国民福利的同时也是一种促进经济发展和社会发展的战略选择。

现代社会保障体系，早已远非历史上单一的救灾济贫可以比拟。现代社会保障体系范围广、项目齐全、形式多样，其功能也逐渐强大。社会保障的功能，是指社会保障包括各子系统及具体项目在实施过程中发挥出来的边际效能和作用。在社会经济发展进程中，社会保障通常发挥着稳定、调节、促进、互助等多重功能作用，并以其特有的方式纠正或改善市场本身带来的问题。社会保障的作用在于为整个社会经济的正常运行创造良好的环境，增加社会经济发展的有序性，使国民经济和整个社会有机体得以持续、稳定、均衡、协调发展。

二、社会保障作为社会"安全网"和"内在减震器"的功能

社会经济的发展进步，任何时代都离不开稳定的社会秩序和社会环境，而各种特殊事件的存在，又往往给社会成员造成群体性的生存危机，如人口老龄化、自然灾害、工业事故、疾病及市场经济条件下的失业现象等，均不以人的主观意志为转移，且会导致一部分社会成员丧失收入或失去有效的生活保障。如果国家不能妥善解决社会成员可能遭遇的这些问题，部分社会成员因陷入生活危机便可能构成社会的不稳定因素，社会秩序可能因此失去控制，并进而破坏整个社会经济的正常发展。社会保障通过以下几个方面，缓解了市场经济带给社会的危机，有效地促进了社会的和谐发展。

第一，社会保障的稳定作用。社会保障制度主要是要面对社会公众的生、老、病、死、残等问题，使社会公众幼有所护，老有所养，病有所医；帮助贫困者解决生活窘境，使失业者的生活得以安排或重新就业。通过对暂时或永久丧失劳动能力者的物质帮助和服务，对生活在贫困线之下的贫困者给予救济或补贴，以清除或减少社会动乱和不安定因素。因为温饱的满足是人们最基本的需求，经济生活是社会赖以生存的基础，也是社会安定团结和长治久安的根本前提。我国古代春秋时期的管子说："凡治国之道，必先富民，民富则易治也，民贫则难治也。"语云："饥寒起盗心"，古今中外，概莫能外。社会保障对调节社会成员因收入分配不公而引起的贫富悬殊，消除社会不安定因素，消除由市场经济的不完善所引起的对人们生活产生的不良影响，为社会经济发展创造一个稳定的社会环境，起到了特殊的作用，而且这种作用是其他经济手段难以代替的。

社会保险的稳定作用主要反映在：①一旦建立起社会保险制度，它就能自动实现收入转移；②既可促进结果的平等，也可促进机会的平等；③既可缩小居民的绝对收入差距，也可缩小居民的相对收入差距；④只要被纳入社会保险体系，居民的基本生活即可获得一定程度或完全的保障。因此，社会保险这一被称为"社会稳定器"的政策工具在缩小居民收入差距中具有其独特的作用。

社会救助是居民遭受自然灾害、意外事故，或因个人生理、心理出现残障等而导致生存困难时，由政府（有关部门）按照法定标准向其提供货币或非货币形式援助的社会保障制度。社会救助包括救灾、扶贫以及特殊救助等，其救助对象是因各种原因而面临生存危机的居民。根据社会救助的性质和特点分析，社会救助具有缩小居民收入差距的作用。它是通过对完全无收入来源或收入不足以满足生存之需的居民提供援助而发挥作用的。居民获得政府救助，其收入水平得以提高，有利于居民的生存保障。社会救助的作用是社会保险、社会福利所不具有或不可替代的。

社会福利是指政府为保障居民的基本生活需要或提高居民的物质生活水平而向居民提供的福利性的经济支持的社会保障制度。它包括残疾人福利、老年人福利、儿童福利、妇女福利、住房福利、教育福利、职业福利、家庭津贴、公共交通津贴等项具体内容。政府的社会福利基金主要来源于政府的一般财政收入，由福利享受的平均性质以及一些社会福利项目的有选择性，使得社会福利具有收入再分配的性质。无选择性的社会福利居民人人可以享受，而有选择性的社会福利只有一部分居民可以享受，其中一些福利项目，如残疾人福利、老年人福利等的享受者一般来说都属于无收入来源或收入低的居民阶层，因此政府提供的此类福利，可以提高低收入居民的绝对收入和相对收入；还有一些项目，如儿童福利、教育福利等项目有利于保障儿童的健康成长并提高劳动力素质，这对低收入居民是有利的，可以起到促进机会平等的作用。

第二，社会保障能够化解多种社会矛盾，社会保障起着人际关系"调节器"的作用。人际关系的调整最基本点是经济利益的调整，社会保障正是从这个最基本点着手。由社会分配不公引起的矛盾，破坏了社会发展终极目标的实现。社会保障通过国民收入的分配和再分配，统一筹集社会保障基金，再分配给不能维持基本生活的贫困者，使他们有稳定的基本生活来源。这种调节在一定程度上有利于缩小社会收入差距，对于调节社会经济关系，起到了积极的作用。

一方面，任何社会保障项目的建立，都会直接化解社会矛盾。社会救助因解除了贫苦人口的生存危机而直接缩小着贫富差距并缓和着不同社会阶层之间的冲突；社会保险因维护了劳动者的权益，平衡劳资关系，进而化解劳资冲突。另一方面，社会保障制度的建立，又直接表现为受益者福利的提升，健全的社会保障体系则会促进国民福利的普遍提高。例如，住房福利在不损害高收入阶层的住房条件的同时使低收入家庭也能够有机会获得住房条件的改善；医疗保障消除了疾病导致的贫困，也间接提升了人们的福利水平。在社会发展领域，社会保障有效地调节着社会成员的协调发展。在社会保障制度健全的国家，社会保障构成了调节"社会成员中高收入阶层（富人）与低收入阶层（穷人）、劳动者与退休者、就业者与失业者、健康者与疾患者、幸运者与不幸者、有子女家庭与无家庭负担者之间利益关系的基本杠杆"。不同社会阶层之间的利益冲突因社会保障制度调节功能的发挥而得到了有效缓和，因收入分配差距等导致的非公正性、非公平性在一定的程度上得到了调节，国民福利不断增进，整个社会和谐发展。

因此，一个国家的社会保障制度健全与否，与其国民福利水平的高低通常呈现正相关的关系，也与一个国家或地区的社会和谐程度呈现出正相关的关系。在我国构建和谐社会的进程中，社会保障不仅肩负着重要的使命，而且构成了和谐社会的重要内容。

第三，社会保障维护并创造着公平的竞争环境，促进着经济社会的正常发展。一方面，社会保障直接解除了人们的后顾之忧，增强了人的安全感与对未来的信心，从而不仅为人的全面发展提供了制度保障，而且能够帮助遭受特殊事件的社会成员恢复正常生活并重新投入社会，如医疗保险化解着人们不确定的疾病风险，工伤保险解除了劳动者职业伤害的后顾之忧，各项社会福利又弥补着家庭保障功能的不足等。这些问题的解决，在客观上消除了个人因不确定事件或意外伤害风险而导致的非公平竞争隐患，同时也减少了个人风险转化为社会风险进而转化为社会问题的可能性，避免了由这些问题可能导致的社会危机。另一方面，社会保障直接提高了劳动者的素质，促进了劳动生产率的提高，而且维系了劳动力市场的一体化，推动了劳动力资源的优化配置。可见，建立健全的社会保障制度，并非仅仅是为了被动地解决某些社会问题，而是将其作为社会发展与市场经济的维系机制和促进机制发挥作用。

第四，社会保障对全体社会成员，特别是对劳动者的社会心理产生"安全感"的影响。从需求方面来说，美国心理学家马斯洛提出了著名的需要层次论，把人的需求按照需求发生的顺序排序，由低级的到高级的，由基本的到复杂的。其中，第一层次的需要是生理需要，这些需要如果不能满足，人类就难以生存下去，为满足这种需要而从事的劳动生产活动是历史的最初动力。第二层次的需要是当一个人的生理得到基本满足后，人们随即考虑的便是安全需要，这是自我存在的需要，即保护自身免受危害，希望疾病、失业、破产、伤残、灾害、养老等风险得以解决。人们在生理上对生存的需求和心理上对安全的需求往往是并存的。社会保障在提供生理基本需求与心理需求的交叉点上，恰当地从两个方面予以满足，消除了人们的后顾之忧，促进了人们社会心理上的平衡，从而在安全的社会环境中激励人们投入到商品生产的竞争、劳动力的流动、职业的选择和计划生育政策的落实等方面，其作用是不可估量的。社会保障所造就的经济上的基本生活保障和社会心理上的安全感，是社会稳定的基础，或者说社会保障具有维护社会安定的功能。

通过建立社会保障制度，国家为社会成员的基本生活及不断发展提供相应的保障。首先是能够帮助陷入生活困境的社会成员从生存危机中解脱出来，其次是能够满足社会成员对安全与发展的需要。例如，在市场经济条件下工人因企业破产或就业竞争失败而失业，即可能因收入来源的丧失而陷入生存困境，失业保险与社会救济制度正是对这类社会成员基本生活权利的保障；各种社会福利服务的提供，有效地解除了社会成员在抚养孩子、养老及其他生活服务方面的后顾之忧，显然为社会成员的发展创造了条件。可见，社会保障能够防范并消化社会成员因生存危机而可能出现的对社会、政府的反叛心理与反叛行为，能够保障社会成员在特定事件的影响下仍可以安居乐业，从而有效缓解甚至消除引起社会震荡或失控的潜在的风险，进而维系着社会秩序的稳定、正常、健康发展。因此，社会保障是通过预先防范和即时化解风险来发挥其稳定功能的，它在许多国家均被称为"社会稳定器"或"减震器"。

三、社会保障作为"调节器"的功能

1. 政治上的调节功能

在政治上，社会保障既是各种利益集团相互较量的结果，同时也是调节不同利益集团、群体或社会阶层利益的必要手段，且在不同的社会制度下表现出不同的政治功能。在社会主义制度下，社会保障除具有一般的政治调节功能外，还特别促进了社会成员在国家和社会生活中的主人翁地位；在资本主义制度下，社会保障亦强化了国民对现存制度的依赖意识和国家认同，同时对调节不同社会阶层的政治冲突和促进政治秩序的长期稳定并维持其整体正常运营，发挥着特别重要的政治作用。现代社会保障制度之所以在许多国家成为党派斗争和政党政治、民主竞选中的重要议题，正是社会保障具有不容忽略的巨大政治调节功能的体现。

2. 经济上的调节功能

第一，社会保障作为政府转移支付的"自动财政稳定器"。所谓自动财政稳定器，亦称自动稳定器，是指不需政府的干预和抑制，自动而即时地朝正确的方向变化，借以对总供给和总需求产生一种稳定作用的因素，亦称为内在稳定器。也就是

说，财政制度本身存在一种内在机制，会做出适时反应，在经济涨落时对其产生缓冲作用，并及时对经济体系产生保护功能。自动稳定器这一点颇类似人体内的自我免疫系统。当失业率提高、经济总体下滑时，这些稳定因素便自动降低税收并提高政府支出；而当失业降低，经济过热之时，这些因素又会帮助经济刹车。

政府的转移支付主要包括政府发放的失业救济金和其他各种福利支出。社会保障作为政府的转移支付在这方面的作用主要表现在：当经济处于衰退或萧条时期，失业人数会不同程度地增大，这时有资格领取失业救济金的人数同时上升，政府的转移支付增加，从而给总需求注入了新的力量；当经济处于兴旺时期，就业机会增多，失业率下降，依赖失业救济金和领取失业救济金的人相应减少，政府的转移支付减小，由此对经济的总体扩张起到了一定的限制作用。这就是社会保障所起的经济调节器作用。

第二，社会保障直接调节着国民收入的分配与再分配。社会保障基金来源于国民收入的分配与再分配，体现了社会保障的分配属性。在社会保障制度健全的国家，这种调节功能更加显著，它通过社会保障资金的筹集与社会保障待遇的给付，在不同的保障对象之间横向调节着收入分配，同时还在代际之间实现着纵向调节收入分配。社会保障基金的筹集，一般是通过税收或"转移性支付"给予保证。税收更多地来自高收入者，而社会保障的给付对象又主要是低收入的贫困者。这种分配实际是社会经济关系的调整，调节一般从以下三个方面进行：一是在不同的阶级或阶层的社会成员之间的分配关系；二是在国家与职工、国家与企业、企业与职工之间的分配关系；三是在代际之间的分配关系。这种调节有助于解决社会分配的不公并缩小社会贫富之间的差距。

第三，社会保障对市场体系起调节作用。社会保障对劳动者所提供的职业培训、免费义务教育、医疗服务和社会福利，对提高劳动者的素质起到了很大作用，而普遍的劳动者素质的提高，又为劳动者平等参与市场职业竞争提供了条件。例如，养老、失业保险制度对劳动力市场起到了直接调节作用，是劳动力资源自由流动和优化配置的基本条件；社会保障基金的融通对资本市场与产业结构起调节作用；社会保障体系中的教育福利、职业培训、医疗服务和社会福利等，又为提高劳动者的知识素质与身体素质等奠定了基础，并对技术市场产生相应影响。社会保障所提供的全国性养老制度、失业津贴（包括地区性补贴）、迁移补贴、职业介绍和职业培训，具有促进劳动力合理流动的作用。

四、社会保障促进了互助发展的人文思想传播

社会保障制度作为一种关系着全社会劳动者利益的社会公益性体系，还会影响人们社会生活观念的变化，影响社会风气、风俗以至人们的精神状态。社会保障制度和社会经济发展体系，是人类社会相辅相成的两个方面。社会保障资金来源于税收、缴费、捐献等多个渠道，又被支付给受保障者，这种分配机制其实是一种风险分散与责任共担机制，风险分散与责任共担本身即是以互助为基石并在互助中使风

险得到化解；同时，构成社会保障体系重要组成部分的社会福利与社会服务，无论在国内还是国外，几乎均以社区为基础，以社会成员之间相互提供劳务为主要的表现形态，从而在实质上体现出了互惠互助以及在互惠互助中的他助与自助。资金的互助、物的互助和劳务服务的互助，表明社会保障制度不仅是一种社会稳定机制，而且也是一种社会互助机制。

社会保障通过对社会成员的社会分配和再分配，来保证社会成员的最低基本生活，体现了互助互济的精神，这与社会发展的终极目标——和谐共存是一致的。社会所提倡的尊老、扶弱、济贫、和谐共存，有助于培养人们的社会责任感、社区认同感和集体意识，也有助于树立权利与义务相统一、预防与分担风险的观念，这就为社会成员之间的关系由失调转为和谐、健康发展，从精神上给予了保证。这种社会活动的结果，又将形成一种强大的社会舆论和良好的社会风尚，推动人们提高道德意识并增强道德责任，以建立社会主义社会中人与人之间平等、团结、友爱、互助的新型关系。

第三节　社会保障的经济功能

一、社会保障与公共产品

纯公共产品，按照萨缪尔森的定义，是指每个人消费这种产品不会导致他人对该产品消费的减少。公共产品具有以下特征：①非竞争性，即不因有无消费者而引起成本变动，增加消费者不会引起生产成本变动；②非排他性，即无法排除他人从公共产品中获得利益；③外在经济性，即外在成本和外在效益，消耗资源不能完全进入产品成本，部分收益也不能收归生产单位；④公共消费的效益性，即消费的规模越大，效益越大；⑤功能的不可分割性，即公共产品只能作为一个整体来消费。社会保障是国家为促进经济发展并保障社会稳定，对公民在年老、疾病、生育、伤残、失业、死亡、遭受自然灾害、发生意外事故和面临生活困难时，由政府和社会依法或根据确定的条件和标准给予货币或物质帮助，以保障公民基本生活需要的制度。其基本内容包括社会救济、社会保险和社会福利，从制度本身来看，具有准公共产品的特征。

社会保障的准公共性表现在：①消费中的排他性与非排他性兼有。社会福利和社会救济项目具有典型的非排他性，但社会保险的排他性表现得更明显，如果人们不愿事先缴纳社会保险税费，在无外部影响的条件下，就会被排斥消费社会保险产品。②消费中的非竞争性与竞争性同在。社会保障中的福利产品多一人或少一人消费，不会引起产品成本的变化，具有非竞争性，但对于社会福利费和社会救济金以及社会保险给付额来说，每增加一个人领取或消费，就要增加这类产品的供给，从而增加成本，又具有竞争性。③消费中的非拒绝性与拒绝性并存。社会保险法律法规规定范围内的公民一律无条件参加并按规定缴纳保险税费，具有明显的非拒绝性，但对福利费和救济金的支取、补充养老保险和补充医疗保险以及个人储蓄性养老保险和医疗保险的选择，个人有充分的自由，可以参加消费也可以拒绝参加消费。

既然社会保障具有公共产品的特性，它就应该通过政府来配置，而社会保障自诞生以来一直就是国家或政府的责任，一般要制定专门的法律法规、组建相应的政府机构并从财政中划拨一定的资金来贯彻实施。例如，英国先后两次颁布实施《济贫法》，明确社会救济属于公民的合法权利，政府和社会有保障公民生存的义务；德国于19世纪80年代相继通过疾病、工伤、养老等社会保险法案，开始构建现代意义上的社会保障制度；美国则于1935年通过《社会保障法》；我国《宪法》规定公民在年老、疾病或丧失劳动能力的情况下，有从国家和社会获得物质帮助的权利，劳动法还专门就社会保险作了规定。

二、市场失效与政府介入

任何发达的市场都不是万能的，市场失灵总是存在的。如果由市场提供社会保障产品则存在"市场失灵"的问题。市场失灵，是指那些为取得有效的市场解决办法所需的条件不存在，或者以这样或那样的方式相抵触。

市场经济在解决社会稳定、协调发展方面有明显的局限性，它能较好地解决效率问题，却不能处理好公平问题。一方面，市场经济不可能自动达到社会收入分配方面的公平和协调，商品交换顶多能实现在既定分配格局之下的帕累托最优，但不能改变现有的收入分配格局；市场经济条件下的机会不均（财产、个人能力和教育程度等的差别）可能带来收入分配不公现象；即使市场作用发挥较好的地方，分配的结果可能也不是按照社会所接受的标准去实现的。因此，现代市场经济国家的政府都力图通过再分配政策及社会保障制度来调节收入及财产的再分配，解决公平以及社会经济战略发展问题。另一方面，市场经济不可能解决全社会范围的失业、养老、工伤事故、医疗保健及扶贫助弱等方面的社会问题，而这些问题又是保证市场经济正常运行的重要条件。收入分配不公、失业、养老以及医疗卫生等方面的社会问题，会影响社会的协调发展以及劳动者的积极性，使经济效率无法提高。因此，政府要从全社会的整体利益出发，对各阶层的收入和财产再分配加以调节，建立健全社会保障体系，以保证社会稳定、协调发展。

政府通过社会保障的制度设计实现了其经济职能之一，即实行收入再分配，维护社会公平。

三、社会保障补充市场保险的职能

广义的社会保障划分为两大部分：一是以家庭收支调查为基础的收入维持计划；二是不以家庭收支调查为基础的社会保险计划。不管是收入维持计划，还是社会保险计划，都是向那些收入能力和收入水平中断、丧失或低的人提供的生活保障，所以都叫社会保障计划。对于第一类计划我们主要从公平分配的角度来讨论，下面将从保险业的信息不对称性来讨论社会保险问题。

1. 市场交易中的信息不对称所产生的影响

市场上交易双方关于产品的信息必须是对称的，否则市场均衡就可能不是帕累托有效状态。例如产品市场，对于名牌产品和假冒伪劣产品，有时候消费者是没法区分清楚的，但产品的制造经营商却是很清楚的。这种信息的不对称性会给市场有效运转带来很大问题。由于信息不对称带来的逆向选择和道德风险问题是政府提供社会保险的经济动因。

（1）逆向选择问题

保险业主要是一种分摊风险的方法。它通过调动广大投资者投保，然后让大家共同承担其中某一部分人的风险。由于风险是不确定的，也就是说谁都有可能遭受风险，所以大家一般是愿意事前进行投保的；而保险公司依据历史统计数据将保险金建立在平均概率基础之上，也是可以取得一定盈利的。但正是因为保险是建立在平均概率基础上的，所以对于能够设置保险的事件是有严格要求的：第一，必须存在大量事件。只有这样，各种大大小小的风险才能合并在一起，从而相互抵消，平均化才有可能。第二，可能发生的事件必须是相对独立的，既不相互影响，也不受主观选择的影响，即必须是随机事件，否则也就无所谓平均化的概率。第三，投保人和保险人的信息必须基本上对称，或者说二者对被保事件都是不可控制的，不了解的。如果是保险公司可控事件，那么它会只收保费，不许赔付；如果是投保人可控事件，那么他就会只投保危险事件，不投保安全事件。当事件不符合如上条件时，就会导致保险市场的破坏，例如医疗保险市场。人们的健康状况是不相同的，有的人身体比较健壮，有的人身体比较虚弱，而保险公司是不能将他们的保费率建立在全体居民健康状况的平均发生率的基础之上的。因为身体健康的人不会购买医疗保险，只有身体虚弱的人会购买，也就是说被保险事件不是相对独立的，而是受主观选择影响的，而这个选择的过程，保险公司又无法控制。因此，以全体居民的平均健康状况为基础的费率将会使投保人对保险公司实际提出索赔时发生误解。保险公司得到的不是客户的无偏向选择，而是他们的逆向选择，即只有可能得到保险金的人才去购买保险，而那些知道自己得不到保险金的人却不购买保险。不但健康保险市场的情景是这样，其他社会保险险别都容易发生逆向选择问题。例如失业保险，只有知道自己面临较大失业风险的人才会去投保，而那些高级雇员是不会投保的；又如养老保险，较年轻体壮的小伙子是想不到参加养老保险的，只有年迈的老人才愿意投保等。

社会保险就是通过让所有人加入一个大集团——国家来解决这个问题的。

（2）道德风险问题

当市场上交易双方关于商品的信息不对称时，不但容易引发逆向选择问题，还容易产生道德风险问题。

保险业是一种分摊风险的行业，在不存在保险服务时，人们对可能发生的风险是有一定的防御行为的。例如人们都知道自行车会被盗，所以都装有坚固的锁以防被盗；人们都知道自己会生病，所以就参加体育锻炼以预防疾病的发生。

保险公司提供的服务是通过分摊风险以减少风险带来的损失，但保险公司并不想让人们因为参加保险就放弃对风险的提防行动。而实际上在当事人购买了保险服务以后，就容易放松对风险的防范，更有甚者还有可能故意造成某种风险，以骗得赔偿金，这种情况称之为道德风险。产生道德风险的根本原因是投保人和保险公司的信息不对称，即保险公司不知道投保人是否放松对风险的防御行为。

2. 社会保险中的市场失灵

社会保险是容易发生道德风险的险别。例如失业保险，投保人很可能因为投保，而主动放弃那些工作条件差、工资待遇低的工作，转而领取失业保险金。养老保险也会诱使投保人过早停止工作，转而领取养老保险金。医疗保险也会导致投保人选择肆意抽烟、酗酒等不健康的生活方式，从而增加发病的概率等。

对于道德风险问题，如果不能察觉受保人采取的防御行为，那么政府就不可能比保险公司做得更好。当然政府有保险公司不可能获得的其他手段可供使用——可以强制人们采取一定的防御措施，也可以规定对那些不采取适当防御行为的消费者进行惩罚。

社会保险中的市场失灵主要是由以下一些原因造成的：个人所面临的许多重大风险无法通过市场来提供保险，如失业保险与养老保险等；私人保险公司所提供的保险在降低社会风险的能力方面要低于政府，这在发生通货膨胀或战争的情况下表现得尤为明显；市场不能区别不同个人所面临的不同风险，而只能根据每个投保人所支付的保险金来提供保险服务。这样，最需要得到保险的个人（同时也是收入最低的人）往往也就是最不容易得到保险的个人。

总之，在社会保险领域由于保险公司对被保险人的了解不充分，容易导致逆向选择问题和道德风险问题。不管是逆向选择问题，还是道德风险问题，都会导致私人保险业市场相对于信息充分时的交易量太少，甚至是零供给。这就需要政府出面强制实施全民社会保险，补充保险市场，增加保险交易的数量，以分散人们的风险，减轻人们的负担。

3. 私人保险公司无力承担社会风险

当发生自然灾害导致大批农作物减产或绝收，大批人在地震、战争、瘟疫中死亡或残疾，大批人在经济萧条时期失业等事件时，私人保险公司是没有能力提供保险的，原因是这些事件不是相互独立的，而是结成一体的，成为一件事情，这就使保险公司的法宝——分散风险失灵。而政府却可以用减少征税、公债等办法来筹集资金，履行保险的义务，还可以通过减少社会投资，从而让未来的几代公民分担目前的风险。所以，有必要让政府提供诸如农作物保险、失业保险、健康保险、残疾保险和在一定程度内的老年年金保险等。

4. 社会保险的功能优势

（1）节省决策成本和经营成本

保险是很复杂的，个人可能要花费相当的时间和精力来选购恰当的保险单。如果政府可以帮每个人选择一项恰当的计划，个人就不必在保险决策上浪费资源了。另外，由于政府提供的社会保险不以营利为目的，不交税，所以与私人保险市场相比其经营成本较低。例如，美国政府经营的社会保险体系的行政成本仅占该体系支付的赔偿金的 2%；而私人保险公司经营的退休人寿保险所需支付的经营成本、股东红利和税额则相当于保险者所收到的保险金的 1/3。

（2）公平分配

保险金的发放部分是由过去的缴款决定的，但实际上就某些计划而言，如养老保险，其受益和早期的缴款之间的联系相当薄弱。有些人缴费多得到的收益少，有些人缴费少得到的收益多。在某种程度上，可以说，社会保险计划也就是收入再分配计划。这有助于说明为什么这些计划是强制性的，否则，那些缴费多收益少的人也许就不会加入这个计划。

第四节　社会保障功能的反思与重构

一、西方社会保障政策改革和社会保障再探讨

第二次世界大战后出现了所谓的福利国家，经过四五十年的发展，这些国家所采取的高福利政策对其社会经济发展起到一定的积极作用，特别是经过资本主义发展的"黄金时期"，福利国家的社会福利水平达到较高程度。但是，由于财政负担加重、失业问题突出、管理效率低以及随后出现的诸多社会问题，使得福利国家的发展陷入困境。特别是伴随着经济全球化和欧洲一体化的发展，使福利国家的问题更加突出，福利国家危机甚至成为"热门话题"。对于实施高福利政策而导致的各种社会经济弊端，人们常称之为"福利国家陷阱"。

进入 20 世纪 70 年代，战后最严重的经济危机使原本掩盖在繁荣经济下的福利危机凸现，居高不下的失业率和人口老龄化加剧了社会保障和福利支付的困境。福利危机一方面带来巨额财政赤字和债务负担，被迫实行的高税收政策损害了劳动者的工作积极性和企业的竞争力；另一方面高福利又助长了人们的依赖行为，"福利病"成为一种社会现象。

因此，20 世纪 80 年代末，随着冷战结束，全球化时代到来，为了建立更有效率的经济体制，改革传统福利国家的社会保障制度就成为各国的当务之急。从艾斯平·安德森的著作《福利资本主义的三个世界》一书中的观点来看，福利国家与劳动力市场间新的关系形态正在浮现，社会政策与劳动力市场已经交织在一起，互相依赖。就某种程度而言，福利国家的社会保障政策已成为劳动力市场重整的主要媒介，它凭借家庭方案，减少了妇女进出劳动力市场的障碍；它以提早退休来影响年纪较大的人选择工作与否；它在健康、教育和福利领域雇用大量的人力；它提供必要的社会服务来刺激女性劳动力供给；它给予劳工带薪的假期使其暂时离开工作，以此协助人们调和社会成员作为经济生产者、社会公民和家庭成员的角色。基于社

会保障与劳动力市场的紧密联系，西方福利国家都通过调整其社会保障政策对劳动力市场进行调节。

与此同时，它们也都面临着劳动力市场中的各种问题，尤其是失业人口增长，对社会保障的要求增加，而社会保障政策的调整对这些问题的解决可以说是举足轻重的。通过社会保障政策的调整，至少可以驱使社会保障的接受者进入劳动力市场，减少依赖福利的人数，从而减轻政府在这方面的负担。

基于传统福利国家慷慨的社会保障政策所带来的种种弊端，尤其是它带来的政府财政压力以及对劳动力市场参与的负面影响，西方福利国家都进行了社会保障政策的改革。改革的内容虽不尽相同，但其主旨却不言自明，即用更为积极的政策来促使人们脱离福利，参与工作，培养负责任的个人，以减轻政府的财政负担并促进经济的增长，从而更好地应对经济全球化的挑战。这些积极的社会保障政策以其接受者全面参与劳动力市场为目标，这就使对贫困者的救助问题从一个社会保障问题转向了劳动政策问题，而劳动政策的目的在于如何使贫困者尽早进入劳动力市场，而不是如何更有效地救助他们。这些积极的社会保障政策带来的是"工作福利"的时代，在这个时代中，原本由政府所承担的社会风险被巧妙地转移到了个人身上。

西方国家社会保障政策改革强调应以"积极的"或"主动的"政策代替传统福利模式，使传统福利国家现代化。"无责任即无权利"是"积极的"或"主动的"社会保障政策的基本原则，该种政策反对把福利视为不附带任何条件的种种权利要求的传统观念，主张福利既是每个人的权利也是每个人的责任和义务，福利不断增加的同时，个人的责任和义务也应当不断延伸。

二、社会保障理念与功能的重构

1. 提供主体多元化，但社会保障仍是国家的基本责任

现代社会保障在产生之初，完全是一项政府责任，国家承担了保证公民社会保障权实现的义务，在社会保障制度的福利提供上，政府扮演的是唯一提供者的角色。然而，受20世纪70年代以来经济增长速度放缓以及失业率增加的影响，许多福利国家以及由政府提供社会保障税的国家都面临着严重的财政危机，而且高福利政策也引发了一系列的社会问题，如民众就业意愿不高，容易滋生"懒人现象"等。由于一些社会成员技能低，其就业所得与失业救济和其他补贴相比并未有明显提高，因此许多人宁愿长期处于失业状态也不愿意就业。显然这与社会保障制度的理念是相左的。有鉴于此，各国政府纷纷进行社会保障制度的改革，在社会保障措施的提供上，逐渐减少国家对福利供给的干预范围和程度，以此改变以往国家是社会保障唯一责任主体的观念，减轻政府的压力，调动市场和个人机制的作用，实行国家、社会和个人责任分担的模式，将更多的责任分散到社会，强调个人、家庭、企业、第三部门以及社会的共同参与。

当然社会保障这种公共产品又具有一定的竞争性，如果不纳税的人增多，而他

们又享用社会保障服务，社会全体成员的享用水平就降低。这说明，政府提供的社会保障，只是维护全体公民基本人权的手段，这种手段的运用，可以有水平高低之分，但不论如何，这种公共服务的提供始终是政府向每一位公民应尽的责任。即使社会保障基金运营私有化或私营机构公共化，不管形式如何变化，国家的责任也是不应该变动的，只要国家存在，它的基本职能和宗旨就不应该变动。

2.社会保障制度强调权利与义务统一

在权利与义务的结合上做出相应的制度设计与安排。权利与义务的统一是社会保障的基本原则，而权利与义务的分离又极易造成社会保障制度需求以及公共支出的急剧膨胀，也会影响到社会保障效率的提高。对权利与义务的分离，人们已广泛注意到的是，在大部分福利救济项目中，受益一方与支付一方在一定程度上的分离。

实际上，它还同时表现在接受社会福利者和社会救济者往往不需要同时履行相应的义务，因而一大批已实际就业者仍然可以堂而皇之地按时领取失业救济金和下岗生活补助。如果把社会保障由现金保障进一步拓展到服务保障，规定领取失业救济金和最低社会保障金者必须参加一定的社会保障服务活动，而不承担相应义务者不得领取救济金，这样，一方面可以杜绝冒领者，同时也可以通过增加服务保障工作而增加相应的就业渠道，从而提高社会保障效率。加强社会保障的监督机制建设是提高社会保障效率的重要手段。

3.公平优先必须以效率为基本前提

社会保障制度作为社会的"安全网"和"减震器"，其本身就是社会追求公平的产物。公平是社会保障制度的内在需求。社会保障制度对社会中减少或没有生活来源者、贫困者和遭遇不幸者给予救助，对一切工薪劳动者在丧失劳动能力、失业后给予救助，保证他们的基本生活要求；同时，通过收入再分配等手段，在一定程度上缩小贫富之间的差距，从而在一定社会条件下实现某种程度的公平。社会保障制度有助于形成社会公平的良好氛围，有利于社会的稳定与发展。然而社会公平的实现又必须建立在一定的物质基础之上，社会保障制度安排必须保证社会经济的顺利发展。

西方发达国家的社会保障在 20 世纪 70 年代后陷入普遍危机，这种现象告诉人们：社会保障制度的设计，公平必须与效率相联系；社会公平的实现，要考虑到社会经济发展的效率要求，如果妨碍了效率的提高，使社会经济不能顺利发展，社会公平的实现也就失去了其物质基础。因此，公平与效率必须兼顾。

对社会保障来说，效率则主要是一个经济学范畴的概念。效率的具体形式有资源配置效率、生产效率和 X 效率三种。资源配置效率是指资源的有效配置和使用能够按照人们需求的重要性顺序来配置，各种资源能发挥最佳的作用。生产效率包括动态效率和技术效率，动态效率着重于企业和经济系统产生和维持经济增长的能力；技术效率着重于寻找和使用最好的技术，从而使企业和经济系统能不断降低产出成本并提高质量。X 效率是指在既定的市场条件下，经济单位内部因其成员的努力或管理水平的提高，使现有资源能够生产更多的产量或效用而形成的一种效率。社会保障资源的配置效率是指：首先，如何将既定的社会经济资源划分为生产性资源和社会保障资源；其次，在既定的资源配置格局下，如何通过合理使用资源，使产出最大或成本最小。

社会救助、社会福利主要由国家财政负担，凡符合条件者都可无偿享用。社会救助和社会福利通过对社会弱势群体的救助以及对社会财富的二次分配，从而实现社会的相对公平，在这里主要体现了公平原则的要求。当然，社会救助和社会福利制度的设计也必须考虑到效率的要求，以杜绝在西方发达国家福利制度下出现过的"懒人现象"。

社会保险的主要项目——养老保险、医疗保险、失业保险等方面的费用，由国家、用人单位、个人三方面合理负担。职工个人享受的社会保险水平，首先要能保障职工的基本生活，同时又必须与其缴纳保险费的多少挂钩，从而提高职工的劳动积极性，这些项目更多地体现了效率优先的要求。当然，同时它也必须兼顾社会公平的要求，必须保障低收入群体的基本生活，必须使人们相互之间享受的社会保险水平的差距不过于悬殊。

4. 重视渐进式改革，不断增加社会保障制度的层次性

为应对人口老龄化的加速发展，我国适时研究出台了渐进式延迟退休年龄措施，从全世界的实践来看，延迟退休年龄没有一步到位的，要循序渐进。目前，除了一些非洲国家以外，世界上多数国家的退休年龄都是在 65 岁、67 岁，而且大都是渐进式延迟的。我国是世界上退休年龄最小的国家，要综合考虑各方面的因素，制定渐进式延迟退休改革政策，小步慢走，每年推迟几个月。

在发达国家养老保险制度改革的过程中，多层次的养老保障制度成为主流，职业年金和个人储蓄型养老保险在养老金体系中的作用逐渐加强。我国目前养老金制度面临的主要问题是如何实现多层次养老体系的均衡发展。2018 年 4 月，财政部等五部门发布了《关于开展个人税收递延型商业养老保险试点的通知》。这向我们发出了第三支柱开始破冰的信号，说明比较完整的养老保险体系框架开始构建。

5. 更加强调互助共济理念

不管是在国外还是国内，社会福利和社会服务作为社会保障体系的重要组成部分，几乎都是以社区为基础，社会成员之间相互帮助，这充分体现了互惠互助的理念。德国是世界四大医疗保险模式之一"社会医疗保险模式"的代表，一直坚持并积极奉行互助共济原则。在中国，基本养老保险是最重要的社会保障项目之一，应当在全国范围内实行互助共济。为了实现基本养老保险全国统筹，国务院印发了《关于建立企业职工基本养老保险基金中央调剂制度的通知》。这是走向养老保险全国统筹的重要一步。再比如中国近期推出的长期护理保险体现的是失能者与健全者之间的互助共济。

思考题

1. 社会保障制度的理念有哪些？
2. 为什么说国家和政府是社会保障的首要责任主体？
3. 社会保障制度的社会功能有哪些？
4. 公共产品的特征有哪些？
5. 为什么说社会保障是一种公共产品？
6. 社会保障理念与功能的重构体现在哪些方面？

案例

案例 1 **北欧高福利的真相**

不只是中国人，一些美国人也对北欧模式心驰神往。2016 年美国大选，民主党总统候选人伯尼·桑德斯（Bernie Sanders）就称赞道："我们（美国）应该把目光投向丹麦、瑞典和挪威这样的国家，学学他们为劳动人民都做了些什么。"但可惜，人们对北欧国家所有浪漫美好的幻想，要么错误，要么过时。在变身为高福利国家之前，北欧各国已经靠自由贸易甩其他国家好几条街了。毫无疑问，北欧国家在过去一百多年间积累了数量令人难以置信的财富。1870—1970 年，北欧各国是世界上经济增长最快的地区。不过，这些财富和"高福利""大政府"没多大关系。瑞典成就斐然，不是因为瑞典有什么过人之处，而是因为它和其他成功国家一样，有着一套运转良好的资本主义制度。瑞典工业经济研究所的安德里亚斯·伯格（Andreas Bergh）梳理大量过往研究发现：18 世纪，瑞典引入私有产权，增加了农民土地产量；19 世纪中期，瑞典建立私人商业和储蓄银行，农民储蓄和私人投资开始蓬勃发展；当时的财政大臣约翰·格里彭斯泰特（Johan Gripenstedt）奉行自由贸易，瑞典从人口、货物和资本的自由流动中获益匪浅；更不用说 19 世纪中期，瑞典还拥抱了新闻自由、男女平等，废除了贵族享有的特权，为清廉政府铺平了道路。

北欧国家人均寿命之高、婴儿死亡率之低，也常常让很多人痛恨自己"投错了胎"。伦敦政策研究中心的研究员尼梅·塞南戴吉（Nima Sanandaji）在《斯堪的纳维亚没有例外》一书中提到：1960 年，挪威的人均寿命为经合组织（OECD）成员国中最高，紧随其后的是瑞典（第 3）、冰岛（第 4）和丹麦（第 5）。当时北欧国家税收占 GDP 的比重和美国不相上下（30% 左右），也就是说，北欧还没来得及建立起高福利制度。但到了 2005 年，恰恰当这些北欧国家纷纷转型为高福利国家之后，他们与英国、美国之间的人均寿命差距反而被大大缩短了。美慕北欧高福利可以，但最好别以为北欧社会要比美国更不用"拼爹"。中国人美慕平等的北欧国家，确实情有可原，毕竟双方完全是两个世界。但最好别以为是高福利制度带来了平等。两位瑞典经济学家耶斯佩尔·罗伊内（Jesper Roine）、丹尼尔·沃登斯通（Daniel Waldenstrom）告诉我们，20 世纪头 80 年，瑞典的收入不平等现象有了巨大改观，但是绝大多数改善，注意是绝大多数，在瑞典还没变成高福利国家之前就已经发生了。

另外一个残酷事实可能更让"北欧粉"心碎：北欧国家高福利下的平等，不见得能比"水深火热"的美国好多少。我们知道，不管在哪个国家，人们普遍希望穷苦人家的孩子能够有出人头地的机会，经济学家就用"社会流动性"来衡量下一代人的收入多大程度是由父母的收入所决定。

但美国经济学家、诺贝尔奖得主詹姆斯·赫克曼（James Heckman）参与的一项研究，就试图帮助大家正确地认识世界。研究发现，比起美国来说，丹麦贫穷人家的孩子不会更有可能得到一份中产阶级的工作。而且，如果一对丹麦父母没有大学毕业，那么他们小孩上大学的机会和相同条件的美国人一样没什么希望。丹麦社会流动性看起来高，那只是因为丹麦把征来的高额税收转移给了穷人，从而"压缩"了代际之间的不平等。如果只考虑工资的作用，不考虑税收和收入转移的作用，丹麦和美国就非常相似。就如同《大西洋月刊》所说，尽管丹麦对于福利非常慷慨，但机会平等在丹麦不存在，在美国也不存在。即使在童话般的丹麦，父母也很重要。那么北欧其他国家呢？加州大学戴维斯分校的教授格雷戈里·克拉克（Gregory Clark）的论文揭示，18世纪的瑞典精英——医生、律师和大学生，他们的后代到现在仍然是精英，和英美国家没有什么两样。

此外，芬兰100%的亿万富翁，他们的财富都来自于继承，而在美国，这一数字仅为28.9%。这意味着，如果一个芬兰人出生时不是亿万富翁，那他这辈子就可以对此死心了（需要再次强调，这只是发达国家之间的对比，中国的社会流动性和这些国家之间有巨大鸿沟）。北欧早已不是人们想象中的那个高税收、大政府的北欧，他们是不折不扣的自由贸易者。或许是北欧五国太不起眼了，当人们还沉浸在对北欧不切实际的迷恋中时，北欧其实已经悄然转变。瑞典在1970年曾经是世界第4富有国家，但在随后二十几年中一落千丈，在富裕国家排行榜上下滑至第14名，经济增速排在西欧倒数第二。此后瑞典痛定思痛，进行了大量去管制和私有化的改革。

《经济学人》报道，瑞典把公共开支占GDP的比例，从1993年的67%降到了2013年的49%；个税的最高边际税率降到了57%，一大堆财产税、赠与税、遗产税纷纷被废除；瑞典大胆引入教育券制度，让那些不愿意把孩子送入公立学校就读的家长，能够选择私立学校（另一篇研究还证实，这促进了公立与私立的竞争，提高了平均大学入学率与受教育年限）；在医疗服务和老年人看护领域，私人公司能够介入与政府竞争；瑞典甚至对民航管制进行了私有化。

这些眼花缭乱的漂亮数字和实例都在说明，瑞典已经不是当年那个大政府、大规模公共支出政策的拥趸。再看其他北欧国家，如今的丹麦拥有全欧洲最自由的劳动力市场，它同样允许家长花政府的补贴把孩子送去私立学校，如果学费不够自己来补齐。芬兰则利用风险投资家和天使投资人的本领，促进创新和企业家精神。北欧国家的企业所得税税率，甚至比美国还低……难怪在美国智库传统基金会的经济自由度年度榜单上，北欧五国都排在前列。难怪世界经济论坛的竞争力榜单上，除了冰岛之外，其他北欧四国都在前 12 名之内。

为什么北欧国家要做出这样的改变？丹麦历史学家贡纳尔·莫根森（Gunnar Mogensen）说："我们的福利国家在很多方面都是极好的，我们只有一个小问题，那就是我们负担不起。"尼梅·塞南戴吉则在《外交事务》上撰文，"就像其他国家，北欧国家在经历自由市场改革时繁荣，在税收和政府干预经济行为增加时止步。"显然北欧国家总算明白了，他们也无法逃脱基本经济规则的掌控。

资料来源：大风号. 北欧高福利的真相［EB/OL］.［2017-06-12］. http://wemedia.ifeng.com/18452077/wemedia.shtml.

更多案例（第三章）

第四章　社会保障的财源筹集

通过本章的学习，应当了解社会保障财源筹集的内涵、特征和原则；掌握目前社会保障财源筹资方式和来源渠道；熟悉社会保障税和社会保险方式筹资的运行规则；客观地理解目前中国社会保障财源筹集的现状、存在的问题以及今后的发展方向。

本章主要从六个方面探讨社会保障财源筹集。本章的第一部分介绍了与社会保障财源筹集有关的基本问题：社会保障财源的特征、社会保障财源筹集原则、社会保险基金与社会保障之间的关系和社会保险基金的筹资方式。本章的第二部分介绍了国际社会普遍采用的社会保障财源征集的几种具体方式以及社会保障财源的来源渠道。本章的第三部分介绍了社会保障财源筹集的另外两种方式，即以社会保障税和社会保险方式筹集社会保障财源。首先，介绍了有关社会保障税的基本问题以及在中国实施社会保障税的可行性；其次，阐述了与以社会保险方式征集社会保障财源相关的基本问题。本章的第四部分介绍了社会保险费改为社会保障税的现实意义以及存在的问题，并且说明在中国实行以社会保障税的方式筹集社会保障的财源需要注意的问题。本章的第五部分对目前中国社会保险基金的各缴费主体的具体缴费比例进行了说明。本章的第六部分介绍了中国目前社会保障财源筹集的现状、存在的问题以及今后的发展方向。

第一节　社会保障的财源问题

社会保障是国家通过国民收入的再分配为公民提供物质保障，因此，它必须有一个可靠的物质基础。从货币形态上讲，这个物质基础就是社会保障基金，即社会保障的财源。社会保障的财源问题涉及政府、企业和职工个人之间的权利义务，涉及经济利益的平衡与再分配，影响着社会经济的发展。从某种意义上讲，社会保障制度运行过程其实就是社会保障财源的筹集与合理分配的过程。

一、社会保障财源的特征

1.强制性

社会保障属于政府行为，是国家的社会政策通过立法手段在全社会强制推行。任何单位和个人都不能根据自己的意愿决定是否参加社会保险，凡属于法律规定范围内的社会成员都必须无条件参加社会保险，并按规定履行义务。社会保障财源的筹集、支付的标准和方式都是国家以法律和政府的条例、规定的形式确定的，企业和劳动者个人均无权自由选择或更改。

社会保障的财源之所以采取强制手段征集，是因为只有这样才能为社会保障确保稳定的经济来源，从而实现国家的政策目标。国家有责任保障每个劳动者的基本生存权利，同时，社会保障以社会公平分配为原则，借助国家的权威强制性实施社会保险基金的征集，以缓解社会成员收入分配不公的矛盾和问题。

2. 储蓄性

人的一生充满各种风险，为此必须未雨绸缪。社会保障作为克服社会风险的制度，国家是风险的最后责任承担者，因此国家有义务帮助人们抵御未来可能出现的老、病、失业、伤残等风险。当劳动者有劳动能力时，国家和社会以强制手段向其征缴费用进行储存积累；当风险出现时，国家充当社会"安全网"，将资金返还给劳动者，以保障居民的基本生活水平。

3. 专门性

社会保障财源通过专门的渠道和方式筹措资金，专用于社会成员的基本生活保障，不能挪作他用。国家在《社会保障资金管理条例》及有关社会保险项目的决定中，明确指出社会保险基金"实行收支两条线管理，要保证专款专用，严禁挤占、挪用和挥霍浪费"。社会保障财源是人们的"保命钱"，大量基金被违规动用会削弱社会保障基金的抗风险能力，损害政府的信誉与人们对社会保险制度的信心，不利于社会保险制度的正常运行。

4. 金融性

由于筹集到的社会保障基金除了一部分用于当前社会成员的基本生活保障外，还有相当一部分要储蓄起来，以备将来开支，为实现这部分的保值、增值，可以委托专门的机构用于投资，成为融通资金的一个组成部分。

5. 互济性

在国民收入的分配与再分配中，社会保障福利费用由国家、企业和个人三方共同负担，基金来源于社会，统筹于社会成员，个人享受的权利与义务并不严格对应。例如，在社会保险基金形成过程中，高收入的社会劳动者比低收入的劳动者缴纳更多的保险费，而在社会保险基金的使用过程中，则是根据需要进行分配的，不完全按缴纳多少给付，实际体现了在收入再分配过程中社会成员的互助互济。

二、社会保障财源筹集原则

1. 确保社会保障制度正常运行的原则

社会保障基金的筹集，必须以保证社会保障制度的正常运行为基本出发点，因此，在基金来源渠道上应有多种准备，既要有正常条件下的基金来源，又要有特殊情况下的基金来源。在基金筹集量上，要把握"收支平衡，略有节余"的方针。这里讲的"收支平衡"既是短期的收支平衡，又是长期的收支平衡。

2.妥善处理积累和消费关系的原则

社会保障财源筹集，涉及宏观经济中积累与消费的关系问题。积累的基金将一部分当前的消费推迟到未来，在宏观经济需求大于供给的情况下，较多的积累有利于缓解需求大于供给的状况；但是，在宏观经济供给大于需求的状况下，较多的积累则不利于经济的发展。因此，要根据经济发展的不同阶段和宏观经济的不同形势，科学地确定在社会保障基金中积累部分的比例，科学地确定企业和员工社会保障基金的负担程度，这对于国民经济正常运行十分重要。

3.有利于资源有效配置的原则

社会保障基金用于抵御风险，但是抵御风险的程度是不同的。例如，如果我们追求完全消除风险，将风险的损失降低到零，那就可能需要付出极大的成本；如果我们将风险控制在可接受的程度之内，则成本也可以降低。经济学证明，随着风险程度的降低，降低风险所需的成本将递增。成本实际上也是资源的一种表现形式，也就是说，在资源有限的条件下，我们必须权衡资源的投入方向。所以，社会保障基金的筹集还取决于社会保障水平的确定。在经济发展水平不高的发展中国家，社会保障水平不能太高，必须将发展经济放在首位。

三、社会保险是社会保障财源的主体

建立社会保险基金，首先要有基金来源，资金筹集是社会保险基金管理的首要环节。世界各国筹集社会保险基金的方式多种多样，据称，在世界上160多个实行养老保险制度的国家中，有209种筹集养老保险基金的模式。

社会保险是社会保障制度的主体，社会保险基金也是整个社会保障财源的主要组成部分。世界各国的社会保障财源一般包括以下几个方面：社会保险费、财政预算与财政补贴、资产运营收入、受益者部分负担和借款等。在英国社会保险基金中，通过税收（财政负担）筹集的调节基金占全部费用的43%，用于非缴费的社会保障项目；雇员与雇主缴纳的社会保险费约占55%（雇主30%，雇员25%）；社会保险基金投资收入占1%~2%；在1990年以前，社会保障资金缺口由国家财政补贴。根据对12个发达国家与12个发展中国家社会保障经费的综合研究，社会保障财源主要来源于社会保险费、公共财政与资产运营收入。其中，发达国家社会保险费一般占社会保障总经费的一半左右，发展中国家社会保险费占社会保障总经费的比例自20世纪70年代以来出现了上升趋势，由1975年的52.4%上升到1985年的78.1%（见表4-1）。

四、按比例分担社会保险费用是大多数国家普遍采用的筹资方式

社会保险的对象主要是劳动者（及其家属），其经费来源于雇主与雇员的共同缴费，国家给予适当税收减免与经费补助，共同形成社会保险基金。与依靠公共财政负担的其他社会保障资金相比，社会保险费由雇主与被保险者共同负担，并依照国家法律法规强制实施，收入的稳定性高。一般来说，税收受经济形势影响很大，

表 4-1　　　　　　　　　　社会保障财源的主要来源（%）

年份	发达国家				发展中国家			
	社会保险费		公费负担	资产运营收入	社会保险费		公费负担	资产运营收入
	被保险者	企业			被保险者	企业		
1960	19.6	31.4	42.9	3.6	15.6	33.4	43.9	4.0
1965	22.1	31.2	40.1	3.9	13.4	30.6	49.0	4.0
1970	19.6	31.4	43.1	4.0	14.8	35.3	42.8	4.3
1975	17.1	34.0	43.1	3.8	14.7	37.7	40.0	4.7
1980	17.9	34.0	42.7	3.9	23.1	49.2	13.4	10.3
1985	17.9	30.7	44.5	6.9	28.7	49.4	9.1	12.8

其适用途径和分配也往往受到政府的政治、经济决策左右。社会保险费则按比例征收，专款专用，不易受其他因素左右，同时，社会保险费按比例征收的方式，容易进行个别调整。由于参保对象个人交费，有些项目（如医疗保险）还需要额外承担部分费用，提高了人们的社会保险意识，体现出社会保险"权利与义务"相对应的保险原则。因此，世界大多数国家普遍采用按比例分担社会保险费用的方式筹集社会保险基金。

第二节　社会保障财源的征集方式和来源渠道

一、社会保障财源的征集方式

由于社会保障是一个相当庞大的体系，需要有雄厚的资金来支撑，因此，社会保障的财源亦多元化或多渠道化，包括政府财政拨款、企业与个人的社会保险缴费以及其他渠道等。

1. 征税方式

在现代社会保障制度中，最主要的责任主体无疑是政府，政府财政拨款便成了筹措社会保障资金的一个固定的、主要的来源渠道。没有国家财政作为经济后盾，不可能建立社会保障制度，或者即便建立了相应的社会保障制度也不可能获得健康的发展。因此，社会保障基金与政府财政存在着不可分割的关系。

毫无疑问，国家财政资金来源于税收。如果我们将社会保障作为一种调节个人收入分配的机制，亦可以找出与之对应的特定税收来源。它大体包括以下几种：一是个人所得税或工薪税；二是遗产税；三是捐赠税；四是利息税等。这些税种面向个人征收，无论其是否专用于社会保障，均是财政资金的重要来源，均可视为支撑财政性社会保障项目的税收基础，从而作为调节个人收入分配、促进社会保障制度建设的重要手段。西方发达国家通常采取这种方式来筹集社会保障资金。

征税方式的好处在于其强制性，负担公平，有利于提升社会保障的程度；保险项目简单明了，缴税和支付有章可循，管理简便。不足之处在于税收形成财政资金后只能通过年度预算来安排，且通常以年度收支平衡为基本目标，从而在事实上无法积累社会保障基金，进而无法抗拒周期性的社会保障风险，如一旦遇到经济危机导致大批工人失业，或者人口老龄化趋势加快，均可能因缺乏社会保障基金积累而对国家财政造成巨大冲击，进而影响国民经济的持续稳定发展。

此外，征税方式通常只能与现收现付型社会保障制度相适应，而不能适应完全积累型社会保障制度的要求，因此，是否选择征税方式，还应当考虑各国的社会保障财务机制。

2. 征费方式

征费方式是指政府职能部门依据有关法律规范，向企业与劳动者强制个别征收并用于特定社会保障项目的筹资方式，它一般限于社会保险。之所以采取征费方式筹资，主要是因为社会保险资金是分项来源于雇主与劳动者个人的缴费，并必须分项专门用于特定的社会保险项目，这一特点决定了社会保险基金从性质上有别于财政资金。

征费方式的特点，是在强制性征收的同时具有一定的灵活性，如既可以采取类别费率，又可以采取综合费率；既可以混合筹集，又可以分项筹集。与征税方式相比，征费方式根据不同的社会保险种类设置不同的缴费率，向不同的社会保险管理机构缴纳，实行收支两条线管理；而征税方式由政府统一管理的各种社会保险通过社会保障税统一征收。征费方式不仅可以与现收现付型社会保障制度相适应，同样可以与完全积累型社会保障制度相适应。

3. 强制储蓄制方式

强制储蓄制方式也称个人账户制，是指雇员和雇主按规定的缴费率将社会保险费存入为雇员设立的个人账户，需要时按规定从个人账户中支取的一种筹资模式。在国家立法规范下，在强制储蓄制覆盖范围内的任何单位和个人都必须根据有关法律、法规的规定参加强制储蓄，不得擅自更改或中途退出。强制储蓄制一般仅适用于完全积累型的养老保险等社会保险项目。

4. 基金运营方式

对于现收现付型社会保障制度，基金的储存一般只是为了应付即期与下期支付的需要；采取基金制的社会保障制度，基金的储存则是为了实现社会保障制度长期稳定的收支平衡和良性运行。从各国社会保障改革、发展的趋势来看，由于基金制有利于应付由于人口老龄化加剧所带来的冲击，有利于调整在职职工与退休职工之间的关系，有利于促进受保障者权利与义务的统一，已越来越受到了各国政府的重视和欢迎。因此，基金制社会保障基金的储存，才真正完整地体现了社会保障基金储存的目的与价值。

基金储存的根本风险，不在于基金的安全问题而在于基金可能贬值。因为基金的安全问题可以通过管理机构与监督机构的工作在社会保障系统内部得以解决，而基金的贬值问题却难以避免。基金储存的时间越长，基金贬值的风险就越大。因此，基金储存的关键莫过于如何维护基金的现实价值并尽可能地使之增值。

对社会保障基金进行商业运营并实现基金保值增值的目标，已经越来越引起各国政府的重视。从社会保障筹资的角度出发，对储存的基金进行有效率的运用是十分必要的。为此或许要转变社会保障制度只是简单地征集基金和发放待遇的传统观念，而应当有资本市场的观念和投资意识。可以肯定，基金运用所创造的收益将成为各国社会保障资金日益重要的来源。

5. 自由筹资方式

除了上述的几种常见方式之外，社会保障的筹资实际上还有多种方式。例如，发行福利彩票，可以募集到相当数量的社会保障资金；面向服务对象收取的一定的服务费用，则构成了福利事业的重要经费来源；还有社会募捐等方式。这些虽然并非法律强制的筹资方式，但同样可以对社会保障基金起到重要的补充作用。

以彩票为例，我国自 1988 年开始发行福利彩票，到 2004 年共 17 年间，共计为国家筹集社会福利基金近 400 亿元，在全国资助、兴办各类社会福利和社会公益项目约 13 万个。2012 年发行的福利彩票收入 1 510.33 亿元，筹集社会福利基金 79.1 亿元，这些资金主要用于扶老、助残、救孤、济困以及补充国家社会保障基金等。来自福利彩票的基金超过了国家财政的社会福利经费拨款。2017 年，全国发行销售彩票 42 666 909 万元。根据现行彩票管理规定，综合测算后，2017 年共筹集彩票公益金 11 633 769 万元。据国务院批准的彩票公益金分配政策，彩票公益金在中央和地方之间按 50：50 的比例分配，专项用于社会福利、体育等社会公益事业，按政府性基金管理办法纳入预算，实行财政收支两条线管理，专款专用，结余结转下年继续使用。地方留成彩票公益金，由省级财政部门与民政、体育等有关部门研究确定分配原则。中央集中彩票公益金在社保基金会、中央专项彩票公益金、民政部和体育总局之间分别按 60%、30%、5% 和 5% 的比例分配。

据公告显示，2017 年中央财政彩票公益金收入 5 667 411 万元，加上 2016 年度结转收入 452 212 万元，共 6 119 623 万元。经全国人大审议批准，2017 年中央财政安排彩票公益金支出 5 336 543 万元。考虑收回结余资金等因素，收支相抵，期末余额 825 590 万元。按照彩票公益金分配比例政策，2017 年分配给社保基金会 3 182 400 万元，用于补充全国社会保障基金；分配给中央专项彩票公益金 1 623 703 万元，用于国务院批准的社会公益事业项目，经由彩票公益金的使用部门或单位向财政部提出申请，财政部审核报国务院批准后组织实施；分配给民政部 265 200 万元，按照"扶老、助残、救孤、济困、赈灾"的宗旨，安排用于资助为老年人、残疾人、孤儿、有特殊困难等人群服务的社会福利设施建设等项目；分配给体育总局 265 240 万元，支持群众体育和竞技体育发展项目。据财政部公告显示，2017 年彩票公益金分配给全国社会保障基金理事会的金额较 2016 年有所提升，2016 年分配给全国社会保障基金理事会的金额为 3 156 000 万元。在 2011 年至 2015 年，分配全国社会保障基金理事会的彩票公益金持续增长，分别为 1 716 285 万元、2 412 569 万元、2 766 524 万元、2 698 091 万元和 3 273 383 万元，该项金额在 2016 年有所下降后，在 2017 年提升为 318 亿。财政部公告并公布了 2017 年中央专项彩票公益金 1 623 703 万元的具体支出安排：未成年人校外教育 92 000 万元；乡村学校少年宫建设 73 012 万元；教育助学和大学生创新创业项目 105 000 万元；医疗救助 180 000 万元；养老公共服务 100 000 万元；扶贫事业 180 000 万元；文化公益事业 46 800 万元；残疾人事业 198 800 万元；红十字事业 46 591 万元；法律援助 12 000 万元；农村贫困母亲"两癌"救助 30 000 万元；留守儿童快乐家园 1 500 万元；出生缺陷干预救助 15 000 万元；禁毒关爱工程 3 000 万元；足球公益事业 40 000 万元；支持地方社会公益事业 500 000 万元。

二、社会保障财源的来源渠道

建立社会保障制度，首先涉及基金来源问题。根据资料介绍，世界各国社会保障基金的筹措方式可归纳为三类：第一类是国家、企业、个人三方集资；第二类是企业（雇主）与个人（雇员）双方集资；第三类是由政府或企业（雇主）集资。大体上，社会保障基金主要来源于个人缴费、企业缴费、政府资助或补贴、基金的投资收益四种方式。

在企业（雇主）与个人（雇员）双方集资的国家中，有的缴纳保险费的金额双方对等，缴费标准同为雇员收入的一定比例，有的雇主略高于雇员。20 世纪 80 年代以后，缴费标准的不断上升，引起了雇主们的抱怨，缴费增多导致产品成本加大，市场竞争力降低，进而影响了企业的收入。由政府包揽或企业（雇主）共同集资，一般采取税收方式。按收入征收累进税比按比例缴纳社会保障费用更为公平，且由于全民都是纳税人，因而要求加强立法人员和行政人员的责任感，但缺点是资金来源单一，政府或企业的负担过重。

目前，多数国家的做法是企业（雇主）、个人（雇员）共同缴纳社会保障费用，再由政府进行补贴的三方集资方式。这种方法经实践证明较为理想，因为它的资金来源渠道多，相应的保障系数也高，有利于社会保障事业的发展以及社会安定。三方筹资又可形成相互制约的关系，便于监督和管理。

1952 年，国际劳工组织制定的《社会保障（最低标准）公约》对成员国社会保障基金来源规定了几个基本原则：第一，由集体负担社会保险费；第二，由个人缴纳社会保险费，必须保证个人不能因此遭受更大的经济困难；第三，个人缴纳的保险费率不能超过总费率的一半。个人缴费、企业供款、政府补贴三方负担的筹资方式，作为社会保障制度资金来源的基本渠道，已被许多国家采纳。但三方负担的具体形式和数量比例，对于不同国家和不同的保障项目而言，则有所不同。根据最新资料，在欧美一些发达国家的社会保险计划中企业和个人缴费的比例分别为：德国，17.99% 和 16.55%；加拿大，8.4% 和 5.7%；法国，18.27% 和 34.31%；意大利，47.62% 和 9.34%；荷兰，10.75% 和 38.93%；瑞典，30.96% 和 3.95%；英国，10.20% 和 12.00%；美国，13.35% 和 7.65%。政府出资资助社会保险基金，各国采取不同的形式，有的国家按一定比例出资直接投入，如德国、日本等国家；有的国家规定在需要时由政府资助，以实现社会保障基金的收支平衡，如美国等国家。国际劳工组织《社会保障（最低标准）公约》规定，养老金的最低替代率为 55%。目前在实行养老保险制度的 160 多个国家中，低于 40% 的只有海地（33%），替代率在 40% 的有 6 个国家，45% 的有 2 个国家，78% 的国家超过 60%，说明绝大多数国家在《公约》的指导和约束下，都通过高于《公约》限定的最低替代率来保障退休人员的养老金水平。

社会保障基金的筹资方式通常包括现收现付制、基金完全积累制和部分基金制。在选择社会保障筹资模式时，应当考虑不同社会保障项目的支出特点、人口年龄结构的变化趋势和社会保障基金运行的经济条件等因素。

社会保障基金的构成是指社会保障基金包括的项目和内容。应当说这既与社会保障基金的理论界定有关，同时又与实践密切相关。换句话说，这是一个动态的范围，因为一个国家的社会保障基金项目，不仅取决于社会保障所要防范的风险因素，而且还取决于一个国家经济发展的水平及管理能力。

（1）从理论上说，依据社会保障基金的来源渠道分析，社会保障基金可以概括为由国家资助、企业缴费、个人缴费三部分构成。

（2）依据社会保障基金的最终用途分析，社会保障基金的构成是与社会保障项目体系相一致的。

（3）根据国际劳工组织所实行的社会保障公约规定，社会保障基金包括医疗、疾病、失业、工伤、老龄、家庭、残疾、生育、遗属等九个主要方面的基金，其中最主要的是失业、工伤、老龄、残疾、遗属五方面。这是从社会保障所要防范的风险的角度提出来的。

我国的理论界将我国的社会保障项目体系归类为社会保险、社会救助、社会福利、优抚安置等，因此从理论上说，社会保障基金应当由社会保障基金、社会救助基金、社会福利基金、优抚安置基金等构成。其中，社会保险基金是社会保障基金体系中的主体组成部分。从我国社会保障基金建立和运行的实践来看，社会保障基金真正建立起来并按基金模式运行和管理的，主要局限在社会保险基金项目上，其具体包括养老保险基金、失业保险基金、医疗保险基金、工伤保险基金、生育保险基金等。

不同的国家各个基金构成部分所占比例不同，同一个国家不同时期各构成部分所占比例也不相同。一般来说，发达国家和工业化程度较高的国家，在社会保障基金来源中，国家所占比例较大；在社会保障基金的使用过程中，社会保障基金的覆盖面广、支付标准高，社会福利事业发达，某些项目如养老保险、医疗保险、社会福利等支出总量及所占比例较高。而在发展中国家的社会保障基金来源中，一般表现为企业所占的比例较高，国家和个人负担都比较轻；在社会保障基金的使用过程中，由于各项社会保障事业逐步扩大，标准由低到高，某些项目支出水平也相对较低，而在一定时期抗拒自然灾害和社会风险的能力较差，用于社会救济的支出也比较大。我们通过对其构成比例在时间、空间方面的比较，可以观察、分析社会保障事业的发展状况、各方面的负担变化及其使用效果等，为政府制定政策、加强宏观调控和微观管理提供可靠的依据。

第三节　社会保障财源的税收方式和社会保险方式

一、社会保障税

社会保障税也称社会保险税、工薪税。它是国家为确保用于各种社会保障所需要的资金而对雇主及受益人取得的工薪收入征收的一种税。

开征社会保障税是大多数国家普遍采用的一种筹资形式。到目前为止，在建立社会保障制度的140多个国家中，有80多个国家开征了社会保障税。通过开征社会保障税筹资的国家，保障项目简单明了，缴税和支付均遵循统一的章法。以这种筹资形式筹集的社会保障资金直接构成政府的财政收入，成为政府预算的重要组成部分，因此社会保障收支平衡的状况直接影响政府的财政收支平衡，组织和管理社会保障收支是财政部门的一项经常性工作。

1. 社会保障税的纳税主体和课税对象

世界各国社会保障税的纳税主体一般为雇主和雇员。由于自由职业者和个体经营者不存在雇佣关系，也没有确定的工薪所得，是否将其纳入课征范围，各国主要根据行政管理条件而定。例如，美国对个体业主征收自营人员保险税，是为个体业主（除医生外）的老年、遗属、伤残及医院保险而课征的；纳税人如果为单独从事经营活动的个体业主，那么征税对象是个体业主的纯收入。而许多发展中国家如阿根廷、埃及由于征管能力有限，只能对雇主和雇员征税。

社会保障税的课税对象是在职职工的工资、薪金收入额、一级自营人员的纯收益额。这里所说的工薪收入额，通常附有最高应税额规定，只对一定应税额以下的工薪收入额课征。例如，英国税法规定：纳税人缴纳社会保障税的计税依据以每周150英镑为限，超过限额的部分不征收社会保障税。有的国家规定最高应税工资额应随着未来平均工资水平提高而自动增加。例如，美国的最高应税收入由1937年的3 000美元上升到1994年的7 900美元。对工薪收入额一般不允许有减免或费用扣除，即它不像个人所得税的课征对象那样，可从总所得中扣除为取得收入而发生的费用开支，或可扣除一些个人减免项目，而是把毛工薪收入额直接作为课税对象。另外，纳税人除工薪收入外的其他收入，资本利得、股息收入、利息收入等均不计入社会保障税的课税基数，不作为课税对象。在具体操作上，雇主按工资总额，雇员按工薪收入，将应缴纳个人所得税的所得额作为课税对象。

2. 社会保障税的税率

各国社会保障税税率的高低，主要取决于社会保障的覆盖面和确定收益人的收益程度。一般来说，社会保障的覆盖面窄会使社会保障税在刚开征时其税率较低，以后应根据社会保障的发展需要逐步提高。此外还应根据保障项目设置不同的税率，需要支出多的和重要的社会保障项目，其税率要高一些；需要支出少的和次要的社会保障项目，其税率要低一些。有的国家对某些特定的行业及征税对象设置不同的税率。税率的确定还要考虑不同的积累模式，如果是现收现付模式，则须先对当年或近期所需的社会保障费用进行预测，然后根据预测的需要总量，再按一定的比率向企业和职工征收。这个征收比率就是在现收现付模式下的社会保障税税率。如果是完全积累模式（基金制），则须先对社会成员未来所需的社会保障资金总量进行预测，然后以先提后用的原则按一定的比率向企业和职工征收，这个征收比率就是在完全积累模式下的社会保障税税率。如果是部分积累模式，则介于两者之间，在确定满足近期内现收现付费率的基础上加上适当的积累率，就是其社会保障税税率。具体采取何种税率，还要根据国家和企业、个人的经济情况以及社会保障体制而定。例如，美国社会保障税的纳税人为雇主、雇员和自营人员（含自由职业者），其征税范围包括养老、伤残、医疗、失业、退休等项目，按 7.65% 的综合比例税率对雇主和雇员支付或领取的年工资、薪金总额征收等量税金，没有起征点，但有最高限征额的规定。雇员应纳税金由雇主在支付工资、薪金时代扣代缴。自营人员的该项税金与其所得税合并缴纳。

英国社会保障税是以工资计征的，实行全额累进税率，即当应税工资额在平均工资的 1.6 倍以内时，税率在 10%~19.45% 之间，此时由雇主和雇员各承担一部分税金；当应税工资额超过平均工资的 1.6 倍时，按 10.45% 的税率计征，税金由雇主一方缴纳。社会保障税有起征点的规定，同时也有最高限征额的规定，但对超出限征额的部分，由雇主纳税，雇员应纳的税金由雇主代扣代缴，自营人员的该项税金由其本人缴纳。

德国的社会保障税（税款）对工资收入征收，由雇主和雇员共同缴纳，合并税率达 35%，规定有最高限征额，即应税工资收入的最高限征额为平均工人工资的 2 倍左右。但是，对于政府雇员、农民和其他独立工作者，其计征方法有所不同。

瑞典由于实行"从摇篮到坟墓"的社会福利制度，所以应税范围非常广泛，社会保障税的税率也比较高。瑞典的社会保障分为健康保险、退休金保险、工伤事故保险、失业保险等 10 个项目，实行专款专用的政策。社会保障税税率根据 10 项用途分类确定，1995 年 10 项用途的征收率平均为 34.55%。

3. 社会保障税的特点

（1）目的性

社会保障税是一种目的税，专门为社会保障项目筹集资金，具有专款专用的性质，不能挪作他用。

（2）有偿性

一般税收的主要特点之一就是无偿性，即政府征收税款后不需要对纳税人做出任何偿还，而社会保障税却不同，纳税人只有现在缴纳社会保障税，将来才有资格享受社会保障。虽然将来社会保障的受益值并不完全取决于纳税人现在缴纳的社会保障税税金，而是根据纳税人的具体情况以及国家经济状况来加以确定，但是它却与纳税人实际缴纳的社会保障税税金有着一定的联系，即将来获得的社会保障资金来源于他所缴纳的社会保障税，这是政府对他以前缴纳社会保障税的一种偿付，而不是政府无偿给予的福利。

（3）再分配性

社会保障税的征收无论采取何种形式，其结果都是工资或薪金较高的纳税人缴纳的税金明显高于工资或薪金较低的纳税人，但是在享受社会保障时，两者领取社会保障金的区别却不大，从而实现了其社会再分配功能。

（4）累退性

世界各国表面上多采取单一比例税率或累进税率，但均来自课征工薪所得，对资本所得等非劳动收入一般不进行课征。此外，许多国家还规定了工薪所得的最高课征限额。这样，低收入者与高收入者相比，前者的缴纳税额占其全部收入的比例要高于后者，这就使得社会保障税具有事实上的累退性。

（5）一般采取源泉课征法

具体来说是通过雇主在支付工资或薪金时代为扣缴雇员应纳的税金，连同雇主应负担的那一部分税金一起向税务机关申报，而自营者应缴纳的税金一般与个人所得税一起缴纳。

4.社会保障税在我国实施的可行性分析

经济发展与社会进步要有一整套与之相适应的社会保障制度，而建立社会保障制度的首要问题是解决相应的资金来源。随着我国社会主义市场经济体制的逐步建立和完善，建立全国统一的社会保障制度的要求愈来愈强烈。在国有企业改革进程中伴生的职工下岗、再就业及人才流动、人口老龄化等问题都要求尽快完善社会保障制度。我国社会保障制度的现状，尤其是社会保障基金的来源现状已不能适应上述需要，亟待改进，而改善这一状况的有效的方法就是开征社会保障税。

我国的社会主义市场经济尽管处于发育阶段，但是发展速度很快，这就要求我们应尽快完善社会保障制度。而健全的社会保障制度要求有可靠、稳定的物质基础，显然旧的筹资方式——社会保险统筹制度已难以完成这一使命，所以应加快建立社会保障税制的步伐，从实际出发，并借鉴国外的先进经验，不失时机地开征社会保障税。开征社会保障税的可行性主要体现在以下几个方面：

（1）有丰富可靠的税源基础

社会保障税与个人所得税有类似的税基，与取得的保障资金多少和城乡人民收入水平有直接关系。改革开放30多年来，我国国民收入增长显著，城乡人民的收入水平有大幅度提高。1978—2017年，农村居民人均纯收入从133.57元上升到1.3

万元。城镇居民的人均收入由 1978 年的 565 元上升到 2017 年的 36 396 元。到 2017 年年末，我国居民存款总额已达到 61.18 万亿。经济发展和人民收入水平提高使开征社会保障税具备了可靠的税源基础。

（2）人们的社会保障意识不断加强

一方面，随着现代企业制度的推行，企业破产现象增加；另一方面，随着人口老龄化的到来，职工的生活风险有所增加，人们的社会保障意识不断加强。1990 年我国人口统计资料显示，我国城乡退休职工已达 2 151 万人，超过离退休年龄的老人已达 1 亿多人。我国是一个人口大国，到 21 世纪 30 年代人口最高峰期可能要达到 16 亿人，而且将比较快地进入老龄化社会。据预测，到 2030 年我国的退休人员将达到高峰期，届时退休人员将相当于在职人员的 40%（1992 年该比例为 17.6%），养老费用将相当于在职职工工资总额的 44%（1992 年全国平均支出费率为 17.6%）。现实和未来的形势增强了人们的风险意识和社会意识，同时，经济的高速发展和教育程度的提高使得广大群众的素质有了很大提高，人们意识到社会保障的发展有助于社会公平和效率。社会保障税作为社会保障基金的主要筹集方式，由于其征收规范，专项使用，任何纳税人都可从中受益，因而易于被人接受。可见，开征社会保障税可以早日解除社会成员工作和生活的后顾之忧，是民心所向，具有广泛的群众基础。

（3）有较高的行政效率

从世界税收发展史来看，再好的税收政策，如果征管上行不通，往往也难以奏效。例如，斯里兰卡和印度曾分别于 1959 年、1964 年实行过"支出税"，尽管这种税从理论上讲几乎是无懈可击的，然而在征管上却遇到了很大的麻烦，大大降低了税务的行政效率，致使这两个国家不得不分别于 1963 年和 1965 年终止该税。因此，开征社会保障税后的行政效率不容忽视。社会保障税一般税前不进行扣除，税率形式单一，或采用比例税率，或采用定额税率，计算简单，大多采用源泉扣缴的征管办法，成本低，便于管理；况且，我们还有十几年的社会保险统筹管理经验可资借鉴，这些都为降低征管费用提供了有利因素。因此，开征社会保障税需要国家具有较高的行政效率。

（4）有国外的经验可供借鉴

目前，世界上已有许多国家通过采取开征社会保障税的方式来代替其他的筹资方式。市场经济越发达的国家，社会保障制度越成熟和完善，就越重视用税收手段来进行宏观调控。在这些国家，社会保障税通常是以工薪收入作为计税依据，纳税义务由雇主和雇员承担，一般采用比例税率，税款专用于养老金、失业救济和国家津贴。总之，无论从征税的依据，还是征税的尺度和征收与管理办法等方面，这些国家都为我国社会保障税的开征提供了宝贵的经验。

社会保障税对社会保障制度的建立和整个社会的稳定发展都有其独特的优势，我国开征社会保障税在理论上也是可行的，但是，根据目前我国的具体国情，开征社会保障税要先选择试点地区进行，然后采取逐步推广的渐进方式来进行，不可一蹴而就。

二、社会保险方式

社会保险是指依据国家法律和法规筹集资金，在劳动者年老、疾病、死亡、伤残、生育和失业或遭遇不可抗拒的自然灾害，暂时或永久丧失劳动能力，或暂时失去工作时，由国家和社会给予物质帮助的方式。社会保险是社会保障的核心内容。在我国，社会保险主要包括养老保险、失业保险、医疗保险、工伤保险和生育保险等五个险种。税务部门或社会保险部门征收的社会保险资金是由劳动者个人和所在单位缴纳的保险费，其本质是劳动者新创造价值的一部分。该部分专门用于补偿丧失劳动能力或失去工作机会的劳动者的经济收入损失，以保障劳动者的基本生活。

1. 社会保险费的征收原则

（1）效率性原则

社会保险资金的筹集和征收，要保证社会经济运行的效率，不能对社会经济发展造成障碍。发展、效率和保障之间存在着相互联系、相互制约的关系，效率是发展的基础，保障是发展的目标。效率是社保的前提，没有经济效率也就难以保证社会保险制度顺利运作。因此，在进行社会保险资金筹集和征收决策时，要兼顾促进社会公平和生产效率两个方面，从而实现收入和财富分配更加平等。这需要协调安排好社保资金的国家、企业和个人的负担比例。如果国家负担比例过高，那么会导致社会保险开支剧增，超过经济发展的承受能力，同时还会助长依赖思想，削弱劳动者的积极性，从而造成劳动力资源闲置、效率降低；如果企业负担比例过高，那么又必然影响企业的积累和扩大生产投资，从而削弱企业在市场上的竞争能力，使经济活动能力下降；如果个人负担比例过高，那么国民可供支配的现金就会减少，并减少对金融市场的参与活动，从而进一步影响宏观的投资和生产过程。因此，应当兼顾三方面的"利益"。

（2）公平性原则

社会保障基金的筹集、征收和支付过程也就是社会收入的二次分配过程，其分担的公平性也是至关重要的。若社会保险费分担存在着不公平，社会保险费就会出现困难。通过社会保险实现收入再分配，可以分为水平面上的再分配和垂直面上的再分配，用公平的概念来表述，则是水平的公平和垂直的公平。

通过征集社会保险费用，使高收入群体的生活质量和购买力向低收入群体转移，这能实现税制的公平。由于市场机会和个人能力等方面的差异，一部分人属于社会的高收入阶层，而另一部分人则会由于失业、疾病、年老等特定社会风险而陷入贫困，无法凭借自己的力量维持生计。社会保险通过保险费负担形成收入转移，以确保低收入者维持最低的生活水平。

通过同一层面上的人群分散社会风险，按照受益性的原则筹集和征收社会保险费用，这能形成水平的公平。如果垂直的公平是救贫扶困的话，则水平的公平更有防止贫困的功能。保险的原则，一方面是同一层面上的人们向社会保险缴纳保险费或向政府纳税，另一方面则是将现金转移给那些因社会风险而陷入贫困的人群。通过社会保险的纽带把人们连接起来，从而实现水平的公平，强化了社会的整合性。健康者和伤残者之间、在业人员和失业人员之间、工作的一代与退休的一代之间，以至于不同行业、不同职业、不同地区、不同经济形势的人员之间的互助共济，对所有社会成员形成了应付各种突发事件的保护机制，从而保障了人们的基本生活。

（3）稳定性原则

社保制度要保持长期、持续运转，必须在社会保险方式的选择、资金结构、负担比例、筹集和征收模式、资金的管理营运等各个环节建立起相对稳定的制度并由立法做出保证。社会保险资金的征收必须稳定，相对稳定的收入是保证社会保险制度健康运行的基础。要达到稳定收入的目标，有两个因素特别重要：一是统筹覆盖面；二是基金收缴率。过去我国的社会保险主要针对国有企事业单位和大型集体企业，参保职工人数占全社会人员的比例较低，统筹覆盖面窄，再加上部分人员不愿缴纳社会保险费，基金收缴的拒缴率高，实缴率很低，导致社会保险资金收入来源受阻，收入不稳定，但资金支出却呈稳定增长态势，二者无法协调，因而稳定收入是至关重要的大事。稳定性原则包含两方面的含义：一是社会保险制度设计要有利于收入的稳定；二是征收机构对社会保险费的征收要力求稳定，在制度保证的前提下要尽最大努力确保收入的稳定。从制度上讲，扩大覆盖面、提高资金实缴率、实行债务融资和税务融资、加强资金的运营管理、实现资金保值增值等都是可选措施；从征收机构角度来讲，做到应收尽收，按时保证基金收入，杜绝应收不收或随意减收、免收、缓收等行为，也是保证稳定性原则的重要举措。

（4）收支平衡性原则

社会保险资金是社会保险制度的物质基础，要想为丧失劳动能力和失业的劳动者提供基本生活保障，就必须满足在这方面的实际开支需求。因此，社会保险资金筹集和征收总的原则就是"以支定收、收支平衡"，以及在一定时期内社会保险资金的筹集和征收总额以预计需要支付的社会保险费用总额为依据来确定，并使二者始终保持大体上的平衡关系。"以支定收，收付平衡"有近期横向收付平衡和远期纵向收付平衡两种。近期横向收付平衡是指当年或今年内从所有投保人或被保险人征缴的社会保险资金总额，应以同期所需支付的社会保险费用总额为依据，并在收付过程中保持平衡。这种平衡是着眼于当前需求，采取在所有参加社会保险的单位和个人之间以平均比例横向分散劳动风险并分担损失的做法。远期纵向收付平衡是指被保险人和投保人在整个投保期间，或是在一个相当长的计划期内缴纳的社会保险资金与利息的总和，应以劳动者在整个享受保险待遇期间，或计划期预计开支的社会保险费用总额为依据，并使二者在一个较长的时期内始终保持平衡关系。这种平衡是着眼于将来的需求，在劳动者整个就业或投保期间，或是在较长的计划期内根据预计的总需求，逐一按相同比例均匀的征缴保险费，以实现的积累储蓄来分担风险损失。这是一种在长期内逐渐积累资金并逐期使用、不断增减循环的纵向的风险分散方式。

2. 以社会保险方式筹集资金需注意的问题

（1）国家、企业（包括雇主，下同）和个人分担比例的确定。这种比例关系直接体现了各方在社会保险中的权利与义务关系，对社会保险制度的有效性具有直接影响。这方面需要考虑的因素很多，例如，既要考虑国家的财政负担能力，又要考虑保证企业的合理积累和发展，还要保证劳动者的合法权益。

（2）社会保险费征收的比率。同一征收比率，对于效益较好的企业或高收入阶层的劳动者可能无足轻重，但对于低收入的劳动者来说就可能成为沉重的负担。因此，保险费率必须慎重确定。

（3）社会保险费征收的基础。征收基础即如何确定保险费征收的计算基数。例如，是以在职人员的工资为基数征收，还是以在职人员的总收入为基数征收？计算基数是否应包括诸如利息、其他所得等项目？在收入来源多层次化的情况下，保险费征收基数的确定影响着社会保险对社会分配的调节功能的发挥。

（4）社会保险费征收基准的上限和下限。保险费在什么标准内征收，涉及劳动者基本生活水准和最低收入线的问题。收入超过下线标准，就需按一定比例缴纳保险费；收入达到一定上限，超过部分就不再征收保险费。所以，征收的上限和下限，关系到低收入者和高收入者的实际利益，更关系到社会保险公平效能的发挥。

3. 中国社会保险费的缴费主体

用人单位和职工个人是《社会保险费征缴暂行条例》所规定的法定缴费义务人，也就是社会保险费的缴费主体。在各社会保险项目中，用人单位和个人的法定缴费义务也不尽相同，有的项目需要用人单位和职工共同缴费，有的项目只规定用人单位缴费的义务。例如，基本养老保险、基本医疗保险和失业保险规定了用人单位和职工个人都是缴费主体，而工伤保险和生育保险的缴费主体是用人单位，在一般情况下职工个人不缴费。

4. 中国社会保险费的征缴机构

社会保险费的征缴机构即是负责征缴社会保险费的单位。各级劳动和社会保障部门所属的社会保险经办机构是社会保险费的征缴机构。在国务院机构改革前，由于有的社会保险项目属于不同的部门分管，形成了不同的经办机构分别征收基本养老保险费、失业保险费、医疗保险费、工伤保险费的局面，因此造成了人力、物力的浪费，也给企业增添了麻烦。国务院成立了劳动和社会保障部后，养老、医疗、失业、工伤及生育保险由劳动和社会保障部负责统一管理。劳动和社会保障部要求社会保险经办机构也要统一，各项社会保险费也应由社会保险经办机构负责统一征缴。《社会保险费征缴暂行条例》也强调在省、自治区、直辖市的范围内只能有一个机构征收。

目前中国社会保险费的征缴机构有两个：一个是社会保险经办机构；另一个是税务机关，由税务机关征收也是国际上比较通行的征收方式。我国在1999年颁布《社会保险费征缴暂行条例》之前，一般由社会保险经办机构负责征收，在《社会保险费征缴暂行条例》中规定，社会保险费的征缴机构由省级人民政府确定，可以是社会保险经办机构，也可以是税务机关。为了加强社会保险的征缴力度，很多地方已由税务机关征收。上海、广州、厦门市在由税务机关征收社会保险费之后，其资金到位率有所提高，但与预期仍有一定差距。由此看来，就资金到位率而言，征收机构的作用有限，关键在于经济状况与社会保险制度的设计，也受法律制度与政治决策等方面的影响。

5. 中国社会保险费缴费比例、缴费基数的确定和调整

为了管理企业和其他用人单位，国务院对基本养老保险、基本医疗保险和失业保险的费率水平作了原则性规定。社会保险的费率是按照现有的待遇水平、企业和其他用人单位的承受力以及迎接未来老龄化的需要，进行认真研究测算后确定的。基本养老保险，用人单位费率一般不超过 20%；职工个人费率从 1997 年的 4% 左右逐步提高到目前的 8%（至少每两年提高一个百分点）。基本医疗保险，用人单位为 6%，职工个人为 2%；失业保险，用人单位为 2%，职工个人为 1%；工伤和生育保险费率水平由各省、直辖市、自治区人民政府根据实际情况测算后确定，这两项保险企业负担水平一般不超过 2%，职工个人不缴费。

按照国务院的有关规定，缴费个人以职工本人上年度的工资收入作为缴费基数。职工工资收入高于当地职工平均工资 300% 的，以当地职工平均工资的 300% 作为缴费基数；职工工资收入低于当地职工平均工资 60% 的，以当地职工平均工资的 60% 作为缴费基数。缴费单位以国家规定的职工工资总额作为缴费基数。所谓职工工资总额，是指国家统计局规定的各单位在一定时期内直接支付给本单位全部职工的劳动报酬总额，包括六个部分：计时工资；计件工资；奖金；津贴和补贴；加班加点工资；在特殊情况下支付的工资。过去，一些地方社会保险经办机构采用"双基数"征缴基本养老保险、基本医疗保险费，即要求单位除了按工资总额的一定比例缴费外，还要按离退休费总额的一定比例进行缴费。这种做法，增加了离退休人员多的企业负担，不利于企业之间公平竞争，因此，这种做法是需要加以纠正的。

第四节　社会保险费改为社会保障税的现实意义和应注意的问题

完善社会保障体系，关键是要有一个稳定、可靠的资金筹措机制。我国从1986 年起，开始建立企业职工养老保险制度和失业保险制度，对养老保险基金和失业保险基金实行社会统筹，保险资金的筹措采取统筹缴费的形式，即以企业在职职工的工资总额为缴费依据，由企业和职工分别按规定的比例缴纳，基金的征收、管理和支付都由劳动和社会保障部门负责。这种方式改变了长期以来实行的"企业保障"的历史，向社会化管理迈出了重要的一步，但是也存在一些突出性问题和矛盾：一是筹资机制不健全；二是管理操作不规范；三是社会保障覆盖面窄；四是造成社会保险经办机构职能错位；五是制度设计不合理。

由于存在上述问题，财政部、劳动部、中国人民银行、国家税务总局于1998年初联合下发了《企业职工基本养老保险基金实行收支两条线管理暂行规定》，提出基本养老保险费可以由税务机关代征。1999年初，国务院第259号令颁布了《社会保险费征缴暂行条例》，明确规定社会保险费可以由税务机关征收。其实，在此之前，全国已有湖北省武汉市、辽宁省盘锦市等少数地方实行了由地税机关代征社会保险费。1998年后，全国陆续有云南、安徽、重庆、浙江等19个省市实行由税务机关征收社会保险费。近两年来的工作实践表明，由税务机关征收社会保险费确实带来了一些积极变化，按照党中央国务院决策部署，自2019年1月1日起由税务部门统一征收各项社会保险费和先行划转的非税收入。关于社会保险费改税的问题，专家学者仁者见仁、智者见智。一些专家主张规范社会保险基金筹措方式，实行社会保险费改税。其具体设想是：从2000年下半年起将基本养老保险费、失业保险费和基本医疗保险费合并，统一改征社会保障税。工伤保险费和生育保险费今后也要逐步纳入社会保障税之内。社会保障费改税后，由税务机关按照《税收征管法》进行征收管理。另外有些专家建议暂缓社会保障"费改税"，理由是：如果采取全国统一的社会保障税率征收，国家财政就会有保障全部支出的责任，而且各地方支付缺口集中在财政，可能会造成巨额的财政补贴，中央政府承担的风险更大；此外，由于全国的经济发展速度很不平均，人员结构差异化较大，还有可能造成某些地区的不合理负担。同时还有一些专家认为，社会保险基金征缴宜采取税、费并存的方式，个人账户缴费，统筹基金在适当时机转为征税，缴费与征税均可由税务机关负责。

一、社会保险费改为社会保障税的现实意义

1. 征管机构专业，能够提高征管效率

首先，税务机关在长期的税收征管工作中，对企业的生产经营状况、财务收支和工资发放等情况比较熟悉，而且对集体企业、涉外企业和个体工商业户的情况也有较为全面的了解。税务机关在征收社会保险费的过程中，可以比照税收管理模式，采取税收管理办法，通过强制手段督促其及时、足额缴费，为缴费单位和个人创造一个公平竞争的经济环境。另外，税务机关作为专门的征收管理部门，有一支训练有素、专业化水平较高的干部队伍，有较为完整的征收设施和管理网络，而且可以充分利用现有的税收征收管理平台，运用现代化的税收管理手段，最大限度地减少企业欠缴、漏缴和少缴社会保险费的现象，杜绝协议缴费等不规范行为。浙江、广东、安徽等省实行税务机关征收后，其征缴率一直保持在95%左右。

其次，符合"收支两条线"的原则。社会保险税费改革之后，就可以形成"税务机关征收、财政部门管理、社保部门发放、审计部门监督"的管理新模式。在新的模式下，社会保障基金将由不同的部门负责征收、管理和发放，实现社保基金的"收支两条线"运作，改变劳动和社保部门集收与支于一体的局面，将社会保障基金的收支活动比较全面地纳入规范预算管理，有利于社保基金在有效监控下正常营

运，有利于建立社会保障基金治理的监督机制，增强保障资金的安全性，有效遏制社保基金的滥用和挪用现象，形成社会保障的收入、支出、治理独立的科学治理系统。

最后，降低了征收成本。由于税务机关征收社会保险费不需要专门的机构和人员，仅仅是工作量有所加大，并且能够将社会保险费视同税收，在征收时按照税收征管的模式进行申报和开票，使得征收成本明显降低。以安徽省为例，税务机关征收社会保险费的直接成本主要是票据、软件开发、管理系统耗损及必要的人员补贴，1999 年全省征收成本在 1 000 万元左右，而过去社保经办机构的经费主要来源是从当年征收的基金中按 3% 的比例提取的管理费。很显然，征收成本明显下降，何况税务机关征收社会保险费要纳入财政专户管理，这就从根本上避免了基金被侵占、挪用的可能，由此节约的资金会更大，这无疑对保证社会保险费的安全和完整大有好处。

可以看出，社会保险费改税有利于加强征收管理、降低征收成本、提高征收效率。由税务机关独立征收，可以避免政出多门，多头管理的现象，减少摩擦。同时税务机关人员的素质较高，征收经验丰富，手段较先进，对税源掌握较全面，可以加强管理，减少不交、少交、拖交等现象发生，从而降低征纳成本，提高征收效率。

2. 有利于扩大社保覆盖面，促进基金保值增值

税务机关在长期的税收工作中，对企业的情况较为熟悉，特别是对集体企业、外商投资企业、私营企业和个体工商户有较全面的了解，掌握其财务收支状况，这就为征缴工作打下了良好的基础；同时，税务机关可以运用税收征管办法，采取强制手段督促其按时、足额缴纳社会保险费。安徽省 1999 年年底全省参加养老保险的人数达到 332 万，覆盖面为 86%，参加失业保险的人数达到 340 万，覆盖面为 81%，比地税机关接手前提高了 20 个百分点。

在扩大社保覆盖面的基础上，社保基金的保值增值也是重中之重。社保基金增值坚持安全性第一的原则，秉承保守风格。政府有义务依法组织好社保基金的收入、管理和支出，包括依法征收、财政补助和多渠道筹集补充；严格监督管理，确保安全保值增值和依法及时、足额支付，保障参保人的权益。但是，地方政府领导干部行为的短期化、政绩化，使他们不敢去投资，全国大部分地区的统筹部分结余基金，都是按规定存入国有商业银行或购买国债。2013 年 11 月，审计署表示，全国各类社保基金积累额近 4.49 万亿元，但五项基金的年平均收益率不到 3%，安全与贬值风险加大。社保基金事关民生改善、社会稳定和国家的长治久安，管理和运营好社会保障基金的责任重大。实行社会保险费改税，必然要求提高社会统筹层次，只有全国性的社会保障基金才便于政府在更大的空间内调剂余缺，有利于规避地方保护主义，以中央政府做强大的后盾，无论是在人力财力，还是在统筹管理方面，都有利于采取多种方式充实社会保障基金，实现保值增值，扩大基金规模。

3. 法律依据增强，征缴程序规范

税收具有"三性"，即强制性、固定性、无偿性。社保费改税，可保证社保基金有稳定的来源。"缴费"可要求与之相应的权利，而"纳税"是法定义务。现行的社会保险费由于强制力度不够，经常出现收缴困难、标准不统一、负担不公平等问题，但是税收有严密的法律规定，实行费改税之后，法律层次更高，权威性更强，可纠正人们以往的观念，使人人都把它视为法定义务，从而可减少逃费现象，并且税务机关可依据法律规定，增强在筹集过程中的约束力，防止偷税漏税现象发生，提高征缴率，确保社会保障税如期足额缴纳。对于个人和企业来讲，由税务机关征收社会保险费意味着缴费单位和个人必须严格遵守社会保险费的征缴程序，如实申报、足额缴费或按照规定办理延期缴费手续，否则必将受到严厉处罚。同时，以税的形式征缴，更能体现国民同等待遇的要求，促进公平与效率，更具公开性、公平性以及组织收入的及时性和稳定性。总之，税比费更具有法律约束力和法律规范，能够促使社会保障基金有稳定、及时、足额的收入保证，加强社会保障基金的征收力度，让社会保障基金的征缴在安全规范的环境下进行。

4. 监管力度增大，寻租成本上升

近年来社保基金违规的现象屡见不鲜，诸如用于支付对象的基金被挪用建设广场、修道路或平衡地方财政预算；管理人员个人贪污社保基金；医疗机构或个人通过各种方式套取社保基金等。2009年中国实现养老保险省级统筹，但其他四项保险仍然停留在县、市级统筹。光是社保经办机构，全国就有7 450多个，可以说每个都是风险源，基金链条很长，容易产生管理不透明、基金账目混乱、被非法或违规滥用等各种问题，监管难度很大。社会保险费改税能解决这一问题，提高统筹层次，通过国家统一调配监管，使监管力量变强；同时由中央统一管理，基金被挪用、贪污的风险会大大降低。对于行政官员来讲，社保基金集中在中央管理，寻租机会大大减少，寻租成本大大上升，因此从社保基金方面较好地抑制了腐败发生。

5. 与国际接轨，稳定消费预期

开征社会保障税能与国际筹资方式接轨。征收社会保障税是世界通行的做法，我国加入WTO后，国际交往日益增多，开征社会保障税符合国际主流和发展方向，能够适应我国经济体制与国际惯例接轨的需要，消除外商投资企业对我国当前依靠行政手段征集社会保障基金造成的误解和纠纷，妥善解决这些中方职工的社会保障利益问题，促进我国对外开放工作发展。同时，开征社会保障税的基本思路是将基本养老保险费、失业保险费和基本医疗保险费合并，统一征收社会保障税。纳税人为企事业单位及其职工，按照申报个人所得税的工资、薪金所得来申报缴纳社会保障税，税率由中央统一规定，综合税率在25%~30%之间，其中个人缴纳部分可在5%~10%之间确定。社会保障税由国家、企业、个人三方面共同负担，其中大部分由国家和企业承担，并且国家财政担当了"最后出场人"的角色。劳动者从心理上消除了退休后生活保障的顾虑，从而有利于刺激劳动者拉动消费、扩大市场需求，开拓新的经济增长点，进而调整了整个社会的消费与需求，有利于整个国民

经济的发展进入良性循环的轨道。

6.为建立社会保障预算、开征社会保障税积累了经验，打下了基础

税务机关征收社会保险费比照税收管理模式，采取了税收管理办法，使得社会保险费的征收流程与税款的征收流程一致。这样不仅推动了社会保险费的征缴工作，也为建立社会保障预算、开征社会保障税打下了坚实基础。

二、中国开征社会保障税应注意的几个问题

中国社会保障制度尚处初创阶段，现存的较低的生产力发展水平，与巨大的社会保障需求，都将对社会保障资金分配产生极大压力。为最大限度地实现我国现有的社会保障资金供给与需求的均衡，中国社会保障税的开征应注意以下几个方面的问题。

1.建立健全法律法规

任何一项政策的实施都需要法律法规作指导，现在社会保障缴费执行的是国务院颁布的《社会保障费征缴暂行条例》，如果开征社会保障税，需使条例上升到法律的高度。因此，应尽快出台社会保障税法，明确社会保险的征税对象、征税范围、税率、计税依据以及各主体间的权利义务关系，将社保登记、征收、监督、管理、发放等各环节用法律形式进行明文规定，确保社会保险体系规范运行，同时也为税务部门征收社会保障税提供法律依据。同时，应出台一系列违法处罚措施和规范的追缴办法。由于在社会保障税的征缴过程中时常会出现拖缴、欠缴、少缴等现象，因此在政策设计上应加大违法行为的风险经济成本和风险精神成本，如明确处罚金额，下限应不低于所欠社会保障税额的同期利息，上限不作限制，对情节严重的，可上报人民法院，由人民法院进行追缴，并追究其法律责任。同时，对于社会保障税的追缴应做无限期的规定。设计出台处罚措施和追缴办法，能够体现出开征社会保障税的严肃性，强化社会保障能力。

2.征税范围要宽

普遍性和公平性是建立社会保障制度所追求的两个重要目标，而且社会保障有一个"大数法则"，即参加保险的人数越多，互济功能就越大，抗御风险的能力就越强。这充分说明社会保障实施范围越普遍，越能体现出公平性，社会保障的功能也越能得以充分发挥。因此，中国社会保障税的征税范围应当是中国境内的行政机关、企事业单位及其个人，具体包括：国家行政机关、社会团体、事业单位、国有企业、集体企业、股份制企业、个人独资企业、合伙制企业及其职工，以及外商投资企业及其中方员工。

3.计税依据要规范统一

中国现行社会保险费的缴费基数是在一定时期内直接支付给本单位全部职工个人的工资总额，包括基本工资、奖金、津贴和补贴等。一些国家规定个人缴费工资标准超过当地职工平均工资300%以上的部分不缴费，达不到职工平均工资60%的按60%缴纳。我国社会保障税计税依据的制定基本可参照上述做法。对于个体工商户、私营企业主等非工薪收入者的计税依据，原则上按工资收入据实核定；对

不易核定的，可授权征收部门在当地上一年度职工月平均工资一定限度以内确定。

4.税目不宜过多

税目设置应与社会保障的项目相对应。目前，中国社会保障的项目主要有职工养老保险、医疗保险、失业保险、工伤保险、生育保险等。前三项保险对社会经济影响最大，其改革在各地进行得也最为广泛和深入。按照与现行社会保险制度相衔接的原则和大多数国家的通行做法，社会保障税应设置养老保险、医疗保险和失业保险三个税目，以后视情况再逐步增加税目。

5.可采取差别税率

我国开征社会保障税应由中央统一立法，税权划归地方政府。从税率的设计原理上讲，社会保障税税率的确定应以社会保障基金的支出需要和纳税人的承受能力进行测算，考虑到社会保障税的性质以及本着征税简便、降低税收成本的原则，社会保障税的税率形式应确定为比例税率。

6.纳税覆盖面应考虑城乡差别和地区差距

社会保障制度实施的两个最重要的原则是普遍性和公平性。就社会保障税的性质而言，征税的范围应该倾向于更宽泛的覆盖面，即要求在全社会普遍实施，使所有的劳动者都能得到保障，这也体现了公平性原则。但由于我国地方经济发展的严重不平衡，导致各地区之间企业的经营状况、生产能力、应变能力存在较大差距，使得同样的社会保障税的缴纳在富裕地区的群体可以承受，而在贫困地区的群体则不一定能够承受，从而制约了社会保障税在贫困落后地区的开征，所以社会保障税在我国将会在未来一段较长时期内只能面向城镇征收，或是开征时对城乡进行区别对待。

7.征收方式和管理应简便易行

社会保障税的征收应实行自行申报纳税与核定征收相结合的方式，即对账证健全的单位及个人，由单位自行申报纳税；对财务不健全、难以准确提供工资发放情况的企业和个人及自由职业者，由税务部门核定其应纳税额，再由参保人根据核定的数额申报纳税。社会保障税应不分企业性质和隶属关系，一律采取属地征收的原则，由各级税务机关负责征收。这样不仅有利于社会保障税与企业所得税、个人所得税的征管相协调，而且有利于降低征收成本，提高征收效率。

总之，由于社会保障制度一旦建立，即具有很强的刚性，因此，在中国各项社会保障制度的建立中，不仅要借鉴国际社会的先进经验，而且，必须特别注意结合中国的实际情况，坚持低水平，逐渐实现广覆盖，以避免出现可以预见到的福利国家已经出现过的危机。

第五节　社会保险基金的缴费比例

一、养老保险费的缴费比例

社会保险基金的征收标准是经过周密计算确定的，如果对基金实行减免，不只单纯会影响基金的筹集总量和规模，也影响职工个人的切身利益。因此，国务院发布的《社会保险费征缴暂行条例》第四条明确规定："缴费单位、缴费个人应当按时足额缴纳社会保险费。征缴的社会保险费纳入社会保险基金，专款专用，任何单位和个人不得挪用。"第十二条规定："社会保险费不得减免。"按照这一规定，对暂时没有缴费能力的单位只能实行缓缴办法。在办理缓缴时，应按照"单位申请—社会保险费征收机构审核—财政与劳动和社会保障部门核准"的程序办理。

企业缴纳基本养老保险费的比例，全国一般控制在不超过工资总额的 20%（包括划入个人账户的部分），具体比例由省、自治区、直辖市人民政府确定。少数省、自治区、直辖市因离退休人数较多、养老保险负担过重，确定超过工资总额的 20% 的，应报劳动和社会保障部、财政部审批。个人缴费的比例，1997 年年末不得低于本人缴费工资的 4%，1998 年起每两年提高 1 个百分点，最终达到本人缴费工资的 8%。在有条件的地区和工资增长较快的年份，个人缴费比例提高的速度应适当加快。

二、失业保险费的缴费比例

按照《失业保险条例》的规定，城镇企业事业单位按照本单位工资总额的 2% 缴纳失业保险费；城镇企业事业单位职工按照本人工资的 1% 缴纳失业保险费。

三、医疗保险费的缴费比例

基本医疗保险费由用人单位和职工个人共同缴纳。用人单位的缴费率控制在职工工资总额的 6% 左右，职工缴费率一般为本人工资收入的 2%，随着经济发展，用人单位和职工缴费率可作相应调整。规定职工个人缴费为本人工资的 2%，主要是考虑到我国近几年来各地的改革已经普遍实行了个人承担部分医疗费用的办法，职工自我保障的意识和经济承受能力在逐步增强，个人缴纳本人工资的 2%，在心理和经济上都能够承受。规定用人单位的缴费率全国控制在职工工资总额的 6% 左右，是在总结过去试点经验教训的基础上，根据全国财政和企业实际负担医疗费用的水平测算确定的，充分考虑了财政和企业的实际承受能力。"6% 左右"是一个全国的控制标准，具体到各统筹地区，用人单位缴费率要根据当地财政和企业的实际承受能力合理确定。各地在组织测算时，要对统筹地区前三年的实际承受能力以及用人单位实际负担的医疗费支出占前三年在职职工工资总额的比例进行测算，并扣除离休人员、老红军、二等乙级以上的革命伤残军人、普通高等院校的在校学生、企业职工供养直系亲属等人员医疗费用、企业工伤、生育医疗费用以及医疗机构经费等。测算结果在 6% 以内，按实际水平确定，不要提高到 6%；超过 6%，原则上按 6% 进行控制。少数地方的医疗消费水平较高，财政和绝大多数企业又有承受能力，确需超过 6% 的，须经省、自治区、直辖市的劳动保障和财政部门审核后，报省、自治区、直辖市人民政府批准，并报劳动和社会保障部、财政部备案。

第六节　中国社会保障财源筹集的现状、问题和发展方向

一、中国社会保障财源筹集的现状

2017 年我国社会保险覆盖范围进一步扩大。截至 2017 年年底，基本养老、基本医疗、失业、工伤、生育保险参保人数分别达到 9.15 亿人、11.77 亿人、1.88 亿人、2.27 亿人、1.92 亿人；五项基金总收入 6.64 万亿元，同比增长 23.9%，总支出 5.69 万亿元，同比增长 21.4%；全民参保登记信息库已基本建设成型，社会保障卡持卡人数达 10.88 亿人。

从我国城镇职工基本养老保险来看，2013—2017 年全国城镇职工基本养老保险参保人数持续增长，2017 年年末参保人数首次突破 4 亿人，同比增长 6.2%，相比 2013 年的 3.2 亿参保人数，5 年间增加了 7 987 万人，进一步扩大覆盖范围，离我国实现全民参保计划目标更近一步。

2017 年全国城镇职工基本养老保险基金收入达到 4.28 万亿元，比 2016 年同期的 3.45 万亿元增加了 8 261.9 亿元，同比增长 23.95%。

2013—2017 年城镇职工基本养老保险基金收入增长迅速，年均复合增长率达到 17.5%。总体来看，虽然全国养老基金收入规模可观，具备较强的支撑能力，但是由于地区间经济发展不平衡，存在着基金分布不均衡的结构性矛盾。在支出方面，2017 年全国城镇职工基本养老保险基金支出共计 3.79 万亿元，比上年同期支出增加 6 348.3 亿元。2017 年社会保障水平进一步提高。企业退休人员基本养老金水平实现"十三连调"，企业和机关事业单位退休人员基本养老金同步调整，1 亿多退休人员受益。

经过多年的改革发展，我国的养老保险覆盖范围不断扩大，养老保险制度从城镇扩大到乡村，建立起统一的城乡居民养老保险制度，成为世界上覆盖人群最多的养老保障计划。截至 2017 年年底，城乡居民基本养老保险参保人数达 51 255 万人，基金收入 3 288 亿元、支出 2 398.7 亿元，对保障人民基本生活，调节社会收入分配，促进城乡经济社会协调发展发挥了重要作用。未来随着我国经济发展水平、财政支撑能力、个人缴费能力不断增强，城乡居民的养老金待遇也将逐步提高，使广大人民群众共享改革发展成果。

1. 劳动就业

2017 年年末全国就业人员 77 640 万人，比上年年末增加 37 万人，其中城镇就业人员 42 462 万人，比上年年末增加 1 034 万人。全国就业人员中，第一产业就业人员占 27.0%；第二产业就业人员占 28.1%；第三产业就业人员占 44.9%。2017 年全国农民工总量 28 652 万人，比上年增加 481 万人，其中外出农民工 17 185 万人。全年城镇新增就业人数 1 351 万人，城镇失业人员再就业人数 558 万人，就业困难人员就业人数 177 万人。年末城镇登记失业人数为 972 万人，城镇登记失业率

为 3.90%。全年全国共帮助 5.1 万户零就业家庭实现每户至少一人就业，组织 2.9 万名高校毕业生到基层从事"三支一扶"服务。截至 2017 年年底，全行业共有人力资源服务机构 3.02 万家，从业人员 58.4 万人，实现营业收入 1.44 万亿元。2017 年共为 3 190 万家次用人单位提供了人力资源服务，帮助 2.03 亿劳动者实现了求职择业和流动服务。

2. 社会保险

全年五项社会保险基金收入合计 67 154 亿元，比上年增加 13 592 亿元，增长 25.4%。基金支出合计 57 145 亿元，比上年增加 10 257 亿元，增长 21.9%。

（1）养老保险

2017 年年末全国参加基本养老保险人数为 91 548 万人，比上年年末增加 2 771 万人。全年基本养老保险基金收入 46 614 亿元，比上年增长 22.7%，其中征缴收入 34 213 亿元，比上年增长 24.4%。全年基本养老保险基金支出 40 424 亿元，比上年增长 18.9%。年末基本养老保险基金累计结存 50 202 亿元。2017 年年末全国参加城镇职工基本养老保险人数为 40 293 万人，比上年年末增加 2 364 万人，其中，参保职工 29 268 万人，参保离退休人员 11 026 万人，分别比上年年末增加 1 441 万人和 922 万人。年末参加城镇职工基本养老保险的农民工人数为 6 202 万人，比上年年末增加 262 万人。2017 年年末城镇职工基本养老保险执行企业制度参保人数 35 317 万人，比上年年末增加 1 053 万人。全年城镇职工基本养老保险基金总收入 43 310 亿元，比上年增长 23.5%，其中征缴收入 33 403 亿元，比上年增长 24.8%；各级财政补贴基本养老保险基金 8 004 亿元。全年基金总支出 38 052 亿元，比上年增长 19.5%。2017 年年末城镇职工基本养老保险基金累计结存 43 885 亿元。城乡居民基本养老保险参保人数 51 255 万人，比上年年末增加 408 万人，其中，实际领取待遇人数 15 598 万人。全年城乡居民基本养老保险基金收入 3 304 亿元，比上年增长 12.6%，其中个人缴费 810 亿元。基金支出 2 372 亿元，比上年增长 10.3%。基金累计结存 6 318 亿元。2017 年年末全国有 8.04 万户企业建立了企业年金，比上年增长 5.4%。参加职工人数为 2 331 万人，比上年增长 0.3%。2017 年年末企业年金基金累计结存 12 880 亿元。

（2）医疗保险

2017 年年末全国参加基本医疗保险人数为 117 681 万人，比上年年末增加 43 290 万人，其中，参加职工基本医疗保险人数 30 323 万人，比上年年末增加 791 万人；参加城乡居民基本医疗保险人数为 87 359 万人，比上年年末增加 42 499 万人。在参加职工基本医疗保险人数中，参保职工 22 288 万人，参保退休人员 8 034 万人，分别比上年年末增加 568 万人和 223 万人。2017 年年末参加基本医疗保险的农民工人数为 6 225 万人，比上年年末增加 1 399 万人。全年基本医疗保险基金总收入 17 932 亿元，支出 14 422 亿元，分别比上年增长 37% 和 33.9%。年末基本医疗保险统筹基金累计结存 13 234 亿元（含城乡居民基本医疗保险基金累计结存 3 535 亿元），个人账户积累 6 152 亿元。

（3）失业保险

2017 年年末全国参加失业保险人数为 18 784 万人，比上年年末增加 695 万人。其中，参加失业保险的农民工人数为 4 897 万人，比上年年末增加 238 万人。2017年年末全国领取失业保险金人数为 220 万人，比上年年末减少 10 万人。全年共为458 万名失业人员发放了不同期限的失业保险金，比上年减少 26 万人。失业保险金月均水平 1 111 元，比上年增长 5.7%。全年共为领取失业保险金人员代缴基本医疗保险费 85 亿元，同比增长 6.8%。全年共为 66 万名劳动合同期满未续订或者提前解除劳动合同的农民合同制工人支付了一次性生活补助。全年共向 45 万户参保企业发放稳岗补贴 198 亿元，惠及职工 5 192 万人。共向 11 万参保职工发放技能提升补贴 3 亿元；有 16 个省、自治区、直辖市和新疆生产建设兵团发放价格临时补贴 7 282 万元。全年失业保险基金收入 1 113 亿元，比上年下降 9.5%，支出894 亿元，比上年下降 8.4%。2017 年年末失业保险基金累计结余 5 552 亿元。

（4）工伤保险

2017 年年末全国参加工伤保险人数为 22 724 万人，比上年年末增加 834 万人，其中，参加工伤保险的农民工人数为 7 807 万人，比上年年末增加 297 万人。全年认定（视同）工伤人数为 104 万人，与上年基本持平。全年评定伤残等级人数为 52.9 万人，比上年减少 0.6 万人。全年享受工伤保险待遇人数为 193 万人，比上年减少 3 万人。全年工伤保险基金收入 854 亿元，比上年增长 15.9%。支出 662 亿元，比上年增长 8.5%。2017 年年末工伤保险基金累计结存 1 607 亿元（含储备金270 亿元）。

（5）生育保险

2017 年年末全国参加生育保险人数为 19 300 万人，比上年年末增加 849 万人。全年共有 1 113 万人次享受了生育保险待遇，比上年增加 199 万人次。全年生育保险基金收入 642 亿元、支出 744 亿元，分别比上年增长 23.1% 和 40.1%。2017 年年末生育保险基金累计结存 564 亿元。

二、中国社会保障财源筹集存在的问题和发展方向

1. 中国社会保障财源筹集存在的问题

（1）征收很难，渠道不稳定

一方面，缺乏法律规范，资金筹集困难。中国还没有出台有关法律，导致实践中的诸多问题得不到解决。目前，中国以行政手段征收社会保险，缺少一定的强制性，实际工作中容易出现随机和非标准化，造成社会保险费拖欠、盗用现象发生。另一方面，筹措管理不正确，筹集资金难度大。

（2）社会保险范围小，社会保障支付压力巨大

有关学者分析，我国人口老年化越来越严重，退休金成本在 2030 年也许会达到工资的 44%。若不把社会保障资金筹集范围扩大，社会保障支付局势更加严峻。

（3）社会保障盈余资金投入，运行管理效率低下，增值目标难以实现

社会保障基金投资经营缺乏法律限制。在无责任和风险管理的情形之下，社会保障基金投资经营缺少相关法律。即使省级统筹大多数省份没有对结余的养老保险基金进行真正的投资运营，大多是存银行、买国债，没有实现养老金的保值增值，也失去了与国家金融发展战略协同发展，同时又贻误了养老基金培育机构投资者和促进资本市场健康发展的最佳机遇。

（4）政府潜在的社会保障金融风险继续上升

一方面，中国的老龄化严重。基本养老保险收支差距将逐步扩大。另一方面，资金来源的不足加剧了政府潜在的财务风险。由于2001年国家减持国有股以提高社会保障基金方式停止执行，中央政府必须增加社会保障基金的分配。

2.中国社会保障财源筹集的发展方向

建立多元化的筹资渠道和筹资模式是中国社会保障财源筹集的发展方向。在多元协调模式的建立和运作过程中最困难的问题是资金的筹措和筹资模式的选择。保障模式再好，没有资金也难以进行有效运转。目前资金严重短缺是社会保障建立中亟须解决的一个问题。借鉴发达国家的经验，同时根据中国的实际情况，应建立多元化筹资渠道，并针对不同的保障项目建立不同的筹资模式。

（1）建立多元筹资渠道。传统保障模式的筹资渠道是单一的，随着20多年的改革，建立了政府、企业、个人三方负担的筹资渠道，但是仍然存在一些问题：第一，多元化筹资渠道还未完全建立，国家仍然负担了绝大部分资金，公民个人的自保意识和能力还比较弱；第二，现有的筹资方式大多还是现收现付制，缺乏事先储备积累。因此，目前必须进一步改革，进一步扩大资金来源。首先，应开辟一些社会保障税。根据福利经济学的补偿原则，对个人开征所得税，实行累进制税率，从而使经济发展中的受益者补偿受损者；同时，还可以转化一部分存量资产，增加社会保障资金的增量，这种办法在目前的改革中可以作为一种新的筹资思路。其次，从企业方面来看，要根据企业的经营状况更进一步完善企业的缴费制，实行强制积累。最后，从个人方面来看，主要是要提高个人的自保意识，改变单纯靠国家的依赖思想，并在此基础上坚持实行个人积累制，把个人积累与国家、企业单位负担结合在一起。

（2）建立多元筹资模式。从世界各国来看，社会保障资金的筹集主要有三种模式：现收现付制、半积累制、积累制。目前大多数国家都采用积累制筹资模式。由于我国的经济发展水平低，很难直接建立积累制，因此，必须根据不同保障项目采取不同的多元筹资模式。

首先，在失业救济金的筹措上，先由国家、企业、个人分摊，从而完善现收现付制，然后建立半积累制，最后向积累制转变。从目前改革来看，先可以实行国家、企业、个人分摊的办法。费用来源包括政策拨款、企业交费、个人交费三个方面。这种思路是国际上比较一致的经验，尽管它还存在着一些缺陷，但在国家财力不足的状况下，还是有其可行之处的。当市场经济正常运行，国家的经济状况有些

好转之后，建立半积累制。最后，当社会主义市场经济体制完全建立，多元协调模式建立以后，可由半积累制向积累制过渡。

其次，在养老保险基金方面采取基本养老保险、企业补充养老保险与个人储蓄养老保险相结合的方式。基本养老保险实行社会统筹和个人账户相结合的方式，并且将其范围扩大至集体企业、私营企业、三资企业、个体劳动者和农民。这种筹资方式的主要特点是靠劳动者自己积累，在职时可以得到较高的工资收入，退休以后可以得到良好的保障待遇。这种制度在实施过程中必须体现效率优先、兼顾公平原则，要注意妥善解决好社会统筹与个人账户相结合的比例。

再次，医疗保险筹资模式的方向是社会统筹和个人账户相结合。目前应逐步建立医疗保险基金，并且视不同情况区别对待：对于国家机关和事业单位，由国家筹资建立医疗保险基金，具体支付时由个人与保险基金共同负担；对于城市企业，由企业筹资建立医疗保险基金，具体支付时由个人与保险基金共同负担；对于农民、个体劳动者和乡镇企业职工，可以建立合作医疗，按个人缴费与社会统筹的办法来解决。在区别对待的基础上，逐步向社会统筹和个人账户相结合的方式迈进。

最后，在社会救济方面，由于救济金的提供者与受益者之间没有直接联系，需强调国家、政府的责任与救助对象应有的法定权利，因此，资金主要来源于国家财政和社会各界的捐助。社会福利是一种高层次的社会保障项目，在资金筹集上，与社会救济有同样的特点，其资金来源应该包括三方面：政府财政拨款、部门和单位自筹。

思考题

1. 简述社会保障财源的特征。
2. 社会保障财源的筹集原则有哪些？
3. 简述社会保障财源的筹集方式。
4. 简述社会保障财源的来源渠道。
5. 简述社会保障税的内容和特点。
6. 简述社会保障税的纳税主体和课税对象。
7. 社会保障税的特点是什么？
8. 以社会保险方式筹集资金需要注意哪些问题？
9. 中国社会保障财源筹集的发展方向是什么？

案例

社保由税务部门征收对企业有何影响？

2018 年 4 月 8 日，中央印发《深化党和国家机构改革方案》，其中提到：为提高社会保险资金征管效率，将基本养老保险费、基本医疗保险费、失业保险费等各项社会保险费交由税务部门统一征收。对此，不少企业和个人忧心忡忡。目前，各地社保费的征收机构全国并不一致，有的地方是由税务部门来代为征收，征收的额度由社保部门核定；有的是由社保部门来征收；绝大数省份是社保部门征收。国务院明确自 2019 年 1 月 1 日起，社保费用由税务部门来征收，而且社保的缴纳数额由税务部门来核定。这个征缴数字，只会增加不会减少，因为税务部门通过发票掌握企业的真实经营状况，而且金税三期系统运行之后，银行的数据和税务共享，税务部门有权对异常的企业银行账号查账，而不需特别的理由。社保部门并不掌握企业的实际情况，在实际征收的过程中出现一些问题，如企业缴纳社保的人数少于实际员工人数，甚至不交社保，或者社保的缴纳基数低于实际工资数，实际发放工资的人数大于实际员工人数，不及时缴纳社保等。在这种情况下，对于企业而言是合算的，减少了纳税基数，对政府而言，这部分收入是损失的，对员工而言，除了极少数的企业将省下的社保费用现金返回给他们之外，大多数情况是得不到这部分省下的钱的。但也正是没有严格征收，才使得大量的中小企业得以存活，提供足够多的就业岗位，不然员工连工资都没有，更别奢谈什么社保了。

资料来源：刘明星，李建，王思杰. 社保由税务部门征收对企业有何影响？［EB/OL］.［2018-08-16］. http://wemedia.ifeng.com/73951925/wemedia.shtml.

第五章　养老保险

在人类的发展史中，任何人都无法抗拒生老病死的自然规律，不可避免地会经历老年岁月，因此，每个人都面临着养老问题。伴随着老年风险的普遍化和日益社会化，加之家庭保障功能的持续弱化，养老也就成为各国面临的主要社会问题之一。可以说，老年保障在现代社会保障体系中占有重要地位，养老保险因在保障劳动者老年生活方面发挥着重要作用而成为各国社会保障制度的重要内容，社会保障制度的成败，在很大程度上取决于养老保险制度的健全和成功与否。通过本章的学习，应该掌握老年保障的概念和意义、制度的实施以及各国养老保险的模式和我国养老保险的进程。

第一节　老年保障和养老保险

一、老年保障的概念

老年风险是每个人都可能遇到的确定性风险，由年老而导致的劳动能力逐渐丧失从而失去收入是一个不可逆转的过程。老年人面临健康和经济问题，需要获得支持和帮助。虽然养老是人类社会的一个老问题，可以说随着人类社会的产生就存在养老问题，但是，它从来没有像今天这样对人们产生如此长期而重要的影响。

所谓老年保障是指通过一系列经济、医疗和社会服务等方面的措施，对于退出劳动领域或者无劳动能力的老年人实行的社会保护和社会救助。

老年保障包含了保障的内容和标准。老年保障的内容不仅包括给予老年人物质补偿，还包括对老年人的医疗、护理、福利等各个方面的内容。老年保障的对象是社会中的老年公民，社会对老年标准的确定一般是以生理的衰老和社会功能的下降为转移的。在社会发展的不同阶段，由于经济、文化等生活条件不同，人们对生理衰老和社会功能下降发生的年龄起点看法不同。为了规范并明确享受社会保障和退休金的年龄界限，现代社会老年保障所提到的老年，一般是由国家或政府按照法律制度规定的年龄标准来确定的。这种标准各国不尽相同，一般发达国家的标准比发展中国家略高一点。

那么，我们常说的老年保障和养老保险有什么关系呢？养老保险是老年保障的一个组成部分，是指政府通过法律制度安排，要求符合条件的公民必须参加，由国家、雇主和个人共同出资建立基金，对达到法定年龄并退出劳动领域的劳动者提供补偿以保障劳动者个人及其家庭基本生活需要的制度。养老保险明确指出养老保险的对象是退出劳动力队伍的劳动者，提供的是基本的生活保障。老年保障的覆盖范围要大于养老保险，其对象是全体老年人，而不仅仅是退休者；老年保障的内容也比养老保险宽泛，还包括老年人的医疗、护理、福利等各方面的内容。

二、老年保障的意义

1.老年保障有利于社会公平

每一个人都会进入老年，这是客观规律。在人口老龄化和人类寿命不断延长的情况下，越来越多的老人会退出劳动生涯，他们的健康问题、经济问题也会逐渐增加，他们需要社会提供帮助，获得生活保障。每一位老人在年轻的时候都曾对社会的发展有所贡献，没有他们为社会物质文明和精神文明创造的基础，就没有整个社会的发展。因此，他们有权因自己毕生的劳动积累获取物质帮助和服务，享受社会发展的成果，实现代际间的公平。另外，老年保障可以通过收入再分配，缩小收入差距，使国民收入趋于平均，缓和各利益群体的矛盾，促进社会公平。

2.老年保障有利于社会稳定

人的一生都是从年轻力壮走向年老体衰，老年人的今天就是青年人的明天。在老年保障体系健全的条件下，劳动者即使失去劳动能力、退出工作岗位，也不用担心没有经济来源、老而无靠。这种承诺的保障解除了青年人的后顾之忧，使劳动者对现实和明天都充满希望，让他们安心工作，增强了社会凝聚力，有利于促进社会安定；同时，由社会来保障老年人的生活也减轻了青年人赡养老年人的负担，有利于年轻人的发展。

3.老年保障在社会保障体系中占有重要地位

老年保障与其他社会保障有所不同，因为身体状况的衰弱、劳动能力的逐渐丧失是每个人都会经历的，从这种意义上说，由年老导致的无劳动能力是一种确定和不可避免的风险。因此，老年保障涵盖了全体老年人，老年保障基金的筹集、管理、运营和分配等对社会经济会有多方面的影响。

三、老年保障制度的历史沿革

自从有文字记载以来，人类养老的制度安排经历了几千年。这段漫长的历史大体可以分为三个阶段，即家庭养老阶段、国家养老保险阶段和社会养老保险阶段。

1.家庭养老阶段

家庭养老，顾名思义，是指由家庭承担赡养老人的功能。在传统社会里，无论是以父子关系为核心的东方家庭，还是以夫妻关系为核心的西方家庭，都在承担着抚育儿童和赡养老人以及抵御家庭成员社会风险的功能。社会学意义上的扩大家庭承担着保障、再分配甚至储蓄的全部功能。这是因为古代社会是以自给自足的自然经济为基础的，家庭担负着生产、生活的各种职能，一个人从生到死完全依靠家庭。尤其是在东方国家，老人和孩子居住在一个大家庭里，家庭中的所有成员都在用各种方式尽其义务——在田里做工、在家里做家务、照顾老人、抚养孩子。老人抚养了孩子，留下财产，他们老后，由儿孙赡养，代代相传。在这个阶段，一般社会风险是通过"养儿防老、积谷防饥"的方式来规避的。

在我国古代，政府对家庭养老做出了法律上的规定。例如，北魏时期的法律规定，"使父子无异财"，保证家产的管理与处置完全由尊长负责。唐朝、明朝、清朝的律例都规定，如果祖父母、父母在世，子孙分割家产、另立门户或不供养老人的，按十恶、不孝罪论处。《唐律疏议》规定："凡同居之内，必有尊长，尊长既在，子孙无所自专，若卑幼不由尊长，私取用当家财物者，处罚。"另外，整个封建社会的道德规范、风俗习惯都维护着家庭对老年人的供养制度。

这种长期存在的家庭养老保障机制具有以下特征：首先，大的家庭能够集中控制和调节其家庭成员的收入和风险，而且一般是由老年人控制财产，这样才有家庭养老的物质基础；其次，社会条件不变，一个"理智"的人可以合理安排一生的收支；最后，忠、孝、节、义的道德观念促使人们主动承担赡养老人的责任。

这种双向的两代人之间收入转移支付的家庭抵御社会风险的机制虽然不是一种正规的社会保障制度，但它具有以下优势：第一，成本低。首先，老人可以较容易地在家庭中找到有益的工作，从而减轻家里年轻人的负担；其次，由于家庭成员互相比较了解，信任度也比较高，能够较好地处理偶然事件。第二，灵活、适应性强。比如，家庭养老制度不需要有关退休年龄的限定。然而，家庭养老有一个致命的缺陷，即它具有很大的不稳定性，因为风险并没有分散，如果家庭的主要劳动力或者子女早逝，都可能导致家庭养老机制的瓦解。

2.国家养老保险阶段

工业革命瓦解了自给自足的自然经济，并且带来了政治、法律、社会环境和人口结构分布的巨大变化。在经济上，以城市为基础的工业和服务业发展了起来，农业人口逐渐减少，大量人口流向城市；在政治上，社会贫富差距的扩大造成了社会的不稳定；在法律上，遗产税和继承法的产生，使老人通过控制财产激励年轻一代赡养的手段出现了危机；在社会环境方面，人口流动的普遍性造成家庭养老的困难；在人口结构方面，出生率下降，家庭规模缩小，老龄化压力加大。所有这些，都促使家庭养老模式向新的模式转换，但需要指出的是：转换的只是养老保险制度，并不是全部老年保障体系。即使是最完善的社会保障制度，也终究不可能完全代替家庭老年保障的功能；即使是在知识经济时代，家庭老年保障对老年人也是非常重要的。

早在1669年，法国政府就制定了《年金法典》，对不能从事工作的海员发放养老金。但是，现代意义上的社会养老保障制度是从德国开始的。1889年，德国的俾斯麦政府颁布了《老年和残疾社会保险法》。这项法律规定：对工人和普通官员一律实行老年和残疾社会保险；保险资金的来源由国家、企业主和工人三方负担，企业主和工人各缴纳保险费用的一半，国家提供一定的补贴；退休者的退休金收入根据其在职时的工资收入等级而定；凡是年满71岁、缴纳保险费用在30年以上者，就有权享受退休养老的社会保险待遇。虽然这一制度最初覆盖的范围很窄，但它已包括了国家养老保险模式的基本要素。劳动者在职时缴费，并得到承诺在年老时可以得到退休金，国家在其中通过立法形式承担了兑现的责任。

继德国之后，在1890年到1919年间，西欧和北欧资本主义国家纷纷效仿德国，先后建立了类似的养老保险制度。在此期间，实行这种制度的国家包括丹麦、挪威、奥地利、英国等16个国家。同时，有些国家将养老金扩展到全体公民，与其是否就业及工资收入无关。与欧洲国家不同，美国一开始建立的是职业或行业年金制度。1935年，作为罗斯福总统"新政"的一部分，美国政府颁布了《社会保障法案》，形成了由国家出资济贫和由受益人缴费互助自保相结合的社会保障体系。这是一种部分积累的筹资模式，在待遇标准上实行累退式的与工资收入相关联的制度，在理论上融入了凯恩斯的"有效需求"和政府干预经济生活的理论，包括养老保险、失业保险、老年补助等内容。

需要提到的是：十月革命胜利后的苏联和一些东欧国家，曾先后建立了覆盖范围广泛的由国家承担全部责任的养老保险制度。中国在20世纪50年代就建立了类似于苏联的国家养老保险体系。虽然在20世纪60年代后期，养老保险费用转为企业自行负担，但由于在计划经济体制下企业并不在乎利润的大小和效益的好坏，因此，退休者个人在计划经济体制下并没有受到什么影响。

到目前为止，在172个已建立不同社会保障制度的国家或地区中，建立了养老保障制度的有167个，占统计总数的97.1%，可见国际社会对养老问题的重视。

3.社会养老保险阶段

20世纪70年代以后，发达国家的国家养老保险模式先后遇到了问题。特别是现收现付制的模式，由于人口年龄结构的变化，面临着入不敷出的窘境。就国家在养老保险方面应负什么责任、负多大责任的问题，出现了争论。有些国家的财政承受沉重的负担，就业者的劳动积极性却因"优厚"的福利而下降。与此同时，一些发展中国家在养老保险问题上没有走发达国家的模式，闯出了不少新路，如新加坡的公积金制度、智利的个人账户制度等。虽然这些模式也存在各自的问题，但毕竟使人们看到了不同的思路。

为了消除国家养老保险模式的弊病，各国纷纷进行改革，改革的方向是在原有的养老保险体系的基础上，调动企业、劳动者的积极性，建立各种类型的补充养老保险制度，最终形成基本养老保险、补充养老保险、个人自愿储蓄养老保险等多支柱体系的社会养老保险模式。同时，探讨用基金制替代现收现付制，通过积累克服老龄危机，通过加强基金在资本市场的运营，争取高收益，提高养老保险资金的投入与产出效率。

总之，从真正意义上的老年社会保障制度即养老保险制度的建立至今，已经走过了100多年的历史，现代的老年社会保障是一种多层次、广覆盖的体系。目前，各国政府正努力改革，摸索适合各国国情和兼顾公平与效率的可持续发展的老年社会保障模式。

第二节　养老保险制度的实施

养老保险是依照国家法律规定，要求符合条件的公民必须参加，由国家、雇主和个人共同出资建立基金，对达到法定年龄并退出劳动领域的劳动者提供补偿以保障劳动者个人及其家庭基本生活需要的制度。

一、养老保险的基本特征

养老保险是社会保险体系的重要组成部分，除了具备社会保险强制性、互济性和普遍性等共同特征外，还具有以下主要特征：

1.参加保险与享受待遇的一致性

其他社会保险项目的参加者不一定都能享受相应的待遇，而养老保险待遇的享受人群是最确定、最普遍、最完整的。由于年老是人生不可避免的自然规律，这就决定了任何人如果想要安享晚年，都需要有相应的养老保险，人们对养老保险的普遍需求，正是根源于其化解老年风险的普遍性。相对于失业、疾病、伤残等不确定事件而言，老年风险是一个确定的、可以清晰预见的、人人都会遇到的事件，虽然由于不同的人的能力、经历和家庭条件不同，对老年收入锐减、身体衰弱等的承受能力也不同，但随着家庭规模的缩小、保障功能的弱化以及市场竞争带来的各种风险的集中化和多重化，任何人都不能保证自己在老年时没有风险。因此，在养老日益成为人生最普遍风险的同时，养老保险亦成为社会成员最普遍的需求。同时，养老保险在社会保险制度中受保者身份最稳定，参加养老保险者进入法定的养老年龄，都可以享受养老保险待遇；而参加其他社会保险项目，并非都能享受相应的待遇。

2.保障水平的适度性

养老保险的基本功能是保障劳动者在年老时的基本生活，这就决定其保障水平要适度，既不能过低，又不能过高。一般来说，养老保险的整体水平要高于贫困救济线和失业保险金的水平，低于社会平均工资和个人在职时的收入水平。

3.享受期限的长期性

养老保险通常都是劳动者在年轻时参加，达到退休年龄办理退休手续后再领取，直至退休者死亡终止，有的养老保险还会顾及劳动者需要抚养的家属，其领取的时间更长。这样，养老保险就具有了以下两个特征：第一，缴费时间长达数十年；第二，领取养老金的时间也长达十多年到数十年不等。参加养老保险的劳动者一旦达到享受待遇的条件或拥有享受养老保险的权利，就可以长期享受养老保险，一直延续至其死亡。

4.保障方式的多层次性

广义的养老保险，不仅包括国家法定的基本养老保险，而且还包括用人单位建立的补充养老保险（企业年金）、个人自愿参加的储蓄性养老保险等。建立并完善多层次的养老保险体系，已成为一种国际趋势。

5.与家庭养老相联系

养老保险的产生和发展，逐步取代了传统家庭养老的部分甚至大部分功能。养老保险的保障程度较低时，家庭养老的作用更大一些；养老保险的保障程度较高时，家庭养老的作用就相应减弱。但养老保险并不能完全替代家庭养老。几乎所有国家的宪法或法律都规定了公民有赡养老人义务。因此，养老保险与家庭养老是相互联系、相得益彰的统一体。

6.管理的复杂性

养老保险管理的复杂性，不仅在于长期积累性带来了制度设计与管理的难度，而且由于基金规模庞大，基金保值增值的负担也十分繁重，需要有专门的机构和人员来进行基金经营运作，而其他社会保险项目则没有如此大的压力。

二、养老保险制度的设计原则

世界各国由于政治、经济和文化背景不同，养老保险制度实施的类型也有差异。但是，国家在制定这一制度的时候，都考虑了以下几个原则：

1.广覆盖原则

相对于失业、疾病、伤残等不确定事件而言，老年是一个确定的、可以清晰预见的、人人都会遇到的事件，养老无疑是劳动者面临的最具普遍性的风险。由养老保险的普遍需求特征决定了其覆盖面应该是最广的，应包括尽可能多的劳动者。

2.权利和义务相对应的原则

目前大多数国家在基本养老保险制度中都实行权利与义务相对应的原则，即要求参保人员只有履行规定的义务，才能享受规定的养老保险待遇。这些义务主要包括：依法参加基本养老保险；依法缴纳基本养老保险费并达到规定的最低缴费年限。基本养老保险待遇以养老保险缴费为条件，并与缴费的时间长短和数额多少直接相关。

3.保证基本生活水平的原则

基本养老保险的目的是对劳动者退出劳动领域后的基本生活予以保障。保障老年人在晚年有一个稳定、可靠的生活来源，这一原则更多地强调社会公平，有利于低收入阶层。一般而言，低收入人群的基本养老金替代率（指养老金相当于在职时工资收入的比例）较高，而高收入人群的基本养老金替代率则相对较低。由于老年人领取养老金不是一次性的，往往采取终身、定期给付的形式。在给付期间不可避免会出现物价上涨或通货膨胀的情况。为保障退休者的实际生活水平与整个社会消费水平相适应，国家应根据物价或通货膨胀率的变动情况，按照一定的指数标准调整养老金水平。当然，劳动者还可以通过参加补充养老保险（企业年金）和个人储蓄性养老保险，获得更高的养老收入。

4.分享社会经济发展成果的原则

随着社会经济的发展，社会平均消费水平总是不断提高，在社会平均消费水平普遍提高的情况下，退休人员的实际生活水平有可能相对下降。因此，有必要建立基本养老金调整机制，使退休人员的收入水平随着社会经济的发展和职工工资水平的提高而不断提高，以分享社会经济发展的成果。因为离退休者过去的努力为当前经济发展奠定了基础，他们为当今的经济成果创造了条件，做出过贡献，所以他们有理由分享经济发展成果。如果退休者与在业者之间的收入差距过于悬殊，就会产生大量的老年低收入人群，违背了社会发展的公平原则。因此，老年社会保障的标准应当随着经济发展、社会进步等的变化而提高。

5.公平与效率兼顾的原则

自从养老保险机制创立以来，公平和效率一直是人们争论的焦点。公平原则就是通过养老保险制度实现收入的再分配，以体现社会公平。养老保险中的公平原则，一方面体现在实际存在的代际抚养关系上；另一方面，许多国家实行的养老金随经济发展而向上调整以分享经济发展成果的政策，养老金与工资报酬关联的累退制等，都反映了公平原则。效率原则是指制度的设计一定要符合成本最低的要求。成本既包括经济成本，也包括社会成本。养老保险的费用，无论其来源渠道如何复杂，都是劳动者创造的。一个有效率的养老保险制度，就是要用最小的经济成本实现已达成社会共识的养老保险制度的目标。达成社会共识的目标是社会成本，没有明确的目标就有可能引起政策的混乱，造成社会的不安定，因而付出昂贵的社会成本。在制度目标清晰的情况下，如果制度设计不当，也可能造成制度运行的经济成本过高，资源严重浪费。公平与效率在一定程度上是互相矛盾的，因此，养老保险制度的设计要寻求社会公平与效率的平衡点，实现公平与效率的统一。

6.管理服务的社会化原则

按照政、事分开的原则，政府委托或设立社会机构管理养老保险事务和基金。要建立独立于企业事业单位的养老保险制度，就必须对养老金实行社会化发放，并依托社区开展退休人员的管理服务工作。

7.经济援助与服务相结合的原则

根据老年人的生理和身体特点，其要想获得正常、健康的生活，不但需要有稳定的生活来源、一定的经济基础，而且更要有符合老年人需要的生活服务相配合。而各国养老保险金的水平都不能完全保证每个老年人都有条件雇用保姆或家政服务人员，因此，养老保险在向老年人提供经济帮助的同时，有必要向他们提供一些必需的服务项目。在全球老龄化问题日益严重的今天，养老已经不是某一个或几个国家面临的问题时，这一点也就变得更加重要。养老保险能否与经济和社会共同发展，严重影响着养老保险的实施效果，关系到养老问题在多大程度上能够得以解决。

三、国家在养老保险实施中的责任

1.克服个人短视的风险

由于人无法准确预测自己的寿命，并且由于人们的偏好不同，所以，总存在一些短视的人，他们更注重即时消费而忽视未来消费。如果没有养老保险制度，在他们老年丧失劳动能力后，就可能陷入绝境。现代社会不能无视这些人的困境，必须予以帮助。而一旦社会无偿地给短视者以帮助，就可能有更多的人产生短视行为，即"搭便车"行为，因为他们知道，社会最终会照顾他们。这样一来，就会使社会不堪重负。因此，必须建立一种制度，消除这种短视和"搭便车"行为的影响。其办法是：要么强迫在职劳动者储蓄，要么让在职劳动者担负起赡养上一代的责任。在现代社会，能够建立这种制度的只有政府，而建立的这种制度就是养老保险制度。

2.克服市场信息不对称的风险

市场信息不对称，即个人与养老金投资市场和经营者之间在信息分享方面不公平。储蓄是预防老年危机的有效办法。但是，个人储蓄无法解决储蓄基金的投资风险和投资回报问题，这里存在着个人与市场之间信息不对称的问题。如果让这个问题完全依赖市场解决，又会出现个人与经营者之间的信息不对称问题。个人无法准确地知道保险公司产品设计的思想、管理成本的构成、公司的经营状况，因而无法判断自己面对的风险；在已经遇到的风险面前，也无法为自己提供基本保障。因此，政府介入是不可避免的。

3.克服经济波动的风险

在市场经济条件下，不仅宏观经济的波动是很自然的、经常发生的，而且微观经济的波动也可能更频繁。波动有上升和下降，我们在这里更多考虑的是经济下降，即当经济衰退或企业经营困难时对劳动者和退休者产生的影响。如果没有养老保险制度，经济衰退、通货膨胀、企业倒闭等风险就会由劳动者承担；而劳动者仅拥有自己的劳动力，他们在某些时候，特别是老年或接近老年时，是无法承受这些风险的。即使是商业保险，也无法承受长期经济衰退的风险，更不用说它自身还有经营风险了。只有政府实施的养老保险，才能真正抵御这些风险。

当然也要看到，政府干预也会带来负面影响。政府在养老保险上干预过多，会造成效率的下降。效率的下降可能表现在几个方面：制定过高的退休金标准，会增加养老保险制度的负担，加重在职劳动者的负担，影响经济发展；基金管理效率低，收益水平低；管理成本高，可能产生腐败。因此，政府对养老保险制度的干预有一个"度"的问题：管得太多，可能产生负面影响；管得太少，可能无法克服"市场失灵"的问题。因此，要实现养老保险的三大原则，就需要政府、企业、个人都发挥作用，组成多层次养老保险体系。从世界养老保险制度的历史变革中我们也可以看到这一点。

第三节　养老保险的基本内容

一个国家的养老保险制度，通常要包含以下内容：覆盖范围，基金筹集、运营、管理和使用，养老金享受条件和待遇标准，养老保险管理和监督机制等。

一、养老保险的覆盖范围和基金来源

1.养老保险的覆盖范围

养老保险的覆盖范围，是指法定的适用对象和适用人群。各国因经济社会发展水平不一以及制度规定的差异，其覆盖范围也大小有别。虽然社会保险是针对劳动者的一项社会制度，但在有的国家中，养老保险制度却覆盖了全体国民，像西欧、北欧福利国家，如瑞典就是普遍保障模式；有些国家的养老保险只包括劳动者，是选择性保障模式，如德国、美国和中国等。

2.基金来源

基金来源是指养老保险制度存在和发展的物质基础。从各国养老保险制度的实践来看，养老保险费用的分摊不外乎以下四种方式：

第一，由雇主、雇员和国家三方共同负责的方式，如英国、德国和意大利等国家，这种方式最为普遍；

第二，由雇主和雇员双方分担，如法国、荷兰、葡萄牙、新加坡等国家；

第三，由雇主和国家分担费用，如瑞典在2000年以前采取的就是这一方式；

第四，完全由雇员个人负担，如智利等国家。

总的来说，第一种方式属于多方分担，其资金来源渠道多，保险系数较大，因此得到多数国家的青睐。值得一提的是：即使在那些采用同一方式的国家，费用的分摊比例各国也会有相当的差异，这也是各国国情不同决定的。

二、养老保险的筹资模式

养老保险是社会保障体系中公认的最大开支项目，社会保险乃至整个社会保障制度的财政状况是否良好，在很大程度上取决于养老保险制度的财政状况是否良好。因此各国给予养老保险筹资模式以高度重视。概括起来，世界各国的养老保险筹资模式主要有现收现付制、完全积累制和部分积累制三种。

1.现收现付制

现收现付制是以近期横向收支平衡原则为指导的基金筹集模式。它先测算出当年或近两年内老年保险项目所需支付的费用，然后按照一定比例分摊到参加社会保险的单位和个人，当年提取，当年支付。预先不留出储备金，完全靠当年的收入来满足当年的支出，并争取略有节余。在现实生活中，现收现付制主要在社会统筹运行模式中采用。维系这种模式运转的基本约束条件是长期稳定的人口结构，劳动者代际间收入转移与再分配是其经济内涵。现收现付制模式使代际矛盾外在化。

现收现付制模式的主要优点：第一，可依需求变动及时调整缴费或征税比例，保持收支平衡，社会共济性强。第二，操作简便，无须过多的个人信息，管理成本相对较低。第三，可以避免长期积累方式可能遇到的物价上涨、通货膨胀的危险。第四，具有通过再分配达到收入分配公平的特征，体现社会的福利性，它是各国包括医疗、失业等社会保险险种的传统筹资模式。

现收现付制模式的主要缺点：第一，现收现付制模式是通过代际收入转移的方式来进行的，一代人的受益需要下一代人的供款来支付。当老龄化问题日益严重的时候，它难以适应经济和人口结构发生较大波动的情况，这种方式将使下一代人不堪重负。一旦经济出现衰退，或人口结构发生剧烈变动，特别是出现人口老龄化，社会将出现支付危机。第二，现收现付制存在着某些不利于经济发展的因素，如过高的纳税或缴费比例会直接影响企业产品的竞争力，进而影响经济发展。第三，这一筹资模式还会对劳动力的供给和储蓄产生负激励。

2.完全积累制

完全积累制又称基金制或预筹积累制。这是一种以远期纵向收支平衡为指导原则的筹资模式。它首先对有关人口平均预期寿命和社会经济发展状况进行长期的宏观预测，然后在此基础上预测社会成员在享受保险待遇期间所需支付的保险费用总量，将其按一定比例分摊到劳动者的整个就业期间或投保期间。完全积累制强调劳动者个人不同生命周期的收入再分配，即将劳动者工作期间的部分收入转移到退休期间使用。

完全积累制模式具有以下主要优点：第一，通过预提积累保险基金，有利于实现人口老龄化背景下对劳动者的经济保障。第二，具有很强的激励机制，透明度高。第三，通过强调劳动者个人不同生命周期收入的再分配，有利于缓和现收现付制所产生的代际矛盾。第四，有利于增加储蓄和资金积累，促进资本市场的发展，进而对经济发展具有重要的推动作用。

完全积累制模式的主要缺点和局限性：第一，由于完全积累制实行个人账户，要求具有较多的个人信息和复杂的信息处理系统，管理成本相对较高。第二，完全积累制会引起代内收入再分配，缺乏收入再分配功能。第三，由于缴费与受益之间往往有较长的时间间隔（往往几十年），其间难免会出现不可控制的风险，如通货膨胀等。因此在动态经济中，如何实现基金的保值增值，具有相当大的难度。

3.部分积累制

部分积累制是一种介于现收现付制和完全积累制之间的混合模式，是一种资金筹集的创新模式。在社会保险基金的筹集中，一部分采取现收现付制，保证当前的支出需要，另一部分采取完全积累制，以满足未来支付需求的不断增长。

从理论上看，这种模式首先是在维持社会统筹现收现付制框架的基础上引进了个人账户制的形式，具有了激励机制和监督机制，同时又保持了社会统筹互济的机制，集中现收现付制和完全积累制的长处，防止和克服了它们的弱点以及可能出现的问题；其次这种方式具有较大的灵活性，资金储备全面，不必完全筹足资金，可以根据具体情况而定；最后，缴纳的费（税）率也可以根据储备多少以及实际需要进行调整，既避免了完全积累制可能带来的风险，又可以解决现收现付制存在的缺乏储备和负担不均等问题。

虽然有以上优越之处，但是部分积累制具体操作起来难度较大，尤其是在各种费（税）率的掌握上，很难做到恰到好处。如果各种标准和费率设置不当，不但达不到预期的效果，反而会导致管理成本的大幅度提高。另外，在具体实施过程中，如何实现新旧模式的平稳过渡，是相当困难的问题。

在现收现付、完全积累和部分积累三种筹资模式中，各国选择的模式通常与本国的养老保险制度直接相关。从欧洲各国的养老保险实践来看，一般都是起始于积累制，但随着时代的变迁，积累制逐渐向现收现付制演变，之后又因人口老龄化与养老保险基金支付的压力，开始考虑部分积累制。1937年瑞典进行财政方式改革，开始同时使用积累方式和现收现付方式，实际上相当于部分积累制；而从诞生之日起就采用积累方式的德国养老保险制度则于1967年转向了现收现付制。目前，很多国家采用现收现付制的筹资模式，但为了适应人口老龄化的需要，积累制在部分国家开始"回归"，这也是因为部分积累制在应对经济变化以及搞好宏观调控方面有较多优势。

三、享受养老保险金的资格

养老保险制度实施的核心内容是养老金的收取、管理和发放。

退休者，即享受养老保障的人群范围。世界上大多数国家根据年龄、投保年限等标准划分享受养老金的人群。但是，在具体操作中，享受养老金的条件是复杂的，应根据各国国情和经济条件确定。

每个建立养老保险制度的国家都会对养老保险金的申领资格做出明确的规定，而且绝大多数国家规定的给付条件是复合型的，即要享受养老保险金必须满足两个或两个以上的条件。

1. 年龄条件

在各国的养老保险金给付条件中，达到规定的支付年龄往往是其核心条件之一。在各国的养老保险制度中，享受领取养老金权益的年龄条件通常是法定退休年龄，不过由于人均预期寿命的差异等，各国的法定退休年龄并不相同，发达国家的法定退休年龄多为65岁甚至更高，而且男女之间退休年龄相同；发展中国家的法定退休年龄显然要低，且存在着男女法定退休年龄不一致的现象。需要指出的是，在处理退休年龄与领取养老金的政策规定方面，亦存在着两种现象：一方面，一些国家为了更好地适应并保障尚未达到法定支付年龄的高龄者的需要和利益，先后建立了养老金提前支取制度。这些制度的相似之处是提前支取的年龄一般为60岁以上，如德国规定劳动者的年龄达到63岁（或60岁时，身体状况已不适合工作）并已参加保险35年时可以提前退休；葡萄牙规定60岁以上的失业人员可以提前退休，从事重体力劳动或有害身体健康的行业的劳动者55岁后可以提前退休；西班牙则规定对于那些从事艰苦的、有害（毒）的、危险的、不利于健康的工作的劳动者也可以在65岁的法定退休年龄前退休。另一方面，为了减轻养老保障支出日益增加的压力，以及照顾那些年纪虽老但精力仍然充沛且业务经验丰富的高龄者，一些国家（如西班牙、法国等国）制定了推迟退休的制度。在这些国家中有的规定了退休年龄上限，如卢森堡最高至68岁，瑞典为70岁，英国男性为70岁，女性为65

岁；有的则没有规定退休年龄上限，如德国、西班牙、奥地利、芬兰等国。各国退休年龄的确定与各国的人口预期寿命、劳动年龄人口的就业状况以及经济活动人口的老龄化程度等因素有关，随着人口平均寿命延长，提高退休年龄已成为许多国家在劳动就业和社会保障方面的重要调整举措。例如，美国在1983年就通过了一项法案，内容是：从2000年开始逐步提高法定退休年龄，到2027年，将可领取全额年金；将法定退休年龄由现在的65岁逐步提高到67岁。

2.缴费条件

缴费条件即参加养老保险的年限和缴纳养老保险费的年限。例如，德国规定享受养老金的条件是年满63岁且投保35年，或年满65岁且投保15年；法国规定享受养老金的条件是年满60岁且投保37.5年，如果未达到37.5年，则减发养老金；意大利则规定，被保险人若已缴纳保险费满35年，则无论退休与否，均可开始领取养老金。

3.其他条件

其他条件有工龄条件、居留条件等。在工龄条件方面，瑞典的附加养老金也要求工龄满30年才有资格领取。在居留条件方面，即规定申领者必须满足一定的居住期限。例如，丹麦国家养老金规定领取者必须在25~67岁之间且至少在丹麦居住了3年；瑞典规定在瑞典居住不满40年的人，其养老金的计算方法是每居住1年可得到1/40的基础养老金，但至少要在瑞典居住3年才能拿到最低的基础养老金，即全部基础养老金的3/40。

四、养老保险金的缴费与给付

1.养老保险金的缴费模式

养老保险缴费模式包括给付确定模式和缴费确定模式。

所谓给付确定模式，是指先设定养老保险金为保障一定的生活水平所需要达到的替代率，以此确定养老保险金的给付标准，再结合相关影响因素进行测算，来确定养老保险金的征缴比例。因此，这种模式实质上是"以支定收"的模式。给付确定模式维持的是短期内的横向平衡，一般没有结余。这种模式总是和现收现付模式联系在一起的。

所谓缴费确定模式，是指结合未来的养老负担、基金的保值增值、通货膨胀率、企业的合理负担、现行劳动力市场和工资水平等因素，经过预测，确定一个在相当长时期内比较稳定的缴费比例或标准，再根据这个缴费标准来筹集养老保险基金，并完全或部分地存入劳动者的个人账户，在劳动者失去劳动能力后，以其个人账户中的金额作为养老保险金或养老保险金的一部分。这种模式实质上是"以收定支"的模式。缴费确定模式维持的是在长期内的纵向平衡。这种模式总是和完全积累模式或部分积累模式联系在一起的。

2.养老保险金的给付水平和确定模式

养老保险金的给付是指各国养老保险机构依据本国法律、法规的规定，确定养老金的给付范围、项目、标准等。具体的标准各国不相同。在某些国家，养老保险金的给付包括被保险者本人和无收入的配偶、未成年子女及其他由被保险人抚养的直系亲属。例如，在瑞士、瑞典等国家，养老保险金的给付除了基本的养老金以外，还有低收入补助、看护补助、超缴保险费期间的增发额、超龄退休补贴、配偶及未成年子女补贴等。

按养老保险金的给付标准是否与享有者工作期间的收入水平有关，可将养老保险划分为普遍生活保障模式和收入关联模式。

普遍生活保障模式强调对所有老年居民都提供养老保险，养老保险金的标准是统一均等的，水平高低与消费水平有关，与老年人是否是工薪阶层劳动者、退休前工资收入高或低、职业是否稳定等没有关系，一般是保障其基本生活水平。使普遍生活保障模式的养老保险制度生存下去的基石是政府财政的有力支持。

收入关联模式强调社会保险费一般由雇主、雇员和国家三方共同负担，社会保险的缴费额度和养老保险金的给付标准都与劳动者退休前的工资收入有关。由于这是一种与收入水平有关联的制度模式，也就自然而然地将非工薪阶层，如农民排除在这种模式安排的养老保险制度之外。与普遍生活保障模式相比，收入关联模式更强调权利与义务的平衡。

3.养老保险金的精算

精算科学是保险和社会保障事业建立和健康运作的数理基础，它以概率论和数理统计为基础，与社会、经济的有关科学相结合，对风险事件进行评价，对各种经济安全方案的未来财务收支和债务水平进行估计，使经济安全方案建立在稳定的财务基础上。精算科学也是养老保险制度建立和健康运作的基础。在现收现付制下，需要估计一定时期的给付支出，使其与收入相适应。为了由避免人口老龄化引起的制度成本迅速上升，需要预先建立一定的积累基金，使计划在长期内实现收支平衡，这需要进行长期收支的估计和长期精算平衡分析。

在积累制下，如果采取给付确定制，就需要根据承诺的给付水平和各年龄死亡率等风险因素，运用精算技术，对成本和债务水平进行定期估计，并使基金与债务相对应，保持养老保险的偿付能力。如果采取缴费确定制，在计划设计时，就需要根据一定的待遇目标和预定利率估计缴费水平；在计划运作过程中，需要根据投资组合的回报率估计未来的基金积累水平。在养老保险制度从现收现付制向积累制转换时，需要估计过去隐藏在现收现付制下的养老金债务水平，并研究可能的债务分摊方法和不同分摊方法对新制度财务的影响，这些分析和估计都需要运用精算技术。由此可见，精算是养老保险建立、转轨并保持长期稳定发展的数理分析基础，是养老保险的短期成本核算、债务估计和长期财务预测分析的基础。

养老保险金的精算主要应考虑两个因素：人口年龄结构和经济发展状况。根据人口普查、人口登记等资料，统计分析得出总人口中各个年龄组人口所占的比例，从而推断出退休费用的负担变化情况。一般而言，在发展中国家，由于出生率、死亡率较高，人口平均寿命较低、年龄结构年轻，劳动力人口比例大，因此，养老金支付额不高；在发达国家，由于出生率、死亡率较低，人口平均寿命较长、年龄结构老龄化较严重，劳动力人口老年抚养需求多，因此，需要支付的养老金数额越来越大。经济发展状况会影响职工的收入、退休年龄的变化、物价指数、银行利率等，这些都会对养老金的筹集和支付带来直接或间接的影响。

综合考虑以上各方面影响因素后，将退休费用定量化，必须确定五个"基础率"，即预定死亡率（通过编制专用人口生命表测算）、预定退休率（由职工队伍的年龄结构和退休年龄标准决定）、预定新增就业率（由劳动力资源和就业需求决定）、预定工资率（由工资变化的趋势决定）和预定利率。之后，根据收支平衡的原则确定基金数额及其他。随着各国养老保险事业的发展，年金的精算作用日益显著，逐渐发展成为一门综合人口学、统计学、金融学和劳动经济学的边缘学科。

五、养老保险基金的管理

养老保险基金的数额巨大，不仅直接关系到退休人员的生活保障，而且对整个经济生活会产生一定的影响，事关社会的稳定，因此，各国在管理养老保险基金的问题上都采取非常严格的限制。一般来说，养老保险基金的运营和管理需要注意的是安全性和收益性的结合。这就要求养老保险基金的管理必须按照国家法律、法规的规定，确保资金的保值，并且在此基础上做到资金增值。

对于养老保险基金的管理，世界各国并不统一。一些国家是由各种独立性管理机构或基金会负责，管理机构通常由受保人、雇主和政府三方面组成的理事会领导；也有一些国家的养老保险基金由政府部门直接管理。例如，法国的养老保险基金管理机构为全国养老金保险基金会，它接受法国卫生社会保障部的全面监督；德国的养老保险基金管理机构为联邦薪金雇员保险局，它由德国联邦劳动和社会事务部全面监督；意大利由全国社会保险协会管理养老保险基金，该部门受劳工与社会福利部及财政部的监督。

养老保险基金的投资模式往往和基金的筹资方式紧密联系在一起，如强制性完全积累型养老保障制度的投资运作主要有四种模式：第一，对于缴费确定型个人账户，由投资管理公司分散管理，智利即是如此。在这种模式中，政府的责任是从保护雇员的利益出发进行审慎监管，在必要时对受益人提供最低养老金担保。第二，通过个人缴费建立基金，由公共机构集中管理和投资，比较成功的案例有新加坡和马来西亚，其主要特征是由政府实施管理和投资运营。第三，强制性职业养老金，通常要求建立缴费确定型个人账户进行积累，典型例子如澳大利亚和瑞士。第四，社会保障信托基金，基本上是服务于待遇确定的现收现付型养老保障制度，很多国家都用社会保障信托基金来解决由于养老保险收支不平衡带来的尖锐的债务问题。

养老保险基金管理体制的选择对于养老保险制度的运行起着非常重要的作用。从世界各国的实践来看，养老保险基金共有三种管理模式，即由政府部门直接管理、由政府监督下的自治公共机构管理、由私营基金公司管理。

（1）由政府部门直接管理。采用这种管理模式的代表国家有中国、日本、加拿大、美国和瑞士等国。政府直接管理养老保险事务，又可细分为两种：第一，中央集权式的管理方式，如英国、日本等国，相对来说更为强调中央集权化，统一化程度较高；第二，分权式的管理方式，如加拿大、美国和瑞士等国，地方机构在养老保险基金的管理过程中均扮演着重要的角色。

（2）由政府监督下的自治公共机构管理。采用这种管理模式的代表性国家有新加坡、德国、瑞典等国，政府承担的主要是监督责任，这三国分别由中央公积金局、各保险协会、就业委员会等机构管理养老保险基金。

（3）由私营基金公司管理。采用这种管理体制的代表性国家有智利、法国等国。在智利，就是由个人年金基金管理公司管理个人资本化账户。不过，即使是这种管理模式，政府也无一例外地要承担起相应的监管责任。

第四节　养老保险模式

养老风险的普遍性、复杂性、多因素影响性以及各国国情的差异性都决定了养老保险模式的多样性，但这并不妨碍我们在总结多国养老保险制度实践的基础上，按照一定的标准将养老保险进行分类。按照养老保险的责任承担机制，可以把养老保险划分为以下几种模式。

一、各国养老保险模式

1.三方负担型养老保障模式

这种模式是指通过社会保险机构为工薪劳动者建立的退休收入保险计划。它强调缴费与收入、退休待遇相关联，并建立在严格的保险运行机制的基础之上。德国、美国、日本等大多数国家采取这种模式。这种模式在筹资方式上实施企业、个人和国家三方负担的财务机制，较好地体现了养老保险的社会政策目标，是社会保险筹资的典型形式。通过特定的技术机制，实现由高收入阶层向低收入阶层进行某种程度的收入转移，具有较强的互济性。实行集中统一管理，社会化程度很高。

（1）德国

德国养老金的来源，大部分是投保者及其所在的企业缴纳的保险金，小部分来自政府提供的财政补贴。德国的养老保险实行的是"多交费，多受益"的原则。劳动者在职时保险费交得越多，退休后其领取的养老金也越多。因此，在计算养老金时两个因素最重要：工资高低和投保时间的长短。工资越高、投保时间越长，贡献也就越大，到退休时领取养老金也就越多。1992年改革后，养老金的支取较以前灵活，除了允许提前支取外，还允许部分支取，即支取1/3、1/2或2/3。支取养老金越少，支取者被允许参加工作的程度也就越大，其目的是鼓励人们延长工作时间，少领取养老金。

（2）美国

美国的养老金以四种形式出现：政府退休金、基本养老金、福利养老金和储蓄养老金。

第一，政府退休金由政府向各级政府退休人员提供。他们只占美国65岁以上老龄人口的8%。政府退休金较为丰厚，领取者大体上可维持其退休前的生活水平。

第二，基本养老金是由政府向剩下的92%的65岁以上的美国老人提供的。这部分养老金的发放标准是：如果退休者退休前的收入在平均水平以上，其退休后每月领取的基本养老金约为其原收入的42%，可维持中低等生活水平。基本养老金是通过征收社会保障税获取的。社会保障税税率为雇员工资额的15.3%，其中雇员缴纳7.65%，另外7.65%由雇主缴纳。私营业主和农民则要缴纳其收入的15.3%，因为他们既是雇主，又是雇员。

第三，福利养老金是大企业的雇主向雇员提供的，完全由雇主出资。

第四，储蓄养老金是中小企业雇主向雇员提供的，其原则是自愿参加，资金由雇主和雇员各出一半。

（3）日本

日本的养老金保险制度是社会保障制度的核心，它主要包括三方面的内容：退休金、伤病养老金和家属抚恤金。在现行的养老金保险制度体系中，既有政府承办的公共养老金，也有企业主办的企业养老金，还有个人自行投保的个人养老金。

公共养老金根据加入者的职业分为厚生养老金、国民养老金和共济养老金。

厚生养老金保险制度建立于1942年，目前与国民养老金一起构成日本公共养老金保险制度的重要组成部分。厚生养老金保险以日本政府为保险人。原则规定，凡长年雇用从业人员（5人以上）的事务所和法人事务所均适用该项保险。由这类事务所雇用的65岁以下的职工可成为该保险的被保险人。

国民养老金保险是根据1959年4月国民养老金法设立的，它主要针对农民、自营者和其他公共年金未包括的人员，一般要缴纳保险费。1986年4月日本将国民养老金改为向全体国民支付的基础养老金，对在国家及企事业单位供职的人则另外再实施厚生养老金制度，形成了以全体国民为对象的基础养老金制度。其主要内容是：国民养老金保险以日本政府为保险人，被保险人共分三类，第一类为20岁以上60岁以下的自营业者；第二类为厚生养老金保险的被保人；第三类为厚生养老金保险被保险人扶养的20岁以上60岁以下的配偶。国民养老金保险的资金来源是政府的基础养老金拨款和被保险人的保险费。

共济养老金是以国家公务员、地方公务员、私立学校教职员和农林渔业团体职员等工资收入者为参加对象的共济组合养老金。在养老金基金的运用方面，根据有关法律规定，养老金基金必须全部委托给大藏省基金运用部，纳入国家财政投融资计划统一管理使用。养老金基金的运用收入是今后养老金支付的重要财源。

上述以自我保险为主，国家资助为辅的自保公助型的养老保险模式重视社会保险中权利与义务的密切联系，强化自我保障意识，在一定程度上体现了效率原则；同时，保险金在成员之间的统筹使用，体现了保险互济的宗旨。由于层次较多，因此，这种模式可以满足社会各个层次的需要，调动多方面的积极性。丰富的养老保险金来源可以形成一笔数额巨大的保险基金，对这笔基金要设法使其保值、增值，因此，需要对其进行科学管理，从而降低风险。

（4）瑞士

瑞士的社会保险由所谓"三根支柱"支撑。这"三根支柱"即联邦社会保险、职业互助金、个人保险储金。

第一根支柱是联邦社会保险亦称公共保险，即政府直接经营的全体成员必须参加的一种强制性社会保险。联邦社会保险的责任主体是联邦政府、雇主、雇员和州政府。所有就业者都必须按政府规定的同一比例向联邦政府缴纳保险金。按同一比例缴纳时，高收入者和低收入者缴纳的数额悬殊，但在领取养老金时，所有投保人得到的数额相等，带有劫富济贫的色彩，但却保证了社会的稳定。联邦社会保险的收支方式为现收现付制，即当年收入用于当年支出。当收不抵支时，联邦政府一般要拿出财政收入20%左右的资金来抵补。

第二根支柱是职业互助金，是联邦社会保险的补充，这是所有雇主与雇员都必须遵守的一种强制性社会保险。其功能是保证工薪人员在老、残等情况下，还能维持比基本生活更高一些的生活水平。职业互助金所保障的对象是雇员，而保险金由雇主与雇员共同承担。雇主按政府规定的百分比（目前是6%），从雇员的工资中扣除，同时再替雇员交同样数额资金，一并交到指定的保险机构。职业互助金实际上一半是雇主向雇员提供的保障，另一半是个人在不知不觉中履行自我保险的责任。职业互助金实际上是一种对养老、伤残和死亡的补充保险。

第三根支柱是个人保险储金，是根据个人的经济能力和意愿采取的非强制性的保险措施，是对上述两根支柱的补充。

瑞士社会保险的"三根支柱"模式具有鲜明的特色：第一，在多主体的责任结构中强化个人责任，将个人作为保险的最大主体。第二，多方集资，多层次的保障。此外，采用这种模式的国家，还有法国、韩国、巴西、墨西哥等大多数市场经济较发达的国家。其主要特点是：贯彻"选择性"原则，实施范围主要是劳动者；社会保险待遇与个人收入、缴费年限相联系，分配有利于低收入者；实行"自保公助"，社会保险费用由个人、企业、政府三方或两方负担，强调个人缴费；但是，缴费多少与退休后的养老金水平无关，养老待遇的高低主要取决于本人在职时的工资水平和国家规定的养老金替代率水平。

2.国家、企业负担型养老保障模式

这种养老保障模式的最大特点是一切费用均由国家和企业负担，个人不缴纳保险费。苏联、东欧国家、蒙古国、朝鲜等国均采取这种模式。改革开放前的中国也采用这种模式。

苏联的退休金分职工、集体农庄庄员、科学工作者和有特殊贡献者四类。职工退休金的数额按退休前月工资的比例计算，从50%到100%。工资越高，退休金占工资的比例越少；工资越少，退休金所占比例越大。从事危险工作、井下高温、有害健康和特别繁重工作的，其退休金比一般职工高5%。科学工作者的退休金为本人职务工资的40%。科学院院士、通信院士超过退休年龄而继续工作的可领取全额退休金和部分职务工资。这种养老保障属于国家保险型养老保障制度，它是以生产资料公有制为基础的一种社会主义国家的养老保障制度。其主要特点是：

第一，国家宪法把包括养老保障在内的社会保障制度确定为社会主义国家的基本制度之一，老有所养，老后有保。社会保障是公民应享受的权利，它是由生产资料公有制作保证的。

第二，养老保险受按劳分配原则的影响，养老保险的享受条件和待遇标准与工龄有直接关系。

第三，养老保险的资金来源于政府和企业两个方面，劳动者个人不负担任何社会保险费用。

第四，通过人民代表机构对社会保障管理施加影响，参与养老保障制度的实施与管理。

随着各国政治、经济制度的变化和市场经济的发展，这种社会保险制度越来越不适应现实的要求。现在，各国都在探索改革的途径，逐步实行个人和单位缴费制度，引进激励机制。

3.国家负担型养老保障模式

这种模式是福利国家广泛采用的一种养老保险制度，它的思想来源于英国《贝弗里奇报告》提出的全民保障方案。其特征主要是：养老金支出由国家财政负担，公民个人不缴纳或缴纳低标准的养老保险费；贯彻"普遍性"原则，保险对象涵盖全体国民，保险项目多，包括"从摇篮到坟墓"的各种生活需要，保障水平也较高；保险费用主要来自国家税收，实行"现收现付"办法。英国、加拿大、澳大利亚、新西兰等国均采用此种养老保障模式，是实施范围较广的另一种社会保险模式。

作为这种模式的典型代表，瑞典以贝弗里奇之福利的普遍性理论为基础，强调"收入均等化，就业充分化，福利普遍化，福利设施体系化"，被人们誉为"老年人的天堂"。瑞典公民年满65岁即可领取全额基本养老金，年满63岁可以领取养老金的94%，而且无须缴纳任何费用，也无须经过收入情况调查，贫富一视同仁。雇工和雇员不需缴纳保险税，而雇主则要缴纳47%的工资税，政府负担基本养老金费用总额的55%。政府在这方面的开支来源于税收。瑞典实行的是累进所得税制度，这一政策不仅为瑞典公民普遍提供了基本的保障，而且其社会再分配的部分也明显地高于其他西欧国家。

在瑞典，男女的退休年龄均为65岁。65岁以上的老年人的收入来源，主要靠养老金。瑞典的养老金由三部分组成：基本养老金，补充养老金和部分养老金。

第一，基本养老金向所有65岁以上的瑞典公民（包括从未参加过工作的家庭妇女）提供。根据瑞典全国退休金法案规定，所有65岁以上的公民，均可按月从地方社会保险部门领取一定数额的养老金，而不论他退休前的收入水平如何。

第二，补充养老金向所有退休者提供。退休者退休前工龄有长有短，原收入有高有低，因而得到的附加养老金有多有少。一般是以过去30年中收入最高的15年进行评算。

第三，部分养老金是指年满60岁的人可以要求减少工作时间，并能领取因工时缩短而减少的收入补贴。

上述三种养老金的支付都参照一个"基数"，即与物价升降挂钩，每年进行调整，基本上不受通货膨胀的影响。

瑞典的养老金目标替代率（养老金与平均工资之比）为60%，其中，基本养老保险替代率和补充养老保险替代率各占一半。无论是基本退休金还是补充退休金，主要来源都是按每月从职工工资中扣除的保障税，企业主承担基本退休金和保障税，政府提供补贴，个人无须缴纳。几十年来，瑞典人在高福利制度的庇护下，不存在养老压力。然而，从20世纪90年代开始，瑞典现行的养老保险制度陷入了困境。由于多年的人口负增长，瑞典人口老龄化程度很高，截至1999年年底，65岁以上的老年人口占总人口的16%，预计到2030年将达到23%。缴费的人少，享受的人多，养老金收支不平衡，政府财政状况恶化；个人缴纳与将来享受无明显差异，影响劳动者的积极性。这些问题也是高福利国家所面临的普遍困境。

国家负担型养老保障模式，是国家借助财政经济政策的调节作用，来保障老年人的生活安定，缓解社会矛盾的主要措施。虽然起到了保障生活的作用，但是，高福利、高消费，也造成了福利费开支过大，国家财政不堪重负，难以为继。实行普遍养老保险模式的各国政府正在积极探索，解决人口老龄化给现行养老保险制度带来的冲击。

4.企业、个人负担型养老保障模式

这种模式是指通过建立个人退休账户的方式积累养老保险基金，当劳动者达到法定退休年龄时，将个人账户积累的基金、利息及其他投资收入，一次性或逐月发还本人作为养老保险金。这种模式的特点是保险金来源于企业和个人的缴费，国家不进行投保资助，仅仅给予一定的政策优惠。

这种模式主要是在20多个亚非国家和一些拉美国家推行。以新加坡中央公积金制度和智利商业化管理的个人账户最为典型。公积金制度的典型代表是新加坡，它的特色不仅表现在雇主与雇员分担供款责任等方面，也表现在由公营的中央公积金局统一管理并垄断经营上，政府承担着给予受保障者以固定收益回报的责任，其使用范围亦由养老扩展到医疗、住房开支等。也有学者指出，这种模式没有体现出社会保险的共济性和互助性原则，因而不能算作社会保险，智利的个人账户只是国家强制实施的个人养老储蓄。

新加坡实行的中央公积金制度于 1955 年 7 月建立，它是一项为新加坡受薪人员而设立的养老储蓄基金，是一项强制性的储蓄计划。其主要目的是：为职员提供足够的储蓄，以便在退休后或者丧失工作能力时有所依靠。经过几十年的时间，它已经发展成为一种全面的，可以满足人们退休、购房、医疗保健及教育等需要的社会保障制度。中央公积金面向所有公共部门和私人部门的雇员，雇主本人或者自雇者可以自行决定是否参加。目前，新加坡的中央公积金制度覆盖面很广，已经实现了真正的社会化养老保险。在新加坡，每个就业者无论其受雇单位的性质，都在中央公积金拥有户口，每月要向中央公积金缴纳一定比例的个人工资。会员年满 55 岁或永远离开新加坡时，就可提走全部公积金存款，存款享有与市场利率挂钩的利息。新加坡的中央公积金制度中有很大一部分来自于企业，它规定凡是年龄在 55 岁以下的雇员，其公积金的征缴率为日工资的 40%，55~59 岁征缴率为 25%，60~64 岁征缴率为日工资的 15%，65 岁以上征缴率为 10%。在这些百分比中，雇主和雇员各承担一半，即 20%、12.5%、7.5%、5%。

新加坡的公积金实行全国统一管理，为此建立了中央公积金局，统一管理和使用公积金储蓄，还制定了《中央公积金法》，以保护公积金会员的合法权益，规范管理、使用公积金储蓄的行为。雇主和雇员都必须按时缴纳公积金，雇员的公积金储蓄由雇主根据缴纳率扣除，连同雇主应缴纳的数额，一起存入中央公积金局的会员账户。中央公积金计划将社会成员缴费形成的基金主要投资于购买政府债券，结果大大增加了国家经济建设所需资金，促进了经济增长。

随着形势的不断变化，新加坡政府对公积金的内容不断加以补充和完善。个人可以动用公积金储蓄来买房、看病和养老，公积金使新加坡居民在不长的时间内，初步实现了老有所养、病有所医、居有其屋。虽然在运用公积金存款方面逐步放宽限制，但政府仍然牢牢抓住公积金的最终保障作用这一核心。预见到人口迅速老化和平均寿命延长的趋势，从 1987 年开始实行公积金最低存款计划，规定会员在 55 岁领取公积金存款时，必须把一笔钱留在退休户口中，以保障晚年的生活。10 年内，这笔最低存款的数额要逐步调高到 8 万新元，根据政府的测算，只有这样才可能在基本生活费不断上涨的情况下，保障会员在退休若干年后的基本生活水平。

新加坡的这种以储蓄基金制为主体的养老保障制度，节省了大量的财政开支，抑制了消费膨胀，增加了社会积累，有利于增强国家的经济实力，有利于企业开展平等竞争和调动职工的生产积极性。

新加坡的中央公积金制度取得了举世瞩目的成就，实现了无须国家财政拨款的养老保险。其中央公积金制度是一种集中管理和强制性管制程度都非常高的社会保障制度。新加坡政府通过自身的高度社会控制力，强制性地使人们必须为自己的各种保障进行预防性储蓄。可以说，中央公积金制度在新加坡取得了巨大的成功，但是，这与新加坡政府对社会生活的强大控制力是分不开的，因此，它并不适合所有国家。另外，它自身也存在不足之处，比如保费较高，它所实行的积累制扩大了不同收入阶层之间原有的工资性收入再分配的差距，也不能体现社会保险的公平性原则。

相比较而言，智利推出的也是一种纯个人养老账户制，由投保者个人投保，并逐渐积累，以供自己晚年的养老，雇主不作投入，国家也不直接资助。它与新加坡中央公积金制度的最大不同之处在于，它是以若干个私人养老金管理公司的养老金基金为主而构成的，政府不直接进行管理。这些机构是股份公司，其唯一的目的是管理养老保险基金，以及除了按法律规定支付和享受的待遇外、与养老保险制度有密切关系的其他业务。这些基金管理机构的业务主要包括征收养老保险费、管理个人账户、投资养老保险基金、进行残疾和遗属保险，以及经办在养老保险制度范围内的各项业务。基金公司有权通过参保人缴纳佣金得到补偿，每个基金公司都可以自由设定这样的佣金，但是，对于同一个基金公司来说，所有参保人的佣金数量都是相同的。

在智利，每个参保人拥有一个个人账户，存放其养老保险缴费。一个参保者可以从政府指定的数个养老金基金管理公司中任选一个，托管自己的养老金个人账户。

智利养老金制度获得的成功引起了各国的广泛关注。与其他国家集中管理养老金基金相比，智利养老保险制度的私人管理模式具备了竞争的性质，是按照市场机制进行有关配置的，它提供了一个很高的收益率。

但是，也有一些对智利模式的批评意见。有人认为，智利模式在再分配问题上是不公平的，它导致了收入可能向着背离那些最贫困阶层的方向转移。另外，认为各个养老金基金管理公司之间的竞争能够降低管理费用也没有根据，因为通过竞争等手段并没有使管理费用减少。智利模式在今后还将面临严峻的考验。

二、各国养老保险模式的特点及启示

各国养老保障制度的实施及运筹资金的方式各有特色，可借鉴之处有以下几点：

1.实行多层次、多形式的养老保障制度

第一个层次是国家立法规定的，低有保证、高有限额的强制性的基本保险。

第二个层次是各企业自定的企业老年保险金。这种保险比政府规定灵活得多，形式多种多样，标准有高有低。例如，美国有相当多的企业补充私人养老金计划。据了解，美国相当一部分退休人员的退休收入大部分来源于私人养老金计划，私人养老金计划加上社会保障计划提供的养老金，大体上可以保证退休人员的生活不低于退休前的标准。因此美国的私人养老金计划是劳资两利的举措，同时对活跃金融市场，促进经济发展，也发挥了重要作用。英国有补充退休年金。英国的退休年金一般包括基本年金和补充年金两部分，也就是说，企业雇员除基本年金以外，还可以享受额外的补充退休年金。在英国就业人口中，约有一半实行补充年金制度。瑞典有老年补充年金。雇员除享受基本养老年金外，还可享受补充养老年金。基金来源于雇主按工资总额12.25%缴纳的费用。补充养老年金从65岁起开始领取，如雇员在60岁提前退休或推迟到70岁退休，退休金则在65岁全额补充年金的基础上相应减少或增加，其最高额可达基本养老金的48%。

实行补充养老金的意义在于：第一，实行补充养老保险，对提高养老保险水平，增强企业职工的凝聚力十分必要；第二，实行补充养老保险可以唤醒公民的社会保险意识与责任感；第三，可以实行多层次的保险制度；第四，除养老保险外，在死亡、伤残方面也应实行补充保险。

从上述国家企业补充养老保险实行的情况看，具有以下特点：

第一，国家颁布法规强制符合条件的企业必须实施补充养老保险，否则便是违法，这也同实行国家统一的基本养老保险一样。实施强制补充保险的国家，一般都通过税收政策上的优惠，加以引导。

第二，企业实行补充养老保险的条件是必须盈利，由于经营和盈利情况的不同，补充养老保险金的标准千差万别。亏损和微利企业都不实行补充养老保险。因此，并不是全部企业都能实行补充养老保险。

第三，补充养老保险不与物价挂钩。

第四，企业雇员领取补充养老保险金的条件是：一般要具有5~15年的连续工龄，达到退休年龄并退休（有的国家鼓励延长连续工龄，对超过规定的连续工龄的工龄，按较高的退休金率计发养老金；有的国家规定，中途退厂不发补充养老金）。另一个条件是参加投保并具有一定的投保年限，多数企业只由雇主投保，也有少数企业必须由雇主、雇员双方投保。企业补充养老金的给付，大多采取退休金率的计算方法，即补充养老金=雇员个人挂钩工资×退休金率×工作年限。

第三个层次是个人养老金保险（在美国称"个人退休账户"制度，有的称"退休储蓄计划"）。对既未参加公务人员退休制度，又未参加私营企业退休计划的人员，每年可以从自己的收入中提取一定比例，一般为13%，存入"个人退休账户"，以备退休后使用，这笔钱在提取和动用时都是免税的。政府对企业、社会团体、私人举办的保险项目，只提供法律上的保护和财政上的支持。在美国，除了联邦政府举办全国性的保障项目外，还有各州政府根据联邦政府的有关规定举办的保障项目，以及各州和地方政府自己管理的项目。为了促使私人参与积蓄养老金，一些国家推行强制性养老储蓄，如新加坡从20世纪50年代中期开始实施职工自存自用的公积金制度，强化人们的自我养老意识，以后随着社会经济发展又引进了社会保障机制，使其更加完善。几十年来，新加坡推行的公积金制度，既为个人储存了一大笔老金，又支援了国家的经济建设。而且它的优点还在于：第一，具有很强的激励机制。谁想老年时生活得更好，就必须年轻时更勤奋地工作。第二，避免了人口老龄化的困扰。新加坡国家财政虽为公积金支付提供担保，但实际上政府未花过钱。这样上一代人就不会给下一代人留下包袱，避免了代际转移的矛盾。当然，已经实行社会养老保险的国家，完全照搬新加坡的办法有困难，但是，在改革现行养老保险制度时，增强个人养老意识，推行个人养老储蓄实属上策。

以上三个层次的养老保险各有特色。在管理上，国家基本养老保险实行一体化原则，企业补充养老保险由企业内部决定，个人储蓄养老保险则遵循自愿原则。在基本模式方面，前者是部分积累筹资，后两者是完全积累筹资。

多层次、多形式的养老保障制度，因为每一层次的保障结构服务于各自不同的养老保险目标，各国政府可以根据本国的基本国情和自身发展条件，有效地组合或合理配合，发挥各层次的长处，克服其不利之处，动员各种资源和力量，以解决日趋复杂的老年经济保障问题，共同度过老龄化危机。所以，实行多层次、多形式的养老保障制度，可望成为21世纪许多国家养老保险改革发展的目标。

2.大多数养老金或退休金业务都由各种半独立性的机构负责，但均受政府的监督

养老保障支出依法由政府集中安排。在这些国家，尽管具体管理养老保障项目的机构很多，既有政府机构（中央的和地方的），又有民间团体和私人企业，但从总的倾向来看，养老保障制度是由政府集中管理的。尤其值得注意的是，实施养老保障制度的一切细节，从资金来源，运用的方向，甚至保障的标准、收支的程序，大都有明确的法律规定。养老保障基金的管理机构通常由受保人、企业或雇主和政府三方代表组成的理事会领导。

第五节　中国的养老保险制度

中国的养老保险制度是中华人民共和国成立后逐渐建立并发展起来的，已走过几十年的风雨历程。随着中国的发展，养老保险制度也正在经历着深层次的改革和创新，旧的体制正在解体，新的制度正在逐渐形成和完善。

一、历史沿革

1.中华人民共和国成立初期至20世纪80年代中期：传统体制阶段

中华人民共和国成立初期，本着"一切空话都是无用的，必须给人民以看得见的物质福利"的思想，我国着手建立社会保险制度。1951年2月26日，政务院颁布实施了中国第一部全国统一的社会保险法规——《中华人民共和国劳动保险条例》（1953年1月2日修正），开始以劳动保险的形式实施企业职工养老保险。1954年，国务院发布了《关于劳动保险业务移交工会统一管理的联合通知》，规定劳动保险收支管理由中华全国总工会负责，劳动部负责企业劳动保险有关政策、法规的

制订和颁布实施等。当时，规定由企业行政方面或资方按月缴纳劳动保险金，企业缴费比例约为企业工资总额的3%，其中30%上缴全国总工会，存入总工会账户，作为全国劳动保险总基金，其余部分即70%则存于各企业工会基层委员会账户，为支付工人与职员按照本条例应得的抚恤费、补助费与救济费之用。养老金约为职工本人工资的50%~70%。同时，国家机关、事业单位等工作人员的养老保险制度也逐渐以单行法的形式建立，到1955年年末基本形成。后来，为了适应形势的发展，国务院先后颁布了一系列对退休、退职的处理办法和规定，逐步形成了以国家统包、社会统筹调剂与单位保险相结合为特征的统一的养老保险体系模式。

1957年，参与全国的实行《劳动保险条例》的企业职工达1 600万人，再加上不具备实行《劳动保险条例》条件而与企业签订集体劳动保险合同的职工也有700万人，使社会保险制度的覆盖面达到了当时国营、公私合营、私营企业职工总额的94%。这一时期我国的养老保险制度发展得相当快，到1958年，我国城镇基本建立了统一的养老保险制度。

但是，1966年"文化大革命"开始之后，中国的社会养老保险制度遭到了严重破坏。在1969年2月财政部颁发的《关于国营企业财务工作的几项制度的改革意见（草案）》中规定，"国营企业一律停止提取劳动保险金，企业退休职工、长期病号工资和其他劳保开支，在营业外列支"，致使中国的社会养老保险制度失去了社会统筹功能，倒退为企业养老保险，而这种体制一直延续到20世纪80年代初，之后养老保险制度进入整顿和恢复过程，但进展相对缓慢，所做的工作也大都是挽救性的修补。

1978年6月，国务院颁布了《关于安置老弱病残干部的暂行办法》和《关于工人退休、退职的暂行办法》，重新规定了离退休的条件及待遇标准。1982年，国务院颁布了《关于老干部离职休养的暂行规定》，对中华人民共和国成立前参加工作的机关企事业单位的部分老干部实行离职休养制度，提高了他们的生活待遇。1983年，劳动人事部发布了《关于建国前参加工作的老工人退休待遇的规定》，对这部分老工人退休养老金按其本人退休前标准工资100%发放。1983年，国务院颁布了《关于城镇集体所有制经济若干政策问题的暂行规定》，要求集体企业要根据自身的经济条件，提取一定数额的社会保险金，逐步建立社会保险制度，解决职工年老退休、丧失劳动力的生活保障问题。到1984年年底，基本解决了"文化大革命"期间遗留的200多万人应退休而未退休的问题，离退休职工的养老待遇水平得以显著提高。但是，这次改革仍然是在"企业保险"范畴内的调整与改革，并没有完全恢复社会养老保险制度。

这个阶段的社会养老保险制度具有几个鲜明的特点：第一，只惠及国有企业员工、部分集体企业员工、国家机关人员、国家事业单位员工等工薪劳动者，覆盖面窄、共济性差。第二，仅以企业作为融资来源，并采取现收现付制。这实际上是一种以企业为风险分散单位的代际转移制度，长期来看难以应对老龄化趋势下的财务压力问题。不过，国家财政对国有企业实行的统收统支的计划管理体制掩盖了不同企业养老负担不均的问题。第三，给付金额取决于工龄长短和退休前的工资水平。养老金标准根据职工退休时具体情况的不同，可达标准工资的40%~100%，待遇普遍较高。

传统养老保险体制是与传统的计划经济体制相适应的，与当时的城镇保证就业的劳动制度密切相关，它更多地强调公平，存在一定的为公平牺牲效率的倾向，而由于其覆盖面窄，整个养老保险体系也不能充分体现公平。另外，因为国家和企业包揽过多，导致职工的自我保障意识薄弱，这种后遗症至今仍然非常明显。

2.20世纪80年代中期至90年代中期：社会统筹试点及实施阶段

1984年10月召开的中共十二届三中全会发布了《中共中央关于经济体制改革的决定》，开始了国有企业的全面改革，"独立核算、自负盈亏"的新体制使传统体制中的新老企业养老负担不均衡的问题迅速暴露出来，原有体制亟待革新。

此时，一些市、县开始设置养老保险费用的社会统筹试点，在统筹区域的企业之间实行养老金的统一收缴、发放。1986年国务院颁布了《国营企业实行劳动合同制暂行规定》，决定国营企业新招工人一律实行劳动合同制，并首先在劳动合同制工人中实行了个人缴费制度。在地区试点和劳动合同制工人个人缴费制度运行的基础上，国务院在1991年6月发布了《关于企业职工养老保险制度改革的决定》，宣布实行养老保险的社会统筹，建立养老保险基金制度，确立了个人缴费原则，要求在全国范围内逐步推行，并明确提出要"随着经济的发展，逐步建立起基本养老保险与企业补充养老保险和职工个人储蓄性养老保险相结合的制度"，从此改变了以前单一的企业职工养老保险制度，开始建立多层次的养老保险体系，养老保险制度改革也进入了有组织的改革设计阶段。考虑到各地区和企业的情况不同，《关于企业职工养老保险制度改革的决定》允许各省、自治区、直辖市人民政府根据国家的统一政策对职工养老保险做出具体规定，允许不同地区、企业之间存在一定的差别，在实际操作中，由于种种原因，国家允许部分行业实施养老统筹，从而形成了地方统筹和行业统筹并存的局面。

这个阶段社会养老保险的改革有几个特征：第一，其主要目的是将养老保险事务从企业逐步剥离，因而主要涉及国有企业的职工；第二，资金筹集以"以支定筹、略有节余、留有部分积累"为基本原则，仍实行现收现付制，养老保险费由国家、企业、个人三方负担，个人负担相对较轻——个人缴费不超过本人标准工资的3%，由财政建立养老保险后备基金，必要时给予补贴；第三，基金的结算实行差额缴拨；第四，由政府指定的部门（多为劳动部门）负责养老金的统一收缴和发放，统筹层次主要在市、县级别。

建立多层次养老保险体系、基本养老保险实行"社会统筹"的改革改变了养老保障由国家和企业包揽的局面，在制度设计上解决了新老企业之间养老负担不均衡的问题，但却未在制度上解决逆向选择的问题——新兴行业和新建企业缴费激励不足，拖欠养老保险费的现象时有发生。另外，由于统筹层次较低，又存在行业、地方条块分割的现象，养老保险基金的管理水平和抗风险能力十分薄弱，国有经济因为就业增长放慢和离退休职工增加造成的养老压力并不能真正得以缓解，一些老工业基地的养老保险费率自然居高不下，同时养老保险待遇却刚性化，甚至不断攀升。此外，新兴且发展迅速的非国有经济基本上没有进入制度化的养老保障体系，这些做法不仅威胁到其职工的合法权益，而且影响不同所有制经济之间的公平竞争，恶化了国有经济的竞争力，进而损害了其为职工提供养老保障的能力。

3.20世纪90年代中期至今：社会统筹与个人账户相结合阶段

随着经济体制改革的深化，经济主体多元化、劳动力市场化已经成为不可阻挡的趋势，如何为现代企业制度的推进创造相对公平的社会条件和环境，如何在制度上保证经济和社会的稳定、和谐发展，都对社会保障体制的深入改革提出了迫切要求，而如何化解传统社会保障制度遗留下来的种种问题，也是制度设计者面临的巨大挑战。

1993年中共十四届三中全会通过《关于建立社会主义市场经济体制若干问题的决定》（简称《决定》），指出要建立多层次的社会保障体系，城镇职工养老保险金由单位和个人共同负担，实行社会统筹和个人账户相结合，并规定建立统一的社会保障管理机构，社会保障的行政管理和社会保险基金经营要分开，从而为社会保障体制改革确定了基本原则。所谓社会统筹与个人账户相结合的基本养老保险制度是我国在世界上首创的一种新型的基本养老保险制度。所谓社会统筹是指职工退休费用由社会保险管理机构在一定范围内统一征集、统一管理、统一调剂。其具体办法为：改变企业各自负担本企业退休养老费用的办法，改由社会保险机构或税务机关按照一定的计算基数与提取比例向企业和职工统一征收退休养老费用，形成由社会统一管理的退休养老基金；企业职工的退休养老费用由社会保险机构直接发放，后委托银行、邮局代发以及委托企业发放，以达到均衡和减轻企业的退休养老费用负担，为企业的平等竞争创造条件。随着社会化程度的提高，退休养老费用不仅在市、县范围内的企业之间进行调剂，而且在地区之间进行调剂，逐步由市、县统筹过渡到省级统筹。所谓个人账户是指专门为参加法定养老保险、缴纳养老保险费的个人设立的养老保险基金积累账户。社会统筹与个人账户相结合的基本养老保险制度在基本养老保险基金的筹集上采用传统型的基本养老保险费用的筹集模式，即由国家、单位和个人共同负担；基本养老保险基金实行社会互济；在基本养老金的计发上采用结构式的计发方法，强调个人账户养老金的激励因素和劳动贡献差别。因此，该制度既吸收了传统型的养老保险制度的优点，又借鉴了个人账户模式的长处；既体现了传统意义上的社会保险的社会互济、分散风险、保障性强的特点，又强调职工的自我保障意识和激励机制。

1995年3月发布的《国务院关于深化企业职工养老保险制度改革的通知》将《决定》所确立的原则付诸实施，在全国范围内实行社会统筹与个人账户相结合的基本养老保险制度，并鼓励建立企业补充养老保险和个人储蓄性养老保险，此后改革的重点就一直放在基本养老保险制度上。但是，为适应各地区的不同情况，当时对实行"统账结合"提出了两个实施办法，允许各地区和统筹行业选择、甚至进行适当修改，从而导致社会基本养老保险制度失去了统一性。在1996年劳动部印发的《劳动事业发展"九五"计划和2010年远景目标纲要》中明确指出：要建立起适用于多种经济成分中各类劳动者的，统一制度、统一标准、统一管理、统一调剂使用基金的基本养老保险制度，即实现所谓的"广覆盖""四统一"的目标。1997年7月，国务院发布《关于建立统一的企业职工养老保险制度的决定》，明确要将已经实行的两套方案向新的"统账结合"方案过渡，逐步实行企业职工基本养老保险制度的省级统筹。1998年8月发布的《关于实行企业职业基本养老保险省级统筹和行业统筹移交地方管理有关问题的通知》，提出加快实行企业职工基本养老保险省级统筹，并要求实行基本养老保险行业统筹的企业按期将养老保险工作移交地方管理。1999年1月，《社会保险费征缴暂行条例》发布，基本养老保险工作移交地方管理。基本养老保险费的征缴工作走上了规范化、法制化的道路，基本养老保险的覆盖面也得到进一步扩大。在这一阶段，养老保险基金的结算方式也逐步改变为全额缴拨。2000年12月，在总结过去十几年我国社会保障制度改革实践经验的基础上，国务院发布了《关于完善城镇社会保障体系的试点方案》（国发〔2000〕42号），在辽宁省及有关省市进行试点工作。2001年7月，根据国务院上述试点方案，辽宁省出台了《辽宁省完善城镇社会保障体系试点实施方案》。经过几年的实践，在国有企业下岗职工基本生活保障向失业保险并轨和做实基本养老保险个人账户两个重点上取得突破，实现了养老保险基金的部分积累，在保持企业和社会基本稳定的前提下，100多万国有企业职工从国有企业转移出来。2004年4月，国务院办公厅发布《2004年振兴东北地区等老工业基地工作要点》，提出在总结完善辽宁省城镇社会保障体系试点工作经验的基础上，启动吉林、黑龙江两省完善城镇社会保障体系试点工作。至此，社会基本养老试点范围正式扩大至吉林、黑龙江两省。2004年十届全国人大二次会议修改宪法，增加了建立健全社会保障制度的规定，明确提出"国家建立健全同经济发展水平相适应的社会保障制度"。2006年，在中国共产党第十六届中央委员会第六次全体会议发布的公报中，提出了下一阶段社会保障工作的目标："2020年，覆盖城乡居民的社会保障体系基本建立，人人享有基本生活保障"。从2007年开始，社会保障建设各项工作表现出明显的加速倾向。《关于开展城镇居民基本医疗保险试点的指导意见》《关于在全国建立农村最低生活保障制度的通知》《廉租住房保障办法》《关于2008年调整企业退休人员基本养老保险基金的通知》在短短几个月内密集出台，宣告了新社保体系几大核心中的城镇居民基本医疗保险制度和农村最低生活保障制度进入了建设阶段，而住房保障和企业退休人员养老上的新动向，也都与人们最关切的问题息息相关。2012年党的十八大提出"统筹推进城乡社会保障体系建设"的要求，2020年建立完善的中国特色社会保障体系，并覆盖全国居民，这些都对中国社会保障制度改革提出了更高的要求。2013年9月人力资源和社会保障部公布的《人力资源社会保障部、民政部关于鼓励社会团体、基金会和民办非企业单位建立企业年金有关问题的通知》（人社部发〔2013〕51号），近年来我国社会团体、基金会和民办非企业单位发展迅速，为提升社会管理和公共服务，促进文化繁荣发展发挥了积极的作用。为进一步推动社会组织的健康发展，更好地保障社会组织工作人员退休后的生活，根据《企业年金试行办法》（劳动和社会保障部令第20号）、《企业年金基金管理办法》（人力资源和社会保障部令第11号）、《关于企业年金方案和基金管理合同备案有关问题的通知》（劳社部发〔2005〕35号）、《关于企业年金集合计划试点有关问题的通知》（人社部发〔2011〕58号）的有关规定，对就社会团体、基金会和民办非企业单位，在已经依法参加企业职工基本养老保险并履行缴费义务的社会组织，可以建立企业年金。其中工作人员较少的社会组织可以参加企业年金集合计划①。2014年国务院总理李克强在《政府工作报告》中提出：合并新型农村社会养老保险和城镇居民社会养老保险，建立全国统一的城乡居民基本养老保险制度。国务院办公厅于2014年4月21日颁布了《国务院关于建立统一的城乡居民基本养老保险制度的意见》。意见决定，在已基本实现新型农村社会养老保险、城镇居民社会养老保险全覆盖的基础上，依法将这两项制度合并实施，在全国范围内建立统一的城乡居民基本养老保险制度，并在制度模式、筹资方式、待遇支付等方面与合并前的新型农村社会养老保险和城镇居民社会养老保险保持基本一致。基金筹集采取个人缴、集体助、政府补的方式，中央财政按基础养老保险基金标准，对中西部地区给予全额补助，对东部地区给予50%的补助。地方政府为重度残疾人等缴费困难群体代缴部分或全部最低标准的养老保险费，鼓励公益慈善等社会组织为参保人缴费提供资助。建立统一的城乡居民基本养老保险制度，使全体人民公平地享有基本养老保障，是我国经济社会发展的必然要求和推进"新四化"建设的需要，这既有利于促进人口纵向流动、增强社会安全感，也有利于使群众对民生改善有稳定的预期，对于拉动消费、鼓励创新创业，具有重要意义。《城乡养老保险制度衔接暂行办法》（以下简称《暂行办法》）对参加城镇职工基本养老保险、城乡居民基本养老保险两种制度的人员办理跨制度衔接养老保险关系制定了具体的规程。对衔接业务的经办机构、城乡养老保险制度衔接手续、办理程序做出了具体的规定。《暂行办法》于2014年7月1日起实施。随着我国城乡养老保险制度的全面实施，覆盖范围不断扩大，加上城乡劳动力流动就业加速，城乡养老保险制度的衔接问题迫切需要解决。对此，党中央、国务院高度重视。《暂行办法》的出台，顺应民意，利于民生，是一项重大的惠民政策。全面贯彻落实《暂行办法》，有利于健全、完善统筹城乡的社会保障体系，有利于促进劳动力的合理流动，有利于更好地保障城乡参保人员特别是广大农民工的养老保险权益。由国务院颁布的，于2014年7月1日起实施《事业单位人事管理条例》明确规定：事业单位及其工作人员依法参加社会保险，工作人员依法享受社会保险待遇。2016年和2017年在全国全面实施养老保险制度并轨改革。2015年1月14日国务院颁布了《关于机关事业单位工作人员养老保险制度改革的决定》，该决定自2014年10月1日起实施。该决定提出改革现行机关事业单位工作人

---

　　① 由法人机构受托人发起设立，事先指定政府监控下的账户管理人、投资管理人和托管人承担相应职责，并共同制定企业年金基金管理制度和流程，同时为多个企业委托人提供一揽子管理和服务的企业年金计划。

员退休保障制度，实行社会统筹与个人账户相结合的基本养老保险制度。基本养老保险费由单位和个人共同负担。单位缴纳基本养老保险费（以下简称单位缴费）的比例为本单位工资总额的20%，个人缴纳基本养老保险费（以下简称个人缴费）的比例为本人缴费工资的8%，由单位代扣。按本人缴费工资8%的数额建立基本养老保险个人账户，全部由个人缴费形成。个人工资超过当地上年度在岗职工平均工资300%以上的部分，不计入个人缴费工资基数；个人工资低于当地上年度在岗职工平均工资60%的，按当地在岗职工平均工资的60%计算个人缴费工资基数。个人账户储存额只用于工作人员养老，不得提前支取，每年按照国家统一公布的记账利率计算利息，免征利息税。参保人员死亡的，个人账户余额可以依法继承，并且对并轨后机关事业单位基本养老金计发办法做出了明确的规定。该决定实施后参加工作、个人缴费年限累计满15年的人员，退休后按月发给基本养老金。基本养老金由基础养老金和个人账户养老金组成。退休时的基础养老金月标准以当地上年度在岗职工月平均工资和本人指数化月平均缴费工资的平均值为基数，缴费每满1年发给1%。个人账户养老金月标准为个人账户储存额除以计发月数，计发月数根据本人退休时城镇人口平均预期寿命、本人退休年龄、利息等因素确定。该决定的颁布，为完善我国统筹城乡社会保障体系建设，建立更加公平、可持续的养老保险制度，迈出了坚实的一步，可谓是我国社会养老保险事业的里程碑事件。人社部、财政部联合发布《关于提高全国城乡居民基本养老保险基础养老金最低标准的通知》（人社部发〔2015〕5号），全国城乡居民基本养老保险基础养老金最低标准提高至每人每月70元，即在原每人每月55元的基础上增加15元，自2014年7月1日起实施。提高标准所需资金，中央财政对中西部地区给予全额补助、对东部地区给予50%的补助。此次增加的基础养老金金额，不得冲抵或替代各地自行提高的基础养老金。此次上调，是2014年2月国务院发布《关于建立统一的城乡居民基本养老保险制度的意见》以来，首次上调全国城乡居民基本养老金最低标准。将惠及全国超过1.4亿城乡老年居民和数亿城乡家庭，有利于更好保障和改善低收入或无收入的城乡老年居民基本生活。2015年5月7日，国务院办公厅发布了《机关事业单位职业年金办法的通知》（国办发〔2015〕18号）（以下简称《通知》）。职业年金制度是指机关事业单位及其工作人员在参加机关事业单位基本养老保险的基础上建立的补充养老制度。职业年金由单位和个人共同承担，单位缴纳职业年金费用的比例为本单位工资总额的8%，个人缴费比例为本人缴费工资的4%。机关事业单位职业年金是强制性的，工作变动时可随同转移；职业年金基金也将实行市场化投资运营，为养老保障再添力。《通知》促进了多层次养老保险体系的建设，进一步保障了机关事业单位工作人员退休后的生活水平，对人力资源的合理流动有重大的推动作用。为全面落实机关事业单位工作人员养老保险制度各项改革任务，人社部于2015年6月4日发布《关于机关事业单位工作人员养老保险信息系统建设指导意见》（人社部发〔2015〕52号）。建设机关事业单位工作人员养老保险信息系统，是加快推进统筹城乡社会保障体系建设的重要手段，是提高机关事业单位工作人员养老保险工作效率、经办能力和服务能力的有效途径，是实现机关事业单位工作人员养老保险业务规范化和信息化的重要举措。要求数据集中、服务下延，建设科学规范、互联互通、标准统一、安全高效的机关事业单位工作人员养老保险信息系统，不断提升管理服务效能，推动机关事业单位工作人员养老保险事业全面协调可持续发展。同年8月，国务院办公厅发布《基本养老保险基金投资管理办法》（国发〔2015〕48号）（以下简称《办法》），这是我国养老保险制度改革发展史上的一项大事和重大突破，标志着数以万亿元计的基本养老保险基金有望成为中国资本市场上的新力量。《办法》明确基本养老基金将实行中央集中运营、市场化投资运作，即由省级政府将各地可投资的基本养老基金归集到省级社会保障专户，统一委托给国务院授权的养老基金管理机构进行多元化投资运营。明确投资股票、股票基金、混合基金、股票型养老金产品的比例，合计不得高于养老基金资产净值的30%；参与股指期货、国债期货交易，只能以套期保值为目的。同时也规定了投资原则、治理结构、投资范围、风控标准，从制度上保证了基金安全和保值增值。2015年9月30日，人社部发布了《关于军人退役基本养老保险关系转移接续有关问题的通知》（后财〔2015〕1726号），规定了军人退出现役后参加企业职工、城乡居民基本养老保险或者机关事业单位基本养老保险的转移接续问题，在贯彻国家城乡居民养老保险制度并轨和机关事业单位工作人员养老保险制度全面改革政策的同时，维护军人养老保险权益，实现军地政策顺畅衔接。

由国务院颁布的于2016年5月1日起实施的《全国社会保障基金条例》（国务院令第667号）为全国1.6万亿元社会保障基金储备指明方向、划出"红线"。全国社会保障基金是国家社会保障储备基金，由中央财政预算拨款、国有资本划转、基金投资收益和以国务院批准的其他方式筹集的资金构成，用于人口老龄化高峰时期的养老保险等社会保障支出的补充、调剂。在投资运营上，坚持安全性、收益性和长期性原则，由全国社会保障基金理事会在国务院批准的固定收益类、股票类和未上市股权类等资产种类及其比例幅度内合理配置资产，在保证安全的前提下实现保值增值。另外，进一步规范了基金的筹集、使用、管理运营、监督等环节，对委托投资、对如何选择投资管理人和托管人以及相关的法律权责也有明确表述。《条例》的出台，意味着老百姓的"保命钱"储备金步入有法可依、依法管理的轨道。

2017年7月，国务院办公厅发布《关于加快发展商业养老保险的若干意见》，意见指出商业养老保险是商业保险机构提供的，以养老风险保障、养老资金管理等为主要内容的保险产品和服务，是养老保障体系的重要组成部分。其中关于推行个税递延型商业养老保险的举措，对于构建我国商业养老保险新模式和扩大商业保险规模将起到重要的推动作用。11月，国务院发布《划转部分国有资本充实社保基金实施方案的通知》，决定划转部分国有资本充实社保基金，主要是解决国有企业职工基本养老保险制度初期遗留的已经参加工作的企业员工没有缴费而视同缴费形成的缺口问题，有利于实现养老保险制度的可持续发展，为应对未来我国进入人口老龄化高峰时期养老保险基金支出压力不断增大而做好战略储备。

国务院发布《关于建立企业职工基本养老保险基金中央调剂制度的通知》（以下简称《通知》），决定建立养老保险基金中央调剂制度，自2018年7月1日起实施。《通知》要求要紧扣满足人民日益增长的美好生活需要，着力解决发展不平衡不充分的突出问题，围绕建立健全更加公平更可持续养老保险制度目标，坚持促进公平、明确责任、统一政策、稳步推进的基本原则，建立养老保险基金中央调剂制度，作为实现养老保险全国统筹的第一步，均衡地区间企业职工基本养老保险基金负担，实现基本养老保险制度可持续发展。3月，人社部、财政部联合下发《关于2018年调整退休人员基本养老金的通知》，明确从2018年1月1日起，为2017年年底前已按规定办理退休手续并按月领取基本养老金的企业和机关事业单位退休人员提高基本养老金水平，总体调整水平为2017年退休人员月人均基本养老金的5%左右。此次调整是国家继2016年、2017年连续两年统一调整企业和机关事业单位退休人员基本养老金以来，继续同步安排适当提高企业和机关事业单位退休人员养老金水平，是保障和改善民生水平的重要措施，也进一步体现了机关事业单位和企业养老保险制度的"并轨"。

中共中央办公厅、国务院办公厅发布了《国税地税征管体制改革方案》（以下简称《改革方案》）。将基本养老保险费、基本医疗保险费、失业保险费、工伤保险费、生育保险费等各项社保费交由税务部门统一征收，于2019年1月1日起实施。各项社保费交由税务部门统一征收，结束了五项社会保险在不同地区分别由社保经办部门和税务部门征收的局面，统一了征收体系，结束了"分征"的局面，进一步规范了征收方式，增强了征收效率和征收能力，更有力地督促企业全额缴纳保险费，切实保障职工的权益。

在上述一系列具体政策法规及其他许多条例、规定、意见的基础上，养老保险制度在改革进程中不断发展、完善，其覆盖面日益扩大，社会化程度日渐提高，取得了一定成就，我国养老保险参保人数大幅度提升（见表5-1）。

表 5-1　　　　　　　2012—2017年我国养老保险参保情况　　　　　　单位：万人

指　　标	2012年	2013年	2014年	2015年	2016年	2017年
城镇参加养老保险人数	30 426.8	32 212.0	34115.0	35361.0	37929.7	40199
城乡居民养老保险参保人数	48 369.0	49 750.0	50107.0	50472.0	50847.1	51255

资料来源：根据国家统计局《统计年鉴》整理。

二、统一的企业职工养老保险制度的主要内容与特征

1.建立社会统筹与个人账户相结合的制度

实行社会统筹体现出社会保险的共济性，并且便于体现统一标准、统一运作的优越性。同时，实行个人账户有利于与个人利益挂钩，调动个人投保的积极性，以促进劳动力的合理流动。

2.扩大基本养老保险的覆盖面

1997年7月，国务院发布了《关于建立统一的企业职工基本养老保险制度的决定》，该决定指出：基本养老保险制度要逐步扩大到城镇所有企业及职工，城镇个体劳动者也要逐步实行基本养老保险制度，但是没有包括农村的乡镇企业职工。《劳动和社会保障事业发展第十个五年计划纲要》指出：要依法扩大基本养老保险的覆盖面，城镇、国有、集体、外商投资、私营等各类企业及其职工全部纳入基本养老保险统筹范围；适时改革并完善机关事业单位职工的基本养老保险制度。

3.扩大养老保险金的来源

1991年6月，国务院做出了关于企业职工养老保险制度改革的决定，首次明确提出养老费用由国家、企业和个人三方负担。这是我国养老保险历史上的一次重要变革，从根本上改变了单纯由国家或企业负担养老金的传统格局。个人和企业缴费机制得以建立，从根本上缓解了国家负担过于沉重的状况。这种办法也可以转变在传统体制下的平均主义和大锅饭的习惯，有利于调动职工个人参与自我保障的积极性。

1997年《关于建立统一的企业职工基本养老保险制度的决定》统一了企业和职工个人的缴费比例，规定企业缴费比例一般不得超过企业工资总额的20%，具体比例由各省、自治区、直辖市人民政府确定；个人缴费比例，1997年不低于本人缴费工资的4%，以后每两年提高一个百分点，最终达到8%。

在新体制中国家虽然没有直接出资，但是，社会保险费税前提取，体现了国家的责任，如果社会保险出现了赤字，则由国家财政予以弥补。

4.由传统的现收现付制转变为部分基金积累制，建立新的基金筹集方式

原有的现收现付制办法在老年退休者大量增加和人口平均寿命不断延长的新情况下，显然是不能适应需要的。因为在人口老龄化的形势下，退休金需求不断膨胀，国家或企业很难从现有的收入中满足这种需求。1997年《关于建立统一的企业职工基本养老保险制度的决定》统一了个人账户的规模，规定按本人缴费工资的11%为每个职工建立基本养老保险个人账户，个人缴费全部计入个人账户，其余部分从企业缴费中划入。

5.基本养老保险待遇对"新人""老人""中人"规定了不同的给付办法

（1）享受基本养老保险待遇的条件

基本养老金是劳动者年老或丧失劳动能力后获得的保险待遇，主要用于保障职工退休后的基本生活需要，因此其领取自然要以退休为前提，而且"退休"必须符合法定条件。对不符合法定条件而办理退休手续的职工，社会保险机构有权拒付养老金。"法定条件"主要包括三个方面：

第一，达到法定退休年龄。中国法定的企业职工退休年龄是：男性年满60周岁，女工人年满50周岁，女干部年满55周岁；从事井下、高空、高温、特别繁重

体力劳动或其他有害身体健康工作的，退休年龄为男性年满55周岁、女性年满45周岁；因病或非因工致残，由医院证明并经劳动鉴定委员会确认完全丧失劳动能力的，退休年龄为男性年满55周岁、女性年满45周岁。

第二，满足基本养老保险条件，关键是最低缴费年限的要求。根据《关于建立统一的企业职工养老保险制度的决定》，在该决定实施后参加工作的职工，个人缴费年限累计满15年的，退休后可以按月领取基本养老金；但对实施该决定之前已经离退休的人员以及在实施前参加工作、实施后退休的人员另有规定。

另外，农民合同制职工、城镇个体工商户等自谋职业者以及采取各种灵活方式就业的人员，在男性年满60周岁、女性年满55周岁时，其累计缴费年限满15年的，可按规定领取基本养老金；其累计缴费年限不满15年的，个人账户储存额一次性支付给本人，同时终止养老保险关系，不得以事后追补缴费的方式增加缴费年限。

第三，按规定缴纳基本养老保险费。

（2）基本养老金待遇

按照国家对基本养老保险制度的总体思路，目前我国未来基本养老保险目标替代率，即退休人员的平均养老金占同一年度同一地区在职职工的平均工资收入的比例确定为58.5%，主要保障退休人员的晚年基本生活。

我国原来采用完全的现收现付模式为养老保险筹集资金，但现在已经转化为部分积累型的统账结合制度，这就不可避免地要处理两种制度的转轨过渡问题：大多数在职职工和退休人员没有养老保险积累，需要为在职职工补充建立个人账户，为已退休人员筹集养老保险金，同时还要保证新老办法平稳过渡、前后待遇水平基本衔接。为此，《关于建立统一的企业职工养老保险制度的决定》对"新人""老人""中人"规定了不同的给付办法。

首先，在该决定实施之后参加工作的职工视为"新人"，适用新的养老金给付方法，即在其退休后按月发给基本养老金。基本养老金由基础养老金和个人账户养老金组成。基础养老金月标准为省、自治区、直辖市或地（市）上年度职工月平均工资的20%，个人账户养老金月标准为本人账户储存额除以120。个人缴费年限累计不满15年的，退休后不享受基础养老金待遇，其个人账户储存额一次支付给本人，即"新人新办法"：

"新人"养老金=基础养老金+个人账户养老金

其次，在该决定实施前已经离退休的人员称为"老人"，仍按其退休时核定的养老金给付，一般为其退休时标准工资的一定百分比。同时，"老人"可以享受的基本养老金可以按当地职工上一年度平均工资增长率的一定比例（如40%~60%）进行调整，具体办法在国家政策指导下由省、自治区、直辖市人民政府确定，即"老人老办法"：

"老人"养老金=旧制度的退休金+调整养老金

最后，在该决定实施前参加工作、实施后退休的职工称为"中人"，其个人缴费和视同缴费年限（企业职工建立个人账户前按国家规定计算的连续工龄）累计满15年的，在发给基础养老金和个人账户养老金的基础上再确定过渡性养老金。过渡性养老金为本人退休前指数化月平均缴费工资乘以计发系数再乘以决定实施前的缴费年限（含视同缴费年限的连续工龄），计发系数由各统筹地区的政府决定，多在1%~1.4%之间。如果以上三项之和与老办法相比仍偏低，则另发给一定数额的过渡补贴，即"中人中办法"：

"中人"养老金=基础养老金+个人账户养老金+过渡性养老金

2005年12月，国务院发布《国务院关于完善企业职工基本养老保险制度的决定》，规定了改革基本养老金的计发办法。

6.养老金逐步实现社会化管理发放

为了确保养老金按时足额支付，将退休人员纳入社会管理，把企业从繁琐的退休人员管理事务中解脱出来，我国在全国范围内大力推进养老金社会化发放。中共中央办公厅、国务院办公厅在《关于转发劳动和社会保障部〈关于积极推动企业退休人员社会化管理服务工作的意见〉的通知》（中办发〔2003〕16号文）中指出："企业退休人员社会化管理服务是指职工办理退休手续以后，其管理服务工作与原企业分离，养老金实行社会化发放，人员移交城市街道和社区实行属地管理，由社区服务组织提供相应的管理服务。"

7.逐步形成多层次养老保险体系

中国实行多层次养老保险体系：第一层次是社会统筹与个人账户相结合的基本养老保险（亦称国家基本养老保险），由国家立法在全国统一强制实施，其目标是保障广大离退休人员的基本生活需要。第二层次是企业补充养老保险，也就是根据单位的经济实力自行建立并确定待遇水平和发放方式的年金制度。《中华人民共和国劳动法》第七十五条规定："国家鼓励用人单位根据本单位实际情况为劳动者建立补充保险。"《劳动和社会保障事业发展第十个五年计划纲要》指出：有条件的用人单位可为职工建立企业年金，基金实行市场化运营和管理；企业年金实行完全积累，采用个人账户方式进行管理，费用由用人单位和职工个人缴纳。第三层次则是个人储蓄性养老保险。国家鼓励开展个人储蓄性养老保险，个人可以根据经济能力和不同需求自愿参加。在这个多层次的养老保险体系中，基本养老保险是整个体系的核心，可谓是最高层次，而它也是中国社会养老保险的最重要组成部分，是现行基本养老保险制度的主要特征。

三、试点、调整和完善

2000年12月25日，国务院发布实施《完善城镇社会保障体系改革试点方案》，开始对调整和完善城镇企业职工基本养老保险制度进行新的探索，同时，选择辽宁省作为试点。在这一改革方案中，基本养老保险制度改革的一个重要变化就是社会统筹账户由过去的通道式管理转变为板块式的分账管理，职工所缴养老保险费全部计入其个人账户并真正做实个人账户成为养老保险制度的现实政策。2004年，国务院又确定将完善城镇社会保障体系改革试点方案的试点扩展至黑龙江与吉林两省，该方案确定的基本政策成为中国基本养老保险制度发展的基本取向。2005年12月，国务院发布《国务院关于完善企业职工基本养老保险制度的决定》，规定了改革基本养老金的计发办法。

相对于《关于建立统一的企业职工养老保险制度的决定》中设计的基本养老保险制度，2000年12月国务院颁布的《关于完善城镇社会保障体制的试点方案》以及2005年12月国务院发布的《国务院关于完善企业职工基本养老保险制度的决定》，主要在以下几个方面做了调整和修改，反映出统一基本养老保险制度，提高其统筹层次的趋势：

第一，从2006年1月1日起，养老金全部由个人缴费形成，单位缴费不再划入个人账户，而是全部纳入社会统筹基金，确保当期的基本养老金发放，并以省（自治区、直辖市）为单位进行调剂。

第二，规定职工缴费比例为本人缴费工资的8%，并全部计入个人账户；个人账户规模由本人缴费工资的11%调整为8%。个人账户基金完全由个人缴费形成，全部归个人所有并且可以继承，具有与统筹基金不同的私有属性；而且，个人账户养老金完全根据个人缴费多少来确定。这意味着，多工作——参加养老保险的工作时间长、缴费多——个人缴费基数大，将来退休后就能多得养老金。

第三，做实个人账户。2006年在总结东北三省做实个人账户试点经验的基础上，做实账户试点将扩大至天津、上海、山西、山东、河南、湖北、湖南、新疆8个省市区。对做实个人账户后出现的当期养老金发放缺口，中央财政将给予部分补贴。根据东部、中部、西部的不同省情，做实办法有所差异：对中西部试点省份做实部分由中央财政划拨75%的补助，地方财政承担25%，而东部地区则基本由地方财政自筹。

第四，改革养老金计发办法，养老金待遇与缴费年限挂钩，退休人员待遇总体不降低。计发办法是养老保险制度的关键环节。此次计发办法改革，是以参保缴费年限为基础，以计发基数、计发比例和计发月数为重点调整对象，采取"新人新办法、老人老办法、中人逐步过渡"的方式来设计。

对于"老人"——在《国务院关于建立统一的企业职工基本养老保险制度的决定》（以下简称国发〔1997〕26号文件）实施前已经退休的人员，仍按国家原有规定发给基本养老金，并在以后期间内随着基本养老金调整而增加养老保险待遇。

对于"新人"——在国发〔1997〕26号文件实施后参加工作的参保人员，其缴费年限（含视同缴费年限，下同）累计满15年的，退休后将按月发给基本养老金。他们的基本养老金由基础养老金和个人账户养老金组成。退休时的基础养老金月标准以当地上年度在岗职工月平均工资和本人指数化月平均缴费工资的平均值为基数，缴费每满1年发给1%。个人账户养老金月标准为个人账户储存额除以计发月数，计发月数根据职工退休时城镇人口平均预期寿命、本人退休年龄、利息等因素确定。以缴费35年计算，他们的基本养老金替代率为59.2%，较改革前的目标替代率58.5%要略高。

比较复杂的是"中人"——在国发〔1997〕26号文件实施前参加工作，在该决定实施后退休且缴费年限累计满15年的人员。由于他们以前个人账户的积累很少，退休后在发给基础养老金和个人账户养老金的基础上，国家会再发给过渡性养老金。各地将制定具体的过渡办法，实行过渡期政策，按照新计发办法，养老金减少的不减发，增加的逐步增加，以保证他们的待遇不下降，且能有所提高。

第五，引入基本养老金统一的调整机制，规定由劳动和社会保障部以及财政部参照城市居民生活费用价格指数和在职职工工资增长情况，提出调整方案报国务院审定后统一组织实施。

为了保证养老金的真实水平（实际购买力），让退休人员也能分享经济发展和工资水平提高带来的好处，各统筹地区都根据国家规定制定了相应的基本养老金正常调整机制，如北京市、广州市就建立了每年7月的正常调整机制。

随着我国经济社会发展进入新常态和人口老龄化加剧，现行制度的可持续性面临严峻挑战，尤其难以做实个人账户。由于地区发展严重失衡，欠发达地区的个人账户很难做实，并且由于投资效率低，沿海发达地区虽然可以做实，但是不愿意做实。到2008年做实个人账户的试点已经扩大到了13个省份，其中一些省份还与全国社保基金理事会签订了委托运营协议，但此后再也没有省份愿意加入。据了解，到2010年，中央财政对最早做实账户的辽宁省的做实试点补贴处于暂时中止状态，并特批辽宁省向已经做实的个人账户基金借支发放养老金，这意味着辽宁做实个人账户的试点几近失败。由于现有做实个人账户政策并不能切实做实资金积累，解决养老保险"空账"的当务之急，也不能改善"统账结合"模式的保障效能，且做实产生的财务融资压力已超过了地方财政和企业的负担能力。2013年11月的十八届三中全会通过的《关于全面深化改革若干重大问题的决定》将"做实个人账户试点"改为"完善个人账户"，意味着城镇基本养老保险制度的改革要义就是从"做实账户"（FDC）转向"名义账户"（NDC），这标志着制度开始转型，做实个人账户试点基本告一段落。名义账户制度的学名为"名义缴费确定型"，其本质有两点：在融资方式上实行现收现付制，在给付方式上采取缴费确定型。简而言之，就是以后个人账户中没有真实资金，而是对个人缴费进行记账，把缴费和收益都计入账户，作为未来发放的依据。名义账户现收现付制的筹资方式，不会产生转制成本，可以规避做实个人账户所必须面对的财务融资压力问题；名义账户制对外部经济社会形势的变化具有较强的适应性，尤其对工资水平的变化；名义账户可以通过扩大个人账户规模，使个人缴费与未来养老金权益的联系更加密切，增强其激励性，实现养老金的"空账"运营，可以更好地发挥"统账结合"的保障功效。

2008年，人力资源和社会保障部下发"事业单位养老保险制度改革方案"，确定上海、重庆、浙江、广东、山西5省市率先进行试点，且与事业单位的分类改革配套进行。与事业单位的分类改革配套进行试图统一事业单位养老保险制度，吸取了此前改革缺乏顶层设计、各地政策不统一的教训，此次改革制定了事业单位养老保险制度改革的整体方案。但是，改革方案出台后，引发了广泛的担忧和质疑，一则事业单位职工担忧改革后养老金会减少，二则质疑改革仅针对事业单位，而不包括公务员，会引发新的不公。事业单位养老保险制度改革在质疑和抵制下推行艰难。机关事业单位养老保险制度改革停滞不前，成为深化养老保险制度改革的一个绊脚石。2015年，国务院颁发《机关事业单位养老保险制度改革的决定》，明确"一个统一，五个同步"的改革思路，即建立与企业职工统一的社会统筹与个人账户相结合的基本养老保险制度，单位和个人共同缴费，多缴多得；机关与事业单位同步改革、职业年金与基本养老保险制度同步建立、养老保险制度改革与工资制度改革同步推进、待遇调整机制与计发办法同步改革、改革在全国范围同步实施。这项改革实现了机关事业单位和企业的养老保险制度并轨，有利于缓解"待遇差"、促进社会公平与和谐、促进机关事业单位改革、形成人员能进能出合理流动的机制，得到了社会各界的广泛认同。但是养老金并轨改革近三年，地方"养老金并轨"的进度还停留在解决基本养老保险基金的单位缴费和个人缴费的层面，职业年金的覆盖范围仍需扩大，"后双轨制时代"的矛盾和问题需进一步解决。

党的十七大明确提出，要实现让全体人民"老有所养"的目标，建设覆盖城乡居民的养老保障体系。2009年9月1日，国务院发布了《关于开展新型农村社会养老保险试点的指导意见》，新农保首批试点规模为全国10%左右的县（市、区、旗，以下简称县），以后逐步推广。12月，全国27个省、自治区的320个县和4个直辖市的部分区县启动试点工作。部分地区在新农保制度的基础上，适时调整制度安排，结合本地实际情况，建立起全覆盖的统一的城乡居民社会养老保险制度。2011年，国务院决定加快新农保试点进度，启动城居保试点。由于城居保和新农保制度极为类似，又是先后设立，而且城居保制度的参保人数很少，为节省管理成本，国务院于6月发布《关于开展城镇居民社会养老保险试点的指导意见》，提出两项工作同步推进的要求，实施范围与新农保试点基本一致。2012年7月，新农保和城居保制度在全国所有县级行政区全面实施；9月，基本实现两项制度的全覆盖。这标志着我国覆盖城乡居民的社会养老保障体系基本建立。至此，我国建立起世界上最大的基本养老保险制度，几千年来中国人"老有所养"的愿望初步实现。截至2013年年底，全国参加新农保和城居保的总人数达到4.98亿人（其中城镇居民2 399万人），其中按月领取养老待遇的城乡老年居民1.38亿人（其中城镇老年居民近1 000万人），并且已有山东、云南、上海、四川、天津等15个省份完成了城乡居民基本养老合并，合并后各地缴费档次均有所调整，另有部分地区提高了基础养老金水平。以山东省为例，两保合并后，缴费档次已经在全省统一为100元至5 000元12个缴费档次。与此前新农保100元至500元5个档次和城居保100元至1 000元10个档次相比，参保人的缴费选择更加多元化。不仅如此，自2014年5月1日起，山东居民基本养老保险基础养老金标准由每人每月不低于65元提高到75元，提高后比国家规定水平高出20元，试点地区取得了初步改革成果。在总结试点经验的基础上，2014年2月21日，国务院发布《关于建立统一的城乡居民基本养老保险制度的意见》，决定在基本实现新型农村和城镇居民社会养老保险制度全覆盖的基础上，依法将这两项制度合并实施，建立全国统一的城乡居民基本养老保险制度。截至2015年，在全国范围内已基本实现了城乡居保制度名称、政策标准、管理服务、信息系统"四统一"：一是统一制度名称：新农保和城居保合并后统一称为"城乡居民基本养老保险制度"；二是统一政策标准：原来新农保、城居保对每年缴费标准分别设置了5个档次和10个档次，这使城乡居民缴费有了同等的自主选择权；三是统一管理服务：科学整合现有社会保险经办管理和其他公共服务资源，建立健全统一的城乡居民养老保险经办机构，将新农保基金和城居保基金合并为城乡居民养老保险基金，逐步推进省级管理，按国家统一规定投资运营；四是统一信息系统：整合现有新农保和城居保业务管理系统，形成省级集中的城乡居民养老保险信息管理系统，大力推行全国统一的社会保障卡，并与其他公民信息管理系统实现信息资源共享。建立统一的城乡居民养老保险制度，有利于实现制度平等和共享社会经济发展成果，从而推动建立更加公平可持续的社会保障制度；有利于加快社会保障城乡统筹步伐，从制度上消除影响劳动力和人口合理流动的障碍，逐步缩小城乡差距，实现基本公共服务均等化；同时也有利于增加群众的社会安全感，对民生改善有稳定预期，促进社会和谐稳定，这对于拉动消费、鼓励创新创业都具有重要作用。

中国的养老保险制度改革取得了一定成绩，特别是城镇企业职工基本养老保险制度和统一城乡居民基本养老保险制度方面有了突破性进展。截至2017年年末，全国参加城镇职工基本养老保险人数为4.02亿人，比上年年末增加2 269万人，占全国参保人数的44%；全国参加城乡居民基本养老保险人数为5.1255亿人，增加408万人，占全国参保人数的56%。另外，机关事业单位实行与企业同样的统账结合的基本制度模式，一举突破困扰社会多年的"双轨制"困局，目前已逐步实施到位。自1999年《社会保险费征缴暂行条例》实施以来，基本养老保险覆盖面进一步扩大，将部分机关、事业单位纳入了参保范围，并加大了对自由职业者、个体工商户及私营经济的扩面征缴力度。截止到2016年，基本养老保险覆盖了8.5亿人，覆盖率已经达到85%。从覆盖率来看，据了解，在"十三五"期间，规划90%参保率，即覆盖9.45亿人的目标，全面实施全民参保计划，让更多群众分享经济社会发展成果，增强获得感。我国在社会保险扩大覆盖面方面取得的成就得到国际社会的充分肯定和高度评价，国际社会保障协会授予中国政府"社会保障杰出成就奖"。全国基本养老保险基金收入保持高速增长，基金累计结余规模显著扩大。2016年年末，战略储备性的全国社会保障基金达到1.6万亿元。

常的十八大以来，养老保险工作得到进一步落实和发展：第一，确保企业离退休人员基本养老金按时足额发放的成果继续得到巩固。2016年年末，全国共发放企业离退休人员基本养老金3 869.92亿元，各地上报无拖欠。第二，养老保险覆盖面进一步扩大，基金收入继续大幅增长。全国基本养老保险的参保人数为88 776.8万，比上年年底增加2 943.4万；基本养老保险基金总收入37 990.8亿元，同比增长18%。第三，社会保障水平稳步提高。全国企业退休人员月均基本养老金从2012年的1 686元增加2016年的2 362元，年均增长8.8%。城乡居民基本养老保险基础养老金最低标准从每人每月55元提高至70元，人均养老金水平达到120元左右。第四，经办服务水平进一步提升。从中央到地方的五级社会保障管理组织体系和服务网络初步形成，养老保险关系转移接续更加顺畅。社会保障卡持卡发行量突破10亿张，"12333"电话咨询服务实现了地市覆盖，人民群众享受到了更加方便、快捷、高效的服务。

四、中国养老保险制度的调整与完善

我国的养老保险制度经过多年的探索，建立了社会统筹与个人账户相结合的基本制度，建立了正常的调整机制；但是，在看到改革成效的同时，必须正视养老保险制度面临的现实问题。从长远发展看，养老保险的一些制度、体制和机制等深层问题还没有解决。随着市场化、城镇化、人口老龄化的快速发展，养老保险的任务越来越重，社会化服务的要求越来越高，政府管理的压力越来越大，进一步发展面临着诸多问题和严峻挑战。

1.我国养老保险制度面临的主要问题

（1）养老保险覆盖总体水平偏低，覆盖行业、城乡、地区不平衡

目前，我国已建立制度上全覆盖的养老保险制度，不仅覆盖城镇职工、个体户及灵活就业人员，也将城镇和农村广大未就业人群包括进来。截至2015年年底，城镇职工基本养老保险的参保职工有26 219万人，占当年城镇就业人员的64.9%，9 142万人领取了养老金，城乡居民基本养老保险的缴费人数达35 672万人，领取待遇人数达14 800万人。总体来看，养老保险覆盖面积不断扩大，但是覆盖水平却没有得到显著的提升。以杭州市为例，2018年杭州城乡居民基本养老保险基础养老金最低标准由每人每月190提高到220元。在当前的经济发展水平下，这样低的标准根本无法满足老人的基本生活需要，养老保险水平还有待提高。不仅如此，养老保险也还未覆盖各个行业的全部人员，尤其是非公有企业中覆盖范围较小。另外，相对于较完善的城镇企业职工和机关事业单位养老保险制度，起步较晚的农村养老保险制度仍然处于初始阶段，农民享有的养老保障程度非常有限。在养老保险覆盖率大幅增长的大环境下，城乡居民基本养老保险参保人数和实际领取人数较全国相比，比例着实过低。如果深入到偏僻、经济落后、发展水平较低的农村地区，这个比例还会更低，而且农民工如何养老也成为一个备受关注的问题。受历史和现实因素的影响，我国东西部经济发展不平衡，东部发达地区覆盖率高、覆盖范围广、覆盖领域多。而中西部欠发达地区和落后、贫困地区，覆盖情况不容乐观。行业差异、城乡差异及地区差异，是我国养老保险覆盖方面存在的一大问题。

（2）养老保险基金面临巨大的支付缺口和支付压力

我国老龄化的速度比世界的平均速度要快一倍多，庞大的退休人口基数和快速的老龄化速度，加剧了我国养老保险基金的费用支付压力。近几年，我国养老保险基金当期略有结余，但是结构性、整体性、未来性养老缺口巨大。2013年我国城镇职工基本养老保险基金当期结余为4 210亿元，2014年当期结余为3 555亿元，2015年当期结余为3 528.2亿元，当期结余的不断减少，不利于我国养老保险制度的可持续发展。国家统计局在2016年公布的《中国统计年鉴》中指出2014年结构性缺口达107.2亿元，2015年结构性养老金缺口达426.2亿元；世界银行以对1995年中国第一次试行"统账结合"的养老保险制度方案的测算为基础对中国养老金缺口规模进行预测得知，在2010—2060年间，中国如果按现行制度发展下去，养老金的整体性缺口累计值将会达到69 000亿元。导致基金不足的主要原因：一是转轨中的"空账"问题。20世纪90年代中期以来，我国的社会养老保险制度从完全的现收现付制转变为统账结合的部分积累制，如何在支付已退休人员应得养老待遇的同时，为在职职工建立起个人账户以积累日后给付所需资金，成为新旧制度转轨过程中最为严峻的问题。由于过去的现收现付体制并没有形成养老保险积累，在养老保险资金供给短缺的情况下，各地为保"老人"待遇的当期发放，不得不动用本应留作积累的"新人"的个人账户资金；同时退休人数持续增加，快速老龄化的现象也使我国个人账户"空账"问题显得更加突出和紧迫，2014年年底"空账"已超过3.5万亿元。二是制度设计上的缺陷也导致养老保险基金不能有效地"开源"。基本养老保险制度在制度设计上没有解决"逆向选择"问题，导致企业逃避参保、瞒报工资总额、低报工资基数、逃费、欠费、中断缴费的现象严重，使资金来源失去了保证。三是日益严重的人口老龄化对养老保险构成巨大压力。由于老年人口基数大、高增长率导致领取养老金的人口快速增多，寿命旳延长使得养老金领取年限延长，导致养老保险基金需求增大。同时，由于劳动力供给减少、养老金储备规模占财政支出比例低、养老保险基金投资运营收益率低和养老制度不完善等因素导致养老保险基金供给不足。这都加剧了养老保险基金的支付缺口和支付压力。四是我国养老保险还未实现全国统筹。由于各地经济发展水平不平衡，较低的统筹层次无法使得各地区之间形成互助共济，在统筹层次逐渐过渡时期，还存在政策不统一、地区间抚养比差异较大、基金结余分布不均衡、各级政府责任不够清晰等问题。这使得养老保险基金结构性缺口较大。

（3）立法建设薄弱，法律供给不足，缺乏强制力和激励约束机制

我国养老保险是在总结各地区、各行业实践经验基础之上建立的，主要依靠政策指导，各地政策和做法差异较大，管理不规范，缺乏强制力和激励约束机制。一些地区养老保险费征缴困难，企业少缴、不缴都没有强有力的法律处罚措施，从而影响了养老保险基金的收入。由于缺乏法律约束，中央与地方责任不清，政府与企业和个人责任不明，普遍存在企业和个人依赖政府、地方依赖中央的问题，当期收

支缺口主要靠中央财政补助。同时，由于缺乏优惠政策和相关配套法规，企业年金和商业养老保险发展缓慢，多层次体系尚未建立起来，政府兜底的基本保障压力过大。2011年实施的《中华人民共和国社会保险法》虽一定程度上维护了社会公民的社会保障权利，但是社会保险法也存在着规定较为原则化、不够细致、缺乏可操作性等问题。对于养老保险规定仅为13条，一千多字，规定较为原则化，存在法律供给不足。如"基本养老保险基金逐步实行全国统筹，其他社会保险基金逐步实行省级统筹，具体时间、步骤由国务院规定"，但其并没有提出直接实行全国统筹，对统筹方案也语焉不详。另外，在实施全国统筹过程中，对于中央和地方财政与养老保险基金的关系、个人账户的属性、养老保险缴费率与缴费基数统计口径、征缴机构等均未做出明确规定。"十三五"期间实现基础养老金全国统筹就首先必须从法律层面明确完成改革的时间和步骤，增强法律效力。政策的巩固和执行对养老保险立法提出了紧迫要求。

（4）统筹层次不高，基金调剂能力弱，政策不统一，影响了养老保险的统一管理

中国的社会养老保险制度在"文化大革命"期间倒退为企业养老保险，丧失了社会统筹调剂功能。在以后恢复社会统筹机制的过程中，由于在经济体制改革过程中形成的不同地方、行业、部门间的利益格局很难打破，为了谋求平稳过渡，又形成了市、县统筹与行业统筹并存的局面，实行的差额缴拨制度又极大地削弱了社会统筹应有的共济和协调功能。行业统筹部分移交地方管理的工作现已基本完成，全额缴拨制度也替代了差额缴拨。尽管国家一直强调要积极创造条件，从市、县统筹过渡到省级统筹，最终实现全国统筹，但发展却相当缓慢。

直至2009年年底，人社部才正式宣布我国31个省、自治区、直辖市和新疆生产建设兵团全面建成养老保险省级统筹制度。然而，这只是一种名义上的"省级统筹"，并未普遍实现养老保险省级统收统支，大多省份只是在省级政府建立了一个调剂金专户。目前省级统筹至少存在三种模式：一是北京、上海、天津、陕西等省份，大体实现了养老保险全省统收统支，这可以算得上是真正意义的省级统筹；二是以安徽、山东为代表的省份，养老保险实现地级市统收统支；三是其余大多数省份，仍然停留在县（市）统收统支的最低层次。由于省级调剂金只能局限在本省内调节部分余缺，因此，无力应对全省出现的当年收支缺口，以及后续人口老龄化加剧后的省内支付压力，更难发挥省际余缺调剂、互助共济的作用。目前，由于各地经济发展不平衡，不同省份养老保险的缴费基数、费率标准、待遇水平存在不小差异，很难一步到位推行理想化的养老保险全国统筹模式。

统筹层次低导致制度严重"碎片化"，影响制度运行质量，增加制度运行成本，造成地区割据，劳动力跨域流动受到影响，异地结算十分困难；基金规模小，资金运用效率低，不利于建立投资体制，减少了制度收入；地区间财务可持续性出现严重失衡，收不抵支的省份逐年增加，"制度套利"问题严峻。

2.进一步完善我国养老保险制度的措施

一个理想的社会养老保险制度应该能够有效地引导社会变迁、支持经济体制改革、缔造社会平等、保证生活安全并维护社会安定；作为旨在提高劳动者抵御老年风险能力的制度安排，中国养老保险制度的未来发展也应是通过完善制度自身来更好地实现对劳动者老年生活的保障。从长远的发展目标来看，中国基本养老保险制度的"统账结合"模式可以向多层次的养老保险模式发展，这既是增强对劳动者老年保障能力的需要，也是中国构建和谐社会、增进国民福利的需要，同时还是能够适应中国国情的一种合理的政策取向。

针对我国目前养老保险的情况，进一步加强并完善我国养老保险制度需要采取以下措施：

（1）进一步完善基本养老保险制度。

为了在经济尚不发达的条件下发挥养老保险体系保障生活和安定社会的作用，我国的社会养老保险由基本养老保险、企业补充保险及个人储蓄性养老保险三个层次构成，这一框架基本稳定。根据《中共中央关于完善社会主义市场经济体制若干问题的决定》，基本养老保险的目标人群是城镇从业人员，所以，基本养老保险制度在可预见的未来将仍然是城镇社会养老保险，而这一保障制度将成为城镇劳动者养老保障的基本层次。企业和个人安排的其他养老保障将成为城镇退休人员晚年生活的补充性资金来源，也是他们提高退休生活质量的重要保证。

第一，进一步明确基本养老保险改革的目标。党的十九大提出的养老保险制度改革发展的目标是按照兜底线、织密网、建机制的要求，全面建成覆盖全民、城乡统筹、权责清晰、保障适度、可持续的多层次社会保障体系。确保完成"十三五"规划90%参保率即覆盖9.45亿人的目标，并在新的规划期争取提升到95%。在制度资源配置结构上，适应城镇化进程和就业形式多样化，以居民保险为兜底，争取更多人特别是在城镇稳定就业的农民工、灵活就业人员参加职工养老保险。

第二，在实施基本养老保险制度的过程中，继续坚持现在的"统账结合"模式，并将这一模式落到实处。具体说来：一方面，提高统筹层次，增加基金调剂能力。巩固省级统筹，将统筹层次逐步提高到全国统筹，实现基金统筹、制度规范、管理健全、技术规范的统一。2018年启动的企业职工养老保险中央调剂制度就是实现全国统筹的第一步。全国统筹可以改变目前区域分割和省级分割的现状，增强共济性和互助性，发挥社会养老保险应有的再分配功能，并促进统一劳动力市场的形成。另一方面，政府应采取各种措施，包括直接注资、补贴的方式逐步完善个人账户。

第三，进一步扩大基本养老保险的有效覆盖面。扩大养老保险覆盖面，增加养老保险基金收入，达到基金收支平衡，是社会保险的一项基础性工作。只有扩大覆盖面，才能真正通过"大数法则"，实现养老保险基金的"统筹互济"功能。根据我国出现的经济成分多元化和就业形式多样化等特点，以及加入WTO、城市化进程加快等情况，确定扩大养老保险覆盖面工作的方向和重点，同时，随着基金征缴工作的持续强化，制度对目标人群的实际覆盖率也会保持上升。党的十九大提出全面实施全民参保计划，以进城务工人员、新就业形态人员、灵活就业人员为重点，把更多的人员纳入社会保障范围，推动实现制度和人群最广泛的覆盖。完善政策、创新服务，促进中小微企业和重点群体积极参保、持续缴费，促进和引导各类单位和符合条件的人员长期持续参保。

第四，逐步实现养老保险的社会化管理和服务。党的十五届四中全会明确提出了"退休人员与原企业相分离，养老金由社会服务机构发放"的工作要求。实行养老金社会化发放，有助于确保国有企业下岗职工基本生活和退休人员养老金的按时足额发放；有助于建立起独立于企业事业单位之外的社会保障体系，减轻企业负担，为企业参与市场竞争创造有利条件；有助于提高养老保险基础管理水平。2001年养老金的社会发放率就已达到98%。但是随着我国社会结构的转型，养老服务社会化逐渐变成了我国养老事业发展的主攻方向。养老服务社会化成为以居家养老为基础、社区养老为依托、机构养老为补充的运转协调机制，以应对人口老龄化新形势的需要。现在，养老保险社会化管理服务的重点已转移到退休人员的社区管理服务，使"单位人"真正转化为"社会人"。

第五，健全法律法规体系，强化养老保险管理。我国养老保险立法层次低、法律法规不配套、处罚依据不足、执法手段有限，制约了养老保险事业的发展，不能有效地维护职工的权益。应抓紧制定专项法规和政策配套法规，不断修订完善《社会保障法》，形成运作流畅的养老保险法规体系，依法行政，强化管理；建立行政部门制定政策、社保机构管理服务、各级监督委员会负责监管的工作体系。

第六，完善计发办法，形成激励约束机制。按照现行的计发办法，缴费满15年以上的人员，其基础养老金都按当地职工平均工资的20%计发，个人账户养老金按账户储存额的1/120计发。这种办法存在两个问题：一是缺乏激励约束机制，许多职工缴满15年就不再缴费，等着退休领取养老金；二是不符合退休人员的实际情况。目前我国退休人员退休后的平均余命在25年以上，而按现行计发办法个人账户储存额领取10年后就没有了。因此，必须改革基本养老金的计发办法，从机制上引导、鼓励人们参保缴费，形成"多工作、多缴费、多得养老金"的激励约束机制。

2005年12月，国务院发布的《国务院关于完善企业职工基本养老保险制度的决定》，规定改革基本养老金的计发办法。这次计发办法改革，是以参保缴费年限为基础，以计发基数、计发比例和计发月数为重点调整对象，采取"新人新办法、老人老办法、中人逐步过渡"的方式来设计的。

在完善计发办法的同时，要建立并落实基本养老金的正常调整机制，根据社会经济发展和物价增长情况，定期调整基础养老金，使退休人员分享社会发展成果。

第七，进一步加强社会养老保险的信息化建设。为了支持社会养老保险体制的有效运行，各地要充分利用互联网、移动终端、自助一体机等渠道和信息化手段，建设一体化的公共服务系统，实现信息入口、安全认证体系、标准规范、后台数据库、对外服务口径的统一，为企业、机关事业单位和个人提供便捷、高效、安全的服务。进一步提升社保信息化水平，在完成"十三五"规划期12亿张社保卡发行任务基础上，早日实现人手一卡，多项用途，全国一卡通。

（2）多渠道筹集养老保险基金以解决基金不足问题。

解决养老保险基金不足问题，通常采取提高收缴比例、降低待遇标准、延长退休年龄和多渠道筹集资金等多种办法。但是从我国企业目前的实际情况看，养老保险缴费比例全国平均已达20%，再加上医疗保险缴费比例平均为8%，失业保险缴费比例平均为0.8%，还有工伤保险和生育保险等费用，企业的缴费负担已经很重，再提高缴费比例，企业将不堪重负。降低待遇标准容易造成参保心理失衡，可能会导致社会不稳定。延迟退休年龄、实行渐进式延迟退休制度成为解决基金不足的长期有效的办法。它可以起到增收减支的作用，不仅延长了缴费年限，增加了养老金缴纳，还减少了养老金偿付的时间。2017年，人社部发布实施弹性退休制度，由于养老金"缺口"巨大，中国拟逐步将法定退休年龄提高到65岁，而据估计退休年龄每延迟一年，养老统筹基金就可增长40亿元，减缓基金缺口200亿元。多渠道筹集养老保险资金也是当前解决基金不足的可行性办法。2000年中央已设立全国社会保障基金理事会，专门负责多渠道筹集社会保障基金。2016年又颁布《全国社会保障基金条例》，明确了全国社会保障基金的来源包括中央财政预算拨款、国有资本划转、基金投资收益和以国务院批准的其他方式筹集的资金。今后几年应重点开展长期投资，扩大基金规模，用于人口老龄化高峰时期的养老保险等社会保障支出的补充、调剂。也可在现有财政划入、国有企业境外上市划拨、彩票收益等筹划资金渠道的基础上，划转中央工业企业和地方重点企业部分资产，同时划转中央企业不良资产处置收入、国有企业无偿占用土地货币化收益的一部分，充实全国社会保障基金。如2017年国务院印发《划转部分国有资本充实社保基金实施方案的通知》，决定划转部分国有资本充实社保基金。

（3）稳步拓宽投资范围和渠道，实现养老保险基金保值增值。

完善个人账户，做大全国社保基金，发展企业年金，必须解决基金保值增值问题。截至2015年年底，城乡居民基本养老保险基金累计结存4 592亿元，城镇职工基本养老保险基金累计结存35 345亿元，两项累计相加结余接近4万亿元。相比于2014年年末的累计结余35 645亿元，增长几乎近5 000亿元，大约是1993年的157倍。我国基本养老保险基金累计结余规模庞大、预期收益可观。今后一个时期，养老基金管理应区分情况，采取不同的投资运营办法。基本养老保险统筹基金目前严格遵守国家的现行规定，养老金的缩水贬值较为严重。2016年人社部启动养老金入市，入市资金是来自个人账户基金，这一政策的推出能够有效地拓宽传统投资渠道，根据《基本养老保险基金投资管理办法》可提取不高于30%的比例投资于股票、基金、混合基金以及股票型养老保险基金产品等多个方面。全国社保基金是中央政府建立的战略储备金，应进一步增加规模，逐步扩大投资范围。目前基建设施投资处于上升时期，要加大对保障性住房、城市基础设施建设项目的参与力度，实现社保基金的保值增值，企业年金基金采取市场化方式运营管理。

（4）发展企业年金和商业养老保险，建立多层次的社会养老保险制度。

目前，我国基本养老保险占养老保险总量的78%，第二支柱占总量的18%，第三支柱只占了4%。从养老保障体系较为成熟的国家2016年发布的数据中可以发现，三大支柱通常所占的比例为5∶3∶2或4∶3∶3，由此可以看出，我国现行养老保障体系各层次的发展严重失衡。第一支柱基本养老保险发展迅猛，且呈现出一家独大之势，覆盖范围较广。第二支柱企业年金发展相对较为滞后，我国绝大多数企业仍然没有建立企业年金制度。第三支柱商业养老保险的发展潜力较大，有助于纠正中国养老金体系的结构性失衡。我国应逐步完善基本社会养老保险，积极创造条件发展企业年金和个人储蓄养老保险这两个层次，最终形成多支柱的养老保险体系。

企业年金，又称企业补充养老保险，是指企业在参加国家基本养老保险的基础上，依据国家政策和自身经济实力，旨在提高本企业职工退休后生活水平所建立的一种辅助性的养老保险。这部分的资金储蓄采取完全积累制记到每个人的账上。截至2017年年底，建立年金的企业数量共计8万多个，积累基金1.29万亿元，覆盖职工人数仅为2 331万人，这个人数只相当于参加城镇职工基本养老保险人数的十六分之一，领取年金养老金的人数仅为128万人，只相当于城镇职工基本养老保险领取人数的八十分之一。中国的企业年金要继续降低制度门槛，提高企业和职工参与率。总体而言，这部分在退休后的所得，大约占到社会平均工资的40%，要高于基础养老金的总水平，它居于多层次的养老保险体系中的第二层次，由国家宏观指导、企业内部决策执行。2015年人社部、银监会等联合发布《企业年金基金管理办法》，2017年人社部、财政部发布《企业年金办法》，这是对企业年金试行的修订和完善，是促进企业年金制度、规范运营管理的重要规章，将进一步促进企业年金的发展和规范运作。

职工个人储蓄性养老保险是我国多层次养老保险体系的又一个组成部分，是由职工自愿参加、自愿选择经办机构的一种补充保险形式。在制度设计中，这部分在退休后的所得，大约占到社会平均工资的30%。它属于完全市场化的个人经济投资制度，由个人决策，政府可以采用信贷、税收杠杆等鼓励政策。2017年，国务院办公厅发布《关于加快发展商业养老保险的若干意见》，个人税收递延型商业养老保险正式诞生，这是指商业养老保险的购买者用以购买商业养老保险的这部分收入在购买时不需要缴付个人所得税，等符合领取条件实际领到保险金时再缴纳个人所得税。个税递延型商业养老保险政策对于构建我国商业养老保险新模式将起到重要的推动作用。

由社会保险机构经办的职工个人储蓄性养老保险，由社会保险主管部门制定具体办法，职工个人根据自己的收入情况，按规定缴纳个人储蓄性养老保障费，记入当地社会保险机构在有关银行开设的养老保险个人账户，并应按不低于同期城乡居民储蓄存款利率计息，以提倡并鼓励职工个人参加储蓄性养老保险，所提利息记入个人账户，本息一并归职工个人所有。职工达到法定退休年龄批准退休后，凭个人账户将储蓄性养老保险金一次总付或分次支付给本人。职工跨地区流动，个人账户的储蓄性养老保险金应随之转移。职工未到退休年龄而死亡，记入个人账户的储蓄性养老保险金应由其指定人或法定继承人继承。

实行职工个人储蓄性养老保险的目的，在于扩大养老保险经费来源，多渠道筹集养老保险基金，以减轻国家和企业的负担；有利于消除长期形成的保险费用完全由国家"包下来"的观念，增强职工的自我保障意识和参与社会保险的主动性；同时也能够促进群众对社会保险工作实行广泛监督。个人储蓄性养老保险可以实行与企业补充养老保险挂钩的办法，以促进并提高职工参与的积极性。我国商业养老保险发展相对滞后，在老龄人口占比逐渐提升的情况下，将迎来长期的发展机遇期。商业养老保险将成为国民退休收入结构的重要组成部分，其快速发展有助于缓解中国养老金体系的结构性失衡。

第六节　新型农村社会养老保险制度

就目前全国的实际情况来看，由于城乡差别的长期存在，在短期内完全消除社会保险体系的城乡二元性是不可能的。基于实际国情，为解决我国农村老有所养的问题，国家对农村社会养老保险制度进行了积极探索，并取得一定成效。

一、历史沿革

我国农村社会养老保险工作大体经历了四个阶段，即酝酿阶段、试点阶段、制度化阶段和改革与发展阶段。

1.20世纪80年代至20世纪90年代初：酝酿阶段

为解决我国农民仅依靠家庭养老而遭遇的困难，20世纪80年代初，我国农村少数村庄开始对老年农民实行退休养老，凡参加集体生产劳动10年以上的，年满65周岁的男性社员和年满60周岁的女性社员可以享受养老金待遇，一般每人每月可得到养老金10元至15元不等，最多的可达20元以上。养老金由大队、生产队根据经济状况按比例分担，从队办企业利润和公益金中支付。这称得上是我国最早的较完全意义上的农村社会养老保险实践。

国家"七五"计划提出"建立中国农村社会保障制度雏形"的任务。据此，1986年10月，民政部和有关部委在江苏沙洲县召开了"全国农村基层社会保障工作座谈会"，正式提出在经济发达地区发展社区型养老保险。1986年12月24日，民政部在座谈会的基础上，向国务院递交了《关于探索建立农村基层社会保障制度的报告》，就农村基层社会保障制度的构思等问题提出了粗线条的构想。1987年3月14日，民政部下发了经国务院同意的《关于探索建立农村基层社会保障制度的报告》，各地农村尤其是经济发达地区的农村加快了建立农村社会养老保险的步伐。1989年，民政部选择北京大兴县、山西大云县进行县级农村社会养老保险试点工作，在试点中确立了一些基本原则，也探索出一些很好的具体做法。两县试点确立了以自我保障为主，辅之以集体、国家的必要支持，个人、集体、国家三方合理负担的基本原则。据不完全统计，到1989年，全国已经有19个省、自治区和直辖市的190多个县（市、区、旗）进行了农村养老保险方面的探索，800多个乡镇建立了乡（镇）本位或村本位的养老保障制度，并积累了一定的资金。

在酝酿阶段，民政部只是进行了初步的构想，农村养老保险工作尚未上升到制度化层面，所选取的试点也主要集中在苏南、上海郊区等东南沿海地区，并未开展全国的试点工作。可以说，当时的做法实质上是由村、乡镇企业或极少数很富裕的乡镇自办的退休，存在的问题有很多：首先是养老金的筹集问题，当时采取的形式是以集体经济提供资金为主，个人不承担缴费义务，因此经费受集体经济的经营效益影响非常明显，难以形成稳定可靠的经费来源；其次是养老金的计发问题，在计发过程中标准混乱，缺乏科学、严格的测算；最后是养老保险的管理问题，一般是以村、企业或乡镇为单位管理，缺乏监督机制和制约机制，因而安全性差，资金流失严重，无法保证农民按时足额领取养老金。

民政部在酝酿阶段的工作中认识到，建立农村社会养老保险制度要由县（市）以上政府颁布办法、组织实施，资金的筹集要以个人缴纳为主等等。于是，1990年国务院第111次会议作了关于城镇社会保险主要由劳动部负责，农村社会保险由民政部负责的决定。

2.1991—1992年：试点阶段

1991年，国务院决定由民政部选择一批有条件的地区，开展建立县级农村社会养老保险制度的试点工作，并在山东省选定牟平、龙口等五县、市为首批农村社会养老保险试点单位，有30个乡镇、281个村、38个乡镇企业的近8万人参加了农村社会养老保险，收取保险费485万元，平均投保率为92.5%，其中个人缴费占保险费总额的66.3%。同年10月，民政部在山东牟平县召开"全国农村社会养老保险试点工作会议"，初步确定了制订农村社会养老保险方案的基本思想：从农村实际出发，坚持以保障老年人基本生活为目的；坚持以农民的自我保障为主、社会互济为辅；坚持社会养老保险与家庭养老保障相结合；坚持农村务农、务工、经商等各类人员社会养老保险制度一体化的方向。

我国民政部于1992年出台的"坚持资金个人缴纳为主，集体补助为辅，国家予以政策扶持"为筹资原则的《县级农村社会养老保险基本方案（试行）》，确定了以县为基本单位开展农村社会养老保险的原则，并对我国现行农村社会养老保险的基本思路进行了说明：坚持低标准起步；坚持以个人缴纳资金为主、集体补助为辅的原则；坚持以个人账户为主的储备积累的保险方法；坚持自愿参加与政策鼓励相结合的政策措施；坚持社会养老保险与家庭养老保险相结合的制度。并且，在山东、湖北、江苏等省开展了大范围的农村社会养老保险试点。

1992年7月，民政部在湖北省武汉市召开了"全国农村社会养老保险经验交流会"，重点总结并推广武汉市农村社会养老保险加大推进力度、加快发展步伐的经验，推动了各地试点工作的迅速发展。1992年12月，民政部在江苏省张家港召开了"全国农村社会养老保险工作会议"，全面总结了在近600个县市组织大规模试点工作的经验，提出"积极领导、稳步前进"的工作方针，自此，农村社会养老保险在全国逐步发展起来。在1991—1992年两年的试点期间，农村社会养老保险工作成效显著；到1992年，农村社会养老保险工作在全国950多个县、市展开，其中，160多个县、市基本建立了农村社会养老保险制度，参加保险人数有2 600多万，收缴保险费8亿元。

3.1993年至20世纪末：制度化阶段

在这一阶段，农村社会养老保险呈现出良好的发展势头，保险覆盖面不断扩大，基金积累初具规模。1993年，国务院批准建立农村社会养老保险管理机构，在扩大范围、增加基金积累的同时，进一步理顺工作关系，改善外部环境；规范业务操作，完善规章制度；逐步建立管理机构，努力提高干部素质；制定一系列与《县级农村社会养老保险基本方案》相配套的业务管理方面的规章制度等。

1995年10月，民政部在杭州召开全国农村社会养老保险工作会议，全国已有16个省（市、区）基金规模超过亿元，有150个县（市、区）基金规模超过1 000万元。杭州工作会议准确地把握了当前的工作重点和工作任务，使农村社会养老保险得以平稳发展。在这一阶段中，农村社会养老保险工作在各地推广开来，参保人数不断上升，截至1997年年底，全国已有2 100多个县不同程度地开展了农村社会养老保险工作，参保人数达8 000多万，基金积累近140亿元。

同时，在《国务院办公厅转发民政部关于进一步做好农村社会养老保险工作的意见》中指出："在农村，群众温饱问题已基本解决、基层组织比较健全的地区，逐步建立农村社会养老保险制度，是建立健全农村社会保障体系的重要措施，对于深化农村改革、保障农民利益、解除农民后顾之忧和落实计划生育基本国策、促进农村经济发展和社会稳定，都具有深远意义。各级政府要切实加强领导，高度重视对农村社会养老保险基金的管理和监督，积极稳妥地推进这项工作。"这一意见极具深远意义。

在制度化阶段，我国进行了积极的探索工作，根据农村社会养老保险工作的实际情况，不断总结经验，民政部先后下发了《加强农村社会养老保险基金风险管理的通知》和《县级农村社会养老保险管理规程（试行）》等一系列文件，为农村社会养老保险工作制度化起到促进作用。到20世纪末，我国农村社会养老保险体系基本形成了中央部委、省、市、县、乡、村多级工作网络和上下贯通的管理体系，基本操作程序比较规范，管理制度也在逐步健全，在农村大部分地区，初步建立了农村社会养老保险制度。

4.20世纪末至今：改革与发展阶段

1998年国务院机构改革，新成立劳动和社会保障部，下设农村社会保险司，农村社会养老保险业务从民政部移交到劳动与社会保障部的农保司。1998年国务院整顿保险业工作小组通过调研后提出：农村养老保险问题较多，存在较大金融风险和社会风险；农村养老保险应按商业原则操作，政府不再直接参与组织。1999年7月，国务院和保险业整顿工作小组发出批准并转发《保险业的整顿和改革方案》的通知，指出中国尚不具备全面建立农保制度的条件，对已经建立的农保制度需要进行整顿，根据不同情况采取措施，具备条件的要逐渐过渡为商业保险。国务院宣布暂停农村社会养老保险制度。由于农村社会养老保险制度存在缺陷，劳动和社会保障部根据国务院指示，开始对现行农村社会养老保险制度进行整顿和改革。自此，建立新型农村社会养老保险制度的探索工作开始展开。自从进入21世纪，对新型农村社会养老保险制度的探索进入了重要发展阶段。

2002年，党的十六大提出"在有条件的地区探索建立农村养老保险制度"，农村社会养老保险进入新的发展阶段。在政府的指导下，有条件的地区纷纷出台新型农村养老保险制度政策，大体原则为"以个人缴费为主、集体补助、政府补贴相结合"，政府通过各地的试点工作，不断调整制度内容。经过不断的探索，农村社会保障制度建设写入国家"十一五"规划，并取得一定的成效。

2008年，劳动和社会保障部与人力资源部合并，成为人力资源和社会保障部，新型农村社会养老保险制度的建设有了新的突破。2009年6月，国务院常务会议决定，我国10%的县（市、区）将开展新型农村社会养老保险试点，以后逐步扩大试点，到2020年前基本实现全覆盖。2009年9月，国务院发布了《国务院关于开展新型农村社会养老保险试点的指导意见》，自此，中国农民60岁以后都将享受到国家普惠式的养老金，将和城市居民一样享有基本社会保障。新型农村社会养老保险制度符合我国的实际国情，具有较大的发展空间，对于免除农民老年风险、完善社会保障体系，实现城乡社会保障全面覆盖具有深远意义。通过三年的试点实施和逐步推广，于2012年年底实现了新农保制度上的全覆盖。

2012年11月，党的十八提出"全面建成覆盖城乡居民的社会保障体系"目标，建立统一的城乡居民基本养老保险制度这一重要举措成为社会保障领域重点改革任务。2014年2月，人社部、财政部发布《城乡养老保险制度衔接暂行办法》，通过明确规定全国统一的衔接方式、衔接条件、资金转移、待遇领取等政策和统一衔接经办规程，实现劳动者特别是农民工在城乡养老保险制度间的顺畅衔接。4月，在总结新型农村社会养老保险和城镇居民社会养老保险试点经验的基础上，国务院决定将新农保和城居保制度合并实施，发布了《关于建立统一的城乡居民基本养老保险制度的意见》，提出到"十二五"末，在全国基本实现新农保和城居保制度合并实施，并与职工基本养老保险制度相衔接；2020年前，全面建成公平、统一、规范的城乡居民养老保险制度。建立统一的城乡居民基本养老保险制度，使全体人民公平地享有基本养老保障，是我国经济社会发展的必然要求和推进"新四化"建设的需要，这既有利于促进人口纵向流动、增强社会安全感，也有利于使群众对民生改善有稳定的预期，对于拉动消费、鼓励创新创业，具有重要意义。

2015年1月，人社部、财政部发布《关于提高全国城乡居民基本养老保险基础养老金最低标准的通知》，规定全国城乡居民基本养老保险基础养老金最低标准提高至每人每月70元，即在原每人每月55元的基础上增加15元，尽力保障城乡居民尤其是贫困老人农民的最低生活水平。提高标准所需资金，中央财政对中西部地区给予全额补助、对东部地区给予50%的补助。为进一步完善城乡居民基本养老保险制度，人社部、财政部发布了《关于建立城乡居民基本养老保险待遇确定和基础养老金正常调整机制的指导意见》（以下简称《指导意见》）。根据《指导意见》的要求，统筹考虑近年来城乡居民收入增长、物价变动和职工基本养老保险等其他社会保障标准调整情况，人社部、财政部发布《关于2018年提高全国城乡居民养老保险基础养老金最低标准的通知》，启动了城乡居民基本养老保险基础养老金最低标准正常调整工作。统筹考虑近年来城乡居民收入增长、物价变动和职工基本养老保险等保障标准调整情况，决定自2018年1月1日起，全国城乡居民基本养老保险基础养老金最低标准提高至每人每月88元，即在原每人每月70元的基础上增加18元，逐步提高城乡居民养老保障水平。

二、新型农村社会养老保险制度的主要内容与特征

根据《指导意见》，新农保试点要从农村实际出发，低水平起步，筹资标准和待遇标准要与经济发展及各方面承受能力相适应；个人（家庭）、集体、政府合理分担责任，权利与义务相对应；政府主导和农民自愿相结合，引导农村居民普遍参保；中央确定基本原则和主要政策，地方制定具体办法，对参保居民实行属地管理。

1.参保范围

《指导意见》规定，年满16周岁（不含在校学生）、未参加城镇职工基本养老保险的农村居民，可以在户籍地自愿参加新农保。年满60周岁、未享受城镇职工基本养老保险待遇的农村户籍的老年人，可以按月领取养老金。根据2014年《国务院关于建立统一的城乡居民基本养老保险制度的意见》（以下简称《意见》），变化为非国家机关和事业单位工作人员及不属于职工基本养老保险制度覆盖范围的城乡居民，可以在户籍地参加城乡居民养老保险。

新制度实施时，已年满60周岁、未享受城镇职工基本养老保险待遇的老年农村居民，不用缴费，可以立即按月领取基础养老金，但其符合参保条件的子女应当参保缴费；距领取年龄不足15年的，应按年缴费，也允许补缴，累计缴费不超过15年；距领取年龄超过15年的，应按年缴费，累计缴费不少于15年。

2.筹资模式和制度模式

新型农村社会养老保险制度有两大创新之处：一是在筹资上将实行个人缴费、集体补助、政府补贴相结合的方式；二是实行基础养老金与个人账户相结合，与家庭养老、土地保障、社会救助等其他社会保障政策措施相配套，保障农村居民老年基本生活。

3.个人缴费标准与养老金待遇

个人缴费标准设为每年100元、200元、300元、400元、500元5个档次，地方可以根据实际情况增设缴费档次。参保人自主选择档次缴费，多缴多得。国家依据农村居民人均纯收入增长等情况适时调整缴费档次。个人缴费部分全部记入个人账户。《意见》将缴费标准提升为每年100元、200元、300元、400元、500元、600元、700元、800元、900元、1 000元、1 500元、2 000元12个档次。

对于个人缴费的探索，各地普遍是以上一年农民人均纯收入作为缴费基数。以北京市为例，采取按年缴费的方式，最低缴费标准为上一年农民人均纯收入的9%，最高为上一年度城镇居民人均可支配收入的30%。

养老金待遇包括个人账户与基础养老金两方面。个人账户除了个人缴费之外，还包括集体补助与政府补贴。集体补助标准由村民委员会召开村民会议民主确定，并且在一些经济较发达的地区还鼓励其他经济组织、社会公益组织和个人为参保人缴费提供资助。地方政府对参保人缴费给予补贴，补贴标准不低于每人每年30元；对选择较高档次标准缴费的，可给予适当鼓励，具体标准和办法由地方政府自行确定。《意见》中明确增加了补贴档次，对选择500元及以上档次标准缴费的，补贴标准不低于每人每年60元。个人账户养老金的计发标准为个人账户全部储存额除以139，按月计发。

4.基金管理

新型农村社会养老保险基金管理主要是个人账户基金管理，基础养老金部分不积累、不运营，只有预算、划拨和发放。在《指导意见》中规定要建立健全新农保基金财务会计制度。保险基金纳入社会保障基金财政统一专户，实行收支两条线管理，单独记账、核算，按有关规定实现保值增值，主要比照银行同期利率给予一定的增值。在试点阶段，新型农村社会养老保险基金暂时实行县级管理，随着试点扩大和推广，逐步提高管理层次，有条件的地方也可直接实行省级管理。《意见》中，规定了将新农保基金和城居保基金合并为城乡居民养老保险基金，城乡居民养老保险基金按照国家统一规定投资运营，实现保值增值。同时规定各地要在整合城乡居民养老保险制度的基础上，逐步推进城乡居民养老保险基金省级管理。

5.特征

（1）基本性，主要是指为农民提供基本的生活保障。新型农村养老保险实行基础养老金与个人账户相结合的模式，国家财政全额支付最低标准的基础养老金，同时由地方财政对农民缴费进行补贴。

（2）公平性，其体现在基础养老金标准相同这一方面。中央财政对中西部地区最低标准基础养老金给予全额补助，对东部地区补助50%。这样，无论在发达地区还是贫困地区，无论所在的集体经济组织有无能力补助，同一地区参保农民所领取的基础养老金水平是相同的。

（3）普惠性。在新型农村养老保险制度实施时已经年满60岁的农民不用缴费可以直接领取养老金，但其符合参保条件的子女应当参保缴费。普惠性这一特征有利于保证在城镇化过程中农村人口向城市的转移，减少社会震荡成本。

三、中国新型农村社会养老保险制度的调整与完善

我国的新型农村社会养老保险制度通过三年的试点实施和逐步推广，已于2012年年底实现了新农保制度上的全覆盖。2014年，国务院发布了《关于建立统一的城乡居民基本养老保险制度的意见》，这是实现居民老有所养、打破养老保险"二元制"结构的基本制度，必须对其进行长远考虑和科学计划，需要在不断的实践中进一步调整与完善。

第一，从农村养老保险的主体角度来看，国家要积极引导农民提高养老保险意识。当前，我国农民已基本上解决了温饱问题，如何提高生活质量是农民关心的问题。因此，应不失时机地对农民进行养老保险宣传教育引导，提高其对养老保险利国利民重要作用的认识。

第二，积极研究解决新农保制度建立后的新难题。一是新农保基金的保值增值问题，应制定相应的基金投资运营管理办法，探索基金市场化的投资管理模式。可以考虑设置专门的农村养老保险基金经办机构，从事农村社会养老保险基金的存储和管理，并建立、健全养老保险基金财务核算、审计监督等管理制度；要按照保险基金安全性、收益性的流动性原则，通过存入银行、购买国家债券及金融债券等，确保新型农村社会养老保险制度的可持续发展。二是城乡养老保险有效衔接问题，逐步解决养老保险转移及接续问题，建立覆盖城乡居民的社会养老保险体系。

第三，要立足于当地实际，同时借鉴各地的发展经验，逐步建立多支柱养老保险体系。由于我国不同地区的经济发展水平不同，社会保障标准差异较大，各地在发展新型农村社会养老保险时，应立足于本地的实际生活情况，进行制度安排的设计。例如，在欠发达的农村，应该优先发展政府负全责的基础养老金，建立以生活救助为主的救济性的社会保障制度；在次发达的农村，积极推进新型农村社会养老保险制度的试点；在富裕的农村，一般是在沿海地区及大城市近郊，积极实施城乡一体化养老保险试点。多支柱的养老保险体系，对农村养老保险制度的实施能够起到重要的支撑作用。

第四，要注重新型农村社会养老保险制度与其他制度的衔接。农村社会保障制度具有统一性、协调性和完整性，新型农村社会养老保险制度是农村社会保障制度的重要内容之一，与其他社会保障项目共同构成一个整体，所以我们必须明确新型农村社会养老保险制度在农村社会保障制度中的定位问题。国家将新型农村社会养老保险制度定位为社会保险，试点的基本原则为"保基本、广覆盖、有弹性、可持

续"。在定位问题明确之后，要与其他制度更好地衔接，比如与五保户制度、农村低保制度以及农村合作医疗制度的衔接，那么，整合农村社会保障资源，合理分工各个子项目应承担的责任和应发挥的作用，是在新型农村社会养老保险制度实施过程中不可忽视的一项重要任务。

另外，在发展完善新型农村社会养老保险的同时，仍然不能忽视家庭养老的作用。新型农村社会养老保险所提供的只是最基本的保障水平，要想让农村的老年人拥有更好的老年生活，仅靠这些远远不够，并且在一些较落后的农村，养老保险缴费无法实现全面化。由于家庭养老目前仍是我国农村养老的主要模式，赡养老人的观念在大部分人心中仍然根深蒂固，因此，应提倡家庭养老与社会养老相结合的方式，新型农村社会养老保险制度所遗漏的部分可由家庭养老方式弥补，最终达到农村居民老有所养、老有所依的目的。

思考题

1. 养老保险具有哪些基本特征？
2. 试比较养老保险的筹资模式。
3. 各国养老保险模式的特点及启示有哪些？
4. 简述中国养老保险制度的基本内容。
5. 我国养老保险制度存在的主要问题有哪些？
6. 进一步完善我国养老保险制度应采取哪些措施？

案例

案例1   机关事业单位强制职业年金   企业年金覆盖不足

2015年1月，国务院发布的《关于机关事业单位工作人员养老保险制度改革的决定》明确提出"机关事业单位在参加基本养老保险的基础上，应当为其工作人员建立职业年金"。这项涉及3 000多万名在职"体制内人员"的制度引发公众关注。

一问：什么是职业年金？

养老金"双轨制"并轨后，北京市公务员董兴根据相关政策对自己"积攒"养老金算了笔账。他每月除加班费外，工资收入为5 800元。按照新出台的政策，公务员也将纳入社会养老保险，按工资8%的缴费比例每月得缴464元；还有职业年金需按4%缴费，这样，董兴一个月养老保障总缴费金额就达696元。"社会养老保险政策很熟悉，但职业年金以前没接触过。为何公务员就得另外缴纳这笔职业年金？"董兴对此十分疑惑。

中国社科院人口与劳动经济研究所所长张车伟说，公务员养老供款渠道只有财政，因此要建立职业年金制度，作为机关事业单位工作人员的养老保险补充，其资金来源主要是由单位出资和个人缴费两部分组成。据人社部相关负责人介绍，单位按工资总额的8%缴费，个人按本人缴费工资的4%缴费，均实行个人账户管理。

工作人员退休时，依据其职业年金积累情况和相关约定按月领取职业年金。事实上，建立职业年金制度并非一时之举。党的十八届三中全会明确提出："加快发展企业年金、职业年金、商业保险，构建多层次社会保障体系。"2008 年以来，深圳市在聘任制公务员和事业单位工作人员养老保障改革中，就已开始探索职业年金纳入聘任制公务员和事业单位员工的退休保障。

目前，职业年金的具体操作管理办法，还有待人社部和财政部制定出台。而深圳市已实施数年的职业年金管理相关制度，则能提供不少参考。深圳市规定，聘任制公务员满足依法办理退休手续等条件，即可领取职业年金；工作表现突出获奖或记功的，可获得职业年金奖励；因被立案调查等原因暂停发放工资的，职业年金同时暂停缴交。

此外，职业年金制度对于资本市场也将产生重要影响。有行业机构测算，职业年金参与率即便按 70% 的最低覆盖面保守估算，依据目前我国机关事业单位在职职工 3 000 多万人的规模，参与职业年金群体能达 2 100 多万人。按目前全国机关和事业单位月人均工资 3 000 元计算，单位和个人每月缴费比率为 12%，每年全国职业年金缴费规模就将超过 750 亿元。这笔规模不小的资金将对保险、证券等行业形成利好。

二问：职业年金如何保障退休收入保障？

有了社会养老保险和职业年金，公务员养老纳入社会化后，退休收入将达到何等水平，成为广泛关注的焦点。人社部副部长胡晓义表示，绝大多数机关事业单位人员养老待遇不会降低。

人社部社会保障研究所所长金维刚介绍，改革后，机关事业单位及其人员都要参加养老保险，缴费标准和待遇发放与城镇职工基本养老保险基本是一致的，这部分养老金的替代率（占在职工资的比重）只有 59% 左右，而改革前机关事业单位人员养老金替代率在 70% 至 90%。"提高养老金替代率，就得靠职业年金的支撑。"武汉大学社会保障研究中心教授向运华说，社会养老金和职业年金被称为养老体系的"两大支柱"，作为财政支撑的职业年金的建立，能够为养老并轨后公务员退休收入不出现大幅下降提供保证，这也是"养老双轨制改革的前提条件"。职业年金的实施，一定程度也将降低个人纳税负担。2013 年 12 月，财政部、人社部以及国税总局联合发布的《关于企业年金、职业年金个人所得税有关问题的通知》明确，我国从去年 1 月 1 日起，对企业年金、职业年金实施个税递延优惠，也就是说，个人缴纳企业年金涉及的个税，可以延迟到退休领取保险金时再缴纳，降低其当期税务负担。财政部财政科学研究所所长刘尚希介绍，按照个人所得税法，目前工薪收入减除费用标准是 3 500 元，工薪阶层缴纳个税，先要扣除纳税人缴纳的"三险一金"费用，然后再按减除费用标准扣除 3 500 元，超过的部分才缴税，职工缴纳养老保险和职业年金后，个人所得税也会相应减少。

三问：职业年金是否会造成新的不公？

机关和事业单位工作人员除养老保险外，相对企业退休员工还多出一份财政支撑的职业年金后，是否会引发新的不公？这成为职业年金实施后的最大争议焦点。专家指出，职业年金与企业年金最大的区别在于职业年金具有强制性，而企业年金的建立是企业的自愿行为。当前实施职业年金的重要原因，在于为养老保险"并轨"减少改革阻力，在短期内确实会带来一些问题，解决之道还在于完善企业年金。

李实说，在短期时间内，公务员队伍由于与普通企业员工相比，存在职业年金的差别，今后退休保障水平可能存在一定差距，但从长远来看，国家肯定会在缩小企业职工和公务员队伍养老保障政策方面进行政策调整，不断缩小两者差距。"解决这一问题要依靠企业年金覆盖面扩大。"张车伟说，我国自 2004 年就施行企业年金制度，但有别于职业年金的强制性，企业年金主要强调企业和员工自愿，因此覆盖面相对有限。广西人社系统一位负责人介绍："为职工建立企业年金的企业，目前主要集中在电力、金融、能源等较大型国有企业。"据人社部数据显示，截至 2014 年第三季度全国参加企业年金的职工人数为 2 200 多万人。据此测算，缴纳企业年金的企业员工，占全国城镇就业人员的比例不足 6%。"随着人才竞争日益激烈，企业为吸引人才，会在企业年金等方面给予职工更好的待遇。"褚福灵说，国家也会逐步出台一些政策，鼓励企业为职工缴纳企业年金，"越来越多的企业建立起企业年金之后，企业职工养老金的替代率也会与机关事业单位的看齐。"

更多案例（第五章）

第六章　医疗保险

医疗保障制度是社会保障制度的重要组成部分，是保证公民健康生活并获得必要医疗服务的保障制度。国家发展医疗保健事业的目的是为了保障公民的健康水平。对劳动者来说，健康是他们的最大幸福，劳动者有健康的身体才能给社会创造财富，才能获得正常的经济收入，才能改善物质文化生活；对国家来说，发展医疗保健事业，改善卫生条件，增加医疗设施，增进人民的健康水平，不仅是一种社会责任，而且是发展生产、繁荣经济、不断改善人民物质生活的一项主要措施。从长远看，医疗保险还关系到民族的未来和国家的繁荣昌盛。所以，医疗保险是社会保险体系重要的组成部分。本章主要从医疗保障制度的沿革、医疗保险的基本内容以及国内外医疗保障的实践等角度，多方面、全方位地阐明医疗保险及其制度。

第一节　医疗保障和医疗保险

健康是人类社会的主题，健康与疾病是在人类生活中始终存在的一对矛盾。疾病的产生具有不确定性和危害性，威胁着社会成员的身心健康，影响劳动力的再生产。因此，为劳动者提供医疗保障成为全世界最早立法的社会保障制度。医疗保障是国家保障社会成员医疗及健康的一项重要的公共制度。医疗保险制度自建立之时起，便显示出其强大的社会推动力，在世界范围内迅速扩展开来，并随着社会的进步不断得到发展、完善，由最初的针对少数人的疾病救助，过渡到针对部分劳动者的医疗保险，进而发展成为全民疾病预防和保健。由于医疗保险与每个人的健康与生活密切相关，世界各国对此都高度重视，大多数国家都建立了医疗社会保险制度。

一、医疗保障的基本概念

医疗保障是国家保障社会成员医疗及健康的一项重要的公共制度。在国家的法律保证和政策规范下，医疗保障制度承担着保障社会成员疾病治疗、医疗服务以及恢复健康的重任。医疗保障包括医疗保险、互助保险、社区医疗、合作医疗以及医疗救助等内容，其中，由于医疗保险具备以政府为主体、覆盖广泛的优势，因此，它在整个医疗保障制度中占据核心地位。

医疗保障制度与人民群众的身体健康和切身利益密切相关，是促进社会进步、发展经济、体现社会公平、维护社会稳定的需要，是解决某些社会问题的有效手段，是实现人权保障的有效途径。实施医疗保障的目的不仅在于保证市场经济的运行，也不仅在于保障受贫困、疾病等社会风险威胁的社会成员的基本生活，更着眼于为全体社会成员提供生活的安全感和发展条件，维护人格尊严。

二、医疗保障制度的历史发展

医疗保障制度始于17世纪西欧国家的民间医疗保险，虽然这种保险最初是不完整和不稳固的。直至18世纪末19世纪初，在欧洲许多国家才逐渐兴起了相对稳固的民间保险形式，即以一个行业或一个地区为基础，参保者以自愿的形式组成各种基金会、互助救济组织等，共同集资，以应付突如其来的疾病风险。

医疗保障制度的真正发展则归功于19世纪的工业革命。随着工业化的进程和社会化大生产的发展，社会财富逐步积累到少数人手中，广大劳动人民的生活日益贫困，阶级矛盾日益加剧。为了缓解劳资矛盾，维护资产阶级的统治，1883年，德国政府颁布了《疾病社会保险法》。1887年，德国政府又将生育保险纳入《疾病社会保险法》。此后，奥地利、比利时、荷兰、匈牙利等欧洲国家先后出台了有关医疗保障的法案。

进入20世纪30年代，国家不干预的自由经济理论逐步被以凯恩斯理论为基础的国家干预经济理论所替代，后者主张通过建立高水平的社会保障制度，消除国民的后顾之忧，拉动经济增长。特别是在第二次世界大战后，西方发达国家较大规模地推行健康保险或医疗保险制度，把它直接纳入社会保险的内容之中，成为社会保障系统的重要组成部分。在西方发达国家的医疗保障制度中，最具代表性的有三种形式：一种是英国、瑞典等国家实施的全民卫生服务（NHS）制度，通过税收，国民直接享受国家提供的低廉的卫生服务或几乎免费的基本医疗服务；另一种是德国、法国等国家实施的社会保险制度，通过医疗保险费的社会统筹，保障大部分国民的基本医疗；还有一种是美国实施的多元的、非组织化的医疗保险制度，即参保人员主要通过参加私人医疗保险保障国民健康但政府对部分特殊人群，如穷人、老人等，实行政府医疗保障制度。

进入20世纪70年代以后，西方发达国家的三种主要医疗保障制度在保障国民健康的同时，都不可避免地逐步暴露出以下一些问题：第一，卫生服务制度的僵化；第二，医疗费用的大幅度上涨；第三，仍有部分国民没有或基本没有医疗保障。

因此，各国对医疗保障制度进行了广泛的改革，改革涉及的内容主要有：第一，提高保险费的筹资比例；第二，从单一主体提供向多元主体提供过渡，从国家包揽社会福利转变为国家、企业、个人共同负担，尤其是扩大、鼓励商业保险，部分取代社会保险的责任；第三，增加个人承担份额；第四，改变医疗费用的支付方式。但是，由于社会保障制度所固有的福利刚性特征，以及控制医疗费用的上涨困难重重，各国医疗保障制度的改革者尽管殚精竭虑，实行了多种费用支付方式，医疗保障制度的改革仍然是公认的世界性难题，仍然是各国政府努力的方向和探讨的重要课题。

第二节　医疗保险的基本内容

一、医疗保险的概念、基本特征和基本原则

1.医疗保险的概念

医疗保险是1883年由德国俾斯麦政府最早设立的。当时称为疾病保险，是指当保险人因患病等原因失去劳动收入时，由保险机构按规定支付一定的医疗费用。

国际劳工组织将医疗保险定义为"劳动者在因身体伤残、患病等遭受损失时，一次性或定期提供一定数量的保险金的社会保险制度"。医疗保险又称"健康保险"，这使医疗保险的功能发生了巨大变化。它从一般的疾病治疗、技术服务，发展到提供健康咨询、指导服务等。

所谓医疗保险就是国家和社会为补偿劳动者因疾病风险造成的经济损失，保障劳动者的身心健康，通过立法的形式建立的一项为劳动者提供一定的医疗费用和医疗技术服务的社会保险制度。它具有风险共担、损失补偿、互助共济等功能。医疗保险主要是通过用人单位和个人缴费，建立医疗保险基金，在参保人员患病就诊发生医疗费用后，由医疗保险机构按照法律法规，给予一定的经济补偿。

医疗保险对参保人员的经济补偿主要是将医疗费用直接拨给医疗机构，当参保人员患病就医时，可以在医疗机构免费就医或得到部分免费的医疗服务，或者是先自行支付医疗费用，然后由医疗保险经办机构给予全部或部分经济补偿。

2.医疗保险的基本特征

医疗保险具有社会保险制度所具有的共同特征，它们一起对劳动者的生、老、病及意外事故承担保障责任，但由于疾病风险和医疗服务需求与供给的特殊性，又使医疗保险在实践中表现出自身固有的一些特征。

（1）保障的内容是劳动者的身体健康

其他社会保险是对劳动者的收入或生活方面提供保障，享受保险待遇的条件是收入的减少或生活的贫困；医疗保险则是以劳动者的身体健康和疾病医疗问题为特定保障内容，在参保人员患病时提供经济上的帮助，享受待遇的条件是疾病的预防和治疗，目的是使之尽快恢复身体健康和劳动能力。

（2）待遇的形式是提供医疗技术服务

与其他社会保险项目强调保险金的现金给付相比，医疗保险虽然也是通过支付医疗费用进行经济补偿，但其待遇的形式实际上是提供具有专门性、复杂性的医疗技术服务，即劳动者在非因工受伤和生病后能够得到及时和必要的医疗救治。因此，在医疗保险中，保险基金可以直接将保险金补偿给医疗机构，甚至可由政府和全社会直接利用保险基金来组织并向劳动者提供必要的医疗服务。

（3）待遇支付形式为非定额的费用补偿

医疗保险是一种医疗费用补偿机制，它通过为参加保险的人员提供相应的医疗

服务来达到恢复患者健康的目的，这种费用补偿待遇与缴费多少无关而与医疗费用直接相关，即患者获得的费用补偿不是取决于其缴过多少医疗保险费，而是取决于病情、疾病发生的频率以及实际需要。因此，医疗保险的待遇不同于养老、失业保险那样实行标准的定额支付，而是依据每个患者疾病的实际情况确定补偿。由于伤病本身的复杂性，保险金给付额在人与人之间有很大差别，加上医疗服务提供方的影响，费用控制非常困难。

（4）补偿期短，但受益时间长

由于疾病的发生具有随机性和不可预测性，因此医疗保险提供的补偿也具有不确定性，一次疾病的时间通常不会太长，从而每次的补偿期较短；不过，由于在人的一生中不可避免地要生病，医疗保险也就会伴随参加保险人员的一生。这一点显然与其他社会保险有很大区别，如养老保险是劳动者退休后才能享受，失业保险只在失业期间才享受，工伤保险只在工伤事件发生后才能享受，生育保险更是一次性保险。从这个意义上讲，医疗保险不仅可以惠及所有参加保险的人员，而且自其参加保险之日起将伴其一生，可以说是受益时间最长的社会保障项目。

（5）涉及面广，结构复杂，管理与实施的难度大

其他几种社会保险制度，往往只涉及投保和管理机构两方，而医疗保险项目的实施必须有第三方，即医疗方或医药方的共同参与方可实施。医疗保险涉及政府、用人单位、医疗机构、社会保险机构、医药机构和患者个人等多方之间复杂的权利义务关系，要处理好这样复杂的关系，必然需要兼顾各方主体的权益并对各利益主体形成一种制衡机制。因此，医疗保险制度的有效性不仅取决于其本身的科学、合理性，同时还与公共卫生资源的合理配置、医疗卫生体制（重点是医疗机构）、医药流通体制等紧密相关。医疗保险制度的复杂性还表现在医疗方与患者之间的信息不对称，再加上由社会保险机构（第三方）付费，这就存在着先天的约束不足。医疗保险的复杂性决定了制度实践的难度很大。为了确保医疗保险基金的合理使用以及正常运转，医疗社会保险必须设计相应的制度机制，对医疗服务的享受者和提供者的行为进行合理引导和控制，这在其他社会保险制度中是不常见的。

（6）医疗保险市场是市场失灵和政府干预的市场

医疗服务市场具有商品的同质性差、供需双方的信息不对称、医疗需求的不确定以及需求价格弹性小等特点，直接导致了医疗保险供方诱导需求的现象。医生为了追求医院和自身的经济效益可能会提供不必要的医疗服务，其直接后果是医疗费用的不合理上涨和卫生资源的不合理浪费，从而导致医疗保险费用上升，医疗保险基金的平衡压力增大。医疗保险市场存在严重的市场失灵现象，政府的干预显得尤为重要。政府一方面是对不完全市场的干预；另一方面，由于卫生服务或健康需求存在着公平性问题，是社会福利的一部分，因此，政府会采取一系列手段进行干预。

医疗保险的上述特征，是它作为一个独立的社会保险项目的本源特性，也是它区别其他社会保险项目的基本标志。

3.医疗保险的基本原则

（1）保障基本医疗原则

基本医疗保险只能保障基本医疗。所谓"基本医疗"，是指绝大多数人群医疗所必需的、医疗服务机构采用适宜技术所能够提供的、有能力负担的医疗服务。

（2）社会化原则

基本医疗保险通过国家立法强制实施，劳动者个人和所在单位都必须依照法律的规定参加。基本医疗保险通过社会化的管理模式进行管理。

（3）公平与效益原则

在公平性方面，基本医疗保险要实现权利与义务的基本对等，还要保障职工医疗待遇的相对公平，由社会共同分担保险费和医疗费；在效益方面，在为病人提供高质量医疗保障的同时，也要保障医保基金的收支平衡。

（4）以收定支、收支平衡原则

基本医疗保险不以营利为目的，但也不能在赤字严重的情况下由政府承担过多的责任。因此，基本医疗保险应当坚持以收定支、收支平衡原则。

二、医疗保险制度的运行

医疗保险的整个运行过程是由多个方面、多个要素相互联系、相互作用而形成的一个有机整体。这个有机整体是由医疗保险的管理方或保险方、需方（医疗保险的享受对象或投保方）和供方（医疗服务的提供者，即医疗机构或医师）及相互之间发生的关系而共同构成的。

1.医疗保险的需求和供给及二者之间的矛盾性

（1）医疗保险的需求

医疗保险的需求是指医疗保险的需方在一定时期内，在一定医疗保险费（或保险价格）的条件下，愿意并且可能购买的医疗保险。医疗保险是对疾病风险的补偿，因此，产生医疗保险需求的根本原因是疾病的随机性，人们为了躲避医疗风险而购买医疗保险。在雇主购买医疗保险的情况下，需求则是由于雇主对雇员可能发生的医疗风险的躲避。

医疗保险的需求受到以下因素的影响：第一，风险因素（发病的概率）、损失的程度及人们躲避风险的程度。人们购买医疗保险是因为医疗风险的存在，这种风险发生的可能性越大，损失的程度越高，人们躲避风险和购买医疗保险的意愿越强烈。因此，高风险的人群相对低风险的人群更愿意购买医疗保险。第二，共付率。共付率是影响医疗保险需求的重要因素。在免费或少量负担的制度下，人们的需求很高；而在共付率很高的情况下，人们的需求可能会得到抑制。第三，医疗服务的价格。在完全的市场中，医疗服务的价格是影响医疗需求最重要的因素之一。当服务价格上升时，人们的需求减少；当服务价格下降时，人们的需求增加。但是，在三方医疗保险模式中的医疗服务，由于病人并不支付提供者所开出价格的全部，其部分费用或全部服务由第三方付费，所以医疗服务价格的弹性系数很小，即医疗服务价格的高低与医疗服务需求之间的联动变化较小。第四，医疗保险的价格。医疗保险的需求与其价格成反比，价格越高，需求越低；但是，在医疗社会保险制度中，由于是强制实施的，所以保险价格并不直接影响保险需求。第五，人们的收入。医疗保险的需求与收入成正比，即经济水平越高，人们对医疗保险的需求越高。第六，制度因素。在医疗社会保险制度中，医疗保险制度的改革直接影响到医疗保险的需求。第七，逆向选择因素。医疗保险的逆向选择是指有较高医疗需求和意愿的人（如年老、多病人群）乐于购买保险，而那些年轻体壮、医疗需求低的人可能不愿意购买保险。因此，逆向选择的结果是在参保人群中医疗服务需求低的人群比例低于普通人群，从而导致保险人群的疾病风险偏高，使保险费上涨，结果可能又有一部分人群逆向选择，最后，保险人群可能就是高危人群（发病率高的人群）。控制逆向选择可采取的策略，一是强制保险，二是按参保人群的年龄、性别、职业和健康水平分别测算所需的保险费率。第八，其他因素。这里的其他因素包括人文因素、保险意识等。受过良好教育的家庭可能更容易及早发现疾病症状，可能更早地寻求治疗，其购买保险的意愿也可能更为强烈。

（2）医疗保险的供给

医疗保险供给是指医疗保险供方在一定时期内，在一定医疗保险费（或保险价格）的条件下，愿意并且可能提供的医疗保险服务的总量。

影响医疗保险供给的因素很多，其中主要因素有：第一，价格因素。对一般商品而言，价格与供给量成正比关系，医疗保险的价格越高，保险的供给越充分。第二，保险的资本因素。医疗保险的供给与社会可用于经营医疗保险的资本总量成正比，参保人缴纳医疗保险费的能力越高，医疗保险的供给力越强。第三，成本因素。医疗保险的供给还与医疗保险的成本息息相关，成本越高，医疗保险的供给越少。因此，对一些高危人群，保险公司一般不愿意经营医疗保险，因为其可能的保险成本很高。第四，其他因素。医疗保险是一种政策性、技术性、专业性很强的业务活动，因此，管理的因素，包括政府对医疗保险的参与度，都直接影响医疗保险的供给。

（3）医疗保险总供给与总需求之间的矛盾性

在市场经济中，一般社会产品的总供给是由社会总需求所决定的。然而，医疗保险的总供给是由社会经济承受能力和社会经济发展水平所决定的；医疗保险的总需求则由参保者的医疗需要、卫生服务的可及性、卫生服务水平、经济因素等决定。医疗保险的总供给与总需求之间存在需要与可能的矛盾，即医疗服务需求的无限性与医疗服务提供的有限性、医疗服务需求的无限性与医疗费用承受能力的有限性之间的矛盾。医疗保险总供给与总需求之间的矛盾是不可调和的，通过种种措施，调和医疗保险供给、需求之间的平衡，是医疗保险决策者所要研究的课题。只有供需平衡，才能充分发挥医疗保险经济补偿和社会保障的作用，使医疗保险的运作取得良好的经济效益和社会效益。

2.三方医疗保险模式的运行

医疗保险形成初始，其最原始的模式是由需方和供方两方构成的，即由医生提供服务，而病人通过支付保险费享受医疗服务。在这种两方构成的医疗保险模式中，供方（即医生）与需方（即病人）之间提供的不是费用补偿，而是服务补偿。随着保险业的发展，两方构成的医疗保险模式逐步向三方构成的医疗保险模式发展，即产生了专业的保险机构，病人通过向保险机构缴纳保险费，在自身患病的时候能够从保险机构得到医疗费用的补偿。这种三方构成的医疗保险模式在许多国家和地区以及我国的商业医疗保险中均有体现。

随着经济的发展和医学的发展，医疗费用不断上涨。人们发现，采用一般的商业医疗保险的三方模式已经不能解决医疗风险的问题。由于在医疗服务中供方处于绝对垄断地位，医疗费用的上涨带来了保险费的上涨，并最终导致了医疗保障水平的降低，所以逐步出现了将医疗服务供方的行为纳入保险方控制范围的模式，保险方向供方支付费用。这是一种第三方付费的三方医疗保险模式。第三方付费的三方医疗保险模式是指需方向保险方缴纳医疗保险费，供方为需方提供医疗服务，保险方向供方支付医疗费用。

（1）在医疗保险系统中保险方、供方、需方三者的关系（如图6-1所示）

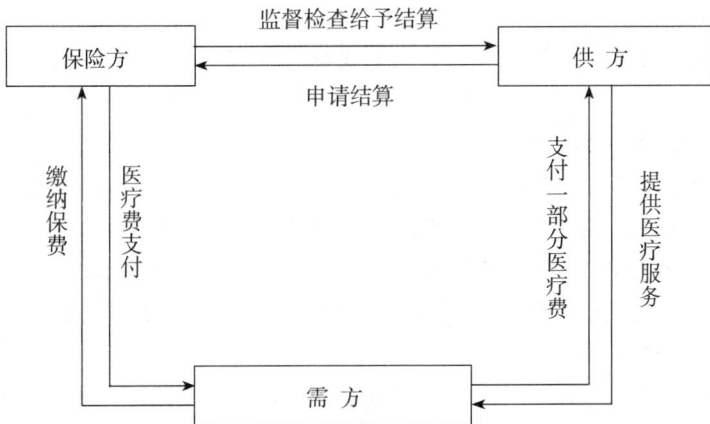

图 6-1   在医疗保险系统中保险方、供方、需方三者的关系

医疗保险的保险方是指收取医疗保险费并负责支付参保人医疗费用支出的一方，亦即管理方。医疗保险的需方是指需要医疗保险的一方，即医疗保险的享受对象。在个人缴费参保中，享受对象即投保人。在单位参保的情况下，参保单位是投保人，参保职工是享受对象。医疗保险的供方是指由医疗保险机构认可并支付服务费用的各类与诊治疾病有关的医疗、护理、药剂等服务的提供者，包括个人和机构。广义的供方还包括提供各种卫生、保健服务的卫生部门人员和机构，如卫生防疫部门、妇幼保健部门等。

保险方、供方、需方三者之间的关系主要有：第一，供方与需方的关系主要是指医疗服务的提供。双方的关系形成了一种特殊的医疗消费市场，其不能简单地通过供需双方自动调节的市场经济理论达到供需之间的平衡，而需要第三方构建将供需利益统一起来的体系。第二，供方与医疗保险的管理方或保险方的关系。医疗保险的管理方或保险方是医疗费用的支付方，因此，与供方构成了管理与被管理、控制与反控制的关系。作为医疗费用的支付方，医疗保险的管理方或保险方处于主动地位，可以确定医疗费用的支付范围、支付金额以及实施监控等，但是，由于医疗服务的特殊性，供方也不是处于绝对的劣势和被管理的位置上。管理方对供方进行管理和费用控制的时候，供方往往会采取一些简单的做法，如分解处方等行为，将矛盾转嫁，对管理方的费用控制实施反控制。因此，在处理供方与管理方之间关系的时候，应从体制上、激励机制上采取措施，将供方既作为医疗服务的提供者，又作为医保、社保机构的合伙人；既作为医疗服务的载体，又作为医疗保险的载体，以凝聚供方的力量，形成整体的合力。第三，在医疗保险中保险方与需方之间的关系。医疗保险的保险方与需方（患者）之间存在一种既相互统一、又相互矛盾的关系：一方面，保险方是需方利益的总代表，其出发点是保护需方的根本利益，保险方通过对供方的监控达到对需方的保护目的，需方也需要保险方的保险，因此，保险方和需方的关系是相互统一的；另一方面，在第三方付费模式下，需方从个人利益出发，会损害保险方的利益，而保险方也会通过制定一系列针对需方的政策，在保障大部分需方利益的情况下，损害部分需方的利益。因此，保险方应当通过政策引导需方的就医行为，使保险方与需方的目标一致，而不能把希望寄托在医患双方的道德自律上。

（2）医疗保险基金的筹集

医疗保险基金是医疗保险制度的物质基础，它是医疗保险机构依法通过对法定范围内的单位和人群征收医疗保险费（税）来筹集的。在筹集的过程中，医疗保险基金通常体现出强制性、费用共担及收支平衡的原则。在财务机制方面，医疗保险的财务机制与养老保险类似，也可以分为现收现付制、积累制和混合制三种情况，但大多数国家均选择现收现付制。

医疗保险基金的筹集，其渠道可以是多元化的，主要有政府专门税收、雇主与雇员缴费、公共财政补贴，以及利息、滞纳金等其他方面的收入（较少），不过，多数国家采取由雇主与雇员分担缴费责任或者政府、雇主与雇员三方分担缴费责任的做法。医疗保险费的缴费方式，主要有固定保险费金额制和与工资或收入挂钩制：前者是确定一个固定的额度向承担缴费义务者征收医疗保险；后者是按照被保险人的工资或收入的一定比例征收医疗保险费。较为通常的做法是采取与工资或收入挂钩的缴费方式。

至于具体的费率结构，有的国家较为简单，有的国家却较为复杂。在德国，法定医疗保险就规定了七种不同的费率，包括一般费率、提升费率、减免费率、适用于服兵役或民兵役服务人员的减免费率、适用于大学生和实习生的费率、适用于养老金人员的费率以及适用于其他收入的费率。在日本，在由政府经办的针对中小企业的雇员医疗保险中，雇员和雇主各按工资的4.2%缴费；在社会经办的针对大企业的雇员医疗保险中，雇员按工资的3.6%缴费，雇主缴费的标准却为4.6%；而对参加国民健康保险的人员，费率按照每个人的收入以及富裕程度来决定，比例要高于雇员医疗保险。在中国，基本医疗保险的费率较为简单，只是因统筹层次不高而存在着地区差异，但在同一地区使用统一费率。

（3）医疗保险待遇的给付

医疗保险费用的给付是医疗保险运行体系的一个重要环节，是指参保者在缴纳保险费后，保险机构依据合同的规定或法律的规定，对被保险人因患病而发生的医疗费用进行给付，或者直接补偿医疗服务提供者为参保者提供适宜服务所需的费用。

最初，社会医疗保险的待遇是补偿被保险人因病造成的收入损失，后来逐步扩展到承担因治疗疾病所发生的医疗费用。随着医疗费用的增加和医疗保险基金不足之间的矛盾日益突出，各国为保障医疗水平，减少医疗费用浪费，一直在探索着更为经济有效的医疗保险机制。在一些福利国家中，逐渐将预防、免疫、疾病的早期诊断、保健、老年护理和康复等项目也纳入社会医疗保险的范围。但在不同的国家，由于经济社会发展水平和医疗保险的筹资水平不同，医疗保险的医疗服务范围及其支付标准差别很大。例如，在福利国家，个人承担的费用几乎可以忽略不计，而在日本，个人自付医疗费用的比例一般为20%~30%，韩国则更高，个人承担的医疗费用达到50%~60%。

医疗保险费用的支付办法和途径，称为医疗保险的支付方式。支付方式的好坏直接影响着医疗保险费用的控制和医疗保险体系运行的成效，特别是对供方支付方式的选择尤为重要。医疗社会保险机构作为医疗保险服务付费人，对医疗服务机构的补偿方式是整个医疗保险制度运行中的重要环节。概括起来，医疗保险费的支付方式可以分为后付制（fee for service）和预付制（budget control）。前者是指按服务项目付费；后者有按人头付费、总额预算制、按病种付费（亦称按疾病诊断分类定额支付）、工资制等。

①按服务项目付费。

这是医疗保险最传统、应用最广泛的支付方式，是指医疗保险机构根据医疗机构上报的医疗服务项目和服务量向医疗机构支付费用，它属于后付制。在具体操作上，它可以先由医疗单位付费后再与医疗保险机构结算，也可以先由患者垫付再从医疗保险机构报销部分或全部费用。这种付费方式实际操作方便，医疗机构因此具有提供过度服务甚至虚报的动机。同时，第三方付费的事实亦使医、患双方缺乏费用控制机制，从而容易造成医疗浪费等结果。

②按人头付费。

按人头付费是指医疗保险机构按合同规定的时间（如1年），根据接受医疗服务的被保险人人数和规定的收费标准，预先支付医疗服务费用的支付方式。在此期间（1年），医疗机构负责提供合同规定范围内的一切医疗服务，不再另行收费。按人头付费实际上就是一定时期、一定人数的医疗费用包干制。由于医疗机构的收入与被保险者的人数成正比，与提供的服务成反比，结余归自己，超支自付，这就产生了内在的成本制约机制，从而有利于医疗费用控制及卫生资源的合理利用。不过，这种付费方式也可能产生鼓励医疗机构因较低的医疗费用而减少服务或降低服务质量的现象。为了保证医疗质量，防止医疗服务质量降低，一些国家甚至规定了每个医生最多照管病人的数量。在丹麦、荷兰、英国推行按人头付费的办法后，意大利、美国等国家也广泛采用这种方式来支付医疗费用。

③总额预算制。

总额预算制是指医疗保险机构通过对服务地区的人口密度、人口死亡率、医院的规模、服务数量和质量、设备设施情况等因素进行综合考察和测算后，按照与医院协商确定的年度预算总额支付医疗费用的方式。这种付费方式的特点是，医疗机构必须为前来就诊的被保险人提供合同规定的服务，自负盈亏，所以也称为总额预算包干制。英国、加拿大、澳大利亚等国家采用这种付费方式。

④按病种付费（亦称按疾病诊断分类定额支付）。

按病种付费的方式是根据国际疾病分类法，将住院病人的疾病分为若干组，每组又根据疾病的轻重程度及有无并发症分成若干级，同时将病人的疾病按诊断、年龄、性别等分为若干组，针对每一组的不同级别分别制定价格标准，按照这种价格对该组某级疾病治疗的全过程进行一次性支付。简单地讲，就是按诊断的住院病人的病种进行定额支付。该方式的优点是可以激励医院为获得利润而主动降低成本，缩短平均住院日，在一定程度上减缓和控制医疗费用上升的趋势；缺点是难以在水平不同的医院、服务项目、质量以及病例的组合中建立准确、恰当的分类系统，尤其是当诊断界限不明时，容易诱使医生令诊断升级，以获得较多的费用，而且标准复杂，调整频繁，管理成本较高。

⑤工资制。

工资制是指社会保险机构根据全国医疗服务机构医务人员所提供的服务向他们发工资，以补偿医疗机构的人力资源消耗。这种方式的优点是医疗保险机构能够较好地控制医院的总成本和人员开支，医务人员的收入也有保障；缺点是由于医疗保险机构支付给医务人员的费用是固定的，与医务人员提供服务的数量和质量无关，所以不易形成对他们的激励机制，有可能会导致医疗服务质量的下降。这种方式被广泛应用于芬兰、瑞典、苏联、西班牙、葡萄牙、希腊、土耳其、印度、印度尼西亚、以色列等国以及拉美国家。英国、加拿大等国对医院里的医生也实行这种方式。

三、基本医疗保险的管理和监督

1.管理体制与组织机构

（1）管理体制

由于对基本医疗保险管理体制的认识不一致，因此管理模式多样，有卫生部门主管、社会保障部门主管、政府调控下的医疗保险部门与卫生部门分工合作等。在国际上，管理模式也不尽相同，典型的管理体制包括：以英国为代表的政府税收筹资、公立机构提供服务的计划型体制；以加拿大为代表的社会保险筹资、地方政府管理基金、各类医院共同提供服务、计划与市场相结合的体制；以德国为代表的社会保险筹资、各类医院或医生提供服务、非营利性保险机构管理基金的市场与计划相结合的体制；以新加坡为代表的以私营保险机构负责筹资为主、公立机构提供服务为辅的市场型体制；以及以美国为代表的私营机构筹资、私营机构提供服务的完全市场型体制。

（2）组织机构

基本医疗保险组织机构应根据精简、高效的原则进行设置，同时，又应充分考虑医疗保险管理的特点。

①行政管理、业务管理分立设置。由于医疗保险包括对医疗保险基金的管理和医疗保险服务的提供，所以，应根据政企分开的原则，成立医疗保险管理部门和经办机构，分别负责医疗保险的政策制定和业务管理。

②独立的基金监管部门。对医疗保险基金的管理，必然涉及基金的监管。因此，应成立相对独立的基金监管部门或者医疗监管委员会，负责监督医疗保险基金的征集、使用和管理。

2.基本医疗保险基金的管理

基本医疗保险基金的管理应从以下几方面实施：第一，加强基金的财政性管理。基本医疗保险基金一般纳入财政专户，实行收、支两条线管理，专款专用，不得挤占或挪用。第二，加强内部管理，包括建立健全预决算制度、财务会计制度和审计制度，加强对基本医疗保险基金的监督。第三，合理使用基本医疗保险基金，坚持"量入为出"的原则，控制总量平衡。

为了使有限的基本医疗保险基金发挥更大的作用，一是应明确基本医疗保险的服务范围和标准，制定基本医疗保险药品目录、诊疗项目和医疗服务设施及相应的管理办法；二是基本医疗保险实行定点医疗机构和定点药店管理，引进竞争机制，规范定点医疗行为，提高医疗卫生资源的利用效率；三是通过制定科学合理的医疗费用结算方法，控制医疗费用的增长。

3.基本医疗保险管理和监督的内容

（1）对供方的管理和监督

第一，与供方签订服务协议，规范供方的行为。医疗保险机构往往与医疗服务的供方签订服务协议，确定保险的范围、支付方式以及医疗保险机构与供需方相关的权利、义务和责任，规范供方的行为，并就双方在合同履行中可能出现的一些问题做出约定，为实现对供方的管理以及对供方的监督提供依据。医疗保险费用收取的有限性，决定了供方提供的保险服务范围也应是有限的，供方不能无限度地提供医疗服务，必须按照保险合同或医疗保险机构制定的一些规定，提供适宜的医疗服务。只有这样，才能获得医疗保险机构给予的经济补偿，否则，其提供的医疗服务可能得不到费用补偿。

第二，通过确定适宜的费用支付方式，实现对供方的费用控制。在医疗保险的费用偿付中，医疗保险机构一般将费用支付给医疗服务提供者。从医疗保险费用支付方式和费用控制的理论中，我们已经了解到不同的支付方式对费用控制、服务质量和管理难度的作用是不同的，特别是在第三方付费的情形下，需方的费用意识不强，对供方的约束力有限。因此，对供方的控制措施成为医疗费用控制的重点。对供方的费用控制主要是通过选择供方的费用支付方式实现的。那么，选择何种供方费用支付方式对费用控制较为有利呢？从各国费用支付方式的发展来看，应该把握以下两点：一是预付制、封闭式的支付方式有利于费用的控制；二是任何一种单纯的支付方式对供方的影响都各有侧重点，或侧重于费用控制，或侧重于保证服务质量。因此，可以将几种支付方式有机地结合起来，互相补充，既有利于费用控制，又兼顾服务质量，降低管理成本。

第三，对供方的监督。尽管保险机构与供方可能已经签订协议，而且采用了较为适宜的费用支付方式，但是，对供方的监督仍是医疗保险管理中的重要环节。针对供方在提供服务过程中可能出现诱导需求的现象，医疗保险机构一方面制定了一系列的规章制度和保险范围，如制定用药范围、诊疗项目范围等，甚至通过一些特殊项目的审批制度来限制供方的诱导需求。在医疗费用的消费中，由于医疗服务信息的不对称性和医疗服务的专业垄断性，医疗服务的需方具有无知性和被动性的特点，因此，医疗消费的项目、数量、质量主要由服务提供者决定，供方具有较强的诱导需求能力。一般通过医疗保险机构加大对供方的监督力度，通过查处方、查病因、接受投诉等，对供方的各种不规范行为进行监督和查处。此外，政府医疗保险机构还可能通过追回费用、行政处罚、通报批评等手段，追回有关损失，并惩罚供方的不规范行为；情节严重的，可能取消其定点服务资格。

（2）对需方的管理和监督

虽然医疗行为的主导权在供方，但是，需方也能够影响供方调整医疗服务的性质和方式。因此，对供、需双方的管理和监督必须协调。对需方管理的主要内容有：第一，签订保险合同，确定享受的待遇，规范就医行为。第二，通过制定用药范围、诊疗项目范围、定点医疗以及一定的分担力度等，限制需方无限度的医疗需求膨胀。第三，通过对需方的监督检查，对需方不合理的行为做出处理；情节严重的，可以取消需方的参保资格等，以达到规范需方行为的目的。对需方的医疗费用控制，主要采取以费用分担制（需方分担）为主的控制措施。需方分担是指医疗保险的收益人负担和支出本人部分医疗费用的方式。需方分担有利于约束受保人的就医行为，进而对医疗费用的支付产生不同的影响。

需方分担从分担的范围上看，有以下几种方式：一是确定支付范围，对范围内的给予支付，范围外的不予支付。二是设定起付线、封顶线等。起付线即保险方按规定支付医疗费用的最低限额，封顶线即保险方支付的最高限额。对起付线以下、封顶线以上的部分，保险方不予支付，即受保人每得到一次门诊服务或住院服务，均自付一定的医疗费用。需方分担从分担的比例上看，有两种方式：一是实行定额支付，即受保人每得到一次门诊服务或住院服务，均自付一定的医疗费用；二是按比例自付，即受保人支付其医疗费用的一定比例等。

第三节　医疗保险模式

医疗保险制度历经百余年的发展与演变，根据计划与市场两种调节机制的不同运用、卫生服务机构所有制的不同和医疗保障组织机构的不同，对各国医疗保障的模式从筹资的主渠道划分，可分为以英国为代表的政府税收筹资的国家（政府）医疗保障模式、以德国为代表的社会保险筹资的社会医疗保障模式、以美国为代表的私营机构商业性医疗保险为主的混合商业医疗保障模式、以新加坡为代表的储蓄医疗保障模式等。

一、国家医疗保险模式

国家医疗保险模式又称全民医疗保险模式，以加拿大、英国、瑞典等国家为代表。该模式的特点是：政府直接举办医疗保险事业，通过税收形式筹集医疗保险基金，并采用国家财政预算拨款的形式将医疗保险资金分配给政府开办的医疗机构（或是通过与民办医疗机构、私人医生签订合同购买其医疗服务）；卫生行政部门直接参与医疗服务的计划、管理等；卫生资源按计划进行配置，由医疗机构向国民提供免费或低收费的医疗服务。也就是老百姓纳税，政府收税后拨款给公立医院，医院直接向国民提供免费（或低价收费）服务。由于资金的筹集能够得到保障，医疗保障的覆盖面广，医疗保障制度是社会财富的二次分配，充分体现了医疗保障的福利性和公平性；政府可以有力地调节卫生服务的供需状况，消除供方的不良经济刺激，提供卫生服务的公平性和可及性，有效地控制医疗费用的增长。但是，全民医疗保险模式也有其弱点，由于国家医疗保障模式是公有制和计划调节的模式，高度的计划性使得医疗卫生机构缺乏活力，卫生资源配置不尽合理，效率较低，对医疗费用缺乏有效的控制，医疗消费水平过高，政府不堪重负。

以加拿大为例，加拿大医疗保险制度实行国家立法、两级出资、省级管理。1966年，加拿大联邦政府制定了《全民疾病保险法案》；1972年，实施全国健康保险制度（NHI），保证每个公民都享受免费的医疗服务。医疗卫生服务实行中央统一计划和管理，国家主管医疗保险的最高机构是联邦卫生福利部，省和地区设立卫生署，具体负责管理医疗保险计划及其实施等。医疗保险基金主要来自联邦税收和省税收，各省医疗保险资金主要来源于联邦政府拨款和省级政府财政预算。各省和地区政府独立组织、管理和运营省内医疗保险计划。省政府制定的医疗保险制度必须符合政府制定的标准。

加拿大的医疗保险覆盖面广，所有公民都成为医疗保险的对象，在保险内容上覆盖所有必需的医疗服务，医药适当分离。所有的公民只需缴纳少量的医疗费用就能享受到基本的医疗服务。除特殊规定的项目外（如治牙和门诊费用自付），公众免费享受所有其他基本医疗保险。经济条件较差的公民可以申请减免部分或全部医疗费；所有65岁以上的老人全部减免医疗费；公民终身享受免费医疗保健服务。

对于非政府保险项目，雇主可自由投资，其雇员可免费享受补充医疗保险项目。国家鼓励发展商业性补充医疗保险。国家医疗保险制度的弱点在加拿大逐渐显露出来，尤其是卫生资源浪费、医疗费用的无限度增长等使加拿大政府不堪重负。

二、社会医疗保险模式

社会医疗保险是国家通过立法形式强制实施，由雇主和雇员个人按照一定比例缴纳保险费，建立医疗保险基金，支付雇员（或包括家属）医疗费用的一种医疗保险制度。这种模式以德国、日本、法国、韩国等国家为代表。这种模式的医疗保险具有国家强制性，通过法律强制参保和筹集医疗保险基金，并由国家设立的医疗保险机构对基金进行统一筹集、管理和使用。医疗保险基金实行现收现付制，以收定支，力求当年收支平衡，一般没有积累。医疗保险机构与医药服务机构建立契约关系，通过各种措施有效地控制了医疗服务机构的垄断行为。为参保人员提供的医疗服务内容各国规定不一，多为基本医疗服务，包括住院治疗、门诊治疗及其必要的医疗技术服务和必需品。一些国家将医疗服务的内容逐步扩大，还包括孕产保险、某些牙科保健服务、家庭护理服务等。

以日本为例，日本于1932年首次颁发《雇员健康保险法》，开始为一般雇员建立健康保险制度；1938年制定了《国民健康保险法》，给不被《雇员健康保险法》所覆盖的"自我雇佣者"提供健康保险；1958年，对《国民健康保险法》进行了修改，扩大了被保险人的范围，建立了覆盖全体国民的社会医疗保险制度；1984年，又对《国民健康保险法》进行了修改，使其更加完善。日本的医疗保险制度分为"雇员健康保险"和"国民健康保险"。健康保险针对雇员、海员和各种共济协会成员、其他国民制定了不同的保险制度。日本规定每一个年满20岁的国民，都必须参加医疗保险。医疗保险基金由雇主和雇员共同缴费，缴费率为工资收入的8%左右。国家财政对赤字部分给予补贴。被保险者在医疗机构看病只需支付医疗费用的20%~30%，但有最高限额，超过最高限额部分由被保险人承担。1970年开始，日本进入老龄化，在不断尝试各种可行路径后，日本于1994年提出建立长期护理保险制度，于1999年4月正式实施。这一保险的实施旨在缓解人口迅速老龄化对医疗保健机构和医疗保险的压力，缓解由家庭护理卧床病人沉重的精神和经济负担。日本的长期护理保险制度覆盖的对象包括两类人：一类是65周岁及以上的老年人；另一类是40周岁到64周岁之间参加了医疗保险的人。在待遇给付方式上，只有服务给付一种，具体类型有居家服务和设施服务。日本允许社会性的福利机构参与长期护理保险服务，但要经过政府的许可。接受长期护理保险的参保人，需要自付服务费用的10%，剩余的90%由市町村政府制定的长期护理保险预算进行支付。

日本医疗保险的最高管理机构是厚生省保险局和社会保险厅，负责医疗保险的立法、组织管理和监督等。各类医疗保险机构实行独立管理。医疗服务机构定期把医疗结算清单送交医疗保险部门，医疗保险部门委托医疗费用支付基金会和国民健康保险团体联合会进行审核，在审核无误后，由医疗保险部门通知设在全国各地的医疗费用支付基金会和国民健康保险团体联合会办事机构向医院、诊疗所支付医疗费用。

近几年，日本的医疗保险也出现了许多问题，如投保人数下降、享受医疗保险服务的人数不断增加、药价定得过高、部分投保者过度医疗消费等，导致医疗保险费用猛增，国家财政对医疗保险费用的补贴不得不增多。日本目前也在进行医疗保险改革，主要方法有：运用增加个人负担医疗费用的比例等方式控制医疗费用的增长速度；通过定额承包制等制约医院的医疗行为；加强对药品价格的监督管理；整顿医疗机构等。

目前，世界上有上百个国家采取这种模式。

三、储蓄医疗保险模式

采取储蓄医疗保险模式的国家以新加坡等少数国家为代表。储蓄医疗保险是依据国家法律强制性地以家庭为单位建立医疗储蓄基金，并逐步积累，用以支付日后个人患病所需的医疗费用。

这种模式的特点是：筹集医疗保险基金是根据法律规定，强制性地把个人消费基金的一部分以储蓄个人公积金的方式转化为保健基金。它以个人责任为基础、政府分担部分费用。储蓄性医疗保险提高了个人的自我保障意识和医疗费用意识，通过个人的逐步储蓄积累，不仅避免了医疗保险费用的代际转移，而且还避免了国家保险模式过度利用医疗服务行为和医疗费用的浪费等现象。在这种模式下，个人享受的医疗服务水平高低与付费的多少成正比例关系。这种制度的缺陷是只有个人或家庭内的互济，而缺乏社会成员间的互助共济和共同分担疾病风险。低收入人群的医疗保障水平相对较差，不能得到高水平的医疗服务。

以新加坡为例，新加坡于1977年建立保健储蓄医疗保险模式，1984年正式立法，实行强制性个人保健储蓄计划。保健储蓄面向全体公民，并根据不同年龄确定不同的缴费率，由雇主和雇员各承担一半，储蓄账户只限于支付住院费用和少数昂贵的门诊费用，由一家三代（父母、子女、夫妻）共同使用。储蓄账户虽属个人所有，但有严格的提取限额，超额部分由个人自付。

从1990年起，新加坡政府增加了保健双全的公积金大病保险计划以及由政府捐建专为贫困者服务的保健基金制度。保健双全计划，即大病保险计划，是以保健储蓄为基础，在强调个人责任的同时，发挥社会共济、风险分担的作用。保健基金制度是由政府拨款建立保健信托基金，帮助贫困国民支付服务费，作为个人保健储蓄制度的必要补充。

四、混合商业医疗保险模式

混合商业医疗保险模式又称商业医疗保险模式，以美国为代表。该模式既有国家医疗机构为国民提供医疗保险性质的相关项目，又有私立医疗机构和民间非营利医疗机构提供医疗服务。美国自20世纪30年代建立医疗保险制度以来一直到60年代，医生协会坚决反对国家干预医疗服务，国民只得接受带营利性的医疗服务。1965年，美国国会通过法律，对65岁以上的退休老人提供"医疗照顾"，以后又出台了为贫困者提供的"医疗救助"制度。因此，美国的医疗保险体系是按社会成员的不同阶层进行划分，是一种混合医疗保险制度：有的是可享受雇主资助式的医疗保险制度；有的可享受政府提供的免费医疗服务；有的则由个人自由参加商业保险。

美国的医疗保险由三大部分组成，即由私营保险公司经营的雇员医疗健康保险；由联邦政府保险局管理实施的老年人医疗健康保险；由联邦政府卫生局管理实施的为贫困者提供的医疗救助。

这一模式的特点是：参保自由，灵活多样，使受保人按照不同的经济条件得到相应的医疗服务，满足了人们不同层次的医疗需求。但是政府不直接管理经营医疗卫生事业，因而，无法控制医疗市场价格，导致医疗费用膨胀。

美国这种以自由医疗保险为主、按市场法则经营的以盈利为目的的制度，往往拒绝接受健康条件差、收入低的居民投保。因此，其公平性较差，同时造成其总医疗费用的失控——占国内生产总值的14%，是世界上最高的，而且约有4 000万人得不到任何医疗保险。国家的"医疗救助"范围较窄，限制也较多，因此，美国的社会保险制度和该国的经济实力是不相称的。商业医疗保险虽然是现代医疗保障体系的一个组成部分，但在解决社会成员的疾病医疗问题方面所起的作用并不如社会医疗保险。

五、合作医疗保障模式

合作医疗保障模式又称社区合作医疗保险或基层医疗保险集资医疗保障制度。它是立足社区或基层，按照"风险分担，互助共济"的原则多方筹集资金，用以支付参加人及其家庭成员的医疗、预防、保健等服务费用的一项综合性医疗保健措施。

中国农村的合作医疗是合作医疗保障模式的典型代表。尽管1955年建立的农村合作医疗制度随着农村土地承包责任制的推行而几近崩溃，但合作医疗作为一种独特的医疗保障模式仍然有其生命力。因此，自2002年起，中国政府在广大农村推行新型合作医疗制度。它保留了计划经济时代合作医疗保障农民、多方筹资和提供基本医疗服务的特点，同时又有所创新。一些地区现行的合作医疗着眼于大病、重病及住院治疗。合作医疗模式的局限性，主要是所筹资金有限，覆盖人口较少，抵抗风险能力较差，从而并不符合大数法则，但在乡村地区或者缺乏正式制度化的医疗保障的社会成员中，仍然是一种减轻乃至解除其疾病医疗后顾之忧的制度安排。因此，合作医疗制度对解决发展中国家尤其是发展中国家农村地区居民的疾病医疗服务仍然具有重要的现实意义。

除中国的农村合作医疗属于合作医疗保障模式外，泰国的健康保险卡制度亦属于这一模式。

第四节 中国医疗保险制度

一、中国医疗保险制度的发展及改革历程

1.中国传统的医疗保险制度的建立和发展

中国传统的医疗保障制度始建于20世纪50年代，它基于中国城乡长期二元分割状态，由面向城镇居民的公费医疗、劳保医疗和面向农村居民的合作医疗三种制度共同构成。公费医疗和劳保医疗是中华人民共和国成立后为了适应以高度集中的指令性计划为特征的经济模式，以工资收入者为主要对象并惠及其家属的制度安排。现行的公费医疗始于1952年6月中央人民政府政务院颁布的《关于全国人民政府、党派、团体及所属事业单位的国家工作人员实行公费医疗预防的指示》，规定对全国各级政府、党派、工青妇等团体，各种工作队以及文化教育、卫生、经济建设事业单位的国家工作人员和革命残疾军人实行公费医疗制度。劳保医疗是根据1951年中央人民政务院发布的《中华人民共和国劳动保险条例》（以下简称《劳动保险条例》）确立的。《劳动保险条例》对劳保医疗作了若干规定。1953年，政务院又发布了修正后的《劳动保险条例》，其中对劳保医疗作了更明确的规定。1964年4月，劳动部全国总工会颁布了《关于改进企业职工劳保制度几个问题的通知》，又对劳保医疗进行了修订。劳保医疗和公费医疗基本特征的比较见表6-1。

表 6-1 劳保医疗和公费医疗基本特征比较

	资金来源	管理单位	覆盖范围	劳保或公费医疗支付	个人支付
劳保医疗	企业职工福利金	企业行政	企业职工及其直系亲属、离退休人员	治疗、医药、检查、手术；因工负伤住院的膳费和就医路费；特殊贡献者住院的膳费、假肢费等	挂号费、出诊费、住院膳费、家属住院费
公费医疗	国家财政预算拨款	政府卫生部门	国家机关（含党派团体）和事业单位的工作人员及退休人员、高校学生、复员回乡的二等以上残疾军人	治疗、医药、检查、手术；因工负伤住院的膳费和就医路费；特殊贡献者住院的膳费、假肢费等	挂号费、出诊费、住院膳费

尽管劳保医疗和公费医疗的经费来源和管理单位不同，但医疗保险的基本内容相同，经费由政府和企业负担，个人基本不用缴费，实质上是福利型的职工医疗保险制度。在这种制度下，政府和企业承担"无限责任"，个人无须承担任何风险。

党的十一届三中全会后，随着我国经济体制改革的不断深化，传统医疗保障体制因丧失了相应的经济基础与组织依托，再加上自身存在的一些内在缺陷，亦不得不进入改革时期。尤其是国有企业改革，使得传统的福利性医疗保险制度越来越不适应改革和发展的需要，存在的问题日益显露出来，主要表现在以下几个方面：

第一，缺乏社会统筹和互助共济，社会化程度低。劳保医疗和公费医疗仅包括全民、集体企业的职工和机关事业单位的职工，仅覆盖城镇20%~25%的人口。在改革开放以后发展起来的外商投资企业、股份制企业、私营企业的职工和个体工商户基本没有被纳入医疗保险的范围。这种状况很不适应我国当时多种经济成分并存的经济格局，不利于人才流动和劳动力的优化配置。非公有制企业职工得不到应有的医疗保障，即使国有企业职工也基本上是以企业保险为主，造成医疗风险不能分担，没有体现出医疗保险的互助共济功能，管理和服务的社会化程度低，抗风险能力弱，而农村的合作医疗统筹层次低，社会化程度更低。

第二，由于医疗费用支出的不确定性以及无限制扩张趋势，国家和企业已经不堪重负，尤其是国有企业的状况堪忧。传统的医疗保险制度规定，职工就医费用由国家财政和企事业单位负责，个人基本不缴费，职工缺乏节约医药费用的约束力，医疗费用增长的速度比较快。1978年全国公费医疗费用总支出27亿元，1992年达到372亿元。据有关部门统计，1980年达到37年，全国公费医疗费用开支年平均增长率为21.3%，远远超过了GDP的增长。企业效益好的时候，医疗报销的财务管理较松，资金大量浪费；而企业效益差的时候，职工切实的医疗保障问题无法解决，企业卡紧了报销关，也使职工军心不稳，损害了企业的经济效益。

第三，对医患双方缺乏有效的制约机制，医疗服务成本高、效率低、浪费严重。一些医疗单位在利益的驱动下，开大处方，滥检查，乱收费。一些职工缺乏节约医疗费的意识，"小病大养"，"一人看病，全家吃药"。据有关部门的调查分析，不合理的医疗费用支出占全部医疗费用的20%~30%。

第四，医疗保险资源分布不合理，费用负担苦乐不均。医疗保险板块结构的特点，使政府在分配医疗保险资源上受到很大限制，医疗卫生设施在部门、行业、城乡间的差别巨大。另外，由于医疗保险供给是由劳动者所处的经济组织的性质决定的，医疗费用主要由劳动者所在单位进行核算。由于本单位供款、职工年龄结构、身体素质、职业病概率等差异，使单位或企业之间医疗费用负担不均。

第五，缺乏合理的医疗费用筹措机制和个人积累机制，医疗费用没有稳定来源，医疗费用紧缺，难以保证医疗质量。劳保医疗费由企业自提自用，实质上是"企业自我保险"。它牵扯了企业大量的财力和人力，严重影响了企业的生产经营活动，不利于企业转换经营机制和建立现代企业制度。就公费医疗而言，若将有限的经费再分配到各单位管理，从全社会的角度看，就无法通过社会机制对分散包干到单位的医疗费用进行合理的分配和调剂，难以实现社会横向共济的目标，从而使承担疾病风险能力随着有限经费的再分配和分散而大大降低。

第六，管理不规范，管理体系不健全，制度不统一。我国传统医疗保险制度一直没有建立科学、规范的法律、法规，完全是靠行政命令公布施行；一直没有一个专门机构进行统一地管理、协调、监督，管理体系不健康；公费医疗和劳保医疗分属不同部门管理，致使政策不统一，各自为政，医疗资源的配置常常出现重重浪费现象。参保对象因所在单位不同，待遇差别较大，容易产生社会矛盾，引发社会问题。

2.中国医疗保险制度的改革

（1）20世纪80年代医疗保险制度改革的探索

由于原医疗保险制度的上述缺陷日益突出，从20世纪80年代起，国家制定了一系列政策对职工医疗保险进行改革尝试。1984年卫生部、财政部发出的《关于进一步加强公费医疗管理的通知》，1989年两部联合颁布的《公费医疗管理办法》，1992年国务院办公厅发出的《关于进一步做好职工大病医疗费用社会统筹的意见的通知》，以及1993年11月在党的十四届三中全会的决定和1996年3月第八届全国人民代表大会第四次会议通过的《中华人民共和国国民经济和社会发展"九五"计划和2010年远景目标纲要》，都有关于职工医疗保险改革的规定，各地也都开始探索医疗费用与个人利益挂钩、医疗费用定额管理和大病医疗费用社会统筹等改革办法。这些改革措施对增强个人意识、抑制医疗费用过快增长起了一定的作用，但是没有从根本上解决原有的种种问题。

（2）1994年开始的医疗保险制度改革试点

在总结各地改革探索经验的基础上，1994年4月，经国务院批准，国家体改委、财政部、劳动部、卫生部联合颁布了《关于职工医疗保险制度改革的试点意见》，先是在江苏省镇江市、江西省九江市进行试点，后又把试点扩大到40多个城市。改革的目标是"建立社会统筹医疗基金与个人医疗账户相结合的社会保险制度"。各地医疗保险制度改革取得了初步成效。这主要表现在三个方面：一是建立了合理的医疗保险基金筹措机制和医疗费用机制，保障了职工的基本医疗。二是抑制了医疗费用的过快增长。三是促进了医疗机构改革。但在试点中也出现了一些问题，主要是"两低一高""两困难"，即统筹层次低、企业参保率低和筹资比例偏高以及基金征缴困难、医疗费用支出控制困难。

（3）1998年以来，城镇职工医疗保险制度改革的全面推进

在对若干重大问题进行深入细致地调查研究和分析的基础上，1998年12月15日国务院颁布了《国务院关于建立城镇职工基本医疗保险制度的决定》（以下简称《决定》）。这次改革的主要任务是建立城镇职工基本医疗保险制度，同时也考虑其他医疗保险模式，如企业补充医疗保险和商业医疗保险等。城镇职工基本医疗保险制度的主要内容包括：第一，基本医疗保险费由用人单位和职工共同缴纳。第二，建立医疗保险统筹基金和医疗保险个人账户；单位和职工缴纳的基本医疗保险费要分别建立统筹基金和个人账户。第三，加强医疗保险费用的支出管理。第四，推进医疗服务配套改革。

在1998年《决定》的基础上，劳动和社会保障部又于1999年颁布了《城镇职

工基本医疗定点零售药店管理暂行办法》《城镇职工基本医疗保险定点医疗机构管理暂行办法》《城镇职工基本医疗保险诊疗项目管理、医疗服务设施范围和服务标准意见》，对城镇职工基本医疗保险制度改革做出了更加具体的规定。2002年，劳动和社会保障部颁布了《关于加强城镇职工基本医疗保险个人账户管理的通知》和《关于妥善解决医疗保险制度改革有关问题的指导意见》，在《关于加强城镇职工基本医疗保险个人账户管理的通知》中明确了必须把个人账户纳入各级劳动保障行政部门和经办机构的监督管理范围以加强个人账户管理工作，维护广大参保人员的基本医疗保障权益，保证了基本医疗保险制度的稳健运行。2003年，劳动和社会保障部颁布了《关于进一步做好扩大城镇职工基本医疗保险覆盖范围工作的通知》《关于城镇灵活就业人员参加基本医疗保障的指导意见》，2004年颁布了《关于推进混合所有制企业和非公有制经济组织从业人员参加医疗保险的意见》和《关于实行国家公务员医疗补助的意见》，在《关于推进混合所有制企业和非公有制经济组织从业人员参加医疗保险的意见》中针对我国经济体制改革的不断深化，国有企业向混合所有制企业转制的进程加快，个体、私营等非公有制经济组织迅速发展，混合所有制企业和非公有制经济组织成为我国城镇新增劳动力、下岗失业人员和农村进城务工人员就业的主要渠道。推进混合所有制企业和非公有制经济组织从业人员参加医疗保险，是进一步深化国有企业改革、完善社会主义市场经济体制的迫切要求，是改善经济环境、促进就业和再就业的重要措施，是提高医疗保险保障能力、确保医疗保险制度稳健运行和可持续发展的客观需要。当前要采取切实措施，加大推进混合所有制企业和非公有制经济组织的从业人员参加医疗保险的工作力度，促进基本医疗保险事业全面协调可持续发展。《关于基本医疗保险异地就医结算服务工作的意见》为加强和改进基本医疗保险异地就医结算服务，提出了具体的实施意见。人社部于2010年1月28日发布《关于实行基本医疗保险定点医疗机构分级管理的意见》，该意见为贯彻落实党中央、国务院的"探索建立由卫生行政部门、医疗保险机构、社会评估机构、群众代表和专家参与的公立医院质量监管和评价制度"的要求。为进一步加强医疗保险对医疗服务的监督制约作用，就实行基本医疗保险定点医疗机构分级管理工作提出了具体实施意见。2013年12月15日，《中华人民共和国城镇职工基本医疗保险条例》开始实施，条例规定从业人员缴纳的基本医疗保险费全部计入其个人账户。为落实流动就业人员医保关系转移接续办法，在此基础上印发《关于做好进城落户农民工参加基本医疗保险和关系转移接续工作的办法》（人社部发〔2015〕80号），从明确进城落户农民工参保政策、规范关系转移接续手续、保障关系转移接续中的有关权益、经办服务能力建设和落实组织实施工作等方面进一步完善了基本医保关系转移接续政策。2016年印发《流动就业人员基本医疗保险关系转移接续业务经办规程》（人社厅发〔2016〕94号），进一步完善了转移接续经办管理服务规定。异地就医住院费用直接结算大力推进，目前30个省份实现了省内异地就医直接结算，28个省份正式接入国家异地就医结算系统，启动跨省异地就医持卡结算。2017年6月，国务院办公厅印发《生育保险和职工基本医疗保险合并实施试点方案》，更好地保障参保人员待遇。

这些法律法规对医疗保险制度改革中的重要方面和问题的解决提供了指导，为深化改革、进一步扩大基本医疗保险制度覆盖范围指明了方向。

（4）军人保险法

《中华人民共和国军人保险法》（以下简称《军人保险法》）于2012年4月28日，由第十一届全国人大常委会审议通过，国家主席胡锦涛签署第56号主席令予以公布，自2012年7月1日起施行。《军人保险法》是中华人民共和国成立以来国家专门就军人生活待遇颁布的第一部法律，是一部全面规范和指导军人保险工作的基本法律。它的颁布实施，是我国社会保障体系建设中的一件大事，标志着我国军人保险事业的发展迈上了新台阶、步入了新阶段。

军人同社会普通公民一样，同样会遇到养老、医疗、伤亡等风险。《军人保险法》规范了军人在服役期间和退役后享有的保险权益，对于提高军人社会地位、调动广大官兵热爱国防和献身国防的积极性与创造性具有重要意义，为维护好、实现好、发展好军人保险权益提供了可靠的法律保障。

设置军人退役医疗保险，主要是为了适应国家医疗保险改革的需要，解决与基本医疗保险制度相衔接的问题，确保军人退出现役后享受相应的医疗保险待遇。该项目经国务院、中央军委批准，从2000年起实施。法律在总结现行制度实践经验基础上将相关政策规定上升为法律规范。考虑到国家目前实行的基本医疗保险制度包括职工基本医疗保险、城镇居民基本医疗保险、新型农村合作医疗3类制度的实际情况，法律对军人退役后参加这3类医疗保险制度时的衔接问题分别进行了规范。由于各省市都有职工退休后不再缴纳医疗保险费，继续享受医疗保险待遇必须满足个人缴费满一定年限的规定，有的规定个人缴费满30年，有的要求满25年不等。《军人保险法》规定："军人服现役年限视同职工基本医疗保险缴费年限，与入伍前和退出现役后参加职工基本医疗保险的缴费年限合并计算。"这样规定，有利于退役军人在地方退休后继续享受医疗保险待遇。

（5）15城市启动长期护理险制度试点

为积极应对人口老龄化，解决失能老年人的长期护理需求，更好地维护和保障老年人权益，按照党中央和国务院要求，2016年人力资源和社会保障部印发《关于开展长期护理保险制度试点的指导意见》（人社厅发〔2016〕80号），选择15个城市开展长期护理保险制度试点，探索建立适应我国国情的，以社会互助共济方式筹集资金的社会保险制度，为长期失能人员的基本生活照料及与基本生活密切相关的医疗护理提供保障。

人社部宣布，启动长期护理保险制度试点，利用1~2年试点时间，探索建立以社会互助共济方式筹集资金、为长期失能人员的基本生活照料和基本生活密切相关的医疗护理提供资金或服务保障的社会保险制度。

探索建立长期护理保险制度，是应对人口老龄化、促进社会经济发展的战略举措，是实现共享发展改革成果的重大民生工程，是健全社会保障体系的重要制度安排。建立长期护理保险，有利于保障失能人员基本生活权益，提升他们体面和有尊严的生活质量，弘扬中国传统文化美德；有利于增进人民福祉，促进社会公平正义，维护社会稳定；有利于促进养老服务产业发展和拓展护理从业人员就业渠道。

首批试点城市共15个，分别为：河北承德市、吉林长春市、黑龙江齐齐哈尔市、上海市、江苏南通市和苏州市、浙江宁波市、安徽安庆市、江西上饶市、山东青岛市、湖北荆门市、广东广州市、重庆市、四川成都市、新疆生产建设兵团石河子市。吉林和山东两省作为国家试点的重点联系省份。

（6）国家医疗保障局

为完善统一的城乡居民基本医疗保险制度和大病保险制度，不断提高医疗保障水平，确保医保资金合理使用、安全可控，统筹推进医疗、医保、医药"三医联动"改革，更好保障病有所医，2018年3月，十三届全国人大一次会议表决通过了关于国务院机构改革方案的决定，组建中华人民共和国国家医疗保障局。将人力资源和社会保障部的城镇职工和城镇居民基本医疗保险、生育保险职责，国家卫生和计划生育委员会的新型农村合作医疗职责，国家发展和改革委员会的药品和医疗服务价格管理职责，民政部的医疗救助职责整合，组建国家医疗保障局，作为国务院直属机构。

早在2017年6月28日，国务院颁布《关于进一步深化基本医疗保险支付方式改革的指导意见》，强调其重要性和急迫性，将医保支付方式改革提到了新的高度。意见提出，健全医保支付机制和利益调控机制，实行精细化管理，激发医疗机构规范行为、控制成本、合理收治和转诊患者的内生动力，引导医疗资源合理配置和患者有序就医，支持建立分级诊疗模式和基层医疗卫生机构健康发展，切实保障广大参保人员基本医疗权益和医保制度长期可持续发展。可见，如今，国家医疗保障局的成立，将极大地促进该文件的落实推进，对医疗机构、药企都将带来非常重要的影响。

其一，直接决定药价。以往卫生部门、人社部门争论不休的药品采购工作究竟谁管这个问题，如今国家给出了答案，将由国家医疗保障局全盘接手。此前，对于药品价格，发改委管定价，人社部管医保目录，卫计委管招标采购，最后由医保来支付，花钱的谈不了价格、管不了规范使用，结果造成医保压力越来越大。如今，由国家医疗保障局接手药品招标采购，一方面体现了"谁付费、谁操盘"，另一方面，在现实的医保资金下，将采取药品中标价格与医保支付标准紧密捆绑的方式，以实现各方利益最大化。在这种情况下，医院或者医联体可以根据医保支付标准，来对药价进行谈判。他们甚至可以委托第三方平台、各地医保局进行药品谈判。最终目的只有一个，在医保支付标准的基础上，降低药价，实现利益的最大化。

其二，严控用药。国家医疗保障局拥有从源头控制费用的权利，对于此前用量大的药品、辅助用药将有直接的控制权。此外，在医保支付标准下，将促使医院在合理用药的基础上，使用成本最低的药品治疗患者。

国家医疗保障局贯彻落实党中央关于医疗保障工作的方针政策和决策部署，在履行职责过程中坚持和加强党对医疗保障工作的集中统一领导。其主要职责是：

①拟订医疗保险、生育保险、医疗救助等医疗保障制度的法律法规草案、政策、规划和标准，制定部门规章并组织实施。

②组织制定并实施医疗保障基金监督管理办法，建立健全医疗保障基金安全防控机制，推进医疗保障基金支付方式改革。

③组织制定医疗保障筹资和待遇政策，完善动态调整和区域调剂平衡机制，统筹城乡医疗保障待遇标准，建立健全与筹资水平相适应的待遇调整机制。组织拟订并实施长期护理保险制度改革方案。

④组织制定城乡统一的药品、医用耗材、医疗服务项目、医疗服务设施等医保目录和支付标准，建立动态调整机制，制定医保目录准入谈判规则并组织实施。

⑤组织制定药品、医用耗材价格和医疗服务项目、医疗服务设施收费等政策，建立医保支付医药服务价格合理确定和动态调整机制，推动建立市场主导的社会医药服务价格形成机制，建立价格信息监测和信息发布制度。

⑥制定药品、医用耗材的招标采购政策并监督实施，指导药品、医用耗材招标采购平台建设。

⑦制定定点医药机构协议和支付管理办法并组织实施，建立健全医疗保障信用评价体系和信息披露制度，监督管理纳入医保范围内的医疗服务行为和医疗费用，依法查处医疗保障领域违法违规行为。

⑧负责医疗保障经办管理、公共服务体系和信息化建设。组织制定和完善异地就医管理和费用结算政策。建立健全医疗保障关系转移接续制度。开展医疗保障领域国际合作交流。

⑨完成党中央、国务院交办的其他任务。

国家医疗保障局应完善统一的城乡居民基本医疗保险制度和大病保险制度，建立健全覆盖全民、城乡统筹的多层次医疗保障体系，不断提高医疗保障水平，确保医保资金合理使用、安全可控，推进医疗、医保、医药"三医联动"改革，更好保障人民群众就医需求、减轻医药费用负担。

国家卫生健康委员会、国家医疗保障局等部门在医疗、医保、医药等方面加强制度、政策衔接，建立沟通协商机制，协同推进改革，提高医疗资源使用效率和医疗保障水平。

国家医疗保障局的成立，对中国的医疗保障制度建设与发展而言，既给出了机遇，更提出了挑战。需要认真考虑历史，遵循规律，科学谋划，科学决策，科学实施，不断完善，谋定而后动，为最终实现国家统一的全民医疗保障制度，更好地完成其责任与使命。

我国的基本医疗保险由城镇职工基本医疗保险、城市居民基本医疗保险制度和新农合组成。我国医药卫生体制改革稳步实施，覆盖城乡的基层医疗卫生服务体系不断完善，目前我国城镇职工医保、城镇居民医保和新农合三项基本医疗保险的参保率稳定在95%以上。

第一，城镇职工基本医疗保险。

中国的基本医疗保险制度实行社会统筹与个人账户相结合的模式。基本医疗保险基金原则上实行地市级统筹。基本医疗保险覆盖城镇所有用人单位及其职工；所有企业、国家行政机关、事业单位和其他单位及其职工必须履行缴纳基本医疗保险费的义务。目前，用人单位的缴费比例为工资总额的8%左右，个人缴费比例为本人工资的2%。单位缴纳的基本医疗保险费一部分用于建立统筹基金，一部分划入个人账户；个人缴纳的基本医疗保险费记入个人账户。统筹基金和个人账户分别承担不同的医疗费用支付责任。统筹基金主要用于支付住院和部分慢性病门诊治疗的费用，统筹基金设有起付标准、最高支付限额；个人账户主要用于支付一般门诊费用。2009—2017年我国城镇职工基本医疗保险情况见表6-2。

表 6-2　　　　　　2009—2017 年我国城镇职工基本医疗保险情况

指标	2009年	2010年	2011年	2012年	2013年	2014年	2015年	2016年	2017年
城镇职工基本医疗保险年末参保人数（万人）	21 937.0	23 734.7	25 227.1	26 485.6	27 416.0	28 296.0	28 894.0	29 532.0	30 323.0
城镇在岗职工基本医疗保险年末参保人数（万人）	16 411.0	17 791.2	18 948.5	19 861.3	20 501.0	21 041.0	21 362.0	21 720.0	22 288.0
城镇退休人员基本医疗保险年末参保人数（万人）	5 526.9	5 943.5	6 278.6	6 624.2	6 942.0	7 255.0	7 532.0	7 812.0	8 034.0
城镇职工医疗保险基金收入（亿元）	3 420.3	3 955.4	4 945.0	6 061.9	6873.0	9 687.0	11 193.0	13 084.0	17 932.0
城镇职工医疗保险基金支出（亿元）	2 630.1	3 271.6	4 018.3	4 868.5	5 830.05667.0	8134.0	9 312.0	10 767.0	14 422.0
城镇职工医疗保险基金累计结余（亿元）	4 055.2	4 741.2	5 683.2	6 884.2	8 129.0	7 632.0	8 114.0	12 972.0	13 234.0

资料来源：根据国家统计局《统计年鉴》整理。

为保障参保职工享有基本医疗服务并有效控制医疗费用的过快增长，中国政府加强了对医疗服务的管理，制定了基本医疗保险药品目录、诊疗项目和医疗服务设施标准，对提供基本医疗保险服务的医疗机构、药店进行资格认定并允许参保职工进行选择。为配合基本医疗保险制度改革，国家同时推动医疗机构和药品生产流通体制的改革。通过建立医疗机构之间的竞争机制和药品生产流通的市场运行机制，努力实现"用比较低廉的费用提供比较优质的医疗服务"的目标。

城镇职工医疗保险秉承了我国医疗保险"收支平衡，略有结余"的原则，近10年来，在满足医疗基金正常支付的情况下，基金收入都略大于基金支出，体现了"略有结余"的原则。

在基本医疗保险之外，各地还普遍建立了大额医疗费用互助制度，以解决在社会统筹基金最高支付限额之上的医疗费用。国家为公务员建立了医疗补助制度。有条件的企业可以为职工建立企业补充医疗保险。国家还将逐步建立社会医疗救助制度，为贫困人口提供基本医疗保障。

第二，城市居民基本医疗保险。

国务院决定，从2007年起开展城镇居民基本医疗保险试点。2007年在有条件的省份选择2~3个城市启动试点，2008年扩大试点，争取2009年全国范围内的试点城市覆盖率达到80%以上，2010年在全国全面推开，逐步覆盖全体城镇非从业居民，这标志着我国的基本医疗保险工作走向了全民医保，该政策实施至今，我国城市居民的基本医疗保险的参保率渐趋稳定。

为认真贯彻落实《国务院关于开展城镇居民基本医疗保险试点的指导意见》（国发〔2007〕20号），2007年09月04日劳动和社会保障部颁布了《关于城镇居民基本医疗保险经办管理服务工作的意见》，该意见要求充分利用城镇职工基本医疗保险管理基础，依托街道和社区劳动保障工作平台开展试点工作。在试点中要注意探索建立合理的筹资机制、健全的管理体制和规范的运行机制，加强指导，规范管理。探索建立城乡统筹医疗保障制度的地区，要整合现有的管理资源，加快建立统一、高效的管理平台。2010年10月劳动和社会保障部颁布了《关于城镇居民基本医疗保险医疗服务管理的意见》，该意见就城镇居民基本医疗保险医疗服务管理的有关问题提出了具体的实施办法。由于试点工作取得显著成效，受到广大城镇居民的欢迎。为完善城镇居民基本医疗保险制度积累了可靠的经验，人社部于2009年04月08日颁布了《关于全面开展城镇居民基本医疗保险工作的通知》，该通知针对国务院2009年在全国范围内全面开展城镇居民基本医疗保险工作的要求，就提高居民参保率，全面开展城镇居民基本医疗保险工作规定：2009年全国所有城市都要开展城镇居民基本医疗保险工作。2009年新开展这项工作的城市，方案由省级人民政府负责审批，并报人力资源和社会保障部备案，原则上于第二季度启动实施，参保率力争达到50%以上。2009年前已开展试点的城市，应结合在试点工作中出现的问题进一步完善政策、加强管理，力争将其参保率达到80%以上。《关于开展城镇居民基本医疗保险门诊统筹的指导意见》（人社部发〔2009〕66号）要求开展门诊统筹工作，2009年要在60%的统筹地区建立城镇居民医保门诊统筹。我国的城镇居民基本医疗保险工作进入了全面开展阶段。人社部于2009年7月24日、2011年05月24日先后颁布了《关于开展城镇居民基本医疗保险门诊统筹的指导意见》和《关于普遍开展城镇居民基本医疗保险门诊统筹有关问题的意见》，要求开展城镇居民基本医疗保险门诊统筹工作，进一步完善基本医疗保险的保障范围、筹资、支付等政策和就医、费用结算、业务经办等管理措施，通过统筹共济的方式合理分担参保居民的门诊医疗费用。门诊统筹工作，减轻了居民门诊医疗费用负担，增强了制度保障能力。2010年10月28日，第十一届全国人民代表大会常务委员会第十七次会议通过的《中华人民共和国社会保险法》指出，国家应建立和完善城镇居民基本医疗保险制度。城镇居民基本医疗保险实行个人缴费和政府补贴相结合。享受最低生活保障的人、丧失劳动能力的残疾人、低收入家庭60周岁以上的老年人和未成年人等所需个人缴费部分，由政府给予补贴。人社部于2012年11月14日颁布了《人力资源和社会保障部、财政部、卫生部关于开展基本医疗保险付费总额控制的意见》，随着我国覆盖城乡居民的基本医疗保障制度的初步建立，参保人数不断增加，保障水平逐步提高，该意见提出应进一步深化医疗保险付费方式改革，结合基本医疗保险基金预算管理的全面施行，开展基本医疗保险付费总额控制。国务院同意人力资源和社会保障部、发改委、民政部、财政部、卫生部、社保基金会制定的《社会保障"十二五"规划纲要》，指出要加快建立覆盖城乡居民的社会保障体系，使广大人民群众得到基本保障，共享经济社会发展的成果。《关于做好2015年城镇居民基本医疗保险工作的通知》（以下简称《通知》）指出，2015年各级财政对城镇居民医保的补助标准将提高，2015年城镇居民个人缴费基础也将提高。国办印发《关于全面实施城乡居民大病保险的意见》（国办发〔2015〕57号），所有地市启动实施，大病保险支付比例达到50%以上。2016年按照精准扶贫的要求，进一步巩固完善大病保险，对贫困人口等困难人员实行精准施策，在起付线、报销比例等方面给予重点倾斜。2016年国务院印发《关于整合城乡居民基本医疗保险制度的意见》（国发〔2016〕3号），要求通过整合城镇居民基本医疗保险与新型农村合作医疗，建立统一的城乡居民基本医疗保险制度，实现覆盖范围、筹资政策、保障待遇、医保目录、定点管理、基金管理"六统一"。民政部、人力资源和社会保障部等部门印发《关于进一步加强医疗救助与城乡居民大病保险有效衔接的通知》（民发〔2017〕12号），全面落实资助困难群众参保政策，确保将特困人员、低保对象、建档立卡贫困人口等困难人员纳入居民医保和大病保险。2017年，国务院发布《关于整合城乡居民基本医疗保险制度的意见》，提出整合城镇居民医保和新农合，将适当提高个人缴费比重。农民工和灵活就业人员将参加职工基本医疗保险。

第三，农村新农合。

合作医疗制度主要适用于农村地区，与劳保医疗和公费医疗不同的是，它并非是由国家立法强制建立的，也没有国家财政给予资金支持，而是在农村地区，通过集体和个人集资筹集医疗经费，为农村居民提供医疗保健服务的一种互助共济制度。合作医疗制度出现在20世纪50年代末期，普遍推行于60年代中期。1965年中央批转卫生部党委《关于把卫生工作重点放到农村的报告》，强调加强农村基层卫生保健工作，推动了农村合作医疗制度的发展。截至1965年年底，全国已有山西、湖北、江西等十多个省、自治区、直辖市的一部分市县实行了合作医疗制度；到1976年，全国已有90%的农民参加了合作医疗制度。农村合作医疗制度以集体经济为基础，以农民群众自愿参加为原则，合作医疗基金采取集体出资和个人集资或集体投资和个人集资相结合的形式。合作医疗以"量入为出"为原则，群众看病只需缴纳少量费用，大部分可从合作医疗基金中报销。因此，该制度受到了农民的欣然接受，成为农村集体福利事业的一项重要内容。但从20世纪70年代末以来，由于农村实行了经济体制改革，普遍采取了家庭联产承包责任制，使农村合作医疗制度失去了原有的经济基础，导致农村合作医疗制度在全国各地几乎消亡。

2002年10月，在《中共中央、国务院关于进一步加强农村卫生工作的决定》

中明确指出：要逐步建立以大病统筹为主的新型农村合作医疗制度……到2010年，新型农村合作医疗制度要基本覆盖农村居民……从2003年起，中央财政对中西部地区除市区以外的参加新型合作医疗的农民每年按人均10元安排合作医疗补助资金，地方财政对参加新型合作医疗的农民补助每年不低于人均10元……农民为参加合作医疗、抵御疾病风险而履行缴费义务不能视为增加农民负担。这是我国政府历史上第一次为解决农民的基本医疗卫生问题而进行的大规模投入。之后国务院先后下发了《关于建立新型农村合作医疗试点工作的指导意见》《关于进一步做好新型农村合作医疗试点工作的指导意见》《关于做好2004年下半年新型农村合作医疗试点工作的通知》。从2003年开始，本着多方筹资，农民自愿参加的原则，新型农村合作医疗的试点地区正在不断增加，通过对试点地区的经验总结，为将来新型农村合作医疗在全国的全面开展创造了坚实的理论与实践基础。自2003年新型农村合作医疗试点工作开始，到2013年是新农合制度实施11周年，新农合参保率已达到95%以上。《关于开展城乡居民大病保险工作的指导意见》（国发〔2012〕11号）明确针对城镇居民医保、新农合参保（合）人大病负担重的情况，引入市场机制，建立大病保险制度，减轻城乡居民的大病负担，大病医保报销比例不低于50%。从城镇居民医保基金、新农合基金中划出一定比例或额度作为大病保险资金。意见要求利用部分新农合基金、城镇居民医保基金向商业保险机构购买大病保险，在参合（保）群众患大病发生高额医疗费用的情况下，对新农合、城镇居民医保补偿后需个人负担的合规医疗费用给予保障。2016年1月，《国务院关于整合城乡居民基本医疗保险制度的意见》发布，指出整合城镇居民基本医疗保险和新型农村合作医疗两项制度，建立统一的城乡居民基本医疗保险制度。要求城乡居民医保制度政策实现统一覆盖范围、统一筹资政策、统一保障待遇、统一医保目录、统一定点管理、统一基金管理。《乡村振兴战略规划（2018—2022年）》要求完善统一的城乡居民基本医疗保险制度和大病保险制度，做好农民重特大疾病救助工作，健全医疗救助与基本医疗保险、城乡居民大病保险及相关保障制度的衔接机制。2009—2015年新农合基本情况见表6-3。[①]

表6-3　　　　　　　　　2009—2015年新农合基本情况

指标	2009年	2010年	2011年	2012年	2013年	2014年	2015年
参合人口数（亿人）	8.33	8.36	8.32	8.05	8.02	7.36	6.7
参合率（%）	94.00	96.00	97.50	98.30	98.70	98.9	98.8
当年筹资总额（亿元）	944.40	1 308.30	2 047.60	2 484.70	2 972.50	3 025.3	3 286.6
人均筹资（元）	113.40	156.60	246.20	308.50	370.60	410.9	490.3
当年基金支出（亿元）	922.90	1 187.80	1 710.20	2 408.00	2 909.20	2 890.4	2 993.5

资料来源：根据人力资源和社会保障部有关资料整理。

基本医疗保险与原有的公费、劳保医疗制度相比，主要有以下几方面的不同：

① 因机构改革，2016年和2017年数据缺失。

第一，保险形式不同。公费医疗、劳保医疗属于单位保险，缺乏互助共济功能；基本医疗保险属于社会保险，建立了社会统筹基金和个人账户，具有互助共济功能，体现了权利与义务对等的公平原则。

第二，筹资机制不同。在公费医疗、劳保医疗制度中职工医疗费用全部由国家财政、企业包揽，对医疗机构和患者双方缺乏制约机制，容易造成医疗费用过度膨胀和资金的浪费；基本医疗保险制度则建立了单位和个人共同缴费的医疗保险统筹机制，提高了参保人员的医疗保险意识和费用意识，对医疗机构和患者双方有了一定的制约，有效地控制了医疗费用的浪费。

第三，保险水平不同。公费医疗、劳保医疗制度个人不缴纳或只缴纳少量医疗费用，但可以享受全部医疗待遇，保险水平相对较高；基本医疗保险制度只是保障参保职工基本医疗需求，保险水平相对较低。

第四，覆盖面不同。公费医疗、劳保医疗制度仅限于机关事业单位的职工和全民、集体企业的职工；基本医疗保险制度的覆盖范围是城镇所有单位，包括企业（国有企业、集体企业、外商投资企业、私营企业）、机关、事业单位、社会团体、民办非企业单位及其职工。有些地区还包括乡镇企业及其职工、城镇个体经济组织业主及其从业人员、失业人员等。

第五，管理体制不同。公费医疗由卫生部门管理，劳保医疗由劳动部门管理，基本医疗保险实行社会化管理和属地化管理。

二、现行基本医疗保险制度的框架

现行的城镇职工基本医疗保险制度是与我国当前经济发展水平相适应的一种社会保险制度，其指导思想是"基本水平、广泛覆盖、双方负担、统账结合"，即基本医疗保险的水平要与社会主义初级阶段生产力发展水平相适应；城镇所有用人单位及其职工都要参加基本医疗保险，实行属地管理；基本医疗保险费由用人单位和职工双方共同负担；基本医疗保险基金实行社会统筹和个人账户相结合的方式。公费医疗和劳保医疗制度与职工基本医疗保险制度的比较见表6-4。

表6-4　　　　公费医疗和劳保医疗制度与职工基本医疗保险制度的比较

保险制度比较项目	公费医疗和劳保医疗制度	职工基本医疗保险制度
保险形式	单位保险	社会保险
筹资机制	单位	单位、个人
保险水平	全部医疗待遇（无封顶线）	低水平（起付标准、最高支付限额）
覆盖面	机关事业单位和全民、集体企业	城镇所有单位，包括各种所有性质的企业
管理体制	卫生部门、劳动部门	社会化管理和属地化管理，劳动和社会保障部门

职工基本医疗保险制度的主要内容有：

第一，明确强制性参保人员的范围，即城镇所有的用人单位及职工和退休人员都必须参加基本医疗保险。

第二，确立新的医疗保险筹资机制，明确医疗保险由用人单位（或雇主）和职工共同负担。其中，用人单位（或雇主）的缴费水平按照当地工资总额的6%左右确定，个人缴费从本人工资的2%起步。各统筹地区的具体缴费标准由当地政府确定，同时允许筹资标准随经济发展作适当调整。在筹资部分，对两类人员另有规定：退休人员参加基本医疗保险，个人不缴纳基本医疗保险费；国有企业下岗职工的基本医疗保险费，由再就业服务中心以当地职工平均工资的60%为基数代职工缴纳，并享受相应的医疗保险待遇。

第三，建立统筹基金和个人账户相结合的模式。基本医疗保险基金由统筹基金和个人账户构成。职工个人缴纳的基本医疗保险费，全部记入个人账户；用人单位缴纳的基本医疗保险费分为两部分，一部分用于建立统筹基金，一部分划入个人账户。划入个人账户的比例一般为用人单位缴费的30%左右，具体比例由统筹地区根据个人账户的支付范围和职工年龄等因素确定。

第四，建立"统账分离"，范围明确的支付机制。统筹基金和个人账户划定各自的支付范围，分别核算，不得互相挤占。个人账户主要支付小额和门诊医疗费用；统筹基金主要支付大额和住院治疗费用，由医疗保险经办机构统筹调剂使用，按医疗费的一定比例支付。各统筹地区要确定统筹基金的起付标准和最高支付限额，统筹基金的起付标准原则上控制在当地职工年平均工资的10%左右，个人在1个年度内连续住院则起付标准依次递减（如北京市，依次为10%、5%），而最高支付限额原则上控制在当地职工年平均工资的4倍左右。在起付标准以下的医疗费用，从个人账户中支付或由个人自付；在起付标准以上、最高支付限额以下的医疗费用，主要从统筹基金中支付，个人也要负担一定比例。具体比例由统筹地区根据"以收定支、收支平衡"的原则确定。超过最高支付限额的医疗费用，由个人负担。

第五，坚持属地化原则，建立统一的社会化管理、服务体制。社会化的医疗保险经办机构负责基本医疗保险基金的收缴、管理和支付。医疗保险统筹管理层次原则上以地级以上行政区为统筹单位，也可以以县（市）为统筹单位。为了保证职工基本医疗保险基金的安全、完整，将医疗保险统筹基金纳入单独的社会保障基金财政账户，专款专用，并实行收支两条线管理；同时，还要建立健全基金预决算制度、财务会计制度和社会保险经办机构的内审制度。

第六，建立有效的制约医疗服务管理机制，实行有效的监管。通过制定基本医疗保险药品目录、诊疗项目和医疗服务设施标准以及相应的管理办法，确定了基本医疗服务的范围和标准。实行医、药分开核算，分别管理，对提供基本医疗服务的医疗机构和药店实行定点管理。对医疗机构进行调整、改革，规范医疗行为，减员增效，以提高卫生资源的利用效率。积极发展社区卫生服务项目，其中基本医疗服务项目可以纳入基本医疗保险支付范围。

第七，特殊政策规定。为保证特殊人员的医疗待遇与基本医疗保险制度的衔接，1998年的《国务院关于建立城镇职工基本医疗保险制度的决定》规定：离休人员、老红军、二等乙级以上革命伤残军人的医疗待遇不变，医疗费用由渠道解决；退休人员个人不缴费，其账户资金全部从单位缴费中划入，划入比例或资金总量要高于在职人员；国家公务员在参加基本医疗保险的同时，享受医疗补助待遇；允许符合条件的企业建立职工补充医疗保险。

对于被遗漏在基本医疗保险网外的社会成员，则主要通过多层次医疗保险体系来解决其医疗保障问题。在多层次医疗保障体系下，公共卫生构成了社会医疗保险的重要基础；医疗救助弥补了基本医疗保险制度的不足；由机构或雇主提供的补充医疗保险和市场供给的商业医疗保险，也构成了对基本医疗保险的补充。

三、基本医疗保险制度评估

1.积极作用

经过几年的改革和建设，目前我国的医疗保障制度已经基本上实现了体制转轨和机制转换。在体制上，完成了从原来公费医疗和劳保医疗的福利型保障向社会医疗保险型保障的转轨。同时，在新制度下实行了社会统筹与个人账户相结合、费用分担、医疗服务竞争（定点医疗）、费用控制（结算方式）以及社会化管理等新的运行机制。

医疗保险制度的改革已经产生了积极的社会影响。一是它对促进国企改革和社会稳定发挥了作用。在1亿多的参保人员中，65%是企业职工和退休人员。二是促进了参保人员的就医方式和医疗消费观的转变，参保人员比过去有了更多的就医选择权。三是推进了医疗服务和药品服务市场的竞争和健康发展。基本医疗保险用药范围、基本医疗保险诊疗项目、医疗服务设施范围和支付标准，以及基本医疗保险费用结算办法等管理措施加强了对医疗服务供方的约束，促使其提供成本更低、效率更高的服务。四是抑制了医疗费用不合理增长的势头。

在制度层面上，初步形成了以基本医疗保险为主体，以各种形式的补充医疗保险（公务员补充医疗保险、大额医疗互助、商业医疗保险和职工互助保险）为补充，以社会医疗救助为底线的多层次医疗保险体系的基本框架。同时，医疗卫生体制的改革也取得了一定的进展，对基本医疗保险制度的发展起到了促进作用。

2.存在的问题

尽管我国医疗保险制度的改革和建设已经取得长足进展，但总体上看，社会医疗保险制度改革的进展还不尽如人意。在新制度运行过程中出现的问题还很多，有些甚至还很严重。有必要对医疗保险制度，特别是在制度实施过程中存在的问题进行深入思考和分析，理清今后医疗保险制度发展的思路。目前我国医疗保险制度的主要问题包括：

（1）医疗卫生费用过度膨胀，个人负担仍旧较重

我国迄今为止的医疗保险制度改革，尚未从根本上触动医院的经济补偿机制，尚未建立鼓励供给方更有效地利用医疗服务资源的成本制约机制和激励机制，医疗卫生费用上涨的趋势尚未得到有效遏制。2003年第三次国家卫生服务调查结果显示：我国医疗服务费用的增速已超过人均收入的增速，医药卫生开销成为家庭继食物支出、教育支出后的第三大消费支出。同时，由于现行制度只能提供最基本的医疗保障，统筹基金对住院费用的补偿还有一定的免赔额、支付比例和限额，因此，不断攀升的医药及医疗服务价格、过高的自负金额，给人们带来了较大的负担。

（2）人群覆盖面有限，保障程度较低

现行的医疗保障制度对于覆盖人群也只能提供最基本的医疗保障，保障程度较低，对于"封顶线"以下和"规定范围"以外以及支付限额以上的医疗费用，也只能通过自愿投保补充医疗保险的方式来解决。

（3）权责关系不清晰，导致责任分担失衡，个人责任依然不足

一方面，职工医保制度建立在用人单位与参保者个人分责的基础之上，但政府对离退休人员的责任并不清晰，职工医保个人账户的长期存在更是极大地弱化了医保制度的互助共济功能。据统计，2016年全国职工医疗保险个人账户累计结余达5 200亿元，这笔不能统筹使用的资金占全部结余的近60%。在2003年启动新型农村合作医疗试点时，政府补助与个人缴费之比是2∶1，但后来逐渐演变成政府补助逐年增加，个人缴费日益滞后，目前全国城乡居民基本医疗保险中的个人缴费在人均筹资总额中普遍不足30%，有的地方甚至不到20%，这种责任失衡的筹资结构不仅影响到制度的可持续性，也极易造成制度发展的理性丧失。另一方面，居民医保制度建立在政府补贴与个人缴费的基础之上，但个人责任偏轻，一些地方事实上还存在着隐性个人账户。因此，我国医保制度必须进一步厘清责任分担机制并强化个人责任。

（4）政府对医院、医疗市场的监管不力

政府职能部门对医疗服务缺少强有力的监管手段。首先，政府对医院的收支缺乏有效监管，任凭医院自由收费和分配。在这种情况下，医院自然要追求利润，而在医患关系中，医生的主导地位则让这种情况有可能发展到非常严重的程度。其次，对医疗机构的规模、大型仪器的购置和新技术的采用都没有特别"管用"的监督方法，行业监管缺乏力度。

（5）多层次的医疗保障体系尚未真正形成

尽管目前我国医疗保障体系的框架已经基本形成，但合作还有明显欠缺，在现有体系中各个层次的运行还没有纳入正轨，成效并不显著。职工补充医疗保险、商业医疗保险、社会医疗救助和社区医疗服务等还没有得到有效落实。

（6）医疗卫生体制改革与医疗保险制度改革不配套

医疗卫生体制的改革是关系到基本医疗保障制度能否顺利推进的关键，医疗卫生体制包括医疗机构的补偿机制问题和药品生产、流通体制问题。

在计划经济体制下，医院的性质是非营利性和福利性的，其经费基本上来源于财政或企业拨款，医院的其他日常性成本则通过医疗服务的收费来补偿，因此，医院追求自身利益的动机也不强。随着市场经济体制的确立，政府对国有医院的补偿政策也有变化。

药品的生产和流通领域也存在着严重问题，普遍存在的现象致使药品虚高定价，严重影响了消费者的利益。基本医疗保险基金除了要面临人口的老龄化、疾病普遍化和医疗技术的提高等自然原因带来的费用压力外，还要承受由于医药卫生体系改革的滞后所带来的考验。不少实行医疗保险制度的地区，都不同程度上出现了医疗统筹基金入不敷出的局面，这对于医疗保险制度的可持续发展是十分不利的。

医药卫生体系改革与医疗保险制度改革不配套的另一个严重后果是，医院、医保机构和患者三方之间的关系没有理顺，关系紧张。为了控制医疗费用的增长，政府部门下发了一系列旨在规范医院行为的文件，对医院的选择、用药、诊疗项目、费用结算方式以及定点药店的选择都做了明确规定。

医院和社保机构的矛盾，也导致了参保患者的不满，他们认为虽然参加了医疗保险，但事实上却得不到医疗保障，这会摇动他们对医保制度的信心和对政府的信任。

（7）制度体系分散

现行三种基本医疗保险制度之间体系分散。首先，不同的医疗保险制度体系差异大。不同的医保制度建立时间不同，发展状况参差不齐。在覆盖人群、筹资方式、缴费标准、起付标准、报销比例、医疗待遇等方面存在着明显的差异。在覆盖人群方面，城镇职工基本医疗保险的保障对象是城镇职工；城镇居民基本医疗保险制度的保障对象是学生及城镇非从业人员；而新农合的保障对象是具有农村户籍的人。在资金筹集方面，城镇职工医保由单位和职工共同承担；城镇居民医保以家庭承担为主，政府补助为辅；新农合医保由个人、集体和政府三方承担。三种医疗制度各自有完整独立的管理体系，体系之间衔接困难，协调困难。如何整合城镇居民和新农合基本医疗保险制度，有效的衔接是关键的问题，也是很困难的问题。要做到统一筹资标准和缴费标准，做到合理有效的衔接。另外，还要统一医疗待遇水平、起付标准和报销比例。两项基本医疗保险制度合并后，应该严格执行统一明确合理的报销比例。统一覆盖人群，城乡居民基本医疗保险制度应该包含除城镇职工外的所有居民，这样可以进一步做到医保全覆盖，而且没有重复参保的现象。另外，可采取适当降低学生儿童住院起付线标准的办法，扩大居民医保的惠及面。其次，地域之间的差异也尤为显著。各地根据自身的实际情况制定符合本地区特点的医疗保险制度，全国各地在缴费标准、报销起付线、报销比例、报销项目、转院制度等方面存在较大的差异。

（8）城乡医疗资源分配不合理

现实中，权威的医疗机构、先进的医疗设备、高素质的医护人员、更为完备的医疗卫生服务全都集中在大城市，相比之下，农村的医疗卫生资源严重不足。数据显示，城镇人口约占总人口的30%，城镇人口所享受的医疗卫生资源却占总资源的80%，然而，相比较占总人口70%的农村居民所享受到的医疗卫生资源仅为总资源的20%。由于大医院有更多提高能力和升职的机会，本科及以上医学毕业生更倾向于去大医院，农村医院、基层医院无人问津。这就导致了高学历、高职称、高素质的医护人员集中在大城市。专科及专科以下的人员大部分留在农村和县城。农村医疗机构中医生学历以中专和大专为主，甚至还有一些人没有职称，仍然从事医疗卫生工作。农村医疗机构中医生素质低，严重制约着农村医疗事业的发展，导致人们的信任度降低。另外，农村医疗机构中普遍存在着医疗设施落后、更新迟缓、设备不先进等问题。硬件设施不齐全严重制约着农村卫生机构和医护人员的发展。城镇卫生机构床位数远远高于农村机构并且呈现逐年增加的趋势，农村机构床位数逐年递减；乡镇卫生院的数量逐渐下降，且下降趋势明显。城镇居民享受到更为优质的医疗卫生服务，而农民想要看大病，不得不去城市的大医院就医，加重了农民看病难、看病贵的问题。农村紧缺的医疗卫生资源使得农民想要得到同等水平的医疗卫生服务的代价更大。医疗卫生资源的不合理配置违背了公平原则，阻碍了城乡医疗制度一体化的进程。

四、完善医疗保障体系的构想

1.确立合理的目标定位

当今世界，健康已经成为公民的基本权利。因此在医疗保障领域，使所有社会成员都能公平地享受医疗保障已成为各国政府义不容辞的责任。尽管由于社会经济发展战略和生产力发展水平的制约，目前我国的医疗保障还不可能是全民统一的制度，但是从长远来看，建立全民健康保险制度是我国医疗保障制度的最终发展目标。当我国的整体经济实力提高，物质基础更加雄厚，整个社会对社会保障制度的认识更加深入的时候，我国就会有条件建立起统一的全民医疗保障制度。

要充分发挥基本医保、医疗救助、商业健康保险、多种形式补充医疗保险和公益慈善的协同互补作用，切实解决重特大疾病患者的因病致贫问题。积极探索利用基本医保基金购买商业大病保险或建立补充保险等方式，有效提高重特大疾病保障水平。加强与医疗救助制度的衔接，加大对低收入大病患者的救助力度。

城乡一体化是我国现代化进程的必由之路，社会保障体系建设的城乡一体化则是国家发展城乡一体化进程中的重大基础性工程，在城乡居民养老保险已经率先走向制度整合的背景下，将城镇居民医保和新型农村合作医疗整合为一体化的城乡居民医保更显紧迫。强调加快整合进程，从根本上说是构建公平、可持续的全民医保的迫切要求。我国虽然基本实现全民医保，但还不是制度、管理、经办服务一体化的城乡体系。其中，城乡居民医保分割已成为这一制度公平、可持续发展的最大制约因素。越拖延时间，管理与运行成本越高，公共资源浪费越大，制度的公平性、可持续性越差。因此，加快整合进程，是健全全民医保的首要选择，是制度步入成熟、定型、稳定发展的新阶段。

　　2.政策建议

　　未来的医疗保险制度改革从大的方面来讲，应当把握以下几点：第一，明确政府在改革和完善医疗卫生保障制度中的功能和作用；第二，继续深化基本医疗保险制度的改革和完善；第三，逐步建立多层次的医疗保障体系。医疗保险制度改革的政策建议具体有以下几个方面：

　　（1）明确政府在医疗保障制度运行过程中的职能和作用

　　一是政府应承担公共卫生和基本医疗服务的责任。在公共卫生领域，存在显著的外溢效应，具有效用的非竞争性、受益的非排他性和效用的不可分割性，公共卫生是一种纯公共产品，也是一种社会必需品。政府必须承担起供方的全部职责，向社会成员免费提供这一公共产品。基本医疗服务的主要责任由政府承担，政府根据自己的筹资能力确定"基本服务"（包括绝大部分常见病、多发病，采用常规诊疗手段和规定药品目录），为全民提供保障服务。同时，在基本医疗领域，尽管有准公共产品属性，但不能完全依靠市场与竞争机制，而是需要有力的国家干预，包括医药流通、医疗服务、医疗机构布局等均离不开国家强有力的计划乃至价格调整。

　　二是转变政府职能，政府向侧重监管转变。在医疗卫生领域，政府的主要责任应是公共卫生的投入、医疗市场规章制度的确定和市场监管，但长期以来，政府直接拥有或管理医疗机构，把主要精力放在办医院上，并且在一定程度上自觉或不自觉地成为公立医院利益的保护者。在未来的医疗保险改革中，政府应转向对医院的服务规范与质量监管上，在信息不对称的情况下，充当消费者利益的最终保护者。

　　（2）加大政府对医疗服务领域的资金投入，为医疗保障制度的有效运行奠定基础

　　政府的资金投入主要表现在两个方面：一是对医疗服务供方（医院）的投入；二是对其他医疗保障制度，如灵活就业群体的医疗保险、弱势群体的医疗救助等。对医院，政府要考虑适当增加财政投入的比例，从补偿机制上彻底改变"以药养医"的经营模式。需要强调的是，在医疗保障的投入上，中央政府和地方政府都应承担相应责任，两级政府应该进行合理的分工，而不是仅靠中央财政拨款。当然，对于政府投入资金的使用情况，应该有必要的监督机制，以确保资金能够真正用于对医疗保险参保人员的服务。

　　对于除职工基本医疗保险制度以外的其他医疗保障制度，各级政府有责任投入

资金。同时，在医疗救助制度方面提倡慈善捐助和多种筹资方式；对贫困地区，中央政府还要加大资金投入力度，以保证农民得到医疗保障。

（3）医保、医疗、医药要"三改联动"，创造医疗保障制度实施的良好环境

医疗、医保和医药是社会医疗保障体系中的三个组成部分，只有这三个方面协调运作，才能保障整个医疗系统正常地提供基本医疗服务，从而维护人民群众的健康。医疗、医保和医药在医疗系统中的定位和相互之间的密切关系，决定了三项改革必须联动，齐头并进。

首先，政府对公立医院或其他非营利医疗机构应正确定位，并通过适当的补偿机制转变医院"以药养医"的经营模式。

其次，应加强对公立医疗机构的监管，建立科学的费用控制机制。加强对医疗机构行为和医疗价格的监管，实施收支两条线政策，消除医院的盈利动机；组织专家建立基层卫生基本用药目录，把效果较好、价格低廉的药物和部分急救药物固定下来；减少药品流通环节，建立基层药品配送绿色通道；建立城乡医疗保障费用支出效果的综合评价机制，及时调整医疗保障政策，提高合作医疗经费使用的效率和公平性。

最后，调整好医疗保险"供、需、保"三方的利益。只有这样，才能实现"用比较低廉的费用，提供比较优质的医疗服务，努力满足广大人民群众基本医疗服务的需要"的医疗制度改革目标。

（4）适度引入市场机制，使医疗机构之间、医院内部之间形成竞争，以提高效率

目前的管理办法将医疗机构分为营利性医院和非营利性医院两类。非营利性医院主要包括公立医院和少量的慈善型民办医院；营利性医院主要包括私立医院、股份制医院和中外合资医院。实际上，营利性和非营利性机构的区别并不在于它们是否追求利润，而是在于如何处理和分配利润。其长期运行的必要条件都是在收支相抵后有一定的盈余。许多国家的政府允许营利性医疗机构可以与非营利性医疗机构一样，根据政府的有关合同规定，提供相应的医疗服务。鉴于此，我们认为如果我国的营利性医疗机构达到了医疗服务机构准入的有关条件，并承诺遵守医疗保险的相关规定，就应当鼓励其发展，允许它们为社会医疗保险提供服务，并通过不同所有制医疗机构的竞争来提高效率、降低成本。医院内部也要形成竞争并进行绩效考核，改革人事分配机制，增强医疗机构内在活动，以提高医疗卫生投入的总效益。

（5）建立地区医疗保险科学预算和付费机制

在中国医疗保险转型和创立期间，主要依赖医疗保险基金收入情况和定点医疗机构上年度的费用情况制定总额控制政策；同时，卫计部门也制定了一些硬性限制指标，在一定程度上控制了医疗服务的成本。但是，这些措施的行政色彩和部门特征很浓，均以基金为核心，缺乏对医生处方权的尊重，缺乏对医院发展的

正确引导。与其消极控费，不如基于医疗服务治理机制积极探索合理用费，确实提高国民的基本医疗保障水平，明确医疗费用合理增长目标，运用医疗费用增长率指数指导医疗机构控制成本，指导医疗保险制定预付费率，将如何控费和如何实现盈余的自主权交给院长和医生，做到管而不死，放而不乱，实现利益相关人的共赢目标。

（6）完善监督机制，加大惩罚力度

首先，惩治医务人员逐利行为，与诚信档案终生挂钩。医生作为医疗服务的核心提供者，必须坚决杜绝过度医疗和诱导消费。积极推进疾病诊断相关性分组和总额预算、预付费制度，让医生通过正常途径获得合理的报酬，杜绝任何漏洞。将医保制度学习纳入医生继续教育的重要内容，让智能审核实现常态化。其次，惩治医疗机构恶意逐利行为，与总额预付奖励挂钩。加强预算管理，改革医院行政管理机构，调整组织结构和管理权限。鼓励公立医院与民营医院竞争。最后，惩治受保人恶意骗保行为，记入个人征信记录。在加大医保社会互助共济理念宣传的同时，以制度和法律加以保障。

（7）加大管理创新力度，加快推进医保治理现代化

全民医保制度的实践效果取决于合理的经办方式及其管理水平。在当前，应当努力在以下几方面取得实质进展：一是治理手段由人治向法治转变。在完善立法及相关政策的条件下，任何变更医疗保险制度安排内容的行为必须于法有据，以此防止各级决策层的违法违规决策，确保制度不被地方行为扭曲。二是经办机构从附属于行政部门向法人化转变。当前的医保经办机构完全附属于行政主管部门，扮演的是主管部门内设机构的角色，这种状况既无法让其独立承担起应当承担的制度运行责任，也使主管部门的监管难以公正，因此，应当以医疗保险统筹层次为基本依据，设立具有独立法人资格的医疗保险经办机构，让其承担制度运行的职责并接受行政主管部门的监管。三是经办管理方式要从行政方式向社会治理机制转变，通过平等协商谈判机制、契约（协议）管理机制，激发医疗、医药和参保人的积极性，构建互利共赢、共享发展的新机制。四是借助信息技术与社会力量，推动医疗保险服务水平的升级。如充分利用互联网、发挥大数据的作用，借助市场主体与社会力量，对医疗保险制度运行实行全过程智能监管，以便对医保基金支付、医疗诊断行为、医药价格动态、患者就医选择以及疾病谱变化等进行有效监测与管理。如果能够在上述方面取得进展，则全民医保的治理便会真正走向现代化，并可以借此促使医疗保险制度健康、持续发展。

（8）构建多层次的医疗保障体系

公民享受社会医疗保障是宪法赋予的基本权利，国家应当发展社会医疗保险，让全体公民都享有最基本的医疗保障，并不断提高保障待遇，更好地满足公民的医疗服务需要。尽管由于社会经济发展战略和生产力发展水平的制约，目前我国的医疗保障还不可能是全民统一的制度，但是建立适合不同群体要求的医疗保障制度，还是可以实现的。

第一，发挥补充医疗保险和商业医疗保险的作用，逐步建立包括医疗救助在内的多层次的医疗保障体系。

基本医疗保险保障职工的最基本医疗需求。职工基本医疗保险制度是国家强制实施的社会保险制度，目的是保障职工的基本医疗需求。基本医疗保险在医疗社会保障体系中占主导、核心地位的部分，是一切其他医疗保障制度的基础；基本医疗保险通过统筹共济，实行对社会收入的二次分配，体现社会公平，维护社会稳定。为了使有限的基本医疗保险基金发挥最大作用，基本医疗保险规定了医药服务的支付范围，统筹基金设定了起付标准和最高支付限额。鉴于公费、劳保医疗制度的教训，基本医疗保险不能统包统揽，而要保障绝大多数职工的基本医疗需求，国家只能确定一个基本保障的医疗保险制度。此外，为了鼓励竞争和满足有不同支付能力的社会群体客观存在的不同层次的医疗消费需求，也需要鼓励发展补充医疗保险、商业医疗保险等多层次医疗保障体系。国家将社会医疗保险界定在基本医疗保障的层次，也是为发展商业医疗保险等其他层次的医疗保障留出市场空间。通过逐步发展和完善以基本医疗保险制度为主体的多层次医疗保障体系，可以切实保障劳动者不同层次的医疗需求，逐步扩大医疗保险覆盖范围，进而实现全民医疗保险，同时有利于调节社会公平，引导健康储蓄和消费。

补充医疗保险是相对于基本医疗保险而言的，包括企业补充医疗保险、商业医疗保险、社会互助和社区医疗保险等多种形式，是基本医疗保险的有益补充，也是多层次医疗保障体系的重要组成部分。补充医疗保险不是通过国家立法强制实施的，而是由用人单位和个人自愿参加的，是在单位和职工参加统一的基本医疗保险后，由单位或个人根据需求和可能原则，适当增加医疗保险项目，来提高保险保障水平的一种补充性保险。基本医疗保险与补充医疗保险是互为补充、不可替代的，其目的都是为了给职工提供医疗保障，从而起到稳定社会、促进发展的作用。对新型医疗保险制度而言，通过引进补充医疗保险，避免社会保险承担过多而造成职工过分依赖国家的现象，有利于医疗保险制度改革的深入。同时，引进补充医疗保险，还可以将商业保险的专业化、市场化的运作机制运用到基本医疗保险管理上，促使医疗保险管理的规范化、科学化，保证医疗保险制度的平稳运行。例如，在职工医疗保险改革方案出台后，上海市总工会制订的职工医疗互助保障计划也同时推出，它为职工筑起第二道医疗保险的保障线。在实行医疗保险改革之后，如果参加这项医疗互助保障计划，职工在住院治疗、急诊留院观察治疗、门诊大病治疗、家庭病床治疗时，都可以获得1年最高4万元的补充医疗保障金。此举将大大减轻职工个人自付部分的医疗费负担，使职工享受双重保障。

医疗救助是多层次医疗保障体系的必要组成部分，主要为贫困人口提供医疗保障。这一层次属于社会救助的范畴，虽然医疗救助涉及的面不广，但是影响却不小。作为医疗保障制度最后一道防线的医疗救助制度在我国具有特别重要的意义。我国的医疗保险没有覆盖所有人口，缺少收入的老年人、婴幼儿和少年儿童，恰恰是面临疾病风险最高的人群，所以医疗救助是低收入人口就医的保证。首先，医疗救助体系的建立有利于实现社会公平，保障人权。我国《宪法》第四十五条规定："中华人民共和国公民在年老、疾病或者丧失劳动能力的情况下，有从国家和社会获得物质帮助的权利。"其次，医疗救助体系的建立对于防止因病致贫、因病返贫有重要的作用。最后，医疗救助体系的建立对于应对突发事件的社会应急系统的建设也有积极意义。目前，影响医疗救助体系的主要因素是资金问题，从医疗救助的性质来说，资金应该主要由国家承担，同时也应该积极开拓慈善捐助等筹资渠道。在建立医疗救助制度方面，应充分发挥第三部门（民间公益组织）的作用，尽快建立医疗救济基金及其运作制度。

第二，把与用人单位形成劳动关系的农村进城务工人员纳入医疗保险范围。

在原劳动和社会保障部2004年颁布的《关于推进混合所有制企业和非公有制经济组织从业人员参加医疗保险的意见》中，明确要求各地劳动保障部门，把与用人单位形成劳动关系的农村进城务工人员纳入医疗保险范围。根据农村进城务工人员的特点和医疗需求，各地劳动部门要合理确定缴费率和保障方式，解决他们在务工期间的大病医疗保障问题；用人单位要按规定为其缴纳医疗保险费。对在城镇从事个体经营等灵活就业的农村务工人员，可以按照灵活就业人员参保的有关规定参加医疗保险。

总之，医疗保险是非常重要的社会保险项目，也是现代社会保障体系中的重要制度安排，它除具备社会保险的共性功能之外，还有着保障劳动者身心健康、及时"修复"劳动能力、减轻劳动者及其家庭的经济负担、提高全民身体素质、促进卫生事业健康发展等特殊功能，重视社会保障制度的建设与发展就必须重视医疗保险制度的建设与完善。

第五节　新型农村合作医疗制度

一、新型农村合作医疗的发展和改革历程

2003年1月，国务院转发了卫生部、财政部和农业部所发的《关于建立新型农村合作医疗制度的意见》，要求建立一个由政府组织、引导、支持，农民自愿参加，个人、集体和政府三方筹资的新型农村合作医疗制度（以下简称"新农合"），并从2003年起，各省、自治区、直辖市至少要选择两到三个县（市）先行开展试点工作，在取得经验后逐步推开。同时树立到2010年在全国实现新农合制度基本覆盖农村农民的目标，以减轻农民的负担，提高农民的健康水平。

2004年1月，为了进一步推进新农合制度的发展，国务院转发了卫生部等部门下发的《关于进一步做好新型农村合作医疗试点工作的指导意见》，在切实加强组织管理、进一步完善资金收缴方式、合理确定筹资标准、合理设置统筹基金与家庭账户、提高服务质量、加强农村质量和购销监管等16个方面做出了具体指

导。同时要求地方政府加强对试点工作的指导，在结合本地区实际情况的同时不断调整、完善试点方案，以做实试点工作。2006年，卫生部联合七部委下发了《关于加快建立推进新型农村合作医疗试点工作的通知》进一步明确了扩大试点工作的目标和要求，要使2006年试点县的数量达到全国县总数的40%，2007年达到60%，到2008年在全国实现基本覆盖。同时在加大中央和地方财政的财政支持力度、加强合作医疗管理能力建设、加强农村医疗服务监管等方面做了明确部署。

2007年3月5日，在第十届全国人民代表大会第五次会议上国务院总理温家宝向大会所做的《政府工作报告》中指出，2007年"新型农村合作医疗试点范围扩大到1 451个县（市、区），占全国总数的50.7%，有411亿农民参加；中央财政支出4 217亿元，地方财政也相应增加支出，较大幅度提高参加合作医疗农民的补助标准"。2008年，在《关于做好2008年新型农村合作医疗工作的通知》指导下，各级财政对参合农民的补贴标准提高到每人每年80元，同时完善了统筹补贴等方案。2009年，卫生部、民政部、财政部、农业部、中医药局联合下发《关于巩固和发展新型农村合作医疗制度的意见》，在新农合筹资水平达每人每年100元的基础上，要在2010年使新农合筹资水平提高到每人每年150元，其中，中央财政对中西部地区参合农民按60元的标准补助，农民个人缴费由每人每年20元增加到30元。从2009年下半年开始，新农合补偿封顶线（最高支付限额）达到当地农民人均纯收入的6倍以上。还有一个亮点就是，积极引导外出务工农民参加新农合制度，为流动人口参加新农合制度探索可行方案，在充分考虑实际的情况下，做好新农合与其他制度的衔接工作。

在国家重视和资金支持及统一指导下，新农合取得了较大的发展。截至2008年年底，全国2 729个县开展了参加新农合工作，新农合的参合率为91.5%，新农合基金累计支出总额为429亿元，累计受益317亿人次。2009年7月2日，卫生部、民政部、财政部、农业部、中医药局《关于巩固和发展新型农村合作医疗制度的意见》明确了逐步提高筹资水平，完善筹资机制，加大基金监管力度，确保基金安全运行等政策规定，尽管取得了一定的成绩，但是继续扩大参保人数，建立全覆盖的新农合制度，还需要进一步提高认识、积累经验。新农合从2003年起开始按照"自愿参加，多方筹资；以收定支，保障适度；先行试点，逐步推广"的原则在全国范围内展开，参加新农合的人数迅速增加，截至2014年，我国新农合参合率已经达到98.9%。

二、新型农村合作医疗制度框架

建立新型农村合作医疗制度是新时期农村卫生工作的重要内容，是实践"三个代表"重要思想的具体体现，对提高农民健康水平，促进农村经济发展，维护社会稳定具有重大意义。新型农村合作医疗制度主要包括以下内容：

1.建立新农合应遵循的原则

新型农村合作医疗制度的目标是减轻农民因疾病带来的经济负担，提高农民健康水平，其应遵循的标准如下：

第一，自愿参加，多方筹资。农民以家庭为单位自愿参加新型农村合作医疗，遵守有关规章制度，按时足额缴纳合作医疗经费；乡（镇）、村集体要给予资金扶持；中央和地方各级财政每年要安排一定专项资金予以支持。

第二，以收定支，保障适度。新型农村合作医疗制度要坚持"以收定支、收支平衡"的原则，既保证这项制度持续有效运行，又使农民能够享有最基本的医疗服务。

第三，建立新型农村合作医疗制度必须从实际出发，通过试点总结经验，不断完善，稳步发展。要随着农村社会经济的发展和农民收入的增加，逐步提高新型农村合作医疗制度的社会化程度和抗风险能力。

2.筹资标准

新农合本着自愿参加的原则，以大病统筹为主，个人、集体和政府多方筹资，建立了以家庭为单位自愿参加，以县（市、区）为单位统筹，个人缴费、集体扶持和政府资助相结合的筹资机制。农民个人缴费部分和乡村集体经济组织的扶助资金由各乡镇人民政府和村委会负责统一筹集，由乡镇人民政府按年汇集缴入区财政合作医疗管理基金专用账户。市、区两级财政补助资金要按时足额划拨到区财政合作医疗管理基金专用账户。中央和自治区财政补助合作医疗的专项资金，由自治区财政核定实际参加合作医疗的人数和市、区两级人民政府支持资金到位情况后，逐级划拨到区财政合作医疗管理基金专用账户。

根据各级政府财力状况和农民收入增长情况及承受能力，逐步提高财政补助标准及农民个人筹资水平，积极探索建立稳定可靠、合理增长的筹资机制。

中央财政在2003—2005年，每年通过专项转移支付对中西部地区除市区以外的参加新型农村合作医疗的农民按人均10元安排补助资金；从2006年起为人均20元；从2006年起，中央和地方财政的补助金额由原来的20元增至40元，具体补助标准和分级负担比例由省级人民政府确定。在经济较发达的东部地区，地方各级财政可适当增加投入。最近几年政府投入比例大大增加，以江苏省为例，江苏省新农合筹资标准由2007年的人均76元提高到2008年的人均100元，其中政府补助不低于80元，高于2007年的人均筹资标准，我们可以看出国家提高了对新农合的重视程度。但政府投入资金并非"一刀切"，而是按地区经济发达程度合理分配。

2009年，中央财政对中西部地区的参合农民按人均40元的标准补助，对东部省份按照中西部地区的一定比例给予补助。

从2010年开始，全国新农合筹资水平提高到每人每年150元，其中，中央财政对中西部地区的参合农民按人均60元的标准补助，对东部省份按照中西部地区的一定比例给予补助；地方财政补助标准相应提高到60元，确有困难的地区可分两年到位。地方增加的资金，应以省级财政承担为主，尽量减少困难县（市、区）的负担。农民个人缴费由每人每年20元增加到30元，困难地区可以分两年到位。

2011年，政府对新农合和城镇居民医保补助标准均由上一年每人每年120元提高到200元；城镇居民医保、新农合政策范围内住院费用支付比例达到70%左右。

2012年起，各级财政对新农合的补助标准从每人每年200元提高到每人每年240元。其中，原有200元部分，中央财政继续按照原有补助标准给予补助，新增40元部分，中央财政对西部地区补助80%，对中部地区补助60%，对东部地区按一定比例补助。

2013年，我国再次提高新型农村合作医疗个人筹资标准，达到340元左右，其中各级政府财政补助增加到人均280元。

2014年，新型农村合作医疗筹资各级政府财政补助在2013年的基础上提高40元，达到320元。其中：中央财政对原有120元的补助标准不变，对200元部分按照西部地区80%和中部地区60%的比例安排补助，对东部地区各省份分别按一定比例补助。

2015年，各级财政对新农合人均补助标准较去年提高60元，达到380元；个人缴费标准提高30元，全国平均个人缴费标准达到每年120元左右。

2016年，各级财政对新农合的人均补助标准在2015年的基础上提高40元，达到420元。农民个人缴费标准在2015年的基础上提高30元，全国平均达到150元左右。

2017年，新农合的筹资标准从每人每年530元提升到每人每年570元。其中，政府补助从410元提升到420元，个人缴纳部分从120元提升到150元。

各地积极探索符合当地情况、农民群众易于接受、简便易行的新农合个人缴费方式，可以采取农民定时定点缴纳、委托乡镇财税所等机构代收、经村民代表大会同意由村民委员会代收或经农民同意后由金融机构通过农民的储蓄或结算账户代缴等方式，逐步变上门收缴为引导农民主动缴纳，以降低筹资成本，提高工作效率。

3.组织管理

新型农村合作医疗制度一般采取以县（市）为单位进行统筹，并按照精简、效能的原则，建立新农合制度管理体制。各级卫生行政部门内部应设立专门的农村合作医疗管理机构，原则上不增加编制，县级设立合作医疗经办机构，乡（镇）根据需要可设立派出机构或委托有关机构管理。经办机构的人员和工作经费列入同级财政预算，不得从农村合作医疗基金中提取。

4.资金管理

农村合作医疗基金是由农民自愿缴纳、集体扶持、政府资助的民办公助社会性资金，要按照以收定支、收支平衡和公开、公平、公正的原则进行管理，必须专款专用、专户储存，不得挤占挪用，主要用于补助参合农民的大额医疗费或住院医疗费用，要充分发挥资金的使用效益。

三、新型农村合作医疗制度评估

1.积极作用

农村居民受益面的不断扩大，部分缓解了因病致贫的问题。实施新农合以来，受益人数不断增加，受益率逐年提高，增强了抵御大病风险的能力。国家卫生和计划生育委员会在2015年7月公布了2014年我国卫生和计划生育事业发展统计公报。公报显示，新型农村合作医疗领域，截至2015年年底，全国参加新型农村合作医疗人口数达6.7亿人，参合率为98.8%。2015年度新农合筹资总额达3 286.6亿元，人均筹资490.3元。全国新农合基金支出2993.5亿元。多层次、多种形式的大病保障机制初步建立。一是继续巩固完善以病种为切入点的重大疾病保障工作。2013年，在全面推开儿童白血病、先心病等20个病种的新农合重大疾病保障工作的基础上，还将儿童苯丙酮尿症和尿道下裂两个病种纳入大病保障范围。全国共有199万名患者获得新农合重大疾病保障补偿，22个病种的实际补偿比达到69%，大幅度减轻了参合患者的经济负担。二是以大额费用为切入点，积极推进城乡居民大病保险工作。根据医改工作要求，政府积极推进利用新农合基金购买大病保险工作。2013年，全国有28个省份出台了大病保险实施方案，大病保险共补偿123万人次，患者的经济负担进一步减轻。总体上看，新农合有效带动了县、乡、村医疗卫生机构的发展和对基层医疗资源的利用。

2.存在的问题

（1）新型农村合作医疗制度本身的缺陷

①筹资体制方面的缺陷。

新农合本着自愿参加的原则，以大病统筹为主，个人、集体和政府多方筹资，建立了以家庭为单位自愿参加，以县（市、区）为单位统筹，个人缴费、集体扶持和政府资助相结合的筹资机制。筹资机制设计的内在缺陷造成了诸多筹资困境，主要表现在以下几个方面：

第一，筹资"大病统筹"的目标定位与农民的实际医疗需求不符。新农合制度的功能定位是"重点解决农民因患传染病、地方病等大病而出现的因病致贫、返贫问题"，这种定位造成了新农合的高成本运行，与农村初级卫生保健的目标相悖，且从农村居民医疗的需求来看，呼吸、消化、循环和运动等慢性病对农民的健康威胁最大，但这些慢性病却无法纳入新农合，从而造成农民的受益面过小，影响农民的参合积极性。另外低水平大病统筹模式也无法达到防贫的目的。

第二，筹资的自愿原则造成的逆向选择和逆向转移支付问题。新农合采用"自愿参加"的原则一方面使得那些身体状况欠佳的农民倾向于参合，而那些身体状况良好的人倾向于不参合，从而造成逆向选择问题。农民中的高危人群成为参合的主力军，这样参合人数越大，新农合化解风险的能力越小，就会影响新农合制度的可持续发展。另一方面，自愿性原则必然使有医疗服务需求但无缴费能力的贫困农民被排斥在保障范围之外，使得相对富裕人群成为参合的主体，这样政府对参合者的财政补贴就变成了一种典型的逆向转移支付，从而加剧了农村医疗卫生领域的不平等，与社会保障制度更加强调对困难弱势群体的保护功能的定位相背离。

第三，筹资水平、比例和顺序引致的缺陷。考虑到农民的经济承受能力，新农合按农民人均纯收入1%~3%的比例筹资，低水平筹资导致低补偿从而造成抵抗风险的能力差，进而影响了农民的参合意愿。合作医疗以村或乡镇为单位实施，多为乡办乡管，村办村管，过小的基金统筹范围无法形成具有一定规模的投保人群，风险过于集中会影响合作医疗制度的持续发展。同时在筹资原则上，新型农村合作医疗坚持以个人缴费为主，而集体扶持、政府资助为辅，新农合具体比例如图6-2所示。

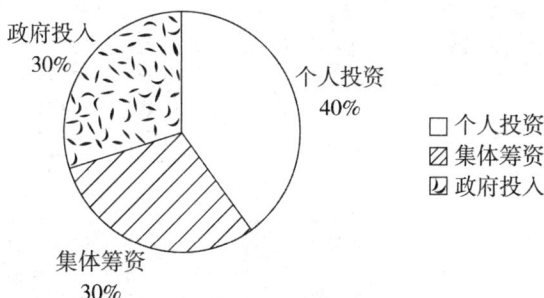

图6-2　新型农村合作医疗筹资比例图

从图6-2中可以看出，个人缴费达到了40%，集体筹资、政府资助分别占30%。在实际操作中部分地方财政大大推迟了新型农村合作医疗制度的专项医疗拨款，最终使得农民成了新型农村合作医疗的筹资主力。同时筹资顺序是让农民先出钱，地方政府给予补贴，中央政府在确定地方政府补贴到位后再给予补贴，但在改革开放以来农村其他社会事务中的种种失误和反复，甚至在生产经营中损害农民利益的事件时有发生，使得农民变得怀疑和谨慎，不愿意轻易失去自己的血汗钱。

②报销补偿体制方面的欠缺。

农民受益主要依靠报销补偿制度，规范有效的报销制度可以使农民看病后得到及时的报销补偿，在一定程度上减轻了农民的看病负担。但是，从调查的情况来看，农民对报销的范围、比例、流程的满意度不高，新农合的报销制度仍存在一定的缺陷，主要体现在以下几个方面：

第一，报销范围窄。农民看病只能报销当地颁布的《新型农村合作医疗基本药物目录》《新型农村合作医疗诊疗目录》《新型农村合作医疗医用药材目录》等目录中所列示的项目，一些小病以及意外伤害并不在报销范围内，而且，大多数农民反映定点医疗机构的药价高，因此不能全面发挥新农合的"效用"。

第二，报销比例不合理。在通常情况下，新农合针对医院等级不同，报销比例不同，如各地区针对农民在村卫生室及村中心、二级医院和三级医院就诊报销比例越来越低。这样重大疾病药费的报销比例就会较低，大部分医药费需要农民自己承担，负担较重，而较低的报销比例使资金过度沉淀，农民并不能从中受惠，相反，也有少部分地区报销比例高，使新农合资金超支。

第三，报销手续烦琐。目前，定点医疗机构的门诊报销手续实行当场刷卡减免，方便、快捷、效率高。相比之下，住院或市外就医的报销手续（如图6-3所示）麻烦，农民必须持有效证件（身份证、参保证等）去登记报销，或村干部收集报销单，然后经过镇、市合管办的一步步审核等手续才可以报销，这样可以严格审查报销金额的真实有效性，但是，繁杂的手续让农民不能及时报销。

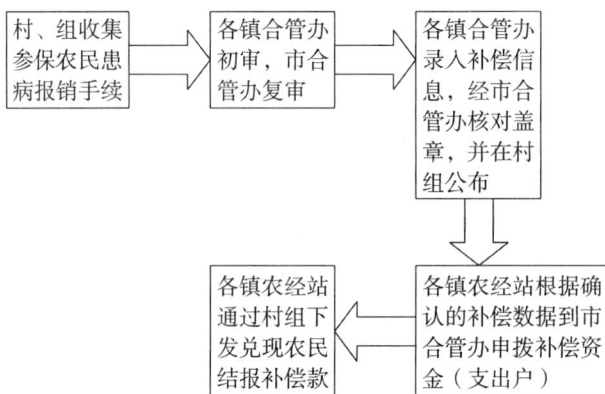

图 6-3　参保农民住院或市外就医报销手续

（2）管理执行力与费用严重不足

经办机构的管理能力欠缺和办公经费不足严重制约新农合的发展。

①管制能力主要体现在经办机构人员数量和人员素质方面。

首先，管理人员不足。广东省在县级及以上才有新农合人员编制，而乡镇没有专职人员，然而新农合的具体实施正是在贴近农民的乡镇基层。即使县级管理人员的配备也远远不足，该省西北地区有参合农民224 814万人，编制人员只有194人，实际有263人，平均每人服务约8 155万人。其次，人员素质偏低。多数基层合作医疗管理人员只能承担最简单的、重复性的日常管理工作，而在保障方案设计、费率厘定、信息分析、监督等能力方面较差，同时有的经办人员是从医疗系统内部调剂过来的，人员结构和工作配备不尽合理。

②管理费用不足是开展新农合的瓶颈。

管理能力的提升需要财力支撑，合作医疗经办机构所面对的是居住分散的千家万户，管理成本高昂。有些地方政府财政拮据，难以维系新农合的运作费用。有关数据显示，政府包揽合作医疗的管理费用消耗一般要占到总经费的10%以上，全国管理费用超支率为12.4%，东部为10.4%，中部为17.2%，西部为17.6%，且随覆盖面的扩大、参合人数的增加，增加补助资金等导致经费还在不断膨胀，给地方财政造成较大压力。因此，许多县级政府将部分费用转嫁给基层医疗机构而最终转嫁给患者，同时少数乡镇卫生院仍然依靠"老三件"来维持，部分经济条件差的偏僻村由于没有合格的村医而无法建立村卫生室，致新型农村合作医疗制度确定的"农民小病不出村，一般疾病不出乡"目标难以落实到位，降低了新农合制度所带来的福利水平。

③对定点医疗机构缺乏制度性约束。

目前尚缺乏对定点合作医疗机构行为的有效制度约束，尤其是被动报销保户医疗账单模式导致医疗费用控制的自律性机制缺失，容易引发医疗机构的道德风险与过度服务。调查发现，一些定点医疗机构不合理用药与治疗检查问题突出，人均住院费用和门诊费用上涨较快；处方药物和检查项目超出基本药物目录和规定检查项目过多，不少费用不在报销之列，既增加了农民的费用负担，也加大了合作医疗基金支出。而部分医疗机构抬高医疗价格的行为，使参合农民享受的政策性补助被上涨的医疗价格抵消，致使效率损失；更有甚者，供需双方合谋，通过虚开报销单据等手段骗取合作医疗补偿基金，对此尚缺乏制度性规范措施。

④制度实施缺乏有效的法律保障。

目前我国农村合作医疗的实施是按照中央及有关部门的决定、通知、指导意见等开展的，这些文件只具有宏观指导意义，不具有法律效力；至今尚未有专门的法规对此进行规范。法律制度的缺失，使农村合作医疗实践处于无法可依的状态，带来诸如资金来源不稳定、保障标准不一致、保障管理随意等一系列问题，进而导致其约束力不强，降低了合作医疗制度的信誉，加大了制度运行成本。目前在一些起步较早的地区已制定了一些地方性法规，对指导当地新农合实践发挥了积极作用，并为立法探索了经验，但其局限性明显，因而应尽快制定合作医疗的相关法律法规。

⑤新型农村合作医疗运作制度性不强。

当前多数参与新农合的区县的管理方式是，各区县、乡镇均成立管理委员会和监督委员会以及新农合经办机构，机构的重叠设置比较严重，涉及的工作人员过多，这使区县级财政平均每年要增加50万～100万元的管理费用，乡镇级财政平均每年要增加2万元左右的开支。管理成本偏高，可能会出现挤占新农合基金现象出现，有的乡镇可能把筹资成本和管理成本转嫁给医院，使医院不堪重负。也有的地方负责新农合的管理人员往往是医疗机构内部的人员兼任，既当运动员，又当裁判员，使管理的公正性、公平性受到制约。目前，新型农村合作医疗推行过程中遇到的困难和障碍大多源于管理制度，而健全的管理制度应正确处理医、患、保三方的利益关系，保证对群众参与合作医疗的管理和监督，实行定期汇报、公布制度及定期检查、审计和公告制度，严格资金管理。

（3）农村卫生医疗机构条件差，新型农村合作医疗实力不强

自启动新型农村合作医疗试点工作以来，各乡镇的卫生院、村卫生室均在不同程度上得到了发展，但由于种种原因，多数乡镇卫生院生存能力和自我发展能力相当薄弱，基础设施和医疗设备资源仍然相当紧缺和落后，医疗机构业务收入低、房屋设备陈旧老化、队伍素质差、医务人员长期得不到培训、技术骨干流失严重、债务负担沉重等现象普遍，许多地方农村地区的医务人员队伍依然以老医生为主，甚至还有一些"医生"，他们只会用传统的土方法为农民看病，购买的先进设备成了摆设，会用的人很少。近70%的乡镇卫生院出现亏损或处于亏损的边缘，参加农村合作医疗的机构积极性不高。农村卫生投入、医疗条件、医疗水平远远不能满足当地群众就近就医的需求，影响了参合的积极性，也不利于新型农村合作医疗工作的持续发展。

（4）参保人员对参保的重要性意识差

①受益面狭窄。

随新农合覆盖面不断扩大，运行以来，以"大病统筹"为主，存在"受益面狭窄"现象。在实施基本药物制度试点的乡镇卫生院，所有药品须在国家、省药品目录范围内，门诊报销必须是在乡镇卫生院就医，特别是对于一些慢性病患者，乡镇卫生院无法医治，须到市二级医院治疗，门诊费用全部自付，"小病拖、大病扛"的现象时有发生，导致参保人员受益面窄，影响了参保人员参保信心。

②重复参保。

医疗保险有职工医疗保险和农村居民医疗保险两类，定点医院投入两套计算机管理系统，增加了网络建设费用，最主要的是，计算机系统资源不能共享，存在为数不少的职工医保人员重复参加新农合医疗。如人力资源和社会保障部公布的"2012年全国社会保险情况"显示，人社部门共查出有7万人冒领社保补贴，在被冒领的社保补贴中，有很大一部分都是由于重复参保所致。

③政策理解偏差，缺乏参与意愿。

在一些经济欠发达地区，由于宣传不到位，农民对新型合作医疗行为产生不信任和抵触情绪；同时，少数人认为现在家人身体都很健康，应该不会得大病，暂时没有必要参保，导致一些农民对新农合持怀疑态度或是不愿意参加。

四、逐步建立和完善农村合作医疗

1.建立完善的长效机制

要明确政府职责，规范政府投入，建立出资额稳定增长机制。首先，采取多种渠道了解工作的落实情况。我国绝大多数乡镇卫生院的经费是由县级卫生行政部门按职责管理，而县级单位的经费又是由上级部门划拨下来的，所以可以从源头抓起对每一笔款项划拨进行跟踪调查，以保证专款专用。地方政府可以积极探索乡镇卫

生院合作经营的多种运营形式，建立有效的运行机制。其次，加强乡镇卫生院院长的选拔和任用管理，定期对乡镇卫生院院长进行管理技能和相关政策的培训，提高其管理水平。重点掌握试点县市的医疗卫生机构服务现状、农民疾病发生状况、就医用药及费用情况。最后，积极探索其他筹资渠道，努力扩大资金来源。鼓励发动企业、社会各界和先富起来的个体工商户等为合作医疗基金进行募捐，采取一些社会化、市场化的办法统筹或转移支付部分资金，充实合作医疗基金，提高抗风险能力等。

不断完善报销制度也是建立新农合长效机制的关键。首先，确定报销标准应合理。确定省、市、县财政补助的比例时不搞"一刀切"，根据不同的情况设置不同的标准和比例，充分考虑到不同层次的人群，进一步扩大农民的受益面。对富裕乡镇可由乡镇适当对其进行补贴，对贫困乡镇和特困乡镇可由省、市和县财政额外进行补贴，对于农村五保户、特困户无力上交的部分，由省、市和县级财政给予全额补助。适当地提高对常见病的报销标准和比例，并同时针对孤寡人群、低收入家庭设置特殊标准。其次，进一步简化报销的手续和流程。由于大多数的基层采取传统的工作模式，工作效率比较低，可以从以下方面来简化：通过定期的培训来提高工作人员的能力并加强网络信息管理系统的建设。合理增加报销范围，适当调整补偿比例。针对农民实际结报医药费总额占新农合资金比例较低，使基金过多沉淀，但少部分地区补偿比例却过高的现象，有必要合理增加新农合的报销范围，适当调整补偿比例，以提高农民参合的积极性和受益度。优化住院报销流程，建立"大病"医疗救助基金。目前农民生大病的住院费用，按规定需要先足额缴纳，至出院时才能审核报销，可能会导致一些家庭困难的农民因不能支付全部医疗费用而影响他们的及时治疗。建议针对这些农民，施行分段分期住院报销审核，并及时给予报销。值得一提的是，广东省出台的《2009年广东省新型农村合作医疗工作指导意见》指出："今年重点抓好信息化建设、门诊统筹、住院即时补偿和定点医疗机构监管四项工作。"其中，住院即时补偿制度大大缩减了住院报销流程所耗费的时间。另外，为缓解农民大病费用多、负担重的问题，有必要建立农村"大病"医疗救助基金，真正缓解农民"看病贵、看病难"的现状。

加强新农合监管力度也是必要手段。合作医疗基金要做到专款专用，要对基金的使用情况和患者得到的医疗补助定期予以公示，做到医疗过程的信息公开化，确保农户的知情权。同时设立有农民参与的监督管理机构，并对新型农村合作医疗经办机构的基金管理进行全方位、多角度的监督，从而提高管理工作人员的政治素质和管理水平，提高工作效率，杜绝在资金使用过程中的不正之风。

2.加大宣传力度，进一步提高新型农村合作医疗参合率

加大宣传力度，扩大宣传范围，要着重从农民的切身利益出发。首先，大力宣传新型农村合作医疗制度与过去合作医疗工作的本质区别，突出宣传各级政府的配套扶持政策、参保农民从合作医疗救助中获得好处和实惠的典型事例，使广大农民

真正感受到政府的关怀，激发他们参与新型农村合作医疗的自觉性和积极性。其次，应逐步改变农民对眼前利益和长远利益的认识，营造建立新型农村合作医疗保障制度的良好社会氛围，提高农民自觉参保的积极性，深入总结经验，有针对性地解决工作中的实际问题，进一步满足农民的实际需要。

正确理解和处理好农民自愿出资参加新农合，是推行新农合的基础性工作。一方面，要加强对农民群众的宣传。需要大力宣传合作医疗的重大意义，使新农合制度深入人心，不断为农民群众所理解和接受，形成自觉参加新农合的行动；在实际工作中，需要积极引导群众，转变思想观念，增加健康投入。另一方面，加强对县乡级干部的宣传。使县乡级干部真正了解自身在新农合工作中的职责和义务，使其积极主动地支持、配合和参与新农合建设的有关服务工作。同时，加强对医疗机构的宣传。

3.完善的法律保障

国外社会保障的经验教训表明，"社会保障制度的可持续发展必须要有一套规范的法律法规保障，像英国的《国民卫生服务法》、瑞典的《国民健康保障法》、德国的《医疗改革法》等，都是从法律层面确立了该项制度实施的原则、方法和目标等，才有了几十年的可持续发展"，合作医疗制度也不例外，除了各地要根据情况规范新型合作医疗制度外，国家也应尽快出台农村合作医疗方面的法律法规，以指导农村合作医疗制度的改革和建设。通过制定统一的农村合作医疗法，规定农村合作医疗的实施办法，规定合作医疗组织、各级合作医疗保险站的组建方法及职能，明确参加合作医疗的农民的权利和义务，规定资金使用办法等。各省、自治区、直辖市在农村合作医疗法的基础上，制定具体的适合本地特点的实施办法。新农合制度与法律的结合是加强与完善新型合作医疗工作的必要条件，也必将推动农村经济社会向更好的方向发展，并促进城乡、经济和社会协调发展。

4.加大财政投入，探索多渠道筹资办法

农村医疗保障制度作为整个社会保障的组成部分，具有公共产品的特点，应主要由政府组织生产和提供。中央、省市的配套资金是新农合基金的主要来源，应该及时到位，尽量减少区县财政或医院垫付资金的压力。建立国家与农户共同投入、风险共担的机制，使国家投入的有限资金发挥引导农民参加医疗保障体系的作用。同时，要强调多元投入的机制，引导社区经济、企业、慈善机构、外资机构及个人等方面的捐助，充实农民医疗保障基金。在适当的范围内扩大农村合作医疗的医疗保障能力，比如扩大住院报销比例等。

5.改善农村医疗服务水平，提高农村合作医疗供给质量

加大政府资金支持，加大农村医疗卫生投入，使财政医疗卫生的支出中城市占绝大部分的情况得以改善。我国现实的情况是卫生支出占财政支出的比例是1.6%～1.7%。而在这部分财政支出中，医疗费用的70%用在城市，30%用在农村。另外，农村医疗机构医务人员的培养是关乎农村合作医疗体系发展的关键，可设置

培训进修班，加强对从业人员的素质培养。

6.加强医疗队伍和网络建设

加强医疗服务人员在技术、服务、职业道德上的培训，引进高技术、高素质的医疗人才，提高医疗队伍的整体水平。同时，加强新型农村合作医疗信息系统建设，建立较为完备和高效的全国新农合信息系统，在各级新农合管理部门、经办机构、定点医疗机构以及其他相关部门间建立计算机网络连接，实现网上在线审核结算、实时监控和信息汇总，实现新农合业务管理的数字化、信息化、科学化，提高新农合工作效率和服务水平。

思考题

1.医疗保险的基本特征有哪些？

2.医疗保险的模式主要有哪些？各自有什么特点？

3.医疗保险费用的支付方式有哪些？对费用控制分别有怎样的影响？

4.基本医疗保险与公费医疗、劳保医疗有何区别？

5.我国城镇职工基本医疗制度改革的任务和原则是什么？

6.在基本医疗保险基金中统筹基金和个人账户的划分比例、起付标准和最高支付额是如何规定的？

案例

案例 1

刘某于1989年调入原S报社所属大兴商店，后转入原S报社开办的兴旺实业公司。1993年，原S报社成立广告部，将刘某调配给广告部使用，由广告部发放工资。1996年开始，刘某因患病无法正常上班，每月仍按时获得工资。2000年，原S报社更名为"S日报社"，承继了原S报社的所有资产，刘某的工资仍按原渠道发放。此时大兴商店和兴旺实业公司均不存在或已解散。

2006年11月，刘某达到法定退休年龄，因单位没有缴纳养老保险费，故广告部每月支付刘某退休待遇直至2013年12月。2014年1月，报社以广告部撤销为由停发了刘某的退休待遇。刘某要求报社继续支付退休待遇并办理医疗保险，报社拒绝。同年12月，刘某申请劳动争议仲裁，请求裁决报社承担没有为其缴纳社保费所导致的后果，包括支付退休待遇及城镇职工医疗保险待遇。

问题：

1.刘某的仲裁请求是否超过申请仲裁时效？

2.谁应支付其退休待遇？

3.用人单位没有缴纳社会保险费导致的劳动者养老和医疗损失应如何承担？

案例 2

徐某于2008年8月进入某超市工作，双方劳动合同签至2017年12月31日。2013年9月，徐某因重病住院治疗，超市从当月开始向徐某支付病假工资至2014

年 5 月。2016 年 3 月徐某因医治无效死亡，期间该超市一直为徐某缴纳社会保险费。徐某实际工作年限超过 10 年不满 20 年。2016 年 6 月，徐某家属申请仲裁，请求超市支付徐某 2014 年 6 月至 2016 年 3 月的疾病救济费。超市辩称，根据徐某在其单位的工作年限和实际工作年限，超市向其支付了 9 个月的病假工资，2014 年 5 月之后的时间徐某一直属于事假，单位无需支付工资。

仲裁委经审理，因超市未提供徐某请事假的证据，遂支持了徐某家属的仲裁请求。

问题：

1. 徐某医疗期结束后至死亡，属医疗期还是其他假期？

2. 徐某医疗期满之后，超市应支付给徐某病假工资还是疾病救济费？

更多案例（第六章）   附录（第六章）

第七章　失业保险

　　社会保障的享受主体之一是在职劳动者，这是因为劳动者作为劳动活动的主体，社会财富主要是由他们创造的。因此，对于这一社会财富主要生产者的相关保障问题，毫无疑问地应成为整个国家社会保障制度的重要内容。市场经济条件下失业现象的存在，是失业保险产生并得到发展的根本原因。尽管建立失业保险制度的国家不如建立养老保险、医疗保险和工伤保险制度的国家多，但这并不意味着失业保险不重要，其建立主要取决于各国的经济社会发展形势、劳动就业政策及对失业与失业保险的认识。本章主要对失业保险的基本理论、制度的实施、国际比较及我国的改革情况等相关内容进行介绍和分析。

第一节　失业与失业理论

一、失业及相关概念

　　1. 失业的界定

　　失业是与就业相对的概念，要界定失业，首先需要明确就业的概念。广义的就业是指劳动力要素和生产资料要素结合的状态，它是通过劳动过程中人和物的结合形成社会生产力，为社会创造财富；狭义的就业是指具有劳动能力并处在法定劳动年龄阶段的人从事某一岗位的工作或合法的社会经济活动以获取劳动报酬或经营收入的一种活动。这一定义说明了判断就业需要具备三个条件：第一，从事劳动的人必须处在法定劳动年龄阶段，且有劳动能力；第二，从事的劳动必须是法律允许、承认的劳动；第三，从事的劳动必须是有报酬或收入的劳动，义务劳动就不属于就业范畴。国际劳工组织认为，就业是指在一定年龄阶段内的人们所从事的为获取报酬或赚取利润所进行的活动。

　　对失业的理解，也有广义和狭义之分。广义的失业是指劳动者和生产资料相分离的一种状态。在这种分离的状态下，劳动者的主观能动性和潜能无法发挥，不仅是社会资源的浪费，还会对经济社会发展造成负面影响，因此，最大可能地缓解失业状况、降低失业率便成为各国极力实现的宏观调控目标之一。狭义的失业，通常是指具有劳动能力的处在法定劳动年龄阶段并有就业愿望的劳动者失业或没有得到有报酬的工作岗位的社会现象。失业还意味着失去了参与社会经济生活、获得社会归属感的最主要的机会，从而使自己的物质需求和精神需求得不到满足，因此失业威胁着一个社会的安全稳定和经济的健康发展。按照国际上通用的一般概念，失业是指符合就业年龄，具有劳动能力和劳动意愿的劳动者失去工作机会和工作岗位而形成的劳动人口相对工作岗位过剩的一种社会经济现象。根据这一概念，失业包括四个基本特征：一是失业人员首先必须是劳动者；二是失业人员必须以具有劳动能力为前提；三是失业人员还要有劳动意愿；四是失业是指劳动者得不到适当的劳动机会。

人力资源和社会保障部对"就业"与"失业"概念的新界定是："就业人员"指男性在 16~60 岁，女性在 16~55 岁的法定劳动年龄内，从事一定的社会经济活动，并取得合法劳动报酬或经营收入的人员。其中劳动报酬达到和超过当地最低工资标准的，为充分就业；劳动时间少于法定工作时间，且劳动报酬低于当地最低工资标准、高于城市居民最低生活保障标准，本人愿意从事更多工作的，为不充分就业。"失业人员"指在法定劳动年龄内，有工作能力，无业且要求就业而未能就业的人员。虽然从事一定社会劳动，但劳动报酬低于当地城市居民最低生活保障标准的，视同失业。

2. 失业的原因

在社会化大生产下，在一定时期内由社会物质资料总量和结构决定的生产和服务规模结构总是难以消化和平衡劳动人口可能提供的劳动能力，因此，失业便成为一种现代社会普遍存在的现象，这是不可避免的。失业产生的原因主要有：

（1）因产业结构调整引起失业。通常，在经济快速发展的过程中，由于产业结构的调整，必然引起相应的变化：一方面，随着产业结构由劳动密集型部门向技术密集型部门发展，在劳动力供应不变的情况下，劳动力需求不断减少，社会因而形成失业；另一方面，由于新兴产业不断涌现，传统产业不断被淘汰，新兴产业所需劳动力资源供不应求，形成岗位空缺，而传统产业不断萎缩，职工失业，这些失业职工往往因技术素质不对路而不能受雇于新兴产业，从而形成岗位空缺与失业并存的现象。

（2）因宏观经济调控引起失业。在社会化大生产中，当经济活动处于高涨时期时，企业的经营规模扩大，劳动力需求增加；而当经济活动处于衰退时期时，企业的开工率严重不足，因而造成对劳动力需求量的减少，形成失业。

此外，劳动者的职业选择和职业转换行为也会造成间断性失业。另外，由于技术进步推动资本有机构成提高，引起资金、设备等生产要素对劳动力的需求减少，也会出现失业现象。

从目前的情况分析，我国失业的原因主要有以下几个方面：

第一，劳动力供大于求。我国是世界第一人口大国，在 13 亿多的人口总数中，经济活动人口就达 8 亿多。特别是 20 世纪 80 年代以来，我国进入劳动年龄人口的高峰期，劳动年龄人口占总人口的比重明显上升，10 年间上升近 10 个百分点。另外，我国又是一个发展中国家，经济发展水平相对较低，其他经济资源相对短缺，从而制约了劳动力资源的开发利用。从发展趋势看，在今后一个时期内，每年新增劳动力在 1 000 万人左右，农村剩余劳动力跨地区流动约 3 000 万人，其中有相当一部分将要加入到城镇就业队伍中。另外，随着企业事业单位改革的不断深化，历史上形成的富余人员问题将要逐步得到解决，多年来积淀的大量冗员进入社会竞争就业岗位将成为必然趋势。可以说，劳动力供大于求的矛盾将在一个相当长的时期内存在。

第二，我国正在对经济结构进行重大调整，与之相适应，劳动力结构必然要进行相应调整，不可避免地会造成部分人员失业，这种结构性失业的状况增加了失业压力。

第三，伴随着科技进步和劳动生产率的提高，一些领域特别是第一产业、第二产业的传统部门，不仅不能扩大就业容量，分流部分劳动力，反而会减少用人，致使失业人员数量增加。

第四，由于许多失业人员的技能单一，职业技术水平不高，难以适应用人单位的需要，加上其择业观念陈旧，不能依靠自身的努力开辟就业门路，因而加大了实现自身再就业的难度。

第五，我国现行的社会保障制度不完善、覆盖面窄，市场就业机制尚未完全建立，对劳动力流动和合理配置也有着明显的制约作用。

3. 失业的类型

失业是社会化大生产的产物。失业的类型多种多样，一般主要分为以下几类：

第一，自愿性失业，它是指劳动者拒绝接受雇主现行的工资或比现行工资稍低的工资而出现的失业现象。

第二，摩擦性失业，它是指劳动力市场因暂时的或偶然的供需失调而引起的失业。

第三，技术性失业，它是指由于使用新机器设备和材料以及采用新的生产工艺和新的生产管理方式，导致局部社会生产节省劳动力而形成的失业。

第四，结构性失业，它是指由于科学技术的进步而引起生产结构的变化以及生产形式和规模的变化，劳动结构不能与之相适应而导致的失业，即在一定时期内由于劳动力的供给和社会对劳动力的需求在职业、技术、区域等结构方面的不平衡而引起的失业。

第五，周期性失业，它是指在经济发展的周期性波动中，由于社会需求下降、经济萧条所引起的劳动力供给过剩而产生的失业。

第六，季节性失业，它是指某些行业因为具有需求上的季节性而使部分工人处于失业状态。

除此之外，失业的类型还可以分为完全失业和部分失业、显性失业和隐性失业等类型。

4. 失业率

失业率是指失业人数在全国劳动力总人数中所占的比例，通常用百分比来表示，它是反映失业的动态经济指标。控制失业率是现代宏观经济政策的目标之一。

在现代社会经济条件下，通常，各国都在政策取向上保持适度的失业率，其理由有：第一，为了储备劳动力后备大军，以供调整产业结构的需要；第二，有利于提高劳动力素质；第三，有利于提高劳动生产率；第四，有利于抑制有效需求，从而稳定物价水平。

二、失业的治理

失业作为市场经济的必然产物，不可避免，其带来的对劳动者个人及家庭的不利后果，以及可能导致的社会问题，促使各国政府均重视治理失业现象，并把就业增长与对失业率的控制列为政府最基本的宏观调控指标之一。宏观调控措施也从被动的经济资助逐渐向主动的促进就业方向发展。与此同时，许多国家也把失业保险作为解除劳动者后顾之忧和化解失业带来的不利影响的一个重要制度安排。

1. 主动的失业治理政策

主动的失业治理政策，即采取促进就业的措施，可以从以下三方面展开：通过采取延长每个劳动者的受教育年限，积极开展职业培训以及特殊的帮助措施等来提高劳动力的供给质量；修复劳动力市场，缩短劳动时间；提高经济活动水平。促进就业的宏观经济政策首先是通过刺激投资、政府支出和出口等这些变量，带来整个国民收入的提高，国民收入的提高就可以带来消费需求的提高，从而带动整个国民经济活动水平的提高，这也就是凯恩斯论述的乘数效应；然后，再通过国民经济活动水平的提高（即经济的增长）来吸收失业人口。目前西方一些经济学家对于治理失业还是持有这样的信念：经济的持续增长是治理失业的根本药方。

2. 被动的失业治理政策

失业在市场经济中是不可避免的，所以，仅仅有主动的措施是不够的。一般的失业保障和失业救济被认为是治理失业的被动措施。被动的失业治理政策的理论基础是：就业水平是由一个国家的经济活动水平所决定的，是不能改变的；通过失业保障和失业救济，使得全体失业者能维持一个起码的生活水准，使他们对市场经济产生的让一部分人失业从而保持经济效率的现象能够容忍。被动政策的理论基础同新古典主义理论有相似的地方，同他们提出的自然失业率要领是一脉相承的。但是事实上，就业水平是可以通过各种措施改善的。问题在于，主动的失业治理政策只能改善失业，却不能从根本上医治好这一社会顽疾，每个社会总是会存在不同比例的失业人数，对于这些失业人数我们就要对他们进行失业保障和失业救济。因此比较合理的说法，应该是这两种政策措施都重要，它们之间的关系不是非此即彼的选择关系，而是一种互补关系。每种政策措施都有自己的局限性和片面性，都需要对方作为自己的补充。就主动政策而言，其不可能解决所有的失业问题，因此需要被动的政策作为事后的辅助；就被动政策而言，如果没有主动的治理政策，失业人数就可能会不断上升，最后使得被动政策难以为继。

第二节　失业保险的基本内容

一般来说，失业保障是一个较为广义和宽泛的概念，它基本上等同于"就业社会保障"这一名词，包括失业预防、失业补救和失业保险三个方面的内容，目标在于促进就业，防止和治理失业。在这三部分内容中，失业预防主要是通过对企业解雇的约束和失业警戒线的建立，预防在职者失业及失业率的上升；失业补救主要是指通过实施就业培训、就业指导和就业创造，让失业者重新就业；失业保险则是失业保障制度的主体。因此，本节主要介绍失业保险制度。

一、失业保险的概念和特点

1. 失业保险与失业救济

失业保险是指国家（或政府）通过立法实施，由社会各方筹资建立基金，旨在通过能为符合条件的劳动者提供基本生活保障和相关服务来增强劳动者抵御失业风险能力的一种社会保险系统。

这一概念主要包括四个层次的含义：第一，失业保险的核心内容是由国家建立失业保险基金，分散这一劳动风险，使处于失业状态的劳动者的生活获得基本保障；第二，失业保险是针对工薪劳动者的，其在市场竞争中被淘汰或企业破产风险一旦发生时，保险责任就自动产生效力；第三，失业保险对失业者提供基本生活需求的保障具有法定时限，超过一定时限之外的救济不属于失业保险的范围；第四，失业保险是现金帮助与提供就业服务的统一，提供就业服务、激励失业者就业是它的基本目的之一。失业保险是社会保障体系的重要组成部分，是社会保险的主要项目之一。由于不同国家的失业保险所追求的目标不同，同时受经济发展水平所限，失业保险又有消极的失业保险和积极的失业保险之分。所谓消极的失业保险是指仅在劳动者失业期间给付失业保险金维持其基本生活。一般来说，在各国建立失业保险的初始阶段，基本上是一种消极的失业保险。而积极的失业保险，除了在劳动者失业期间给付失业保险金，维持其基本生活之外，还通过转业训练、职业介绍等手段为其重新就业创造条件。现在西方大多数工业国家采取的均是这种积极的失业保险。

失业救济是指由政府承担全部费用，强调受益人必须满足一定条件的失业保险类型。它与失业保险是两个既有联系又不相同的概念。在失业保险制度比较完善的西方国家，这两者的区别是非常明显的。失业保险的目的在于保障失业人员享受基本而不是最低的生活水平，而失业救济的目的在于使那些无权享受或不能继续享受失业保险金者得到保护，以保障其最低生活水平。因此，失业救济对失业保险起着补充作用。有的国家法律规定：失业救济是政府的职责，它的资金不是来自于雇主和公民缴纳的失业保险费，而是来源于政府财政拨款。尽管有这些区别，但两者还是有着密切的联系，它们是相互补充、紧密衔接的。

在我国，这两个概念的区别并不十分明显。在 1986 年我国失业保险制度建立后的很长一段时间内，所有的失业保险的法规、政策都将保障失业者基本生活的资金称为"失业救济金"，而不叫"失业保险金"。直到制定新的失业保险条例，这个问题引起了人们的关注，这一做法才得以纠正。综观各个时期的失业保险法规、政策，其实在我国只存在失业保险制度，而不存在失业救济制度，所以以前称之为失业救济金的，事实上应该称失业保险金。没有建立失业救济制度来作为失业保险制度的补充，这显然是一种缺憾。

2. 失业保险的特征

作为隶属于社会保险范畴的失业保险，除了具有同其他社会保险相同的特征，即强制性、互济性、预防性、补偿性、公正性之外，还具有自身的特点。失业保险的主要特点有以下几个方面：

（1）失业保险的对象是失业劳动者

社会保险的其他子系统，如医疗、养老、生育、工伤保险，其对象均是暂时或永久丧失劳动能力的劳动者，而失业保险只对有劳动能力并有劳动意愿但无劳动岗位的人提供保险，也就是说失业保险与其他社会保险项目的最大的不同点是失业保险对象是没有丧失劳动能力的劳动者。丧失劳动能力而失去劳动机会的情况不包括在失业保险范围之内。

（2）非自然因素是造成风险的主要原因

通常来说，其他社会保障项目所涉及的风险往往与人的生理变异等自然因素有关，失业保险所涉及的风险却不是由人的生理因素等自然因素所引起的，而是由一定时期的社会和经济因素所引起的。在一定程度上，失业保险所涉及的风险也与国家在一定时期的宏观经济政策相关。例如，人口、劳动力资源与经济增长的比例失调，产业结构的调整以及就业政策的变化等，都可能成为失业的原因。这和其他社会保险项目中的劳动危险事故的成因有着明显的区别。

（3）保障形式和内容的多样性

失业保险不同于其他社会保障，失业保险既有保障失业者生理再生产的功能和目标，又有保障劳动力再生产的功能和目标，这两种功能和目标是同等重要的。因此，失业保险在保障形式和内容上具有自身的特殊性，它除了需要向受保者发放保险金、提供物质帮助以保障其基本生活需要之外，还需要通过就业培训等形式帮助失业者提高其文化素质和业务素质，以便重新就业。

二、失业保险制度的建立和发展

失业保险制度的产生与工业化和市场经济的发育程度紧密相关。在西方经济学家对失业总体进行理论探讨和分析的同时，西方国家开始逐步建立起旨在保障失业者生活安定的失业社会保险制度。

19 世纪下半叶，英国最先建立了《济贫法》，救济对象是贫民。当时贫民由三部分组成：第一，由于"圈地运动"的影响而失去土地，从而失去生活来源的农民；第二，破产的小手工业者；第三，城市失业工人。《济贫法》的实施，使这些失业人员得到了基本生活保障，但它还显得比较幼稚。

法国是世界上最早建立失业保险制度的国家，于 1905 年就颁布了专门的失业保险法，并建立了非强制的失业保险制度。法律确定：人们是否参加失业保险取决于个人意愿，参加保险，就必须根据失业保险法律规定接受管理，包括承担一定的义务和享受相应的权利。此后，挪威于 1906 年建立了失业保险制度，当时属于任意参加性质。丹麦也于 1907 年建立了类似法国的失业保险制度。

英国政府于 1911 年 12 月 16 日正式批准了《国民保险法》，这是世界上第一个全国性、强制性的失业保险法。这一法律开创了强制性失业保险制度的先河，后来被包括意大利、奥地利、波兰、德国等在内的许多国家纷纷仿效，成为世界失业保险制度的主流。1920 年，国际劳工组织召开第一届大会，通过了《关于失业的建议》，这表明以制度化方式分散失业风险已在很大的范围内形成共识。美国在经历了 1929—1933 年的经济危机后，于 1935 年通过了《社会保障法》，实行包括失业保险在内的综合性社会保障体系。在第二次世界大战结束后，发展中国家也纷纷建立起失业保险制度。在 20 世纪 70 年代后，由于世界经济增长速度趋缓，失业现象越来越普遍，影响越来越严重，采用制度化的方式来化解失业风险便成为许多国家的共同做法。

三、失业保险的目标与功能

1. 失业保险的目标

失业有广义和狭义之分，失业保险的目标也可从大的社会经济层面和失业者个人层面分别来看。从失业者层面来讲，失业保险的目标主要是通过对非自愿失业者提供物资帮助，使他们在失业期间的基本生活得以维持，从而为他们再就业提供缓冲期，使他们有时间寻找新的工作，同时，还为失业者提供就业培训和指导，通过帮助失业者提高劳动技能促使他们尽快实现再就业。从社会经济层面来看，失业保险的目标主要是通过保障尽可能多的失业者在失业期间的基本生活，来维持社会安定、缩小劳动者之间收入差距，同时，保证劳动力的合理流动，促进劳动力资源的合理配置，促进经济发展，发挥"自动稳定器"的作用。

2. 失业保险的功能

（1）失业社会保险的基本功能是保证失业者的基本生活

在市场经济条件下，失业不可避免，对于整个社会来说总有一部分人会处于失业状态。在没有任何保护措施的情况下，失业对于劳动者个人而言，意味着其生活来源的中断；基本生活失去保障，身心健康必将遭到摧残，其自身素质的提高也将中断，原有的技能将因失业而退化。对于整个社会而言，失业率的提高必将成为社会稳定的消极因素，抢劫、扒窃、谋财害命等犯罪活动也会增加。而失业社会保险使劳动者的基本生活得到保障，有利于劳动者的身心健康，为劳动者素质的提高和劳动力再生产的顺利进行提供基本保障，对社会也将起到稳定作用，成为社会的

"安全网"和"稳压器"。

（2）促进就业的功能

首先，失业社会保险制度的建立需要相应的社会管理和社会服务机构，这些机构的设立，增加了社会的就业机会。其次，失业保险制度的一系列规定还十分重视促进失业者再就业。它体现在失业保险机构对职业培训、职业介绍的重视及就业信息的及时有效沟通对再就业的直接推动上。

（3）合理配置劳动力功能

这体现在两方面：第一，由于失业保险的存在，失业者在寻找新的就业岗位时获得了经济保障，免除了后顾之忧，失业者也就有条件寻找尽可能与自己的兴趣、能力相符合的工作岗位，从而有利于劳动力的合理配置；第二，由于失业保险的存在，用人单位减轻了向外排斥冗员的经济、社会方面的压力，从而有利于用人单位制定理性的、合理的用人决策，从而也更有利于劳动力的合理配置。

（4）稳定功能

稳定功能一是体现为社会稳定功能，二是体现为经济稳定功能。失业保险通过发放失业保险金保障了失业人员的基本生活，使其有了一定的稳定收入，安定了个人及其家庭的生活，并使家庭关系保持稳定，因此，缓解了失业对整个社会所带来的冲击和震动，从而有利于维护社会的稳定和正常的社会秩序。另一方面，它起到宏观经济的"稳定器"作用，宏观经济运行具有不确定性，当宏观经济处于繁荣或高涨时，就业率较高，失业率较低，失业保险基金有积累，这笔资金从投资或消费领域提留出来，降低了经济的过快过热发展。一旦宏观经济处于萧条时期，失业率大幅度上升，失业人员增加时，这笔在经济繁荣时期积累起来的失业保险金，就支付给失业者消费，使他们能维持基本的生计，有利于宏观经济走出萧条。

第三节　失业保险制度的基本模式

各国社会制度、经济制度、政治制度和文化制度不同，因此世界各国所实施的失业社会保险制度的类型也存在着较大的差别，按照国家、雇主、个人的不同责任和受益人享受失业保险待遇的不同，失业保险大致可分为以下几种类型：

一、社会保险型（强制性失业保险）

在这种类型中，失业保险基金主要由企业和个人负担，只有受保人可以享受待遇。这在失业保险中是被采用最多的一种形式，大约占建立失业保险制度国家和地区的70%。它的特点是：第一，比其他类型的失业保险制度，更加强调国家的强制性，要求雇主和个人，不管愿意与否，不管个人认为是否存在失业风险，都必须履行缴纳失业保险费的义务。第二，强调雇主和个人双方的责任。失业保险费由雇主和个人双方负担，一般来说是各负担一半，如德国，雇主和个人各负担单位工资总额的 3.25%，但也有的雇主负担的比个人要多。第三，强调履行缴费义务和享受失业保险待遇的权利对等，不缴费就不能享受待遇。

二、社会救助型（失业救助）

这是一种由政府承担全部费用，强调受益人必须满足一定条件的失业保险类型。这种类型通常又被称为失业救济。失业救助型大约占建立失业保险制度的国家和地区的 15%，如澳大利亚、新西兰、巴西等国家。它的优点在于，由政府直接承担责任，因而它的保障力度最强；强调普遍待遇原则，能够保障全体失业者，特别是能保障那些从来没有工作过的新生劳动力的失业者的基本生活。但它也存在着明显的不足：第一，增加了国有负担；第二，弱化了劳动者的责任感，容易造成对失业保险的过分依赖。

三、雇主责任制型

这种类型又分为两种形式：一种是由国家通过法律规定雇主责任，雇主承担全部失业保险费用，由政府建立失业保险基金的形式，如美国就采取了这种形式。在美国，只有雇主缴纳失业保险税，而雇员个人不必缴纳，失业保险基金由联邦和州政府联合运作，统一管理。另一种雇主责任制是一种极端式的，它不是在社会层面建立失业保险基金，而是在企业内部建立失业保险基金，由雇主运作，强调雇主对雇员负有完全责任。实行这种形式的失业保险制度的国家是极个别的，如加纳。这是一种极低层次的失业保险制度。在这种形式下，国家和社会不参与基金的运行，因此，其社会化程度很低，基本上是由企业自己管理自己，资金运作不超出企业，不利于企业之间分担失业风险，其作用是极为有限的。

四、个人储蓄型

这种类型是由国家建立制度，规定个人拿出工资的一定比例进行储蓄，以防范失业风险。世界银行的有关资料显示，目前在世界上只有哥伦比亚在实行这种制度，智利正在探索这种制度。

五、混合型

这种类型主要是指有些国家实行的社会保险加社会救助以及有些国家实行的雇主责任制加社会救助的失业保险类型。实行社会保险加社会救助的国家较多，如德国、芬兰、爱尔兰等。这种类型的失业保险，较好地将社会保险和社会救助结合起来，充分发挥了两者的优势，弥补了各自的不足，其作用是非常明显的。目前，下列三种混合结构模式颇为典型，且发展令人瞩目：

第一种，德国的"失业保险+失业救助"的衔接型。德国实行强制性和非强制型结合的复合失业保险制度。德国的强制性失业保险几乎涵盖了所有就业人口（公务员和雇主除外），保险费由劳资双方各负担一半。享受的给付标准，为本人失业前税后收入的 68%，从失业的第一天起支付 16～25 周（年满 49 岁者，至多 28 周），视受保人受雇时间长短而定（享受最高 52 周的，需受保 156 周）。但是，如果失业者在规定的失业保险给付期间仍然未能找到工作而发生生活困难时，当事人不是被归入社会公共救济系统，而是被归入领取失业救济金之列。当然，当事人必须符合失业救济的某些条件，并接受劳工局对其及其家庭进行的调查，被确认后，再经过半年的过渡期方能领取失业救济金。由于失业救济金的财源来自国家财政，因此失业者不承担缴费义务，其待遇水平也要低于失业保险给付额水平（约低 10%），期限亦短（1 年）。这样不但体现了失业救济与失业保险在性质和权益上的不同，同时又考虑到救济对象是失业者（而非社会贫困者），其待遇水平要比社会救济高些，目的仍是促进当事人的再就业。失业保险与失业救济的衔接，为失业人员又提供了一层新的保障，避免了部分失业者因未能及时再就业而陷入难以维生的贫困境地。德国还实行失业援助计划，对无权享受正常保险金和在正常保险金给付过期后的失业者，按在职时税后收入的 58% 支付救助金，无期限限制。

第二种，美国的"强制性失业保险+企业补充失业津贴"的补充型。在美国，除了政府的失业保险金以外，一部分失业者还可以领到补充失业保险金。这是第二次世界大战后出现的新生事物，基本上属于私人企业行为。美国的强制性失业保险虽然因州而异，但其失业保险的覆盖面还是很广的，除一般雇员外，公务员和家佣也包括在内。失业保险所需费用主要由雇主承担，给付标准较低，各州通常都将保险给付限制在原工资的 50% 以下。为了不使失业者及其家庭的基本生活受到严重影响，从 1955 年起，美国福特汽车公司就率先在企业内实施"企业补充失业津贴"制度，后来，该制度逐步延伸到行业内其他企业乃至其他行业。"企业补充失业津贴"的费用由雇主和工会共同承担，津贴标准为本人失业前工资收入的 30% 左右，领取期限为 1 年。补充失业保险金的数额一般比失业保险金还要高一些。两者相加，几乎相当于原工资的 90%。"企业补充失业津贴"制度的建立，无疑是对法定失业保险的较好补充，它减缓了失业对失业者及其家庭的冲击，同时也为降低法定失业保险的给付水平创造了条件。但是，享受这种保险的基本条件是比较苛刻的：第一，必须在公司工作 10 年以上；第二，必须接受公司指派的新工作，或公司的补充失业保险基金已达到 10 亿美元左右。这就决定这种补充失业保险只能在有实力的大企业中实行，因此，世界各国实行补充失业保险还不普遍。

第三种，加拿大的"强制性失业保险+特殊失业补助"的援助型。它是加拿大社会安全保障体系中的主要支柱，其费用由雇主、工人和政府三方共同承担，失业保险给付可达本人失业前工资的 57%，期限最长为 50 周。加拿大的失业申请也是有条件的，对于首次申请失业的人员，需要最少工作 900 个工作小时数。如果是二次以后申请，则只需要 600 小时。加拿大被联合国定为世界上最易居住的国家，社会福利发达在失业保障领域也表现得十分明显，即在普遍实施失业保险的同时，对失业者中有特殊困难的弱者，还给予社会性援助，这就是"特殊失业补助"。其对象既有特殊困难的伤病失业者，亦有老年失业者和女性孕期失业者。这种"特殊失业补助"的职能，主要是对失业保险对象中的特殊困难者提供1~15周的补助。老年失业者即使未能取得失业保险的资格，亦能取得相当于3周失业保险金额的一次性补助。由于加拿大的"特殊失业补助"的财源来自国家财政，因此它的性质应是一种国家援助，它不同于失业救济，是专门针对法定失业保险授给者中特殊困难者的，是国家保护失业弱者的一项政策性措施。

部分国家失业保障制度的类型见表7-1。

表 7-1　　　　　　　　　　**部分国家失业保障制度的类型**

国家	失业保障制度的类型
澳大利亚	失业救助
美国	强制性失业保险+企业补充失业津贴
韩国	强制性失业保险
丹麦	补贴性自愿保险制度
法国	强制性失业保险+失业救助
德国	强制性失业保险+失业救助
英国	强制性失业保险+失业救助
加拿大	强制性失业保险+特殊失业补助
日本	强制性失业保险+补贴性自愿保险

第四节　失业保险制度的实施

失业保险制度实施的主要内容包括：失业保险的覆盖范围、享受失业保险对象的资格规定、失业保险的给付、失业保险基金的筹集、失业保险管理体制等。

一、失业保险的覆盖范围

失业保险制度的根本问题之一是向谁提供保障以及保障的范围，它不但体现了一国社会保险政策目标的选择，而且反映了一国经济发展水平，同时也是失业社会保险制度的重要分类指标。

失业保险制度是为那些遭遇失业风险、收入暂时中断的失业者提供的一种收入保障，是社会稳定的一种安全阀机制。因此，从理论上说，它的覆盖范围应包括社会经济活动中的所有劳动者，因为在社会经济活动中每一个劳动者都有可能成为失业者。实际情况是，尽管世界各国失业社会保险的发展很不平衡，但有一点是共同的，即在失业社会保险制度建立的初期，其覆盖范围仅限于"正规部门"的劳动者，而把在"非正规部门"就业的劳动者排除在外。所谓"正规部门"是指那些有一定规模、稳定性较强的企业；而那些规模很小、稳定性不强、人员流动性大的小规模经济体被划入"非正规部门"，包括手工业、小商业及小农家庭经济等。

随着社会经济的发展以及世界各国对失业理解的变化，失业保险的覆盖范围在逐步扩大。失业保险覆盖范围最宽的是对所有劳动年龄的人口提供保障。一般来说，高收入国家的覆盖范围比较大，而绝大多数中低收入国家，由于经济发展水平较低，失业保险制度的覆盖范围则比较小，还处于失业保险发展的初级阶段。

二、享受失业保险对象的资格规定

失业保险的根本目的是保障失业者的基本生活，促使其重新就业。为了避免失业保险制度在实施过程中人们产生逆向选择行为，各国均严格规定了保险给付，即享受失业保险待遇的资格，这些规定概括起来，主要有：

1. 失业者达到法定就业年龄

这是指享受失业保险金的受保者必须达到国家法律规定的劳动年龄。只有符合法定就业年龄的人才能享受失业保险待遇，这是一个基本条件。通常来说，失业保险将不在法定就业年龄阶段的未成年人和老年人排除在失业保险的实施范围之外。因为他们不承担劳动义务，也不存在就业问题，所以也就不存在失业问题。失业保险只是专门为那些在法定就业年龄范围内的劳动者提供保障。

2. 失业者必须是非自愿失业的

这是指必须是非本人原因引起的失业。关于非自愿失业的类型，美国经济学家摩尔根将其划分为以下五种，即摩擦性失业、季节性失业、技术失业、结构性失业及周期性失业。为了防止失业者养成懒惰及依赖的心理，各国均规定对于那些自愿失业者（自动离职者、过失免职者、拒绝胜任工作者、参加劳动纠纷罢工而失业者），均不给付失业保险金或者即使给付也要有一个较长时间的等待期。例如英国1955年的《失业保险法》规定：本人无正当理由而自愿离职，或本人因不良待业而失业，或拒绝失业介绍所为其介绍工作的，不能领取失业津贴。美国1994年的《劳动保障法案》规定：对于无正当理由而自动辞职、因不正当行为被雇主辞退、因劳资纠纷而离职、拒绝接受适合的工作、没有采取合理的行动去谋职以及故意隐瞒或虚报事实等，不能领取失业保险金。

3. 失业者必须达到法定的保险合格期限

为了贯彻社会保险权利与义务对等的基本原则，各国失业保险制度往往都规定失业者须达到一定的就业年限或交足一定期限、数额的失业保险费，或在有失业援助的国家居住达到一定的期限，方具有领取失业保险给付的资格。这些合格期限条件具体可分为三类：

第一，达到法定的劳动就业时限（就业期限条件）。许多国家规定，失业者必须工作一定年限，才能享受失业保险待遇。这主要是考虑劳动者对社会所做贡献的多少和缴纳失业保险费等所尽义务的多少。

第二，缴纳失业保险费达到规定时期（缴纳保险费期限条件）。世界上许多国家都规定了受保者个人及其雇主需要缴纳失业保险费，而且把其是否按时、足额地履行了缴纳失业保险费的义务当作享受失业保险待遇的一个基本条件。

第三，要达到规定的居住年限（投保年数与缴纳保险费期间条件）。由于在一国居住的年限能够反映受保者为本国的社会和经济发展所做的贡献，因此，绝大多数国家都将在本国居住的年限作为是否享受失业保险待遇的依据和条件。

4.失业者必须具有劳动能力和就业意愿

这主要包括以下几点：第一，失业后必须在指定期限内到职业介绍所或失业社会保险主管机构进行登记并要求重新就业，或有明确表示工作要求的行为；第二，在失业期间须定期与失业保险机构联系并汇报个人情况，这样做是为了及时掌握失业人员就业意愿的变化并向失业者传递就业信息；第三，接受职业训练和合理的工作安置，若失业者予以拒绝，则认定其无再就业意愿，停止失业保险金的发放。

三、失业保险基金的筹集与失业保险金的给付

1.失业保险基金的筹集

失业保险基金是在国家法律或政府行政强制的保证下集中建立起来的，用于化解失业风险，给予符合领取条件的失业者物质补偿的资金。失业保险基金除了具有补偿失业者的收入损失、维持失业者及其家属的基本生活的作用，还有熨平经济周期波动的功能。因而作为失业保险制度物质基础的失业保险基金，它的筹集就显得意义特别重大。

筹集失业保险基金一般包括三方面的内容：筹资原则、筹资方式以及筹资渠道和负担比例。

（1）筹资原则

失业保险资金筹措的基本原则与社会保险基金的筹措原则一致，即尽量做到资金筹集与资金支出相当。影响失业保险金支出的因素主要有给付水平、给付申请次数、给付限期、被保险人的年龄构成以及制度管理严格性等。由于失业社会保险属短期给付，在一国经济发展不出现大的波动的情况下，其年度开支将保持在相对稳定的水平，因此，失业保险的筹资方式可以实行现收现付制，即每年根据预先的精算估计，提取必要的资金，保证当年的开支，实际上一般要提取多一些用作特别资金，以应付资金短缺或意外开支。由于失业无规律可循，会不可预见地发生巨大变化，因此失业保险的特别准备金额度较高。

（2）筹资方式

目前，世界上绝大多数国家的失业保险采取的是现收现付的筹资方式，即当期的保险费收入用于当期的保险给付。费率调整的时间，一般为1年、3年或5年不等。现收现付制的筹资方式的主要优点是无巨额积累基金，不受通货膨胀的影响，

不会发生基金投资运营的问题。但这一筹资方式存在两个主要缺陷：第一，必须经常重估财务结构、调整费率，导致操作困难，并将使被保险人及企业保险费负担逐渐增加；第二，因管理上或政治上的影响，影响保险费率的及时调整，从而造成失业保险的财政困难。为弥补上述缺陷，各国在法律上明文规定采用弹性费率制，授权失业保险的主管机构可以视失业保险财务收支的实际情况，适当调整费率，以满足开支需要。

（3）筹资渠道和负担比例

失业保险的筹资方式一经确定，接下来就是选择筹资渠道和负担比例。失业保险基金由社会各方筹集，并实行社会统筹。由于世界各国经济发展水平高低不同，失业保险制度的历史不同，同时又由于受到各国社会保险制度的指导思想、实施方式等因素的影响，因此各国在失业保险基金筹集的具体渠道和负担比例上存在着很大的差别。按其来源渠道，一般可分为六种类型：第一，由政府、企业和被保险人三方共同负担，其负担比例视本国的保险政策而定。这种类型以德国、加拿大、日本、丹麦、瑞典等国为代表。第二，由企业和被保险人双方负担。实行这种类型的国家主要有法国、荷兰、希腊等国。第三，由政府和企业双方共同负担。这种类型以美国大部分州、意大利、埃及为代表。例如，意大利规定，雇主按工人工资总额的 1.6% 缴纳失业保险费，政府负担管理费并给予补助。第四，由企业一方全部负担。印度尼西亚、阿根廷等国实行这种方式。阿根廷规定，由建筑业雇主为雇员缴纳工薪总额的 4%，被保险人及政府不缴纳。第五，全部由政府负担。实行这种类型国家主要有英国、澳大利亚、智利等国。第六，全部由被保险人负担。比较而言，这六种负担方式中以三方负担方式最为流行，占实行失业保险制度国家总数的一半左右。

2. 失业保险金的给付

（1）失业保险金给付的原则

失业保险金给付水准一般取决于一个国家的社会经济发展水平和社会的生活水准，在确定失业社会保险给付水平时应遵循以下原则：

第一，失业保险金的给付水平应能确保失业者及供养直系亲属的基本生活需要。在劳动者失业后，失业保险金是其主要的收入来源。因此，失业者及其家属的生活水平也由失业保险金给付水平确定。为维持失业者的正常生存，保护劳动力，失业保险应向其提供基本生活保障。

第二，给付标准不高于失业者原有的工资水平。从有利于促进失业者尽快重新就业和避免出现失业保险中的逆向选择行为的目的出发，失业保险金的给付标准必须低于其在职时的收入水平，并且只在一定期限内给付，对于超出期限者，则进一步降低到社会救济的给付水平。只有这样，才有利于失业者积极寻找工作，重新就业。

第三，权利和义务基本对等的原则。从体现社会保险权利与义务基本对等的原则出发，失业保险金应与被保险人的工龄、缴费年限和原工资收入相联系，在确定待遇水平时，应该使工龄长、缴费年限多、原工资收入较高的失业者，获得较多一些的失业保险金，一般是提高计算的百分比或延长给付期限。

（2）失业保险金的给付期限、给付标准和给付方式

在具体确定失业保险金的给付时，要考虑两方面的内容：一是给付期限；二是给付标准和给付方式。

①失业保险金的给付期限。

失业的暂时性和阶段性，决定了失业保险不可能像养老、工伤保险那样进行无限期或长期支付，而是根据失业者的平均失业时间确定一个给付期限。失业保险金的给付期限包括等待期和最长给付期。

给付等待期是指失业后不是立即给付失业保险金，而必须要等待一个时期，时间的长短，取决于各国所实行的就业政策，以及失业保险基金的规模和财政状况。20 世纪 50 年代，西方工业国家规定的失业保险金给付等待期多为 7 天；但从 20 世纪 70 年代至 90 年代，在大多数工业国家里，等待期有缩短的趋势，甚至在许多国家的立法中被取消了。然而在许多发展中国家，由于失业保险制度刚刚建立，失业保险基金积累不足，往往规定了较长的等待期。例如，在 1993 年，阿根廷规定领取失业保险金的等待期为 120 天，厄瓜多尔为 60 天，加纳为 30 天。

最长给付期是指失业保险金给付的期限。关于失业保险金的给付期，国际劳工组织综合各国失业情况和工人生活状况，规定失业保险金给付期上限为 156 个工作日，下限为 78 个工作日。各国的给付期存在很大差别。美国多数州的最长给付期为 26~36 周，日常的给付期通常为 90~100 天；瑞典的给付期较长，最长给付期为 300 天；不少国家的给付期为 13~20 周。在确定给付期长短时，各国又有两类做法：第一，把失业保险金给付期长短与保险期长短联系起来。失业保险期越长，失业保险金给付期就越长；反之，给付期就越短。例如，西班牙规定，失业保险期为 6~12 个月，失业保险金给付期为 3 个月；失业保险期为 12~18 个月，失业保险金给付期则为 6 个月；失业保险期为 42~48 个月，失业保险金给付期为 21 个月。第二，把失业保险金给付期同失业保险期联系起来。例如，德国在 20 世纪 70 年代规定：失业保险期长达 12 个月的失业者，有权领取 4 个月的失业保险金；失业保险期为 18 个月、24 个月、30 个月和 36 个月的，其失业保险金可分别领取 6 个月、8 个月、10 个月和 12 个月。

但在少数国家，并不规定给付期限，就是说，失业保险金无期限限制，失业者可无限期的享受。

②失业保险金的给付标准和给付方式。

关于失业保险金的给付标准，国际劳工组织曾组织各国劳工组织代表进行充分讨论，并通过了以下三条建议：第一，失业保险金的制定，或以失业者在业期间的工资为依据，或以失业者的投保费为依据，视各国的具体情况而定；第二，失业保险金应有上下限之分；第三，失业保险金不低于失业者原有工资的 50%。1988 年，第 75 届国际劳工大会又建议各国失业保险应至少不低于失业者原有工资的 60%。

例如，日本的失业保险金规定为原有工资的 60%~80%，智利为 75%，加拿大为 60%，荷兰为 80%。

失业保险金的给付标准取决于失业保险金的给付方式。由于各国实行的失业保险制度不同，因此，失业保险金支付方式有很大的差异。例如，从给付时间上来看，有按星期来支付的，有按月来支付的；从给付机构方面来看，有由政府机构或雇主发给一次性失业救济金的，还有由政府规定，由雇主发给一次性解雇费的。通常来说，由于失业保险金给付时间的不同，因此，失业保险金的给付方式也有很大区别，具体来说，有以下几种情况：

第一，统一平均给付，也称均一给付制。这种类型的国家通常不分失业者的不同家庭状况，而采取统一平均的支付方法来给付失业保险金。对符合条件的失业者，一律按相同的绝对额给付失业保险金，不与失业前的工资收入相联系。

第二，按工资比例给付（按近期社会平均工资的一定比例计发和按工资等级比例或定额给付）。按近期社会平均工资的一定比例计发，即以最近一段时期内的全社会平均工资水平为基数，乘以一定的计发比例。这个计算方法，失业者所得失业保险金取决于两个因素，即社会平均工资和计发比例。在这两个因素中，社会平均工资水平的高低是最重要的。实行按工资等级比例或定额给付方法的国家，一般是给低收入者确定的比例或定额要高些，以体现收入分配的公平性。

第三，折中给付方式，或称混合制给付。这种类型的国家发放失业保险金，一部分按统一平均支付，另一部分按工资比例发给，两者相结合。

四、失业保险的管理体制

从世界各国的失业保险管理实践看，失业保险管理体制主要有以下三种：

1. 设立政府专门机构直接管理

政府专门机构直接管理可以从宏观上对失业保险进行调控，以实现保险、就业和职业培训三者的有机结合，促进劳动力的合理流动，有利于产业结构的合理调整。英国就采用这种管理模式，由卫生和社会保障部负责失业保险基金和失业人员的档案管理，就业部下属的各地方办事处和职业介绍所负责失业保险金的收缴、发放事宜。采取这种管理模式的国家还有美国、日本等。

2. 工会管理

这种管理模式一般是在政府的监督之下，由工会具体负责失业保险管理。丹麦就采用这种管理模式，由劳工及国家就业部监督《失业保险法》的实施，失业保险金的收缴和发放由工会负责管理。除丹麦外，瑞典、芬兰等国也都实行这种管理模式。这种模式运行的前提是工会运作的基础较好，工会在其中唱主角，政府从侧面支持。这种管理模式能反映劳动者的真正愿望，政府也相对减轻了负担。

3. 劳资双方联合管理

这种管理模式通常是在政府监督之下，由劳资双方联合对失业保险进行管理。

法国就采用这种管理模式，卫生和社会保障部对失业保险进行监督，劳资双方组成共同理事会，负责失业保险的管理。除法国外，德国、意大利等国也实行这种管理模式。这种模式的最大优势是效率高，而且能得到各方的配合。

五、失业保险实施过程中的问题和改革趋势

各国的失业保险制度虽各不相同，但在失业保险制度的运行、发展和完善过程中，暴露出不少共性的问题，在针对这些问题的解决方式的选择和应用上也多有相同之处。

1. 失业保险发展中的问题

在近些年中，失业保险在发展过程中主要遇到以下问题：

第一，失业率不断升高，失业保险支出越来越大，入不敷出，支付压力沉重。近些年，全球经济状况普遍不景气，许多国家的失业率普遍上升。加之经济不景气使得失业期限不断延长、失业保险水平上升，这些都会导致失业保险支出越来越大。失业者数量的增加一方面使保险费支出增加，另一方面又减少了失业保险的收入，会造成失业保险基金入不敷出以及沉重的财政压力。为了弥补失业保险基金的赤字并缓解沉重的财政压力，政府又必须不断举债并增加税收，加重了社会、个人和企业的负担，严重阻碍了经济增长，从而又进一步影响就业水平，形成恶性循环。

第二，高水平失业保险待遇助长不良风气，影响经济健康增长。较高水平的失业保险待遇一方面会使部分社会成员贪图享受、不思进取，不愿意参加社会劳动，造成"养懒汉"现象；另一方面高水平的失业保险来自于高水平的税费，意味着企业生产成本增加，不利于提升雇佣水平，也影响企业在国际市场中的竞争力。

2. 失业保险的改革趋势

随着失业率的不断攀升，失业保险已成为或将要成为各国社会保障制度改革的重点。从英国、法国、德国以及其他国家所进行的改革当中，可以看出以下趋势：

第一，限制享受失业保险的权利。这一改革措施一方面可以缓解失业保险沉重的支付压力，另一方面也可以减轻部分社会成员对失业保险金的依赖，激发其劳动积极性。限制享受失业保险的权利一般包括降低失业保险支付水平、规范并提高享有保险的资格条件、缩短享有失业保险待遇的期限等措施。例如，瑞典的失业保险支付曾高达失业者失业前的90%，在1993年和1996年分别减到80%和75%；其他国家如德国、比利时、西班牙等国在20世纪90年代都在限制享受失业保险的权利方面采取了多种措施。

第二，加强失业保险的管理和运营。加强失业保险的收支管理和失业保险基金的运营，能改善失业保险的运行状况，缓解其沉重的支付压力。在许多国家，失业保险因失业本身的频发性、不规则性以及涉及问题的多方面性和办理手续的复杂

性，其管理是有相当难度的。目前，失业保险的重要性已被越来越多的国家认识到，失业保险的地位也越来越高，在管理上也更加规范。例如，在德国，只有失业保险项目是联邦政府直接负责，全国统一执行。提高失业保险基金的运营效率，引入私人投资机制，是增收节支，提高效率的重要手段。

第三，突出就业导向。通过增加失业保险支出中的职业培训支出比重、将失业保险待遇与参加培训情况挂钩、提供各种再就业补助等方式促进失业者再就业，突出就业导向，是失业保险制度最明显的改革趋势。例如，在德国的失业保险基金支出中，除 60% 用于保险给付外，余下 40% 中的大部分被用于职业介绍、职业培训及补贴、补助企业雇佣等促进就业的工作上。目前，英国和法国每年用于职业培训的经费分别为 30 亿英镑、26 亿欧元。德国的失业保险部门也成了各级政府推行各级劳动就业政策的责任机构之一。进入 20 世纪 90 年代后，美国政府也更加重视职业培训和失业人员的再就业问题。克林顿执政时期就制定了《美国再就业法案》，其主旨就是促进失业者得到他们所需的有效的、高质量的培训。可以看出，在目前各国失业保险制度中促进就业的规定越来越多，失业保险越来越向就业保险靠拢。

六、国外治理失业的经验

世界各国均采取相关措施治理失业，其主要措施有以下几个方面：

第一，实施有利于促进就业的宏观经济政策。各国通过财政政策，降低企业税费，提供优惠贷款，促进就业岗位的增加，抑制失业人数的上升；通过货币政策，保持货币市场的稳定，引导长期利率下降，减少外汇市场波动的风险，推动企业增加设备投资和创造新的就业岗位，制定可行的地区发展政策，带动落后地区的就业增加。

第二，积极创造就业机会。世界各国采取的措施是：首先，鼓励中小企业的发展，废除不利于中小企业发展的各种限制，向中小型企业提供信贷、管理、培训、技术信息等支持；其次，利用产业政策引导新兴产业的发展，增加就业机会；最后，通过缩短工时、非全日制工作、倡导提前退休、延长义务教育的年限等举措，将就业者的部分就业机会转移给失业者，从而达到就业分享的目的。

第三，加强劳动力市场建设，提供完善的就业服务。世界各国主要是通过增加劳动力市场建设投入，建立完善的就业服务机构，加强信息服务，以有效地弥补岗位空缺和引导培训；通过实施培训与就业一体化等措施，提高劳动力供需的吻合程度。

第四，改革筹资制度。世界各国采取以下方式：第一，通过引进渐进原则，减轻企业为低工资、低技能职工承担的保险费用负担；第二，利用新的方式（如加收增值税）来筹集资金。实施上述两种方式后的基金不足部分，则用提高家庭税、能源税等方式来解决。

第五，改革失业津贴发放办法。世界各国采取的措施主要包括：保持津贴水平，但缩短期限，推动失业者尽快就业；用解雇金代替失业津贴，刺激失业者尽快求职；允许失业者在就业后可领取一段时间的保险金；以"负所得税"代替失业津贴，收入在纳税线以下且正在积极寻找工作的失业者可获得国家资助的"负所得税"；将失业救济与再就业工作结合在一起，凡是愿意接受培训或在一定期限内从事比原工作待遇差的职业的失业人员，可同时领取失业津贴等。

第五节　中国失业保险制度

一、我国失业保险制度的历史沿革

中华人民共和国成立后，在失业救助方面制定了一系列的政策，建立了相关的制度，使中国的失业保险制度不断发展和完善。

1.从中华人民共和国成立到1986年，失业保险制度的空白时期

中华人民共和国建立初期，由于战争带来的政局变换、经济凋敝，造成我国城市失业人口剧增和严重的社会负担。为此，1950年6月政务院颁布了《关于救济失业工人的暂行办法》。次年8月，政务院又颁布了《关于劳动就业问题的决定》以及《关于失业人员统一登记办法》。依据这些法令，由政府主导对城市失业人员实施社会救济。在实行社会救济的地区，国营企业和私营工商企业以及码头运输等事业的在职职工，按期缴纳一定的失业救济金；政府则通过以工代赈的办法来解决城市失业问题。到1956年，随着国民经济的恢复，城市失业问题逐步得到了较好的解决，政府的上述措施也就完成了其历史使命。

在随后的近30年里，我国一直没有建立严格意义上的失业保险制度。在中国传统的计划经济体制下，劳动就业体制实行"统包统配、安置就业"的劳动用工制度；企业缺少用人自主权，劳动者缺乏自由择业权，实行的是"铁工资、铁饭碗、铁交椅"的"三铁制度"，表面上的"零失业"掩盖了"低工资、高就业"政策所带来的劳动效率低的"隐性失业"。因此，失业保险也就没有存在的必要。与此对应，国家在此期间也没有再出台关于失业保险的法规，失业保险也归口到国家民政部门，并纳入社会救济的范畴。总之，在中华人民共和国成立后的近30年中，我国的失业保险制度基本上处于空白时期。

2.1986年的《国营企业职工待业保险暂行规定》确立了失业保险的雏形

进入20世纪80年代中期，中国进入全面改革阶段，建立现代企业制度是其中心环节，国有企业迫切需要改变固定工制度。为此，国务院于1986年7月颁布了《国营企业实行劳动合同暂行规定》《国有企业招用工人暂行规定》和《国营企业辞退违纪职工暂行规定》，第六届全国人大常委会第十八次会议亦于同年12月2日通过《中华人民共和国企业破产法（试行）》，由此初步确立了国有企业的劳动合同制度、新的用工制度、辞退职工制度和破产制度，不仅使劳动者有了一定的流动性，国家也不再实行无条件"包下来"的政策，一些长期效益不良的国有企业走向破产，国有企业不再是长生不死。正是在这样的背景下，长期存在的隐性失业开始

显性化，失业保险制度也就应运而生。1986年7月12日国务院颁布了《国营企业职工待业保险暂行规定》，明确规定对国营企业职工实行职工待业保险制度，标志着我国失业保险制度正式建立。有必要强调的是，由于在理论上对失业问题仍然存在争议，当时用"待业"来表述实际的失业问题。

从历史上看，《国营企业职工待业保险暂行规定》的覆盖范围是非常有限的，它只适用于城市国营企业中的一小部分职工。此外，它在基金筹集、发放及管理等各个环节上还非常不完善，明显带有"暂行"的性质。不过，这个暂行规定开了我国失业保险制度的先河，也是我国社会保险制度发展过程中一个重要的里程碑。

3.1993年的《国有企业职工待业保险规定》标志我国失业保险制度的形成和初步运行时期

1986年后，我国开始对建立完善的失业保险制度进行了积极探索。截至1993年年初，我国相继发布了失业保险的相关法令近10项，在制度建设上也积累了一些积极的成果。截至1992年年底，全国参与失业保险的企业为47.6万个，覆盖职工总人数达到7440万，各级失业保险管理机构2100多个。

经过近7年的探索，1993年4月12日，国务院发布《国有企业职工待业保险规定》，取代了1986年颁布的《国营企业职工待业保险暂行规定》，标志着我国失业保险制度进入了正常运行时期。在已经明确建立市场经济体制的前提下，该规定仍然局限于国有企业并继续采用待业保险名称，从一个侧面显示出改革的不彻底，注定了其作为过渡政策的必然性；但该规定在覆盖范围、资金筹集、保险水平及组织管理模式等方面作了相应的调整。

这一规定的发布和实施标志着我国失业保险制度进入了正常运行时期。到1994年，全国就有194万人享受了失业保险待遇，超过了1986—1993年7年的总和，失业保险制度开始发挥作用。一些地方根据本地情况，扩大失业保险的覆盖范围，将乡镇集体企业、外商投资企业、私营企业及其职工、部分机关、社会团体和事业单位及其职工也纳入失业保险的范围。为增强失业保险基金的承受能力，部分省市开始实行个人缴费。截至1998年年底，参加失业保险的人数为7928万，全年享受失业保险待遇的人数为158万。

4.1999年《失业保险条例》的颁布标志着我国失业保险进入法制化轨道

1999年1月12日，国务院颁布了第一部《失业保险条例》，使我国在计划体制向市场机制转换、国有企业大规模结构调整和并轨时期的失业人员获得了基本生活保障和再就业服务支持，发挥了安全阀和减震器的重要作用，从而标志着中国失业保险制度的基本确立。该条例吸收了以往失业保险制度建立和发展过程中的实践经验，借鉴了国外的有益做法，在许多方面做了重大调整和突破。例如，实施范围不再局限于国有企业而是扩大至机关事业单位及非国有企业；保险基金的筹集、基金的使用等均有相应的调整。与此同时，国务院还颁布了《社会保险费征缴暂行条例》，主管部委亦下发了《关于建立社会保险参保登记管理、缴费申报管理、征缴监督检查、基金财务会计、失业保险金申领发放和失业保险统计制度》以及事业单位参加失业保险和调整基金支出结构等有关规章，中国的失业保险制度开始走向规范化。1999 年 8 月 25 日，劳动和社会保障部、财政部、人事部颁布了《关于调整失业保险基金支出项目有关问题的通知》（劳社部发〔1999〕28 号），该通知主要是为更好地贯彻执行《失业保险条例》，做好失业保险基金支出项目调整工作，在妥善处理有关费用，如生产自救、转业训练费、职业培训补贴和职业介绍补贴等等方面提出了明确处理方法。1999 年 8 月 30 日，劳动和社会保障部、财政部、人事部颁布了《关于事业单位参加失业保险有关问题的通知》（劳社部发〔1999〕29 号），规定事业单位的失业人员可依据《失业保险条例》和《社会保险费征缴暂行条例》（国务院令第 258、259 号）的有关规定，享受失业保险待遇。自 1999 年《失业保险条例》等相关法律法规颁布实施以来，全国大多数省、自治区、直辖市及新疆建设兵团陆续建立了结合地方实际情况的失业保险制度；参加失业保险的人数大幅度增加，失业保险基金征缴规模扩大，越来越多的失业人员的基本生活因失业保险制度的建立而得到了基本保障。自此，相对规范的失业保险制度开始在全国范围内推行。

2000 年 10 月 26 日劳动和社会保障部根据《失业保险条例》颁布了《失业保险金申领发放办法》，为保证失业人员及时获得失业保险金及其他失业保险待遇提供了保障。2001 年 1 月 1 日，劳动和社会保障部又颁布了《失业保险金申领、发放办法》。2004 年 9 月 30 日劳动和社会保障部颁布了《关于建立失业登记和失业保险监测制度的通知》（劳社厅发〔2004〕16 号），为提高失业管理和失业保险的宏观决策水平，按照金保工程建设任务安排，根据《关于全面实施金保工程统一建设劳动保障信息系统的意见》（劳社部函〔2003〕174 号）的要求，我国劳动和社会保障部开始建立失业登记和失业保险监测制度。2009 年 11 月 18 日人力资源社会保障部颁布了《关于做好失业动态监测工作有关问题的通知》（人社部发〔2009〕152 号），该通知在全国建立了失业动态监测制度。建立失业动态监测制度，对企业岗位变化情况实施动态监测，是贯彻落实就业促进法的重要内容，是加快建立失业预警制度的重要基础性工作，对更好地把握经济形势变化对就业、失业的影响，有针对性地采取预防和调控失业的政策措施，进一步促进就业和稳定就业具有重要意义。

2010 年 9 月 17 日人力资源社会保障部颁布了《关于进一步提高失业保险统筹层次有关问题的通知》（人社部发〔2010〕63 号），解决一部分地区实行失业保险县级统筹、市级统筹工作进展比较缓慢，统筹层次低，基金规模小，调剂能力弱，在一定程度上制约了失业保险制度应有功能的发挥等问题。健全完善失业保险制度，加快推动提高失业保险统筹层次工作，是完善失业保险制度的重要内容，是建立失业保险预防失业、促进就业长效机制的现实需要。进一步提高失业保险统筹层次，有利于统一失业保险制度和政策，增强基金调剂功能并提高基金抵御风险的能力，有效保障参保单位和参保人员的合法权益；也有利于推动失业保险信息系统建设，提高业务经办能力，进一步规范管理和服务，加强基金监管，保障基金安全。各地要从稳定就业大局和全面推进失业保险事业发展的高度，把加快推动提高失业保险统筹层次作为当前一项重要工作抓紧抓好。

2013 年 7 月 30 日人力资源和社会保障部颁布了《人力资源和社会保障部、财政部、总参谋部、总政治部和总后勤部关于退役军人失业保险有关问题的通知》（人社部发〔2013〕53 号），为更好实施《中华人民共和国社会保险法》和《中华人民共和国军人保险法》，维护退役军人失业保险权益，就军人退出现役后失业保险有关问题做出了明文规定。

对《失业保险条例》进行修改是落实《社会保险法》的规定，进一步完善我国失业保险制度的必然选择。在这一背景下，《失业保险条例》的修订被列入国务院 2012 年立法工作计划中，为"需要积极研究论证的项目"。2014 年 11 月，按照党的十八届三中全会关于增强失业保险制度预防失业促进就业功能的精神，人力资源和社会保障部会同有关部门印发了《关于失业保险支持企业稳定岗位有关问题的通知》（人社部发〔2014〕76 号），对在兼并重组、化解产能过剩、淘汰落后产能中采取措施稳定职工队伍的企业，由失业保险基金给予稳岗补贴。2015 年 4 月，国务院印发《国务院关于进一步做好新形势下就业创业工作的意见》（国发〔2015〕23 号），将失业保险支持企业稳岗补贴政策实施范围扩大到所有符合条件的企业。在经济下行压力增大、企业面临转型升级，职工失业风险加大的情况下，发挥了失业保险预防失业、稳定就业岗位的政策导向作用。2015—2016 年，全国向近 54 万户企业发放稳岗补贴 364 亿元，惠及职工 6 561 万人。这项政策使企业切实感受到政府的关心和支持，提高了企业履行稳定就业岗位社会责任的积极性，有力地促进了职工岗位稳定和社会稳定。

二、我国当前失业保险的制度特征

1. 覆盖范围

国有企业、城镇集体企业、外商投资企业、城镇私营企业以及其他城镇企业、事业单位的所有劳动者。

2. 基金的来源

（1）城镇企业失业单位、城镇企业失业单位职工缴纳的失业保险费；

（2）失业保险基金的利息；

（3）财政补贴；

（4）依法纳入失业保险基金的其他资金，如有的地方政府规定，失业保险基金还包括缴费滞纳金和社会捐赠等。

3. 缴费比例

2015 年 2 月，经国务院同意，人力资源和社会保障部、财政部印发《关于调整失业保险费率有关问题的通知》（人社部发〔2015〕24 号），明确从 2015 年 3 月 1 日起，失业保险费率暂由现行条例规定的 3% 降至 2%，单位和个人缴费具体比例由各省、自治区、直辖市人民政府确定。2016 年 4 月，人力资源和社会保障部、财政部印发《关于阶段性降低社会保险费率的通知》（人社部发〔2016〕36 号），决定从 2016 年 5 月 1 日起，失业保险总费率在 2015 年已降低 1 个百分点基础上可以阶段性降至 1%~1.5%，其中个人费率不超过 0.5%，降低费率的期限暂按两年执行。连续两次降费率，失业保险费率由 3% 降低到 1%~1.5%，减幅超过 50%。截至 2016 年年底，有 22 个省份（含新疆生产建设兵团）失业保险费率为 1.5%，10 个省份失业保险费率为 1%。两年累计减收失业保险费 900 亿元，为降低企业成本、促进实体经济发展做出了实实在在的贡献。2017 年 2 月，人力资源和社会保障部、财政部印发《关于阶段性降低失业保险费率有关问题的通知》（人社部发〔2017〕14 号），决定从 2017 年 1 月 1 日起，失业保险总费率为 1.5% 的省（自治区、直辖市），可以将总费率降至 1%，降低费率的期限执行至 2018 年 4 月 30 日，到期恢复。

4. 保险金的领取资格

（1）按照规定参加失业保险，所在单位和本人已按照规定履行缴费义务满 1 年的；

（2）非因本人意愿中断就业的；

（3）已办理失业登记，并有求职要求的。其中，《失业保险条例》第十五条规定的七类人员除外。

5. 给付标准

（1）失业保险金的发放期限。失业保险经办机构根据失业人员的累计缴费时间核定失业保险金的领取期限。缴费时间按照两个原则予以确定：第一，在实行个人缴纳失业保险费前，按国家规定计算的工龄视同缴费时间，与《失业保险条例》发布后缴纳失业保险费的时间合并计算。第二，失业人员在领取失业保险金期间重新就业后再次失业的，缴费时间重新计算。

（2）保险金的给付。具体标准按照各省、自治区、直辖市人民政府的有关规定执行，但是其水平应该低于当地最低工资标准、高于城市居民最低生活保障标准。

三、我国失业保险制度运行情况

随着中国经济持续发展，我国劳动法律日益完善，失业保险参保人数不断增长。参保人数从 2012 年的 15 225 万人增长至 2016 年的 18 089 万人，5 年复合增长 18.8%。值得注意是，参保农民工人数也不断增长。2016 年参保农民工 4 659 万人，2012 年仅有 2 702 万人，5 年复合增长 72.4%。2012—2016 年失业保险领取人数在 200 万左右徘徊，2016 年失业保险领取人数 230 万人，同比增加 4 万人。2013—2017 年失业保险参保人数稳中有长，2017 年全国失业保险参保人数为 18 784 万人，比 2016 年的 18 089 万人增加了 695 万人。2017 年失业保险基金收入达 1 092.5 亿元，其中，单位和个人缴费是保险基金的主要来源，基金支出 891 亿元。

2016 年失业保险收入 1 229 亿元，同比 2012 年的 1 139 亿元，复合增长 7.9%。但是值得注意的是，从 2015 年开始失业保险收入增速开始放缓。据悉，2015 年参保人数增量 283 万人，失业保险收入却同比下降 0.9%。2016 年降幅更为严重，2016 年参保人数增加 763 万人，相反失业保险收入增速下降 10.2%。

由于失业保险收大于支，失业保险结存情况逐年增长。2016 年失业保险结存 5 333 亿元，2012 年失业保险结存 2 929 亿元，5 年复合增长 82.1%。随着失业保险金费率调整，失业保险结存增速放缓。2016 年失业保险结存同比增长 4.9%，比 2012 年的 30.8% 降低了 25.8 个百分点。可见，在失业保险制度不断完善的条件下，失业保险的功能和作用也日益突显。

四、我国失业社会保险制度存在的问题

从最初否定失业到承认失业，继而在短期内对失业保险制度加以不断完善，我国已从消极型的失业保险制度发展到积极型的失业保险制度，即把纯粹失业补贴发展为把失业补贴与再就业有机地结合起来，完成了与西方发达国家失业保障制度接轨的过程。

不能否认，十多年来我国的失业保险制度在以下几方面起到了积极的作用：第一，促进了劳动力的合理流动，使人力资源在一定范围内得到合理配置；第二，促进了国有企业的深化改革，为企业改革创造了一定的外部环境；第三，打破了职工就业的"铁饭碗"，根除了我国企业职工长期存在的惰性和依赖观念，提高了我国职工的进取精神和劳动积极性，同时有利于提高我国企业职工的整体素质；第四，有利于社会的稳定。但是，我国的失业保险制度仍然存在着许多问题。

1. 制度设计上的问题

目前实行的《失业保险条例》在制度设计上存在先天缺陷，突出的表现是覆盖面小，实施范围过窄：第一，失业保障对象仅限于部分企业的职工。第二，农民这个最大的群体也被排除在正式的失业保险制度之外。覆盖面小的问题不仅与制度设计有关，而且在实践中，失业保险制度还受到地方其他政策的干扰，有资格参与失业保险的单位缺乏缴费激励，结果使实际的参保人数再次降低。制度的先天缺陷还表现为失业保险给付水平低，而这显然和保险金发放水平与企业标准工资挂钩有关。根据初步测算，有资格领取失业保险金的人员每月可领金额为原工资的 25%~37%，在全国大多数地区，这个数额不超过百元。如此低的给付水平难以保障失业人员的基本生活，当然更难以顾及失业人员家属的生活。

2. 失业保险基金的压力巨大

资金压力大的问题不仅仅反映在失业保险领域，更是我国社会保障领域中的一个共同问题。中国在从计划经济向市场经济的转轨过程中，由于产业结构大调整和隐性失业显性化，造成了较大规模的结构性失业。考虑到城镇化的加速及农村剩余劳动力向城镇的转移，我国今后面临的就业压力依然很大，由此给失业保险基金带来了更大的压力。在失业率相对稳定的情况下，年末领取失业保险金的人数却逐年下降，领取失业保险金人数占城镇登记失业人数的比重更是从 2005 年的 0.81 大幅下降至 2014 年的 0.22，降幅高达 72.8%。

一方面支出在扩大，另一方面收入扩大的可能性不大。考虑到失业保险制度覆盖面过窄和统筹层次过低以及其他社会保障领域也同时面临着资金缺口，在国内企业税、费率已经高位运行的情况下，单位缴费率不能提高（参保企业负担太重会影响其竞争力），而个人缴费率提高的可能性同样不大，由国家财政大量补贴也会使财政不堪重负，失业保险基金筹集面临捉襟见肘的困境。如果再降低保障水平、降低给付标准，必将严重损害基金的保障功能。

应该注意的是，在基金筹集渠道一时难以拓宽的状况下，失业保险金的支出可能会出现刚性增长，资金压力在短期内不但不会缓解，甚至有迅速加大的可能。其主要原因如下：第一，国有企业的深化改革导致就业渠道萎缩；第二，下岗和失业的并轨与"两条保障线"合并为一条，使登记失业人群增加；第三，全国每年的新增劳动力数量在未来一段时间内难以下降；第四，农村劳动力向城镇转移的趋势仍将继续。

3.管理效率差，部门间缺乏协调

由于失业保险制度实施时间不长，在管理上不可避免地还存在许多问题。第一，对失业保险金的领取资格审核不够严格。当前的资格审核工作由各级社保经办机构承担，缺乏部门协调，往往导致一部分人一边就业，一边领取失业保险金，出现"隐性就业"的问题。第二，受失业保险立法不完善和传统行政体制的影响，失业保险出现政出多门、职能交叉、多头管理的现象：

（1）失业保险法规的颁布涉及国务院、财政部、民政部、人力资源和社会保障部等多个部门，导致法规繁杂，难以相互协调。

（2）基金征缴监管层级不统一。各地的人力资源和社会保障部门可以直接或委托社保经办机构实施征缴检查，监管的严肃性不强。

（3）在费用筹集上，多机构相互推诿，影响基金的及时到位等。

4.失业率居高不下，失业人数剧增

由于市场需求变化多端等多种原因，一些产品被市场淘汰，企业必然调整生产结构，转产其他产品，因此导致部分劳动者原有技能不适应新产品生产要求，遭到淘汰而失业。改革开放以来，虽然中国经济一直保持着高速增长，但高增长并没有带来高就业，相反却失业剧增。中国社会科学院公布的数据显示，中国失业问题十分严重。2010 年时任国务院总理的温家宝出席中国发展高层论坛年会时说"中国失业人口有 2 亿"。作为大国总理，在国际场合公布的数据应该所言不虚。另外，据媒体报道，经济下行压力正在向就业端传导，失业率呈现逐步上升趋势。一位政府官员称，"受去产能政策影响，传统制造业用工需求明显下降，且无法被新型产业用工需求增长所弥补，造成失业总量增加，失业率居高不下。"总而言之，失业是市场经济发展过程中不可避免的"副产品"之一，无需大惊小怪。重要的是，政府应直面失业的现实，制定科学的应对之策，采取刚性有效的举措。

5. 就业环境不佳，再就业率低迷

1999年出台的《失业保险条例》，缺乏大局和统筹观，其功能定位只是"保生活"，特别是把失业人员领取失业保险金期间接受职业培训、职业介绍补贴也列入再就业范围。把失业保险基金的使用长期停留在对失业人员一般生活保障上，对于避免失业风险几乎毫无作用。从一定的宏观意义上讲，这种陈旧观念成为促进再就业的较大障碍，导致再就业率一直在较低水平徘徊。面对巨大的就业压力，迫切需要深入探讨、制定完善切合实际又具有可操作性的失业保险制度，最大限度发挥有限的失业保险基金促进就业和预防失业的作用，保持就业局势的长期稳定。

五、完善失业保险制度的基本思路和具体措施

1. 基本思路：就业保障——失业保险的发展方向

如前所述，失业保险制度本身具有保障失业人员在失业期间的基本生活以及促进失业人员再就业两种功能。失业保险在保障失业人员基本生活方面，已经发挥了重要的作用，但在促进就业方面的作用仍然相对较弱。

在国际上，十多年来，各国在失业保险制度方面一个突出的改革方向，就是变消极的生活保障为积极的就业保障。换言之，失业保险制度演变的一个重要特征就是其就业导向性越来越突出。许多国家不仅将失业保险工作的重心逐步向促进就业方面转移，而且在失业保险支出的分配上，也开始注重失业保险促进就业功能的发挥。例如，在德国的失业保险基金支出中，除60%用于保险给付外，余下的40%中的大部分被用于职业介绍、职业培训和补助企业雇佣失业工人等方面从而促进就业，德国的失业保险部门也成了各级政府推行各级劳动就业政策的责任机构之一。美国政府进入20世纪90年代，也更加重视职业培训和失业人员再就业的问题，克林顿执政时期就制定了《美国再就业法案》，其主旨就是为了促使失业者得到他们所需要的有效的、高质量的培训。

有鉴于此，同时基于长期严峻的就业形势，我国的失业保险也应当不断强化其促进就业的功能。因此，就业保障应当是中国失业保险制度的发展方向。这种选择是更主动、更积极地从根本上解决失业人员的生活保障问题的制度安排，它也意味着促进失业人员再就业和保障失业人员的基本生活将是失业保险制度未来发展的两个基本目标。中国的失业保险制度，已经从当初的制度象征变成了有效制度，但在就业形势长期严峻的条件下，也需要借鉴国外经验，促使失业保险向既能够促进失业者再就业又能够保障失业者基本生活的就业保险机制转化。

2. 具体措施

（1）合理拓宽实际覆盖人群，加强基金征缴工作

①失业保险制度的原本目的是保障有能力、有意工作但缺乏就业渠道的人群的基本生活。从目前情况看，实际的覆盖范围与制度设计目标相比还有一定差距。这样不仅限制了保险基金的筹集范围，而且与我国完善市场经济体制、建立小康社会

的发展方向不符。随着宪法及各级法律的修订，不同类型的企业、不同身份的职工在失业保险制度上将取得平等的地位。同时，考虑到国家经济发展和财政实力的增强，失业保险制度的覆盖面必定会合理拓宽。我国应按照《失业保险条例》的规定，将城镇所有企业、事业单位及其职工纳入失业保险，以实现全覆盖。在做好扩面工作的同时，必须强化基金征缴工作。基金征缴工作的重点包括：第一，规范缴费基数，应准确掌握缴费单位的工资发放情况，认真做好缴费基数的核定工作，不得协议缴费。第二，加强清欠工作，应运用法律、行政、社会监督等多种手段，追缴欠费，以增强基金支付能力。

②实现失业保险惠及全体新生劳动力人口。新生劳动力人口的就业问题较为复杂，该群体同时面临就业难和择业难两大困境，他们通常对就业有较高的期待值，愿意付出更多的代价以获取满意的工作，因此该群体自愿性失业居多。对于新生劳动力人口，应当首先对其进行失业救济，保障他们的基本生活，在此基础上加强就业指导、职业培训等就业服务，同时实行更多促进就业和鼓励创业的政策，从而使该群体享受到失业保险保障生活、预防失业和促进再就业的功能，在提高其就业技能的同时，有效预防其长期失业。

（2）加强失业保险相关立法的完善，确保失业保险制度的高效、有序和规范运行

当前实施的《失业保险条例》为国务院颁布的行政法规，其权威性并没有达到国家立法的高度。考虑到我国各地经济发展水平不同，工作情况不同，《失业保险条例》对一些问题只作了原则性规定，需要各地进一步细化，以利操作。此外，在现行的失业保险制度中，该条例与其他法规并行实施，还不具备失业保险的基本法地位。为改变失业保险的国家立法缺失，理顺法规交错并行、行业分割的状况，在未来国家应出台具备失业保险基本法地位的《失业保险法》和一系列配套的具体法规，进一步建立和完善我国的失业保险法律体系，以协调国家与地方政府关系、明确各相关政府部门的责权，确实保障失业保险制度的高效、有序和规范运行。同时，在制度建设中，既要坚持有关法律、行政法规的基本原则和立法精神，又要充分考虑本地实际情况，突出其针对性、操作性。

（3）加强基础工作，提高管理和服务水平

随着失业人员数量的不断增加，管理和服务工作的难度也更大。因此，把基础工作放在重要位置十分必要。在工作手段上，应大力推动失业保险工作信息系统建设和计算机管理，以提高工作效率。在劳动力市场科学化、规范化、现代化建设中，要把失业保险信息系统建设作为一项重要内容，加强领导，增加投入，发挥作用。

立足基层，开展社区服务，是今后失业保险工作的一项重要内容。失业人员增多，服务内容更广泛，工作标准提高，都要求失业保险工作的职能向社会延伸和拓展。依托社区开展工作，可以更贴近失业人员，做细、做实管理服务工作。社区服务的主要内容：第一，通过社区办理失业保险金的申领和发放；第二，与社区就业

组织配合，帮助失业人员实现再就业；第三，与有关部门协调，切实做好下岗职工基本生活保障、失业保险和城市居民最低生活保障三条社会保障线的衔接工作。开展社区服务，是失业保险的新任务。在方案设计、职责分工、工作流程等方面，要科学论证、精心组织，以确保工作的正常进行。

（4）提高失业保险的统筹层次

在条件成熟时，有必要进一步提高失业保险的统筹层次，即由目前失业保险基金的地市级统筹过渡到省级统筹、调剂资金余缺，以提高失业保险基金的使用效率。

失业保险基金大量结余要求我国必须采取措施提高基金的使用效率。随着养老保险、医疗保险、社会救济等制度的不断完善，可以适当精简失业保险支出项目中的医疗补助金、丧葬补助金和抚恤金，增设对失业人员就业指导、职业介绍、职业培训等服务的补贴项目以及对稳定企业就业岗位的补贴项目，将基金支出重点放在促进再就业和预防失业的服务项目上。

我国失业保险统筹层次不高，导致失业保险基金难以有效发挥作用，加之各地区之间管理制度、管理水平等实际情况存在差异，失业保险统筹层次不能同步大幅度提高。因此，我国首先应当全面推进市级统筹，并允许有条件的省份进行省级统筹，在全省范围内筹集收入并安排支出，降低省内各地市失业保险基金的管理风险，确保失业保险制度平稳运行。

（5）建立同失业预防、职业培训和失业补救制度相衔接的失业保险制度，由消极事后救助向积极就业促进机制转化

失业保险只是缓解失业问题的暂时性手段，只有积极创造就业机会，改善就业环境，提高劳动者素质，才能从根本上解决失业问题。对此，应该加强对失业者的就业服务，将社会保险与职业培训紧密结合起来，共同协调工作，促进失业者尽快就业。目前，我国处于经济结构调整过程中，必然会出现大量劳动力失业，要分散失业风险，就必须促进就业服务，加强职业培训，将失业保险同失业预防、职业培训和失业补救有机地结合起来，具体来说，有三个方面：

①失业预防。历史发展表明，预防失业是失业保险制度的基本出发点。综合国际经验并结合我国工作的实际情况，预防失业的主要措施有：

第一，建立失业预警制度。失业是不可避免的现象，但也必须有一个适当的范围。因此，有必要通过数学模型，建立起失业预警线。从国际经验看，失业预警线一般采用建立数学模型的办法加以确定。目前实行市场经济的国家失业警戒线建立的标准大致为：失业率在3%~4%为劳动力供应紧张的情形；失业率在5%~6%为劳动力供应宽松的情形；失业率在7%~8%及以上为失业问题严重的情形。

第二，通过法律和政策禁止不公平解雇。为保障劳动者的就业权利，防止企业随意解雇工人，许多国家经过长期实践，制定了有关就业保障法律来禁止不公平解雇员工，要求企业解雇员工时必须有一定的法定程序，以保护员工的就业权利。例如，1974年日本用《雇佣保险法》代替《失业保险法》；1969年德国颁布《劳动促

进法》，代替《反对失业法》等。

我国在借鉴国际经验的基础上，结合我国的实际情况对解雇和裁员进行了相应的约束。例如，劳动部于 1994 年 11 月 14 日制定并发布《企业经济性裁减人员规定》，对用人单位经济性裁员规定了必要的程序。《中华人民共和国劳动法》（以下简称《劳动法》）第二十九条规定："劳动者有下列情形之一的，用人单位不得依据本法第二十六条、第二十七条的规定解除劳动合同：（一）患职业病或者因工负伤并被确认丧失或者部分丧失劳动能力的；（二）患病或者负伤，在规定的医疗期内的；（三）女职工在孕期、产期、哺乳期内的；（四）法律、行政法规规定的其他情形。"

同时，《劳动法》第二十八条规定："用人单位依据本法第二十四条、第二十六条、第二十七条的规定解除劳动合同的，应当依照国家有关规定给予经济补偿。"其具体办法包括：在用人单位濒临破产进行法定整改期间，或者生产经营状况发生严重困难，必须裁减人员的，用人单位按被裁减人员在本单位工作的年限支付经济补偿金；用人单位解除劳动合同的，未按规定给予劳动者经济补偿的，除全额发给补偿金外，还需按该经济补偿金额的 50% 支付额外的经济补偿金。

②促进就业。在由计划经济体制向社会主义市场经济体制转变的过程中，中国的就业制度和就业机制发生了重大变化，应使其逐步过渡为市场经济条件下的市场就业，实行国家促进就业、市场调节就业和劳动者自主择业的市场就业和再就业新机制。

第一，具体做法。其主要有六个方面：一是保持较高的经济发展速度，大力发展第三产业，促进就业。二是打破各管一块的劳动力市场管理格局，完善市场就业机制，建立统一、高效的劳动力市场。三是鼓励失业者创办企业，对创办企业者给予必要的补助及政策优惠。四是组织失业者从事社区活动，开辟家庭雇工新领域。五是鼓励失业者向劳动力短缺的地区流动。六是建立就业信息服务网络。

第二，对不同群体的就业政策。其主要有三个方面：一是对于城镇新增劳动力，主要为其提供职业介绍、就业训练等项服务，引导其通过市场，实现就业。二是对于下岗职工，主要通过建立再就业服务中心来保障其基本生活，指导和帮助他们实现再就业。三是对农村剩余劳动力，首先在农业内部挖潜，在搞好种植业的同时，发展林业、畜牧业、水产业，向深度开发；其次，发展乡镇企业和农村第三产业，就地、就近向非农产业转移；再次，发展小城镇，吸纳农村剩余劳动力；最后，引导一部分农村劳动力按需有序异地就业，以满足城市经济发展的需要。

第三，对特殊就业群体，采取不同的促进就业措施。其主要有两个方面：一是妇女就业。《宪法》《妇女权益保障法》《劳动法》《企业职工生育保险试行办法》等法律法规制定了专门条款，保障妇女劳动就业权利，促进妇女就业发展。与此相应，社会各界应努力加强妇女的职业技能培训，开发和扩大适合妇女就业的领域和行业，实行更加灵活的就业形式，为有不同就业需求的妇女提供就业机会。二是残疾人就业。对残疾人就业应实行集中与分散相结合、鼓励自谋职业的方针。福利企业是集中安置残疾人就业的重要形式，政府应给予税收减免等优惠政策，鼓励发展福利企业，以吸纳更多的残疾人就业。

③建立并完善就业服务体系。完善的失业保险所包含的失业救助和促进就业的内容，必须通过就业服务体系使其有机结合起来。就业服务的主要职责是保障提供尽可能完善的劳动力市场组织，以确保招聘和安置就业工作的有效运行。

就业服务体系主要由职业介绍、就业训练和生产自救等环节组成。职业介绍主要是收集和发布用人与求职的信息，向求职人员和用人单位提供有关信息。就业培训是从被动的经济帮助转为主动的就业指导方式，通过培训以利于职工实现再就业。生产自救是指失业人员自己组织起来进行生产，国家从失业保险基金中给予其一定帮助，以解决他们的实际生活困难。

在根据《失业保险条例》制定地方性政策时，应进一步细化职业培训、职业介绍两项补贴的使用办法；用好用活这两笔资金，把享受待遇与是否积极寻找工作、接受职业介绍和培训紧密联系起来。同时，要加强失业保险与促进就业的有机联系，一方面通过积极的劳动力市场政策引导失业人员尽快实现重新就业；另一方面应及时掌握失业人员接受就业服务的情况，为其提供更有针对性的服务，并协调有关部门落实好失业人员再就业的有关政策。实行国家促进就业、市场调节就业和劳动者自主择业的市场就业和再就业新机制。

④加大改善就业的资金投入力度。一方面，在确保发放基本失业保险金的前提下，应当将失业保险基金更多地用于预防失业和促进再就业。通过安排更多的失业保险基金支出，为企业发放稳岗补贴以稳定就业，为失业人员提供更为完善的再就业服务以缩短失业期限，这样一来又减少了失业保险基金支出，有利于基金平稳运行。另一方面，我国应当适当加大财政对失业保险基金的支持力度。对于失业保险基金结余较少或收不抵支的地区，政府及相关部门应根据实际的财政状况，对当地失业保险基金进行补充，从而促进该地区的稳定发展。

⑤提高再就业培训服务的水平。高水平的再就业培训服务有利于提高失业人员的工作技能与应对失业风险的能力，而提高培训服务水平可以通过以下几个途径实现：一是开展多样化培训。当前信息化与科技创新水平的提高对失业人员提出了更高的要求，因此对于失业人员的培训必须紧跟市场需求，丰富培训形式与培训内容，提高培训的实用性。二是加强职业发展培训。为了提高失业人员的择业与就业能力，必须对失业人员进行充分的就业指导，帮助其形成合理的长期职业规划。三是加强创业培训。通过开展创业技能培训、提供创业补贴鼓励支持失业人员创业，从而带动就业。

思考题

1. 如何定义失业和失业保险？
2. 失业保险有哪些类型？

3. 什么是失业救济?它与失业保险的区别和联系是什么?

4. 我国失业保险制度有哪些内容?

5. 失业的治理措施包括哪些?

6. 国际上失业保险的改革趋势是怎样的?我国失业保险制度的发展方向如何?

案例

案例 1　　　　　　　　2017 年失业保险费率下调至 1%

根据人力资源和社会保障部、财政部下发的《关于阶段性降低失业保险费率有关问题的通知》规定,自 2017 年 1 月 1 日起,失业保险总费率为 1.5% 的省、自治区、直辖市,可以将总费率降至 1%,降低费率的期限执行至 2018 年 4 月 30 日。简单来说,就是 2017 年失业保险费率下调为 1%,各省市可以自行规定单位和个人的失业保险缴费费率。

失业保险费率调整历程:

2017 年 1 月 1 日—2018 年 4 月 30 日:1%;

2015 年 3 月 1 日—2016 年 12 月 31 日:2%;

2015 年 3 月 1 日之前:3%。

降低失业保险费率的意义:

降低失业保险费率的主要意义就是进一步减轻了企业负担,减少了企业成本,同时职工到手的工资也有望或多或少增加。为此,我国人力资源和社会保障部、财政部根据我国国情,以及失业保险实施现状,近期对失业保险费率进行了下调。

1. 职工工资将小幅增长

据统计,在上一次调整中,宁夏、河南、湖南、安徽等地将失业保险总费率降为 1.5%,也就是说,按照新的要求,这些地方可以继续将失业保险总费率降低至 1%。未来,随着失业保险总费率再次降低,企业的负担将进一步得到减轻。在降低个人缴费费率的地方,职工到手的收入则可能小幅增加。以湖北为例,去年,湖北提出将失业保险总费率由 2% 降至 1%,其中,单位费率由 1.5% 降至 0.7%,个人费率由 0.5% 降至 0.3%。湖北人社厅指出,初步测算,降费率两年,全省可再为用人单位减轻负担 20.9 亿元以上,增加职工个人收入 3.7 亿元以上。

2. 费率降低可为企业减轻负担

我国城镇职工法定社会保险为五险(养老保险、医疗保险、失业保险、工伤保险、生育保险),其中前 3 项由企业和职工共同缴费,后两项只由企业缴费。由于经济形势不好,小企业背负的税费负担更重。"工资上不去,员工流动也大。降低失业保险费率,企业可以拿出这部分钱来给员工涨工资,留住员工。"对此,上海财经大学教授胡怡建说,各项社会保险费中只有失业保险与个人福利待遇挂钩较少,并只针对极少数失业人群,这部分降低缴费的比例政府可以通过其他救助形式补充,因此不会影响个人福利待遇,还可以减轻企业税费负担。

人力资源和社会保障部、财政部
关于阶段性降低失业保险费率有关问题的通知

各省、自治区、直辖市及新疆生产建设兵团人力资源和社会保障厅（局）、财政（财务）厅（局）：

为进一步减轻企业负担，增强企业活力，促进就业稳定，经国务院同意，现就阶段性降低失业保险费率有关问题通知如下：

一、从 2017 年 1 月 1 日起，失业保险总费率为 1.5% 的省（自治区、直辖市），可以将总费率降至 1%，降低费率的期限执行至 2018 年 4 月 30 日。在省（自治区、直辖市）行政区域内，单位及个人的费率应当统一，个人费率不得超过单位费率。具体方案由各省（自治区、直辖市）研究确定。

二、失业保险总费率已降至 1% 的省份仍按照《人力资源和社会保障部 财政部关于阶段性降低社会保险费率的通知》（人社部发〔2016〕36 号）执行。

三、各地降低失业保险费率，要充分考虑失业保险待遇按时足额发放、提高待遇标准、促进失业人员再就业、落实失业保险稳岗补贴政策等因素对基金支付能力的影响，结合实际，认真测算，研究制定具体方案，经省级人民政府批准后执行，并报人力资源和社会保障部和财政部备案。阶段性降低失业保险费率政策性强，社会关注度高。各地要把思想和行动统一到党中央、国务院决策部署上来，加强组织领导，精心组织实施。要平衡好降费率与保发放之间的关系，加强基金运行的监测和评估，确保基金平稳运行。各地贯彻落实本通知情况以及执行中遇到的问题，请及时向人力资源和社会保障部、财政部报告。

人力资源和社会保障部、财政部

2017 年 2 月 16 日

问题：

失业保险费率下调会影响职工失业保险待遇吗？

更多案例（第七章）

第八章 工伤保险

世界上关于工伤的保障制度，已经形成了工伤预防、工伤保险、工伤康复三位一体的管理措施。本章主要介绍工伤保险的基本概念、基本原则；工伤保险制度在世界范围内的建立过程以及我国工伤保险制度的历史沿革；工伤认定的基本概念、认定为工伤的情形、视同和不得认定为工伤的情形以及工伤认定的程序；工伤劳动能力鉴定的基本概念、程序和鉴定标准；工伤保险待遇的基本概念、待遇标准及支付原则。本章还介绍了工伤预防的主要措施；工伤康复的基本概念、主要内容和发展趋势；工伤保险基金的筹集、收支与管理；工伤保险经办业务管理、工作程序；以及工伤保险争议处理和违法责任等。通过本章的学习，要掌握工伤保险基本知识情况和运用所学知识及方法解决工伤保险问题的能力。

第一节 工伤保险概述

工伤保险是社会保险的一个重要分支。工伤保险所涉及的人群虽然只是遭受工伤或职业病风险的特殊人群，但这些人群所受到的伤害往往波及面比较大，而且会引发劳资争议和冲突，因而在大多数国家工伤保险都是最早建立起来的险种之一。

一、工伤保险的基本概念

"工伤"，亦称"职业伤害""工作伤害"，各国的概念不尽相同。比较规范的说法是在 1921 年国际劳动大会上通过的公约中提及的，即"由工作直接或间接引起的事故为工伤"。1964 年第 48 届国际劳工大会又规定了工伤补偿应将职业病和上下班交通事故包括在内。

中国国家标准 GB6441-86《企业职工伤亡事故分类标准》中将"伤亡事故"定义为"企业职工在生产劳动过程中，发生的人身伤害、急性中毒"。《职业病范围和职业病患者处理办法的规定》对职业病的定义为"职业病系指劳动者在生产劳动及其他职业活动中，接触职业性有害因素引起的疾病。"

工伤保险亦称工业伤害保险、因工伤害保险、职业伤害赔偿保险。工伤保险是指劳动者在生产经营活动中或在规定的某些特殊情况下所遭受的意外伤害、职业病，以及因这两种情况造成的死亡、劳动者暂时或永久丧失劳动能力时，劳动者及其遗属能够从国家、社会得到的必要的物质补偿。这种补偿既包括医疗、康复所需，又包括生活保障所需。

早期的工伤保险实际上是"工伤赔偿"，即劳动者因工伤导致伤残、疾病和死亡时，对劳动者本人或其供养亲属给予经济赔偿和提供物质帮助的一种社会保险制度。随着社会的发展，工伤保险的功能不断延伸。现代意义上的工伤保险，不仅包括对因工致伤、致残、死亡者给予经济补偿和物质帮助，而且包括促进企业安全生产、降低事故率及职业病发生率，并通过现代康复手段，使受伤害者尽快恢复劳动能力，促进其与社会的融合，也就是工伤预防、工伤补偿、工伤康复三位一体。

在我国 2003 年颁布的《工伤保险条例》中规定，我国实行工伤保险的目的是："为了保障因工作遭受事故伤害或者患职业病的职工获得医疗救助和经济补偿，促进工伤预防和职业康复，分散用人单位的工伤风险。"

二、工伤保险制度的起源和发展

由于工伤给当事人及其家属带来了极大的不幸与灾难，因而不同的国家都以各种形式对工伤进行补偿。但现代意义上的工伤保险，实际上是职业伤害保险，既包括工伤事故所致人身伤害，也包括"法定"职业病导致的各类疾患及死亡。工伤保险制度的建立，经过了从雇主责任保险向社会保险发展的历程。

第一阶段：工伤民事索赔。

在前工业化社会，在手工作坊式的小工厂里，对于因工作而发生的伤亡，其事故的预防、处理和赔偿是在公民之间私下进行的。

在欧洲工业化早期，劳动灾害（或职业灾害），特别是恶性工伤事故及急性职业中毒事故时有发生，却并未引起足够的重视。英国著名经济学家亚当·斯密在他的"风险承担理论"中曾这样认为，在给工人规定的工资标准中，已包含了对工作岗位危险性的补偿，而工人既然自愿与雇主签订了合同，那就意味着他们是自愿接受了风险，接受了补偿这种风险的收入，因而，工人理应负担其在工作过程中因发生工伤事故而蒙受的一切损失。这一理论风行于早期资本主义时代，成为雇主推卸工伤责任的理论依据。

但是，随着资本主义的经济发展，大机器所导致的工伤事故日益增多，事故严重程度也有所增强；与此同时，工人运动也蓬勃发展。因而，在工业化进程加速时，开始有了雇员因工伤索赔而起诉雇主的案件。

第二阶段：雇主责任制。

按照民法的规定和程序，很难使受伤害者得到应有的赔偿，也很难合理地处理由工伤所引发的社会问题，有时要拖延很长时间，不仅不能适应工伤事故日益增多的情况，往往也使受伤害者得不到及时、合理的赔偿，从而造成了不公平的结果。随着社会的发展，法律思想亦发生了深刻变化，在侵权法领域，出现了无过错责任原则。

无过错责任原则应用于工业伤害领域代表着雇主责任保险制的开始。雇主责任保险是指受伤害的工人或遗属直接向雇主要求索赔，雇主依照法律法规向他们直接支付保险待遇。在这个过程中，不管雇主是否有过错，都须依照法律法规对受伤害的雇员或死亡雇员的家属承担赔偿责任。如果工伤涉及其他人，出现争议，国家有关方面或法院还要介入。

但雇主责任保险制仍存在一定的缺陷，那就是当工伤事故一旦发生时，对劳动者会造成极大的身心伤害，如果雇主因欠债、破产失去责任能力，那么劳动者则失去了接受赔偿的可能，这对受伤害的劳动者来说是致命的。而对企业来说，如果多次发生工伤事故，或者某一工伤事故导致多人受伤，因巨大的工伤赔偿，可能也会影响企业自身的发展。特别是那些资金不足的小企业，当遇到重大或特大伤亡事故有很多人伤亡时，雇主难以负担巨额赔偿，其后果只能是企业倒闭、破产，雇员被遣散回家，而受伤害者的赔偿金多为一次性支付，对于那些永久完全丧失劳动能力的人或对其所供养的遗属来说，他们真正需要的是长期的待遇，以保障其基本生活，而一次性赔偿金额不足以维持受伤者及其供养家属的长期基本生活。

第三阶段：工伤保险制度的建立与发展。

早期的工伤保险实际上是"工伤索赔"，即当劳动者因工导致伤残、疾病和死亡时，对劳动者本人或其供养亲属给予经济赔偿和提供物质帮助的一种社会保险制度。在现代化大生产的条件下，新技术广泛应用，增加了劳动者的职业危险性，工伤事故不仅随之发生，而且事故的严重度也在日益增高。不论发达国家，还是发展中国家，工伤保险都是被重视的项目。

三、工伤保险的特征与基本原则

1.工伤保险的特征

工伤保险具有补偿与保障性质，缴费由用人单位负责。比起其他保险项目，工伤保险的特征较为明显：待遇最优厚，保险内容最全面，保险服务最周到，也最容易实现。

与社会保险的其他项目相比，工伤保险具有以下特征：

（1）工伤保险具有补偿性

这是工伤保险不同于其他社会保险的显著特征。在绝大多数国家中，工伤保险费不实行分担方式，全部费用由用人单位负担，劳动者个人不负担费用。

（2）工伤保险具有事故预防与职业康复性

现代工伤保险已不仅仅限于对工伤职工给予补偿，而是把它与工伤补偿、职业康复和工伤预防紧密结合起来，以便更好地发挥其在维护劳动者权益、维护社会稳定、保护和促进生产力发展方面的积极作用。

2.工伤保险的基本原则

（1）补偿不究过失原则

补偿不究过失原则又称无责任补偿原则。在劳动者负伤后，不管过失在谁，工伤职工均可获得收入补偿，以保障其基本生活。但这并不妨碍有关部门对企业事故责任人的追究，以教育广大群众，降低事故发生率，防止类似事故重复发生。

（2）劳动者个人不缴费原则

工伤保险费由企业或雇主缴纳，劳动者个人不缴费，这是工伤保险与养老、医疗等其他社会保险项目的区别之处。由于劳动者在创造社会财富的同时，也付出了健康甚至生命，所以理应由雇主（或由企业）、社会保险机构负担补偿费用，这在各国已形成共识。

（3）风险分担、互助互济原则

这是社会保险制度中的基本原则。通过法律强制征收保险费，建立工伤保险基金，采取互助互济的方法，可以分散风险，缓解部分企业、行业因工伤事故或职业病所产生的负担，从而减少社会矛盾。

（4）保障与赔偿相结合原则

社会保险制度的一项基本原则就是保障原则，即当劳动者暂时或永久地丧失劳动能力时，对其给予物质上的充分保证，使他们能够继续享有基本的生活保障，以保证劳动力扩大再生产运行和社会的稳定。此外，工伤保险的另一原则就是补偿原则，这是工伤保险与其他社会保险的显著区别。劳动力是有价值的，在劳动生产过程中，劳动力受到损害，理应对这种损害给予补偿。

（5）补偿与预防、康复相结合的原则

工伤补偿、工伤预防与工伤康复三者是密切相连的。工伤预防是最基本的，各国政府都致力于采取各项措施，减少或消灭事故。当工伤事故发生后，应立即对受伤害者给予经济补偿，使受伤害者能够得到及时的救治，同时使其（或家庭）生活得到一定的保障。随后，应及时地对受伤害者进行医学康复及职业康复，尽可能地使其恢复劳动能力，或是恢复部分劳动能力；尽可能地使其具备从事某种职业的能力；尽可能地使其自食其力，减少或避免人力资源的浪费。工伤康复已引起各国政府和工伤保险机构的高度重视。

（6）区别因工和非因工的原则

在工伤保险制度中，对于界定"因工"与"非因工"所致伤害有明确规定。职业伤害与工作环境、工作条件、工艺流程等有直接关系，因而医治、医疗康复、伤残补偿、死亡抚恤待遇等均比其他社会保险的水平高。补偿依据主要是"因工"受到伤害，待遇上不受年龄、性别、缴费期限的限制。"因病"或"非因工"伤亡，与劳动者本人职业因素无关的事故补偿，许多国家规定的待遇均比工伤待遇低得多。

（7）一次性补偿与长期补偿相结合原则

对"因工"而部分或完全永久丧失劳动能力的职工或是因工死亡的职工，受伤害职工或遗属在得到补偿时，工伤保险机构一般有一次性支付补偿金项目。此外，对一些伤残者及工亡职工所供养的遗属，有长期支付项目，直到其失去供养条件为止。这种补偿原则，已为世界上越来越多的国家所接受。

（8）确定伤残和职业病等级原则

工伤保险待遇是根据伤残和职业病等级分类确定的。各国在制定工伤保险制度时，都制定了伤残和职业病等级，并通过专门的鉴定机构和人员，对受职业伤害职工的受伤害程度予以确定，区别不同伤残和职业病状况，给予不同标准的待遇。

四、中国工伤保险制度的历史沿革

中国的工伤保险制度建立于 20 世纪 50 年代初，原属于劳动保险制度的一项内容，并与劳保医疗、生育待遇混合在一起，由单位负责组织实施，是典型的单位保障模式。在改革开放后，中国对这一制度进行了改革探索。2003 年 4 月 27 日，国务院颁布《工伤保险条例》，并于 2004 年 1 月 1 日起实施。

1. 计划经济时期的职工工伤待遇

中华人民共和国成立后，国家面临着经济落后、生产萎缩、失业严重的局面和因工致病、致伤、致残人群庞大以及生产条件恶劣等一系列社会和生产安全问题。1951 年 2 月 25 日中央人民政府政务院颁布了《中华人民共和国劳动保险条例》。这是我国第一部包括工伤、死亡、遗属等社会保险在内的对城镇企业职工实行的全国性统一法规，也是社会保险制度在中国开始实施的起点。与此同时，国家机关、事业单位的社会保险制度也以单项法规的形式逐步建立。1950 年 12 月 11 日内务部公布了《革命工作人员伤亡褒恤暂行条例》，规定了伤残死亡待遇。

随着我国工业生产的发展，职业病伤害增多。为了加强对职工职业病伤害的保障，1957 年 2 月 23 日，卫生部制定并颁布了《职业病范围和职业病患者处置办法的规定》，确定了将严重危害工人、职员健康，严重影响生产，职业性比较明显的职业中毒、尘肺病等 14 种与职业活动有关的疾病正式列入职业病范围，同时首次将职业病列入工伤保险的保障范畴。

在 1966—1976 年的"文化大革命"期间，工伤保险和整个社会保险体系遭到严重破坏，工伤保险由"国家保险"退化为"企业保险"。1978 年 12 月，在党的十一届三中全会之后，中国进入了以经济建设为中心的新的历史时期，社会保险制度的重建工作也被提到了议事日程。

2. 经济体制转变中的工伤保险制度改革

改革开放给中国带来了飞速发展的机遇，同时，也带来了极大的挑战。中国开始步入一个全面而深刻的经济转型与社会变革时期，并开始了大规模的工业化、城市化进程。在这样的特定时代背景下，一方面是原有产业结构与劳动就业格局被打破，城镇劳动者面临着转换工作环境与就业岗位的压力及新的职业风险，原有的劳动保护制度也不可避免地要遇到许多前所未有的新问题；另一方面是工业化的发展进程必然促使乡村劳动者大规模向非农产业转化，新的劳动环境、劳动工具与劳动方式同样不可避免地会带来新的劳动风险。这些新问题与新风险的出现，决定了中国需要有健全的、科学的劳动保护与社会保障制度。

经济改革与社会转型不断深化，工业化与城市化进程加快，劳动和社会保障制度尚在重新构建之中，这种特定的时代背景导致劳动者的职业风险急剧增长。其不仅表现在显性的工伤事故方面，也表现在具有迟发性的各种职业病方面；加之隐瞒不报或者漏报，实际情况可能更为严重。可见，中国的安全生产形式十分严峻。

20 世纪 50 年代《中华人民共和国劳动保险条例》规定的工伤保险制度的实施，对当时计划经济时期确保劳动者的合法权益、稳定社会及促进生产发展曾起过积极的作用；但其后的"企业保险"及我国社会经济的重大变化，使得该制度已不能适应后来的发展形势了。

1988 年劳动部主持研究社会保险改革方案，形成了工伤保险改革框架，调整工伤保险待遇，建立工伤保险待遇随物价变化相应调整的制度；适度提高丧葬费、抚恤费并建立一次性抚恤制度；建立工伤保险基金，逐步实现基金的社会化管理；工伤保险基金遵循"以支定收，留有储备"的原则；确定费率差别，定期调整。

自 1989 年以来，全国各地先后开展了工伤保险试点改革，并取得了初步成果：扩大了保险覆盖面；适当调整了工伤保险待遇；实行差别费率，建立了工伤保险基金；由政府组织工伤保险事业，逐步变"企业保险"为社会保险；工伤保险与工伤预防相结合；政府立法，依法行事；各试点地区政府都出台了工伤保险规定。

1996 年劳动部颁布了《企业职工工伤保险试行办法》，于同年 10 月 1 日起在全国施行。1996 年劳动部还颁布了《职工工伤与职业病致残程度鉴定》（GB/T 16180-1996）。至此，改革在全国铺开，具体做法包括建立工伤保险基金制度、实行差别费率、逐步扩大覆盖范围、改革待遇计发基数和各项待遇标准水平等。

国务院于 2003 年 4 月颁布了《工伤保险条例》（以下简称《条例》），《条例》是对我国长期以来工伤保险制度改革工作的总结和提高，适应了在社会主义市场经济条件下更好地保障职工合法权益、加快经济建设和深化企业改革的要求。该条例规定中国境内的各类企业、有雇工的个体工商户应当依照规定参加工伤保险，为本单位全部职工或者雇工缴纳工伤保险费。中国境内的各类企业的职工和个体工商户的雇工，均有依照规定享受工伤保险待遇的权利。有雇工的个体工商户参加工伤保险的具体步骤和实施办法，由省、自治区、直辖市人民政府规定。国务院在《关于工伤保险费率问题的通知》①（以下简称《通知》）中指出：各省、自治区、直辖市工伤保险费平均缴费率原则上要控制在职工工资总额的 1.0% 左右。在这一总体水平下，各统筹地区三类行业的基准费率要分别控制在用人单位职工工资总额的 0.5% 左右、1.0% 左右、2.0% 左右。各统筹地区劳动保障部门要会同财政、卫生、安全监管部门，按照"以支定收、收支平衡"的原则，根据工伤保险费使用、工伤发生率、职业病危害程度等情况提出分行业制定基准费率的具体标准，报统筹地区人民政府批准后实施。基准费率的具体标准可定期调整。

2010 年 3 月 15 日，人社部颁布了《关于推进工伤保险市级统筹有关问题的通知》。自《工伤保险条例》实施以来，随着工伤保险覆盖范围的不断扩大，参保人数快速增加，政策标准和管理服务逐步完善，工伤保险制度在维护职工权益、分散

---

① 2003 年 10 月 29 日人社部颁布了《关于工伤保险费率问题的通知》。

用人单位风险、促进社会和谐稳定方面日益发挥重要作用。但由于相当一部分地区工伤保险实行县级统筹，统筹层次低，基金规模小，化解风险的能力差，已成为制约工伤保险事业健康发展的突出问题之一。该通知为实施工伤保险市级统筹工作制订了具体方案。2010 年 12 月 8 日，国务院常务会议通过了《国务院关于修改〈工伤保险条例〉的决定》，对 2004 年 1 月 1 日起施行的《工伤保险条例》做出了修改，扩大了上下班途中的工伤认定范围，同时还规定了除现行规定的机动车事故以外，职工在上下班途中受到非本人主要责任的非机动车交通事故或者城市轨道交通、客运轮渡、火车事故伤害，也应当认定为工伤。

2013 年 4 月 22 日人社部颁布了《人力资源和社会保障部关于进一步做好工伤预防试点工作的通知》，为贯彻《工伤保险条例》，完善工伤保险制度，2009 年在河南、广东、海南等 3 省的 12 个地市开展了工伤预防试点，并取得初步成效。一些试点城市的工伤事故发生率呈现下降趋势，职工的安全意识和维权意识、企业守法意识有所增强。2013 年 4 月 25 日人社部颁布了《人力资源和社会保障部关于执行〈工伤保险条例〉若干问题的意见》，以保证新修订的《工伤保险条例》能够更妥善地解决实际工作中的问题，更好地保障职工和用人单位的合法权益。

2014 年 11 月 21 日，人社部颁布了《实施修订后劳动能力鉴定标准有关问题处理意见的通知》，确定由国家质量监督检验检疫总局、国家标准化管理委员会批准发布的《劳动能力鉴定职工工伤与职业病致残等级》（GB/T16180-2014）（以下简称"新标准"）将于 2015 年 1 月 1 日实施，新标准是在充分听取各地意见的基础上对《劳动能力鉴定职工工伤与职业病致残等级》（GB/T16180-2006）进行的修改和完善。为实现新旧标准的平稳过渡，该通知做出了重要批示。同年 12 月，人力资源和社会保障部、住房城乡建设部、安全监管总局、全国总工会联合发布了《关于进一步做好建筑业工伤保险工作的意见》，在参保政策、工伤保险费计缴方式、工伤保险费率、工伤保险费用来源、劳动能力鉴定程序等方面结合建筑业特点提出相应的建议，进一步维护了工伤风险较高的建筑行业职工特别是农民工的工伤保障权益。

为贯彻落实《关于进一步做好建筑业工伤保险工作的意见》精神，全面推进建筑业从业人员参加工伤保险，人社部于 2015 年 3 月发布《关于开展建筑业"同舟计划"——建筑业工伤保险专项扩面行动计划的通知》，"同舟计划"是利用三年左右时间，结合全民参保登记计划的实施，实现建筑业从业人员全部参加工伤保险，同时建立按项目参保和优先办理工伤保险的工作机制，此项计划的实施加快推进建筑施工企业参加工伤保险，切实保障建筑业职工工伤保障权益。按照党的十八届三中全会提出的"适时适当降低社会保险费率"的精神，人社部、财政部发布《关于调整工伤保险费率政策的通知》，于 2015 年 10 月 1 日起实施。该通知规定最低行业基准费率由 0.5% 降至 0.2%，最高行业基准费率由 2% 降至 1.9%；政策平均费率由 1% 左右降至 0.75% 左右，降低 0.25 个百分点，实际平均费率从目前的 0.9% 左右降至 0.7% 左右，降低 0.2 个百分点；在可比的 86 个行业中，有 74 个行业的基准费率标准降低，占到了 86%，实现了"总体降低"的目标要求。此次调整有利于减轻企业负担，有利于建立健全与行业工伤风险基本对应、风险档次适度的工伤保险费率标准，有利于落实工伤保险基金"以支定收、收支平衡"的筹资原则，优化工伤保险基金管理，确保工伤保险基金可持续运行，更好地保障工伤职工的合法权益。11 月，人社部办公厅发布《关于设立公布第一批区域性工伤康复示范平台名单有关问题的通知》，遴选确定了第一批 4 家区域性工伤康复示范平台，区域平台的建设为今后各地区加强工伤康复协议机构管理，规范康复服务行为，提高康复服务水平做出了探索和尝试。

为贯彻落实《职业病防治法》，切实保障劳动者健康权益，根据农民工尘肺病防治工作需要，国家卫生计生委、民政部、财政部、人社部联合于 2016 年 1 月制定了《关于加强农民工尘肺病防治工作的意见》。从源头治理、健康检查、医疗救治、工伤待遇等方面提出具体建议，有效控制了农民工罹患尘肺病的势头，病后得不到及时诊断、救治和赔偿的问题也得到有效解决。3 月，人社部办公厅发布《关于加快推进建筑业工伤保险工作的通知》，这是对建筑业工伤保险"同舟计划"实施一年以来的经验和教训总结，也为 2017 年全面实现建筑施工企业依法参加工伤保险奠定坚实基础。

2017 年 3 月，人社部办公厅发布《关于进一步做好建筑业工伤保险工作的通知》。2017 年是"同舟计划"完成之年，实施两年来，建筑业按项目参加工伤保险工作取得显著成效，但工作中还存在亟待解决的突出问题，该通知就这些问题提出方向指导，以推动建立健全建筑业按项目参加工伤保险的长效工作机制，巩固建筑项目"先参保、再开工"政策成效，完成"同舟计划"确定的目标任务。6 月，人社部、财政部发布《关于工伤保险基金省级统筹的指导意见》，实行省级统筹，要求在省（自治区、直辖市）内统一工伤保险参保范围和参保对象，统一工伤保险费率政策和缴费标准，统一工伤认定和劳动能力鉴定办法，统一工伤保险待遇支付标准，统一工伤保险经办流程和信息系统。在基金管理上，有条件的省（自治区、直辖市）可以实行基金统收统支管理；不具备条件的省（自治区、直辖市）也可以在省级建立调剂金，由市（地）按照一定的规则和比例上解到省级社保基金财政专户集中管理，用于调剂解决各市（地）工伤保险基金支出缺口。意见的发布有利于逐步建立规范、高效的工伤保险基金省级统筹管理体系，有利于促进工伤保险制度更加公平、更可持续。

"同舟计划"实施三年来，在各部门的协力推动以及各地共同努力下，住建领域新开工工程建设项目参保率已达到 99.73%，累计 4 000 多万建筑业农民工纳入工伤保险保障。2018 年 1 月，人社部、交通运输部、水利部、能源局、铁路局、民航局联合发布《关于铁路、公路、水运、水利、能源、机场工程建设项目参加工伤保险工作的通知》，加大力度将在各类工程建设项目中流动就业的农民工纳入工伤保险保障，切实保障建筑业农民工工伤权益。

第二节　工伤保险待遇

一、工伤医疗期间待遇

《工伤保险条例》第三十条规定，职工因工作遭受事故伤害或者患职业病进行治疗，享受工伤医疗待遇。工伤医疗期间的待遇包括停工留薪期待遇、工伤医疗待遇和其他待遇等。

1. 停工留薪期待遇

停工留薪期待遇是指职工因工作遭受事故伤害或者患职业病需要暂停工作并接受工伤医疗的，在停工留薪期内原工资福利待遇不变，由所在单位按月支付。

停工留薪期一般不超过 12 个月；伤情严重或者情况特殊的，经所在区的市级劳动能力鉴定委员会确认，可以适当延长，但延长不得超过 12 个月。工伤职工评定伤残等级后，停发原待遇，按照《工伤保险条例》中的有关规定享受伤残待遇。工伤职工在停工留薪期满后仍需治疗的，继续享受工伤医疗待遇。

2. 工伤医疗待遇

工伤医疗待遇是指在职工发生工伤事故后，治疗工伤所需费用符合工伤保险诊疗项目目录、工伤保险药品目录、工伤保险住院服务标准的，从工伤保险基金中支付。工伤保险诊疗项目目录、工伤保险药品目录、工伤保险住院服务标准，由国务院劳动保障行政部门会同国务院卫生行政、药品监督管理等部门规定。

职工治疗工伤应当在签订服务协议的医疗机构就医，情况紧急时可以先到就近的医疗机构急救。工伤职工治疗由非工伤引发的疾病，不享受工伤医疗待遇，按照基本医疗保险办法处理。

3. 其他待遇

职工住院治疗工伤的，由所在单位按照本单位因公出差伙食补助标准的 70% 发给住院伙食补助费；经医疗机构出具证明，报经办机构同意，工伤职工到统筹地区以外就医的，所需交通、食宿费用由所在单位按照本单位职工因公出差标准报销；生活不能自理的工伤职工在停工留薪期需要护理的，由所在单位负责。

二、因工伤残待遇

因工伤残待遇包括一次性伤残补助金待遇、伤残津贴待遇、生活护理费待遇、配置辅助器具待遇、一次性工伤医疗补助金和伤残就业补助金待遇。

1. 一次性伤残补助金待遇

《工伤保险条例》规定，职工因工致残经劳动能力鉴定委员会鉴定为一级至四级伤残的，保留劳动关系，退出工作岗位，从工伤保险基金按伤残等级支付一次性伤残补助金。补助金标准为：一级伤残为 27 个月的本人工资；二级伤残为 25 个月的本人工资；三级伤残为 23 个月的本人工资；四级伤残为 21 个月的本人工资。

职工因工致残被鉴定为五级、六级伤残的，从工伤保险基金按伤残等级支付一次性伤残补助金。补助金标准为：五级伤残为 18 个月的本人工资；六级伤残为 16 个月的本人工资。

职工因工致残被鉴定为七级至十级伤残的，从工伤保险基金按伤残等级支付一次性伤残补助金。补助金标准为：七级伤残为 13 个月的本人工资；八级伤残为 11 个月的本人工资；九级伤残为 9 个月的本人工资；十级伤残为 7 个月的本人工资。

2. 伤残津贴待遇

所谓伤残津贴待遇，是指当工伤职工完全丧失劳动能力或是大部分丧失劳动能力时，由社会保险机构或用人单位为保障其基本生活，按月支付的保障待遇，这项待遇支付到退休年龄或未到退休年龄而死亡时止。

职工经劳动能力鉴定委员会鉴定伤残达到一至四级的，属于完全丧失劳动能力，保留与用人单位的劳动关系，按月享受伤残津贴待遇。具体待遇标准为：一级伤残为本人工资的 90%；二级伤残为本人工资的 85%；三级伤残为本人工资的 80%；四级伤残为本人工资的 75%。伤残津贴实际金额低于当地最低工资标准的，由工伤保险基金补足差额。2017 年人社部印发《关于工伤保险待遇调整和确定机制的指导意见》，规定一级至四级伤残津贴调整以上年度省（自治区、直辖市）一级至四级工伤职工月人均伤残津贴为基数，综合考虑职工平均工资增长和居民消费价格指数变化情况，侧重职工平均工资增长因素，兼顾工伤保险基金支付能力和相关社会保障待遇调整情况，综合进行调节。

职工经劳动能力鉴定委员会鉴定伤残达到五至六级的，属于大部分丧失劳动能力，保留与用人单位的劳动关系，由用人单位安排适当工作。难以安排工作的，由用人单位按月发给伤残津贴，标准为：五级伤残为本人工资的 70%；六级伤残为本人工资的 60%。此外，用人单位还要按照规定为其缴纳应缴纳的各项社会保险费。伤残津贴的实际金额低于当地最低工资标准的，由用人单位补足差额。经工伤职工本人提出，该职工可以与用人单位解除或者终止劳动关系，由用人单位支付一次性工伤医疗补助金和伤残就业补助金，具体标准由省、自治区、直辖市人民政府规定。

工伤职工达到退休年龄并办理退休手续后，停发伤残津贴，享受基本养老保险待遇。基本养老保险待遇低于伤残津贴的，由工伤保险基金补足差额。

3. 生活护理费待遇

生活护理费待遇是指对工伤职工已完全丧失劳动能力、生活长期不能自理、需要别人的护理所给予的一种补偿。《工伤保险条例》第三十四条规定，工伤职工已经评定伤残等级并经劳动能力鉴定委员会确认需要生活护理的，从工伤保险基金按月支付生活护理费。

　　生活护理费按照生活完全不能自理、生活大部分不能自理或者生活部分不能自理3个不同等级支付，其标准分别为统筹地区上年度职工月平均工资的50%、40%或者30%。

　　4. 配置辅助器具待遇

　　所谓配置辅助器具待遇，是指帮助工伤职工恢复或提高身体机能的一些器具，在允许配置的规定内所购置的费用不需要工伤职工个人负担。《工伤保险条例》第三十二条规定：工伤职工因日常生活或者就业需要，经劳动能力鉴定委员会确认，可以安装假肢、矫形器、假眼、假牙和配置轮椅等辅助器具，所需费用按照国家规定的标准从工伤保险基金支付。但应当指出，这项待遇不能以现金支付给工伤职工，是以配置器具的形式作为补偿的一项待遇。

　　5. 一次性工伤医疗补助金和伤残就业补助金待遇

　　一次性工伤医疗补助金和伤残就业补助金待遇主要是考虑由于伤残给就业带来的困难，给予工伤职工的一次性待遇。在《工伤保险条例》中规定：工伤职工伤残达到五到十级的，在劳动合同期满终止，或者职工本人提出解除劳动合同的，由用人单位支付一次性工伤医疗补助金和伤残就业补助金，具体标准由省、自治区、直辖市人民政府规定。

三、因工死亡待遇

　　《工伤保险条例》第三十九条规定，职工因工死亡，其直系亲属按照下列规定从工伤保险基金中领取丧葬补助金、一次性工亡补助金和供养亲属抚恤金。

　　1. 丧葬补助金

　　因工死亡职工的丧葬费标准高于一般职工死亡的丧葬费。因工死亡职工的丧葬补助金为6个月的统筹地区上年度职工月平均工资。

　　2. 一次性工亡补助金

　　一次性工亡补助金与一次性伤残补助金待遇相类似，都是一次性支付的待遇。一次性工亡补助金标准为上一年度全国城镇居民人均可支配收入的20倍。

　　3. 供养亲属抚恤金

　　职工因工死亡，包括被鉴定为伤残一至四级的工伤职工死亡，其直系亲属符合享受条件的应当享受供养亲属抚恤金待遇。供养亲属抚恤金按照职工本人工资的一定比例发给由因工死亡职工生前提供主要生活来源、无劳动能力的亲属。抚恤金标准为：配偶每月为40%，其他亲属每人每月为30%，孤寡老人或者孤儿每人每月在上述标准的基础上增加10%。核定的各供养亲属的抚恤金之和不应高于因工死亡职工生前的工资。

　　对于这些待遇，《工伤保险条例》第四十条规定：伤残津贴、供养亲属抚恤金、生活护理费由统筹地区劳动保障行政部门根据职工平均工资和生活费用的变化等情况适时进行调整。调整办法由省、自治区、直辖市人民政府规定。

四、工伤保险待遇支付

1.享受待遇的对象和条件

享受工伤保险待遇的对象是因工负伤、致残的职工以及工伤人员本人或因工死亡职工生前供养的直系亲属。

对于伤残职工，除工伤医疗待遇主要是根据医疗机构的诊疗确定外，其他待遇是要根据工伤职工的鉴定等级而定的。伤残等级一至十级的工伤职工，如果伤情发生变化，随之鉴定结论也发生变化的，除一次性伤残补助金待遇不重新享受外，其他相关的待遇要随之发生变化。

对于因工死亡职工的供养亲属，主要是指该职工的配偶、子女、父母、祖父母、外祖父母、孙子女、外孙子女、兄弟姐妹。这些人员必须是依靠工亡职工生前提供主要生活来源的亲属。

2.特定待遇的支付

以上的工伤保险待遇的支付是对于一般性和普遍性问题而言，而对于特殊性问题是不适应的，还必须按照特殊情况进行特殊处理。

（1）工伤保险待遇支付的一个基本原则是：在我国境内合法用人单位中从业的人员，无论其户籍、国籍在哪里，只要是被劳动保障行政部门认定为工伤，都可以在国内享受有关工伤保险待遇。也就是说，如果职工是在被派往国外、境外的工作期间发生的工伤，那么在其回国后享受有关工伤保险待遇。

（2）如果用人单位是非法主体，既未取得工商行政管理部门核发的营业执照，又未经依法登记、备案，或被依法吊销营业执照、撤销登记、备案的单位，雇用人员从事生产经营；或虽属于合法单位主体，但雇用了不满16周岁的童工从事生产经营，一旦发生人身伤害或患职业病，雇主应当承担赔偿责任，受伤害人员不享受工伤保险待遇，而只能得到雇主的一次性赔偿。

（3）对于在破产、倒闭的用人单位中的工伤人员，其工伤保险待遇的支付，除鉴定为伤残一至四级的工伤人员的伤残津贴、生活护理费及因工死亡职工供养亲属抚恤金待遇，由工伤保险基金继续支付外，其他工伤人员随着用人单位的破产、倒闭而终止工伤保险关系，即便是以后旧伤复发，也不再报销工伤医疗费用。

3.停止享受待遇原则

工伤职工的工伤保险待遇并不是终身制，《工伤保险条例》第四十二条规定，工伤职工有下列情形之一的，停止享受工伤保险待遇：

（1）丧失享受待遇条件的。工伤保险制度保护的对象是一个特定的人群，当职工丧失享受条件时，就应该终止享受待遇。例如工伤职工的伤残等级发生变化，不再具备享受伤残津贴的伤残等级，也就要停止享受伤残津贴待遇；又如因工死亡人员供养的子女年满18周岁，就丧失了享受工亡补贴的条件。

（2）拒不接受劳动能力鉴定的。在一般情况下，工伤治疗伤情相对稳定或停工留薪期满，应当进行劳动能力鉴定；如在劳动能力鉴定后，伤情逐渐减轻，也应当进行劳动能力鉴定。工伤职工没有正当理由，拒绝接受劳动能力鉴定的，享受停工留薪期待遇或享受伤残津贴待遇的，应当停止支付待遇。

（3）拒绝治疗的。当工伤职工无正当理由拒绝接受医疗机构对其受伤部位所实施的治疗方案，工伤保险基金将停止工伤医疗待遇。所以工伤职工有享受工伤医疗的权利，同时，也有积极配合医疗救治的义务。

第三节　工伤保险基金筹集和业务经办

一、工伤保险基金概述

1. 工伤保险基金的概念

工伤保险基金是社会保险基金的一种，是指为了保障参保职工的工伤保险待遇，按照国家法律、法规的规定，由缴费单位按缴费基数的一定比例缴纳以及通过其他合法方式筹集的专项资金。

工伤保险基金由用人单位缴纳的工伤保险费、工伤保险基金的利息和依法纳入工伤保险基金的其他资金构成。

2. 工伤保险基金的统筹

《工伤保险条例》第十一条规定：工伤保险基金逐步实行省级统筹。跨地区、生产流动性较大的行业，可以采取相对集中的方式异地参加统筹地区的工伤保险。具体办法由国务院社会保险行政部门会同有关行业的主管部门制定。

二、工伤保险基金的筹集

1. 缴费范围

《工伤保险条例》第二条规定：中华人民共和国境内的企业、事业单位、社会团体、民办非企业单位、基金会、律师事务所、会计师事务所等组织和有雇工的个体工商户（以下称用人单位）应当依照本条例规定参加工伤保险，为本单位全部职工或者雇工（以下称职工）缴纳工伤保险费。

2. 缴费基数

工伤保险费的缴费基数为本单位职工工资总额。用人单位一般以本单位职工上年度月平均工资总额为缴费基数。用人单位缴纳工伤保险费的数额为本单位职工工资总额乘以单位缴费费率之积。

3. 工伤保险费率

工伤保险费根据"以支定收、收支平衡"的原则确定费率。工伤保险费率实行行业差别费率和浮动费率制度。国家根据不同行业的工伤风险程度确定行业的差别费率，并根据工伤保险费使用、工伤发生率等情况在每个行业内确定若干费率档次（浮动费率）。行业差别费率及行业内费率档次由国务院劳动保障行政部门会同国务院财政部门、卫生行政部门、安全生产监督管理部门制定。统筹地区经办机构根据用人单位工伤保险费使用、工伤发生率等情况，适用所属行业内相应的费率档次确定单位缴费费率。

三、工伤保险基金的收支与管理

1. 工伤保险基金的收入与管理

工伤保险基金存入社会保障基金财政专户，用于《工伤保险条例》规定的工伤保险待遇、劳动能力鉴定以及法律、法规规定的用于工伤保险的其他费用的支付。任何单位或者个人不得将工伤保险基金用于投资运营、兴建或者改建办公场所、发放奖金，或者挪作其他用途。

工伤保险基金应当留有一定比例的储备金，用于统筹地区重大事故的工伤保险待遇支付；储备金不足支付的，由统筹地区的人民政府垫付。储备金占基金总额的具体比例和储备金的使用办法，由省、自治区、直辖市人民政府规定。

2. 工伤保险基金的支出与管理

工伤保险基金支出是指工伤保险基金在支付过程中的各项开支，包括工伤保险待遇支出、劳动能力鉴定费支出、补助下级支出和上解上级支出等。社会保险经办机构要在同级财政部门与劳动和社会保障部门共同认定的国有商业银行设立工伤保险基金支出户，用以接收拨付的款项。

四、工伤保险经办机构职责与服务概述

1. 工伤保险经办机构的主要职责

工伤保险经办机构是指劳动保障行政部门按照有关规定设立具体承办工伤保险事务的社会保险经办机构，包括各级劳动保障部门设立的社会保险事业管理局（中心）。工伤保险经办机构的法定职责，包括以下各项：

（1）办理工伤保险参保登记，核查用人单位的职工人数和工资总额。

（2）根据用人单位工伤保险费使用、工伤发生率等情况，适用所属行业内相应的费率档次确定单位年度缴费费率。

（3）征收工伤保险费。

（4）按照规定管理工伤保险基金的支出。

（5）按照规定核定、给付工伤保险待遇。

（6）负责保存用人单位缴费和职工享受工伤保险待遇情况的记录。

（7）与医疗机构、辅助器具配置机构签订服务协议，公布签订服务协议的医疗机构、辅助器具配置机构的名单。

（8）履行协议，按照协议和国家有关目录、标准对工伤职工医疗费用、康复费用、辅助器具费用的使用情况进行核查，并按时足额结算费用。

（9）参加辖区劳动能力鉴定委员会工作。

（10）进行工伤保险的调查、统计。

（11）定期公布工伤保险基金的收支情况，及时向劳动保障行政部门提出调整费率的建议。

（12）定期听取工伤职工、医疗机构、辅助器具配置机构以及社会各界对改进工伤保险工作的意见。

（13）为工伤职工或者直系亲属免费提供咨询服务。

2.工伤保险服务管理与协议管理

（1）工伤保险服务管理。

工伤保险服务管理包括工伤保险医疗服务管理、工伤保险康复管理和工伤保险配置辅助器具管理。

工伤保险医疗服务管理主要内容包括：确定协议医疗机构的原则、工伤保险协议医疗机构的基本条件；确定工伤保险协议医疗机构的程序、工伤保险医疗服务的范围；就医管理；转分诊管理；确定工伤医疗不予支付的范围；工伤医疗费用结算等。

工伤保险康复管理的主要内容包括：确认医疗康复机构和职业康复机构的基本条件、工伤保险协议康复机构的确定程序；康复服务协议管理；确认康复服务的范围、申请程序；康复费用的结算；异地康复管理等。

工伤保险配置辅助器具管理的主要内容包括：工伤保险辅助器具配置标准、协议机构、配置申请、配置确认、费用结算、配置机构责任、档案等。

（2）协议管理。

协议管理是指工伤保险经办机构加强对医疗机构、康复机构、辅助器具配置机构的管理的主要方式。《工伤保险条例》第四十七条规定："经办机构与医疗机构、辅助器具配置机构在平等协商的基础上签订服务协议，并公布签订服务协议的医疗机构、辅助器具配置机构的名单，具体办法由国务院劳动保障行政部门分别会同国务院卫生行政部门、民政部门等制定。"

同时，按照《工伤保险条例》，经办机构按照协议和国家有关目录、标准对工伤职工医疗费用、康复费用、辅助器具费用的使用情况进行核查，并按时足额结算费用。

五、工伤保险经办业务管理内容及程序

劳动和社会保障部办公厅 2004 年印发了《工伤保险经办业务管理规程（试行）》，规范和统一了经办业务规程，是工伤保险业务管理重要的基础性文件。

工伤保险业务程序与其他社会保险经办业务程序既有共同点，又有工伤保险的自身特点。例如，在参保登记、保费征缴的主要内容方面与其他社会保险基本相同；在对工伤医疗、康复和辅助器具的管理以及待遇核定等方面有所不同。

1.工伤保险登记

（1）参保登记。用人单位（包括有雇工的个体工商户，下同）在依法申报参加工伤保险时，社保机构登记部门为其办理工伤保险登记，用人单位需填报《社会保险登记表》和《参加工伤保险人员情况表》，并提供营业执照等证件或资料。已经参加其他社会保险的，用人单位只提交社会保险登记证，填写《社会保险登记表》《参加工伤保险人员情况表》。

（2）变更登记。参保单位在单位名称、地址、法定代表人或负责人、单位类型等事项发生变更时，社保机构登记部门为其办理工伤保险变更登记手续。参保单位需填写《社会保险变更登记表》，并提供《工商变更登记表》、"社会保险登记证"等证件和资料。

（3）注销登记。参保单位发生营业执照注销或吊销，被批准解散、撤销、终止等情形时，社保机构登记部门为其办理社会保险注销登记手续。参保单位需填写《社会保险注销登记表》，并根据注销类型分别提供《注销通知》、"社会保险登记证"等证件和资料。

（4）验证和补证。社保机构登记部门定期进行工伤保险登记验证，参保单位应在规定的时间内填报《社会保险验证登记表》，并提供"社会保险登记证""营业执照"、批准成立证件等。社保机构登记部门审核参保单位提供的证件和资料，审核的主要内容包括：办理社会保险登记、变更登记、上年度验证等情况；参保人数增减变化情况；申报缴费工资、缴纳工伤保险费情况等。

2. 工伤保险费征缴

工伤保险费征缴包括申报受理、缴费核定、费用征收、补缴欠费等内容。

（1）申报受理。社保机构征缴部门按月受理参保单位填报的《工伤保险缴费申报核定表》，并要求其提供劳动工资统计表、工资发放明细表等资料。

（2）缴费核定。社保机构征缴部门审核参保单位填报的缴费申报核定表格及有关资料。审核通过后，办理参保人员核定或增减手续。社保机构征缴部门根据缴费申报和核定情况，为新增参保人员及时记录参保时间、当期缴费工资等信息。

（3）费用征收。社保机构征缴部门依据统筹地区分类行业基准费率的具体标准，确定参保单位的初次缴费费率，以后根据用人单位工伤保险费使用、工伤发生率、职业病危害程度等因素，确定参保单位年度缴费费率。

社保机构征收地区，采取委托收款方式的，通过"收入户存款"开户银行收费，也可采取支票、现金、电汇、本票等方式收费，并开具专用收款凭证。税务代征的地区，社保机构按月将《工伤保险费核定汇总表》及《工伤保险费核定明细表》传送给税务机关，作为其征收依据。税务机关收款后，每月在规定时间内向社保机构反馈到账信息，传送《工伤保险费实缴清单》及相关收款凭证，社保机构财务管理部门做入账处理。

（4）补缴欠费。社保机构征缴部门根据工伤保险欠费台账，建立欠费数据信息，填制《社会保险费补缴通知单》，通知参保单位补缴欠费。

3. 工伤医疗、康复与辅助器具配置管理程序

（1）职工受到事故伤害或患职业病后，所在用人单位应积极救治，并在3日内用书面或电话形式向当地社保机构报告。

（2）工伤职工就医一般应到协议医疗机构就诊。工伤职工因急诊就医可就近诊疗，待生命体征稳定后再转往协议医疗机构。工伤职工因伤情需要到统筹地区以外就医的，由社保机构指定的协议医疗机构提出建议、参保单位提出意见，经社保机构核准后方可前往。

（3）工伤职工因旧伤复发需要治疗的，由就诊的协议医疗机构提出诊断意见，经社保机构核准后到协议医疗机构就医。对旧伤复发有争议的，由劳动能力鉴定委员会确认。

（4）需要配置辅助器具的，依据劳动能力鉴定结论，由参保单位或工伤职工填写申请表，社保机构按规定核准，到协议辅助器具配置机构进行配置。

4. 待遇审核与支付

待遇审核与支付包括享受待遇资格审核与验证、医疗（康复）待遇审核、辅助器具费用审核、伤残待遇审核、工亡待遇审核、待遇调整审核和待遇支付等内容。

（1）待遇资格的审核与验证。待遇资格的审核与验证是指经办机构审核用人单位及时足额缴费情况，该员工是否参保，工伤认定、劳动能力鉴定情况，单位申报工伤认定时间是否符合规定，因工死亡职工的死亡情况分类及享受供养亲属抚恤金人员的资格审核等。

（2）医疗（康复）待遇审核。医疗（康复）待遇审核是指经办机构对职工发生事故伤害或者按照职业病防治法规规定被诊断、鉴定为职业病，经认定为工伤的职工所发生的医疗康复费用是否符合国家和地方的有关规定进行审核。

（3）伤残辅助器具费用审核。伤残辅助器具费用审核是指经办机构根据劳动能力鉴定委员会确认的安装或配置辅助器具的项目名称、规格型号等内容，按照国家规定的标准进行费用核定。

（4）伤残待遇审核。伤残待遇审核包括一次性伤残补助金、伤残津贴和生活护理费等内容。

（5）工亡待遇审核。工亡待遇审核是指经办机构区别直接死亡、在停工留薪期内因工导致死亡等情况对其亲属核定丧葬补助金、一次性工亡补助金。对符合享受供养条件的人员按照具体人数核定供养亲属抚恤金。

（6）待遇调整审核。在统筹地区统一调整工伤保险待遇，或工伤职工的有关情况发生变化以及工亡职工供养亲属丧失了供养条件时，按规定调整工伤保险待遇。

（7）待遇支付。待遇支付是指经办机构根据待遇审核结论，对各项待遇费用包括医疗费用、安装配置辅助器具费用、一次性伤残补助金、伤残津贴和生活护理费、丧葬费、一次性工亡补助金和供养亲属抚恤金进行结算、支付。

思考题

1. 工伤保险的基本原则有哪些？

2. 工伤保险制度在世界范围内确立经历了哪些发展阶段？

3. 认定为工伤、视同工伤、不得认定为工伤的情形分别是什么?

4. 工伤保险待遇有哪些?待遇标准如何?

5. 工伤康复的工作内容包括什么?

6. 工伤保险服务管理和协议管理的主要内容有哪些?

7. 工伤保险经办管理的内容和程序有哪些?

案例

案例 1   工伤认定

1. 违章操作受伤——厂方也应赔偿

一位先生到深圳市社保中心进行咨询。他的一个朋友在宝安区某塑胶厂上班时被轧断手指,医院鉴定为 7 级伤残,厂方说他朋友违章操作,不予赔偿。他觉得不对,问:"厂方应该赔吗?都给赔哪些?能得到多少赔偿?"

工伤赔偿适用无过错责任原则,即便当事人违章操作,厂方也应按照工伤待遇标准予以赔偿。根据《工伤保险条例》,所在单位应当在事故伤害发生之日起 30 日内,向劳动保障行政部门提出书面工伤认定申请。用人单位未按前款规定提出工伤认定申请的,该职工或者其直系亲属、工会组织在事故伤害发生之日起 1 年内,可直接向用人单位所在地的劳动保障行政部门提出工伤认定申请。用人单位未在规定的时限内提交工伤认定申请的,在此期间发生符合本条例规定的工伤待遇等有关费用由该用人单位负担。

这位受伤的员工应先申请工伤鉴定,再根据工伤鉴定的等级要求赔偿,医院鉴定只能作为参考,具体赔偿的项目包括医疗费、护理费、住院伙食补助费、一次性伤残补助金。

2. 认定为工伤的条件之——工作时间受到的伤害

某年 5 月 23 日,罗湖社会保障管理处接到深圳某物业管理公司的工伤认定申请,称其员工李某于 5 月 20 日上午上班后在小区内进行绿化维护,8 时 50 分左右开始修剪车库出口绿化带。8 时 55 分,他在车库出口平台处不慎摔倒,掉到车库地面上,身体受伤。附近岗亭值班保安通知管理处后,李某于 9 时多被送往北大深圳医院治疗。医院拍片后诊断为:双侧跟骨粉碎性骨折,右外踝撕脱性骨折。单位要求认定为工伤。

罗湖社会保障管理处在审核其提交的工伤认定申请材料时发现,其提交的考勤记录卡有问题:公司于 24 日提交到工伤科的原件上居然已有该员工 5 月 26 日至30 日的上下班记录,而该员工 20 日已受伤。

这个考勤记录卡会不会是假的呢?办事人员不敢马虎,立即赶往参保人首诊医院北大深圳医院调查。在医院,工作人员从电脑中调出了李某就医时的挂号时间,结果证实与其受伤时间吻合。在伤者单位,负责人解释:该单位每月 25 日结算工资,当月 26 日起打印记录。疑点排除了,罗湖社会保障管理处根据《工伤保险条例》第十四条的规定,认定属工伤。

3. 在上班途中违反交通规则是否构成工伤

刘先生在市社保中心咨询，他因早上送孩子上学，怕上班迟到便在某十字路口闯红灯，不幸被一辆汽车撞倒，造成左腿骨折。刘某向公司提出工伤认定申请，单位不同意。他不知道该怎么办。

《工伤保险条例》规定，在上下班途中遇到机动车事故伤害的，应当认定为工伤。但同时规定，"因犯罪或者违反治安管理伤亡的"不得认定为工伤，因为刘某闯红灯的行为显然已经违反了《中华人民共和国治安管理处罚条例》第二十七条第六项"违反交通规则，造成交通事故，尚不够刑事处罚的"情形，因此不能认定为工伤。在交通事故中行人负主要以上责任的，不能认定为工伤。

一直以来，在上下班途中发生机动车事故伤害应认定工伤与"违反治安管理伤亡"不得认定工伤的规定存在冲突，给各地工伤认定工作带来了一定的混乱。一般操作为：如果在交通事故中负同等责任及以下的，因不是导致事故的主要原因，应认定为工伤；负主要责任以下的，如公安部门确认没有违反交通管理规定并作出相应处罚的，应认定为工伤；负主要责任以上的，如公安部门确认违反交通管理规定并作出相应处罚的，不应认定为工伤。

4. 已获交通损害全额赔偿还能不能认定工伤？

郭某系某化工厂职工，平时都是乘坐单位班车上下班。某日郭某因送孩子上学未能赶上班车，便乘公共汽车上班，中途换车时被一辆出租车撞倒，左腿受伤，住院治疗20多天。事故发生后，经交通部门鉴定，出租车司机对事故负主要责任，并按《道路交通事故处理办法》全额赔偿郭某医疗费、护理费、误工费共计5 988.74元。郭某出院后，要求所在单位按工伤发给一次性伤残补助金，并支付住院期间工资。而化工厂认为，郭某上班不是单位班车行驶路线，因而不是在上下班的必经路线上，不能享受工伤待遇；即使认定工伤，由于郭某已经获得交通事故损害赔偿，工厂也无须再给郭某工伤赔偿。郭某不服，诉诸仲裁和法院，根据《企业职工工伤保险试行办法》，由于交通事故引起的工伤，交通事故赔偿已给付了医疗费、丧葬费、护理费、残疾用具费、误工工资的，企业或者工伤保险经办机构不再支付相应待遇（交通事故赔偿的误工工资相当于工伤津贴），但2004年1月1日起施行的《工伤保险条例》对此不再作相应规定。劳动者完全可以既依《工伤保险条例》的规定享受工伤保险待遇，又依《道路交通事故处理办法》的规定获得交通事故损害赔偿，即工伤待遇与交通事故赔偿可以兼得，本案中的郭某可获得工伤和交通事故损害的双重赔偿。

更多案例（第八章）

第九章　社会救助

社会救助作为社会保障的最低目标，承担了保证社会成员生存条件的责任。在社会保障制度的建立和发展过程中，社会救助制度是最早建立的。社会救助对保持社会稳定和促进社会发展有着重要的意义。本章主要介绍了社会救助的含义、特征、历史发展以及救助标准的确定；社会救助体系的含义、我国社会救助的发展历程以及社会救助体系的构成内容；最低生活保障制度的建立与发展；自然灾害与灾害救助、我国灾害救助管理体制以及灾害救助的现状；我国农村社会救助的主要内容。

第一节　社会救助概述

现代社会救助源于历史上的慈善事业，不过，它虽然仍以救灾济贫为己任，但已不同于历史上具有浓厚的恩赐、怜悯色彩的慈善救济活动，而是一种通过立法规范并制度化的社会政策；它与其他社会制度一样，都是立足于社会公平基础之上并以保障国民生活权益、促进社会发展为宗旨的制度安排。

一、社会救助的含义及特征

1.社会救助的含义

社会救助是指当社会成员陷入生存危机或不能维持最低限度的生活水平时，由国家和社会按照法定的标准向其提供满足最低生活需求的物质援助和非物质援助的社会保障制度。在西方，社会救助被称为"社会援助"。1965年美国出版的《社会工作百科全书》曾如此表述："社会救助是社会保险制度的补充，当个人或家庭生计断绝亟须救助时，乃给予生活上的扶助，是在整个社会保障制度体系中，最富弹性而不受拘束的一种计划。"在中国，社会救助与社会救济有大致相同的含义，但社会救助包括了物质救助和非物质救助两方面的含义，而社会救济主要是指物质方面的救助。

社会救助亦称社会救济，是国家通过国民收入的再分配，对因自然灾害或其他经济、社会原因而无法维持最低生活水平的社会成员给予救助，以保障其最低生活水平的制度。按照较为普遍的看法，社会救助是解决群众生活困难最古老的措施，也是现代社会保障体系中最基本的项目，它与社会保险、社会福利一同构成了现代社会保障制度。其中，社会保险是社会保障体系的核心部分，社会福利是社会保障的最高层次，社会救助是社会保障的最后一道防线。虽然社会救助不像社会保险那样是社会保障体系中的核心部分，但它救助的对象是社会保险这道安全网保护不了的人群。社会保险是需要缴费的，而无收入和低收入的人是没有能力缴费的，所以还需要社会救助；况且，如果这些人得不到安全保障，那么他们也会危及整个社会的安定。因此，社会保障可以暂时没有社会福利，或者暂时没有社会保险，但不能没有保障社会安全的"最后一道防线"——社会救助，古今中外概莫如此。

在现代社会中，享受社会救助是社会成员的一项基本权利，提供社会救助是国家和社会应尽的职责和义务，两者都通过法律制度加以确定和规范。

2.社会救助的特征

（1）权利义务的单向性

社会救助只强调国家和社会对社会成员的责任和义务；社会成员有享受社会救助的权利，并不需要承担相应的义务。

（2）基金的无偿性

社会救助基金一般由政府财政拨付，社会成员不用缴纳任何费用。

（3）对象的限制性

对象的限制性即社会救助对象由法律加以规定，只有符合条件且真正陷入生活困境的社会成员才有资格享受救助。

（4）目标的低层次性

社会救助的目标是应对灾害和克服贫困，而非改善或提高福利及生活质量，社会救助处于现代社会保障体系的最低或最基本层次。

（5）手段的多样性

社会救助既可采用实物救助，又可采取现金救助；既有临时应急救助，又有长期固定救助；既有官方救助，又有民间救助。社会救助手段的多样性是使社会成员得到救助的关键。

二、社会救助的历史演变与发展

1.慈善事业时代

社会救助是最为源远流长的社会保障范畴，其来源可以追溯到中世纪宗教的或民间的慈善事业。在社会保障发展史上，慈善事业以不同国家出现自发的、临时性的救灾济贫活动时起，到国家以立法的形式介入社会保障活动时止。宗教慈善事业、官办慈善事业与民间慈善事业构成了整个慈善救助事业的发展历程。

西方盛行的各种宗教不仅是当时社会保障思想的重要来源，而且直接指导着各宗教团体的慈善活动。教会组织开展的各种救灾、济贫、施医助药等活动，在这一时代成为一些西方国家主要的社会保障方式，并随着宗教影响区域的扩大而扩大到全世界。

与宗教慈善事业相比，官办慈善事业是以国家的介入并以传统道德及政治需要为基础而产生且得到发展的，即政府在宗教慈善事业不能满足贫弱社会成员的需要时，直接出面举办有限的临时性救济活动。中国历史上的仓储后备和以工代赈两种救灾济贫方式是官办慈善救助的代表。在西方，如早在6世纪末的罗马城邦社会，城邦的市政当局就曾经用公款和捐款购买谷物，用以无偿分发给丧失劳动能力的人和阵亡将士的遗属。官办慈善虽然是政府介入的表现，但是一种非固定的措施，所提供的救助被看成是一种恩赐行为并且救济的作用十分有限。

民间慈善事业是指由民间人士自发举办的各种助他或互助活动。中国古代的施义粥、施义田等均属于民间的慈善救助。西方社会也形成了以互助为基本特征的社会救助活动，如中世纪德国出现的"基尔特"，即手工业者互助基金会，它通过向会员收取会费筹集资金，以帮助那些丧失工作能力又没有土地作为生活依托的手工业会员。

2.济贫时代

面对人类社会日益增多的贫困现象和社会问题，具有规范秩序功能的国家开始出面予以救助，正是由于国家的介入，使济贫行为成为政府的一项社会政策。国家通过立法来介入贫困救助事务，是社会救助发展的一个重要阶段，这个阶段的标志是1601年英国颁布的《济贫法》。1601年英国女皇伊丽莎白颁布了世界上第一部贫困救助的法律《济贫法》，该法将已有的宗教和社会救助活动惯例用法律的形式固定下来，首次由官方划定一条贫困线，通过征收济贫税，对有需要的孤儿、老年人、病人进行收容，同时为失业者、贫困儿童提供有限帮助。1834年，英国通过了著名的《济贫法修正案》（即新《济贫法》）。它确立了"劣等处置"与"济贫院"规则，实现了减少济贫税的目标，从而赢得了社会上层与中产阶级的欢迎，却遭到了下层贫困群体的不满。

济贫时代，贫困被归因为个人的懒惰与无能，济贫措施都带有惩罚与歧视性质。现代社会，贫困被主要归因于社会，在贫困的成因中社会因素往往大于个人因素。因而，获取社会救助是公民的一项基本权利，进行社会救助是现代国家和社会不可推卸的责任。

3.现代救助制度的建立

美国1935年的《社会保障法》标志着现代社会保障制度的开始，这一法案无疑加强和发展了过去关于贫民有权享受救济的概念和原则，使得社会救助制度走向了飞跃。该法的特点在于它不仅规定了享有救济的条件，而且还表明了它为接受救济者保密，取消贫民名单。它还规定，必须以非限制性的货币形式支付受救济者，这并不是限制救济的数量，而是说它允许个人在社会上享有一个成年人的权利，允许他自由计划用钱。它同时也规定，必须允许申请救济和接受救济的人到州属机构申诉。这些条款都有别于传统的救济惯例。

三、社会救助标准的确定

1.社会救助标准的含义

社会救助标准是指贫困线标准或者最低生活保障标准。由于各国的经济发展水平和居民的生活水平不同，社会救助的标准有较大差异。按照国际惯例，衡量贫困状况的标志是贫困线，或称为"最低生活保障线"。

贫困有绝对贫困和相对贫困之分。绝对贫困是指低于当地居民所必需的最低标准的生活状态，一般缺乏维持生存所需的基本物质条件，即衣食住行等基本物质条件不能得到满足。处于绝对贫困状态的人多数是老、病、残、孤、寡、独以及长期无工可做的失业者。相对贫困是指远落后于社会平均水平的贫困，即一个人、一个家庭或一个群体的生活水平比其所在社区的中等生活水平低，并且经常缺乏某些必需的生活资料或服务设施。其主要表现是贫困者的生活属于最低水平，即勉强度日，不能享受所谓"像样的、体面的"生活和满足现代社会条件的基本需求。

2.社会救助标准的确定方法

社会救助标准即贫困线，国际上主要有4种常用的度量方法，即预算标准法、恩格尔系数法、国际贫困标准和生活形态法。

（1）预算标准法

预算标准法即一般所说的"市场菜篮子法"。它首先要求确定一张生活必需品的清单，内容包括维持社会认定的最起码生活水准必需品的种类和数量，然后根据市场价格来计算拥有这些生活必需品需要多少现金，以此来确定的现金金额就是贫困线，也就是最低生活保障线。

（2）恩格尔系数法

恩格尔认为，用于食品的收入比例能够很好地体现贫困程度。随着家庭和个人收入的增加，在收入中用于食品方面的支出比例会越来越小；反之，收入越少，用于食品方面支出的比例就会越大。恩格尔系数法建立在恩格尔定律的基础上，它以食品消费支出除以已知的恩格尔系数（即食品消费支出占总消费支出的比例）来求出所需的消费支出。恩格尔系数较高，对于一个家庭或个人则表示其收入较低，对于一个国家则说明该国较穷；反之，恩格尔系数较低，则说明家庭或个人的收入较高，对于一个国家来说则表明该国较富。

联合国根据恩格尔系数确定了划分贫富的标准，即恩格尔系数在60%以上为绝对贫困；恩格尔系数在50%~60%为勉强度日；恩格尔系数在40%~50%为小康水平；恩格尔系数在30%以下为最富裕。所以，恩格尔系数在60%可以作为贫困线，即最低生活保障线。

（3）国际贫困标准

国际贫困标准实际上是一种收入比例法，经济合作与发展组织（OECD）提出：以一个国家或地区社会中等收入或平均收入的50%~60%作为这个国家或地区的贫困线，即最低生活保障线。

（4）生活形态法

生活形态法也称"剥夺指标法"。它首先是从人们的生活方式、消费行为等"生活形态"入手，提出一系列有关贫困家庭生活形态的问题，让被调查者回答，然后选择若干"剥夺指标"，再根据这些剥夺指标和被调查者的实际情况计算出

"贫困门槛",从而确定哪些人属于贫困者,然后再根据他们被剥夺的需求和收入来求出贫困线,即最低生活保障线。

通常,社会救助标准以"最低生活保障线"为参照标准,其根据一定时期的经济发展水平和物价水平等加以确定。

第二节 社会救助体系的基本内容

一、社会救助体系

社会救助体系是指一个国家或地区对于低收入群体及不幸者进行各种救助项目所形成的一整套制度框架体系。在实践中,社会救助一方面依然继续保留救灾、济贫等传统项目;另一方面也在根据社会经济发展的需要,不断增加新的救助项目,其内容在不断丰富和完善。

社会救助是社会保障的一个方面。社会保障是一个完整的体系,它包括社会救助、社会保险、社会福利和社会优抚四个方面,每一个方面在社会保障体系中的地位和作用都是不相同的。社会救助面向贫困阶层;社会保险面向工薪阶层;社会福利的覆盖面最广:公共福利面向全体公民,职工福利面向企业、事业、机关单位职工;社会优抚,面向军人及其家属。其中,社会救助属于社会保障体系中的最低层次,它是社会保障要实现的最低目标,是社会保障的补充和辅助。

社会救助项目可以认定为日常生活扶持、即时境况救助和初级服务体系三大部分。日常生活扶持主要是指对长期生活在困境中的人,如无生活来源、不能自食其力的人提供物质帮助,有时也可辅之以精神上的帮助;即时境况救助是指对由于不可预见的情况而使生活突然陷入困境者的帮助,如各种灾害救助等;初级服务体系是指国家或社会为使社会成员免于陷入困境而提供的一种最初级的产品,如最基本的服务设施或初级的卫生、医疗保健等。

《宪法》第四十五条规定:中华人民共和国公民在年老、疾病或者丧失劳动能力的情况下,有从国家和社会获得物质资助的权利。国家发展为公民享受这些权利所需要的社会保险、社会救济和医疗卫生事业。因此,对贫困人群实施社会救助,保障他们的生存权,这是法律赋予他们的权利,也是国家和政府的责任。在社会经济发展过程中,为确保每一个国民均能免除其生存危机,政府有义务根据国家财力和社会经济发展水平来推进社会保障制度建设,其中,优先和重点需要完善的是社会救助制度。因为,在社会保障体系中,最需要保障的是贫困人群和弱势群体,只有通过社会救助,使他们获得物资帮助,才能保障他们的生存权,这是他们立足于社会最基本的权利。

我国现行的社会救助体系主要由两部分组成,即作为一般制度实施的最低生活保障制度和作为特殊制度实施的失业救济、灾害救助以及对特殊对象的救助等。

二、我国社会救助的发展历程

建立社会救助体系问题，是在传统的社会救济制度基础上，为适应新形势的发展和需要提出的。中华人民共和国成立后，党和政府始终把解决群众困难放在重要位置，高度重视社会救济工作。在国民经济恢复和社会主义改造时期，数以千万计的民众遭受着贫困、饥饿、瘟疫和死亡的威胁。1950年4月，中央人民政府组织召开了中国人民救济代表会议，成立了中国人民救济总会；在当时财政非常困难的情况下，拨出大量粮食和经费，对不同类型的困难群众给予不同的救济，使挣扎在死亡线上的人员有吃、有住，摆脱了死亡威胁。国民经济恢复后，随着整个国家经济形势的发展变化，社会救济工作开始由突击性的紧急救济走上经常化、规范化轨道。在进入全面建设社会主义时期，城市有劳动能力的人员在国营或集体单位就业，享受吃、住、医等多方面的福利待遇，形成了就业与保障一体化的单位保障制度。农村农民的生老病死主要由生产队负责。与此同时，国家也下拨了大量救济物资及款项，主要救济农村贫困户。这个时期，社会救济工作一项重要创新和发展是农村"五保"供养制度的建立。

改革开放以后，社会救济工作开始进入了一个新的发展时期。党和政府适时调整了社会救济政策和救济办法，社会救济工作更加规范、完善。特别是近些年，一些单项制度、法规陆续出台：1994年颁布了《农村五保供养条例》；1999年颁布了《城市居民最低生活保障条例》。2002年，国务院召开的第十一次全国民政会议明确要求：社会救助工作要着力建立以救灾工作分级负责、救灾经费分级负担制度为基础，社会动员机制为补充，应急措施相配套的灾害救助体系；建立以城市居民最低生活保障和农村"五保"供养制度为基础，临时社会救济为补充，各项政策优惠相配套的社会救济体系；建立以经常性社会捐助制度为基础，临时帮困和送温暖活动为补充，社区服务相配套的社会互助体系。2005年，党和政府又在全国城乡开展医疗救助试点工作，改革城市流浪人口社会救助制度，颁布了《城市衣食无着的流浪人口社会救助办法》。目前，在全国范围内，已建立和实施了城市居民最低生活保障制度、救灾制度、农村五保供养制度、农村特困户救助制度和衣食无着的流浪人口社会救助制度。医疗救助、教育救助、住房救助、法律援助等专项救助制度也正在积极推进。随着社会救助单项制度的不断健全完善，各项制度之间衔接配套、整体效率发挥的问题提上了日程；制定社会救助法提上了日程。2008年8月15日，国务院法制办公室公布了《中华人民共和国社会救助法（征求意见稿）》，对中国目前缺乏统一依据的社会救助的标准做出了相对具体的规定。全国人大内司委把做好社会救助法草案的前期调研工作作为2009年的一项重点工作，先后到西藏、青海、宁夏、北京、河北五省（区、市）进行了调研。2010年年初，国务院法制办对民政部起草的社会救助法草案送审稿进行了修改。社会救助法草案送审稿明确了社会救助的基本原则、管理体制和经费保障机制，规范了最低生活保障、教育救助、医疗救助、住房救助、灾害救助等各项社会救助的主要内容，明确了对救助申请的审核程序，规定了社会救助的监督管理制度和法律责任等。社会救助逐步向法制化推进，本着"保基本、可持续、重公正、求实效"的原则，社会救助事业在这个新的阶段不断健康发展。

从全国情况看，城乡低保标准的制定和调整工作还存在一些需要规范的问题，民政部在2011年5月颁布了《关于进一步规范城乡居民最低生活保障标准制定和调整工作的指导意见》；为进一步加强城乡最低生活保障资金管理，2012年10月财政部、民政部制定了《城乡最低生活保障资金管理办法》；为规范最低生活保障审核审批流程，确保低保制度公开、公平、公正实施，民政部于2012年12月制定了《最低生活保障审核审批办法（试行）》；为了加强农村五保供养档案规范化管理，民政部出台了《农村五保供养档案管理办法》。为切实解决困难群众医疗难题，充分发挥医疗救助和慈善事业的综合效益，保障困难群众的基本医疗权益，2013年9月民政部颁布了《关于加强医疗救助与慈善事业衔接的指导意见》；为规范城乡医疗救助基金的管理和使用，提高使用效益，根据有关政策法规，财政部会同民政部于2014年1月制定了《城乡医疗救助基金管理办法》。

2014年2月，国务院颁布《社会救助暂行办法》，并于5月1日起施行。该办法第一次以行政法规的形式综合构建了社会救助体系，明确社会救助主要包括最低生活保障、特困人员供养、受灾人员救助、医疗救助、教育救助、住房救助、就业救助、临时救助等八项制度以及社会力量参与，成为社会救助事业发展的重要里程碑。10月，为了进一步发挥社会救助托底线、救急难作用，解决城乡困难群众突发性、紧迫性、临时性生活困难，国务院印发《关于全面建立临时救助制度的通知》，决定全面建立临时救助制度。2015年，我国开始在全国开展"救急难"综合试点工作，这是强化社会救助托底作用的重要举措；并且全面开展重特大疾病医疗救助工作，这是完善我国社会救助体系的重大举措，更是推进医疗保障体系建设的重要环节；同时指导村（居）民委员会协助做好社会救助工作，这是进一步健全完善社会救助经办服务体系、提高基层社会救助服务水平的重要举措。

2017年，中国共产党第十九次全国代表大会召开，习近平总书记做了题为《决胜全面建成小康社会夺取新时代中国特色社会主义伟大胜利》的报告，简称十九大报告。十九大报告指出，要深入贯彻以人民为中心的发展思想，加强社会保障体系建设；完善城镇职工基本养老保险和城乡居民基本养老保险制度，尽快实现养老保险全国统筹；完善统一的城乡居民基本医疗保险制度和大病保险制度；完善失业、工伤保险制度；建立全国统一的社会保险公共服务平台；统筹城乡社会救助体系，完善最低生活保障制度；完善社会救助、社会福利、慈善事业、优抚安置等制度，健全农村留守儿童和妇女、老年人关爱服务体系；发展残疾人事业，加强残疾康复服务；坚持房子是用来住的、不是用来炒的定位，加快建立多主体供给、多渠道保障、租购并举的住房制度，让全体人民住有所居。

近年来，中国的社会救助事业发展迅速，社会救助水平不断提高。社会救助体系不断完善，社会救助制度以及相关法律法规不断健全，一大批惠民举措落地实施，人民的幸福感和获得感显著增强。脱贫攻坚战取得决定性进展，六千多万贫困人口稳定脱贫，贫困发生率从10.2%下降到4%以下。覆盖城乡居民的社会保障体系基本建立，人民健康和医疗卫生水平大幅提高，保障性住房建设稳步推进。但是民生领域还有不少短板，脱贫攻坚任务艰巨，城乡区域发展和收入分配差距依然较大，群众在就业、教育、医疗、居住、养老等方面面临不少难题。

三、我国社会救助体系的内容

1.最低生活保障制度

最低生活保障制度是1992年以后实行的新制度，主要通过保障贫困居民的最低收入来促使其恢复正常生活，并且使贫困居民有较大的自主选择权。目前它的实施对象主要是一些城镇下岗职工、低收入的离退休职工及家属，还有一些农村地区也开始实行这一制度。最低生活保障制度是按照维持居民基本生活所必需的衣、食、住费用，适当考虑水电燃煤（燃气）费用以及未成年人的义务教育费用确定低保标准，并根据经济社会发展水平和财政承受能力，随着生活必需品价格变化和人民生活水平的提高，适时调整低保标准。使城市低保标准与最低工资、失业保险金等社会保障相关标准有机衔接。

最低生活保障制度具有长期性、固定性的特点，而特殊制度则具有即时性与相对不稳定性的特点。

2.专项救助政策

失业救济制度是随着改革开放突现出来的社会救助特殊制度项目之一。它与失业保险制度紧密连接，主要针对那些由于各种原因而暂时失去职业的劳动者。

（1）医疗救助制度

医疗救助制度是指对贫困人口中因病而无经济能力进行治疗的群体实施专项帮助和支持的一种社会救助。其特点是在政府主导下，社会广泛参与，通过医疗机构实施，旨在恢复受助对象的健康。

（2）教育救助

教育救助是指国家和社会为保障适龄人口获得接受教育的公平机会而对贫困地区和贫困家庭的子女提供物质帮助的一种社会救助。其包括对义务教育阶段贫困家庭子女杂费和教科书费的减免政策、低收入家庭子女接受高中或中等职业教育的教育救助政策、高等学校教育救助政策等。

（3）住房救助

住房救助是指政府向低收入家庭和其他需要保障的特殊家庭提供帮助的一种社会救助。

住房救助主要通过配租公共租赁住房、发放低收入住房困难家庭租赁补贴、农村危房改造等方式实施。根据国家相关规定，住房救助要充分考虑救助对象经济条件差、住房支付能力不足的客观条件。对城镇住房救助对象，要优先配租公共租赁住房或发放低收入住房困难家庭租赁补贴，其中对配租公共租赁住房的，应给予租金减免，确保其租房支出可负担。对农村住房救助对象，应优先纳入当地农村危房改造计划，优先实施改造。

（4）灾害救助

灾害救助是指社会成员在遭受自然灾害袭击而造成生活困难时，由国家和社会紧急提供援助的一项社会救助。其包括灾情信息管理、救灾物资储备管理、灾民救助卡管理制度、灾民救助工作预案实施和灾民受损情况专家评估机制等工作内容。灾害救助的实施能够提高对突发公共事件的应急救助能力，确保灾民得到及时有效的安置，保障其衣、食、住等基本生活条件。灾害救助制度是社会救助体系中特殊制度的一种，虽然世界各国大多已不把这项内容列为社会保障体制中的救助项目，但它在我国却作为社会救助制度的传统项目被延续下来。

（5）司法援助

司法援助是指国家在司法制度运行过程中对因贫困及其他原因导致的难以通过一般意义上的法律手段保障自身基本社会权利的社会成员，通过减免收费、提供法律帮助等实现其司法权益的一项社会救助。各级司法行政机关和法律援助机构根据区县民政部门颁发的有关救助证明，及时为申请人办理法律援助手续。

3.临时救助

临时救助即应急救助机制，每年年初按一定比例从城乡低保家庭中随机抽样，实施低收入家庭全年收支数据跟踪调查，制定实施城市低收入家庭生活救助应急预案。在基本生活消费品价格指数上涨幅度较大并持续一定时间，导致低收入家庭生活水平出现明显下降时，及时启动应急救助预案予以救助，待物价稳定后，再按照规定程序调整城市低保标准。

4.军人救助

军人救助是一种社会救助式的优抚保障形式，是指由政府对退役人员或现役人员及其家属提供救济和帮助。我国对优抚对象，特别是农村的退伍军人及现役人员及其家属实行救助性措施，如定期补助、临时性补助、可优先得到发展生产的资金贷款及物资等。近年来，军人救助制度不断完善，救助体系逐步健全。十九大报告提出，组建退役军人管理保障机构，维护军人军属合法权益，让军人成为全社会尊崇的职业。2018年4月16日，中华人民共和国退役军人事务部正式挂牌成立。随后，各省也纷纷成立退役军人事务厅。中国退役军人事务部的成立，使军人军属的合法权益得到了更好的保障，体现了党中央和国家对广大退役军人的关注，有利于从根本上解决退役军人问题，对现役军人也将产生激励，具有里程碑意义。

5.社会互助和社会服务

社会互助和社会服务是指有针对性地对困难群众进行扶持和帮助。今后，应按照"政府推动、民间运作、社会参与"的工作原则，积极培育发展慈善和社会公益组织，鼓励并支持其依法开展募捐活动，并可协商或委托其承担相应的社会救助项目。

第三节　城市居民最低生活保障制度

一、建立城市居民最低生活保障制度的必要性

随着社会主义市场经济体制改革的不断深入，产业结构、劳动力结构和物价体系的逐步调整，由此引发的企业停产和破产、工人失业、物价上涨过快、贫富差距拉大等社会矛盾也日趋严重。城市居民最低生活保障制度正是针对这些社会问题应运而生的，其主要目的是切实保护城市居民的合法权利和基本生活权益，充分保障社会主义市场经济的健康持续发展。

建立城市居民最低生活保障制度，使城市居民的生活困难能够得到及时解决，这有利于理顺群众情绪，消除社会不安定因素；有利于化解社会矛盾，维护社会稳定；有利于促进社会公平，保障经济体制改革的顺利进行，推动国民经济的快速发展。建立城市居民最低生活保障制度，是中国政府重视和保障人民群众生存权的重大举措，它充分体现了中国共产党和各级人民政府全心全意为人民服务的根本宗旨和社会主义制度的优越性。

建立城市居民最低生活保障制度是对传统社会救济制度的改革和发展，是建立和完善城市社会保障体系的重大步骤。建立这一制度也使救济对象的概念从内涵到外延都发生了根本变化。城市居民最低生活保障的对象，属于城市中的贫困人口群体，这部分人由于没有劳动能力或失去工作机会等原因，发生收入中断或者完全没有收入，或者虽有收入但收入微薄，以至于不能维持最起码的生活水平。任何社会都有贫困现象，即使在发达国家中，也依然有相对贫困问题，存在着需要政府和社会给予帮助的贫困群体，因此各国都建立了普遍的社会救助制度。

我国传统的社会救济制度，只是将那些由自然原因造成贫困的社会弱者作为救济对象，主要是一些无生活来源、无劳动能力又无法定赡养人、扶养人或者抚养人的社会孤老残幼即"三无人员"，这部分人的数量非常有限且相对比较固定。城市居民最低生活保障制度面对的是所有居民，将家庭人均收入低于当地保障标准的全体城镇居民都纳入保障范围，为城市居民最低生活保障建立起衔接其他保障制度的最后一道防线。

习近平总书记在十九大报告中指出，从十九大到二十大，是"两个一百年"奋斗目标的历史交汇期。中国既要全面建成小康社会、实现第一个百年奋斗目标，又要乘势而上开启全面建设社会主义现代化国家新征程，向第二个百年奋斗目标进军。综合分析国际国内形势和发展条件，从2020年到本世纪中叶可以分两个阶段来安排。

第一个阶段，从2020年到2035年，在全面建成小康社会的基础上，再奋斗十五年，基本实现社会主义现代化。到那时，中国经济实力将大幅跃升，人民生活更为宽裕，中等收入群体比例明显提高，城乡区域发展差距和居民生活水平差距显著

缩小，基本公共服务均等化基本实现，全体人民共同富裕迈出坚实步伐。第二个阶段，从2035年到本世纪中叶，在基本实现现代化的基础上，再奋斗十五年，把中国建成富强民主文明和谐美丽的社会主义现代化强国。到那时，我国物质文明、政治文明、精神文明、社会文明、生态文明将全面提升，全体人民共同富裕基本实现，人民将享有更加幸福安康的生活。建立城市居民最低生活保障制度是脱贫攻坚的基础制度安排，是全面建成小康社会、实现"两个一百年"奋斗目标必不可少的制度保证，不仅有利于保障贫困人口的基本生活，也有利于实施"精准扶贫、精准脱贫"相关政策方针。

中国特色社会主义进入了新时代，这是中国发展新的历史方位。这个新时代，是决胜全面建成小康社会、进而全面建设社会主义现代化强国的时代，是全国各族人民团结奋斗、不断创造美好生活、逐步实现全体人民共同富裕的时代。新时代下，保障民生工作不仅是实现伟大奋斗目标的基础，更是中国各项工作的重中之重。建立城市居民最低生活保障制度作为社会保障的一项重要内容，关乎国计民生，其重要性不言而喻。

中国特色社会主义进入新时代，社会主要矛盾已经转化为人民日益增长的美好生活需要和不平衡不充分的发展之间的矛盾。中国稳定解决了十几亿人的温饱问题，总体上实现小康，不久将全面建成小康社会。同时，社会生产力水平总体上显著提高，社会生产能力在很多方面进入世界前列，更加突出的问题是发展不平衡不充分，这已经成为满足人民日益增长的美好生活需要的主要制约因素。社会主要矛盾的变化是关系全局的历史性变化，对党和国家工作提出了许多新要求。中国要在继续推动发展的基础上，着力解决好发展不平衡不充分问题，大力提升发展质量和效益，更好满足人民在经济、政治、文化、社会、生态等方面日益增长的需要，更好推动人的全面发展、社会全面进步。

党和国家要从老百姓的切身利益出发，做好保障民生和改善民生的各项工作，处理好民生领域的各项难题，不断迎接新挑战，解决新问题，为保证老百姓安居乐业而持续努力。保障和改善民生要抓住人民最关心最直接最现实的利益问题，既尽力而为，又量力而行，一件事情接着一件事情办，一年接着一年干。坚持人人尽责、人人享有，坚守底线、突出重点、完善制度、引导预期，完善公共服务体系，保障群众基本生活，不断满足人民日益增长的美好生活需要，不断促进社会公平正义，形成有效的社会治理、良好的社会秩序，使人民获得感、幸福感、安全感更加充实、更有保障、更可持续。

二、城市居民最低生活保障制度的建立与发展

城市居民最低生活保障制度的建立过程，大致可以分为以下四个阶段：

第一阶段：试点阶段（1993年6月—1995年5月）。

1993年6月1日，上海市率先建立了城市最低生活保障制度，拉开了城市社会救济制度改革的序幕。在1994年召开的第十次全国民政会议上，民政部提出了

"对城市社会救济对象逐步实行按当地最低生活保障线标准进行救济"的改革目标，并部署在东部沿海地区进行试点工作。到1995年上半年，已有上海、厦门、青岛、大连、福州、广州等6个大中城市相继建立了城市居民最低生活保障制度。

第二阶段：推广阶段（1995年5月—1997年8月）。

1995年5月，民政部在厦门、青岛分别召开了全国城市最低生活保障工作座谈会，号召将最低生活保障制度推向全国。到1995年年底，建立这项制度的城市发展到12个；1996年初召开的民政厅局长会议再次重点研究了这项工作，决定进一步加大推行最低生活保障制度的力度，到1996年年底，建立这项制度的城市增加到116个；到1997年5月底，全国已有206个城市建立了这项制度，约占全国建制市的1/3。

第三阶段：普及阶段（1997年8月—1999年10月）。

1997年8月，国务院颁发了《国务院关于在各地建立城市居民最低生活保障制度的通知》；同年9月，国务院召开电视电话会议，向各省、市、自治区部署该项工作，要求到1999年年底，全国所有城市和有建制镇的县人民政府所在地都要建立这项制度。到1999年9月底，全国667个城市和1638个有建制镇的县人民政府所在地已经全部建立起最低生活保障制度；到10月底，最低生活保障对象增加到282万人，其中传统民政对象占21%，新增救助对象占79%，而各地最低生活保障标准普遍提高了30%。

第四阶段：提高阶段（1999年10月至今）。

1999年9月，国务院发布了《城市居民最低生活保障条例》，城市居民最低生活保障制度从此成为一项正式的法规制度。2001年，国务院办公厅下发了《关于进一步加强城市最低居民生活保障工作的通知》，规范了保障对象审批、标准制定、资金来源和资金发放等工作。

自2000年起，低保工作的中心开始由建立制度转移到了规范和完善制度上来。截至2001年6月底，全国享受最低生活保障的为458万人；2002年，针对日益严重的城市贫困问题，政府又提出了"应保尽保"的方针，并制定了相应的政策，加大了对城市贫困人口的援助力度，并取得了一定成效；到2004年，全国享受最低生活保障的人数增至2 205万。2009年10月底，全国城市低保对象2324万人，全国得到经常性生活救助的困难群众已达7456万人，约占全国总人口的5.8%。截至2017年年底，全国共有城市低保对象741.5万户，共计1 261.0万人，全年各级财政共支出城市低保资金640.5亿元。

2012年10月财政部、民政部制定了《城乡最低生活保障资金管理办法》；为规范最低生活保障审核审批流程，确保低保制度公开、公平、公正实施，民政部于2012年12月制定了《最低生活保障审核审批办法（试行）》；为了加强农村五保供养档案规范化管理，民政部出台了《农村五保供养档案管理办法》。

2016年，城市和乡村基本养老保险制度进一步完善，有关部门颁布了《城乡养老保险制度衔接暂行办法》，对企业职工与城乡居民基本养老保险关系转移和待遇衔接做出了规定，居民基本养老保险城乡统筹的格局基本形成，基本养老保险实现制度全覆盖；全民医疗保险制度体系逐步健全，建立起统一的城乡居民基本医疗保险制度，开展了城乡一体化医保管理服务。为了解决部分保障政策衔接不够、保障水平与群众需求相比存在一定差距等问题，2017年1月，国务院办公厅发布《关于加强困难群众基本生活保障有关工作的通知》，要求进一步加强困难群众基本生活保障工作。10月，十九大报告提出：按照兜底线、织密网、建机制的要求，全面建成覆盖全民、城乡统筹、权责清晰、保障适度、可持续的多层次社会保障体系，全面实施全民参保计划。

三、城市居民最低生活保障制度的主要内容

1.保障对象

持有非农业户口的城市居民，凡共同生活的家庭成员人均收入低于当地城市居民最低生活保障标准的，均有从当地人民政府获得基本生活物质帮助的权利。

前款所称收入，是指共同生活的家庭成员的全部货币收入和实物收入，包括法定赡养人、扶养人或者抚养人应当给付的赡养费、扶养费或者抚养费，不包括优抚对象按照国家规定享受的抚恤金、补助金。

2.保障标准

城市居民最低生活保障标准，按照当地维持城市居民基本生活所必需的衣、食、住费用，并适当考虑水电燃煤（燃气）费用以及未成年人的义务教育费用确定。

直辖市、设区的市的城市居民最低生活保障标准，由市人民政府民政部门会同财政、统计、物价等部门制定，报本级人民政府批准并公布执行；县（县级市）的城市居民最低生活保障标准，由县（县级市）人民政府民政部门会同财政、统计、物价等部门制定，报本级人民政府批准并报上一级人民政府备案后公布执行。

当城市居民最低生活保障标准需要提高时，依照前两款的规定重新核定。

3.保障方式

差额保障：城市居民按规定计算家庭成员收入后，家庭月人均收入低于当地最低生活保障标准的，其无劳动能力家庭成员，可按月人均收入与当地标准的差额，发给保障金；有少部分劳动能力家庭成员，按月人均收入与当地标准80%的差额发给保障金；有部分劳动能力家庭成员，按月人均收入与当地标准60%差额发给保障金。

定额保障：城市居民按规定计算家庭成员收入后，家庭月人均收入低于当地最低生活保障标准的，其有劳动能力家庭成员，每月发给固定数额的保障金。

临时救济制度：享受差额或定额保障的家庭，在重大节日享受由政府统筹安排的一次性临时救济金。

突发性救济：最低生活保障对象因遭受突发性灾害，不能维持基本生活时，可

申请一定数额的一次性救济金。

4.待遇申请

申请享受城市居民最低生活保障待遇，由户主向户籍所在地的街道办事处或者镇人民政府提出书面申请，并出具有关证明材料，填写《城市居民最低生活保障待遇审批表》。城市居民最低生活保障待遇，由其所在地的街道办事处或者镇人民政府初审，并将有关材料和初审意见报送县级人民政府民政部门审批。

管理审批机关为审批城市居民最低生活保障待遇的需要，可以通过入户调查、邻里访问以及信函索证等方式对申请人的家庭经济状况和实际生活水平进行调查核实。申请人及有关单位、组织或者个人应当接受调查，如实提供有关情况。

5.待遇审批

县级人民政府民政部门经审查，对符合享受城市居民最低生活保障待遇条件的家庭，应当区分下列不同情况批准其享受城市居民最低生活保障待遇：

第一，对无生活来源，无劳动能力又无法定赡养人、扶养人或者抚养人的城市居民，批准其按照当地城市居民最低生活保障标准全额享受。

第二，对尚有一定收入的城市居民，批准其按照家庭人均收入低于当地城市居民最低生活保障标准的差额享受。

县级人民政府民政部门经审查，对不符合享受城市居民最低生活保障待遇条件的，应当书面通知申请人，并说明理由。

管理审批机关应当自接到申请人提出申请之日起的30日内办理审批手续。城市居民最低生活保障待遇由管理审批机关以货币形式按月发放，必要时也可以给付实物。

6.资金来源

城市居民最低生活保障所需资金，由地方人民政府列入财政预算，纳入社会救济专项资金支出项目，专项管理，专款专用。

国家鼓励社会组织和个人为城市居民最低生活保障提供捐赠、资助；所提供的捐赠、资助，全部纳入当地城市居民最低生活保障资金。

四、最低生活保障制度存在的主要问题

1.低保对象的审核问题

许多地方在核定低保对象资格时，如何计算申请人的家庭财产和家庭收入以及如何排除非正规就业的隐性就业者是非常突出的问题。在现有制度下，除非申请者本人配合，否则计算和排除非常困难。隐性收入的特殊性，使得它的隐蔽性很强，极难核实。申请低保人员刻意隐瞒自己收入的现象十分普遍。在现实中，大量申请低保的居民存在隐性就业现象。由于劳动力就业的市场化，使得就业状况趋于复杂且不易查实。

当前我国居民家庭财产收入核查制度也不健全。家庭银行账户、进入股市资金等项目，由于缺乏有关法律法规和政策的支持，仍然难以进行有效的核查。而居民的收入形式日益多样化，财产收入的隐蔽性也更强，政府部门、金融部门以及其他相关部门和机构之间的信息不能有效共享，在一定程度上也使隐匿财产有了可乘之机。这导致低保管理人员不能及时了解和掌握低保家庭的实际情况，使得低保对象的确定、检查和管理都缺少有效的数据，可能导致保障对象的确定有失偏颇。

2.保障标准问题

2017年，全国城市低保平均标准每月540.6元，全国农村低保平均标准每月358.3元。从整体上看，居民最低生活保障标准是偏低的。而且，很少地区能够考虑不同家庭情况执行多元化的保障标准。迄今为止，只有东部的少数城市，例如福州、厦门、杭州等地，考虑了家庭规模的影响，执行了多元化的弹性标准。我国低保制度的保障标准只能起到保障生存的作用，不能起到提高生活水平的作用。很多救助对象在领取低保金后生活仍旧十分困难，对于遭受自然灾害或者突发性意外事件以及其他导致贫困的事件的低保对象来说，低保金难以解决问题，只够糊口，有时甚至不能满足温饱的需求，更高层次的教育、医疗需求无从谈起。另外低保标准地区差异十分明显，经济较发达的地区和城市的低保标准偏高，而中西部地区低保标准偏低。

3.低保资金投入与财政支出问题

国务院《关于在全国建立城市居民最低生活保障制度的通知》和《城市居民最低生活保障条例》规定，城市居民最低生活保障所需资金，由地方各级人民政府列入财政预算。各地虽然按规定将最低生活保障资金纳入了当地财政预算，但从执行情况来看，已落实的低保资金却十分有限，究其原因：第一，部分地方政府财政支出不尽合理，列入最低生活保障资金的力度不够；第二，部分地方政府对全部承担上级直属企业（突出的是中央直属、省直属企业）职工的最低生活保障资金，积极性不高；第三，在部分经济欠发达地区，由于地方财政困难，确实无法足额筹集最低生活保障所需资金。

4.关于城市贫困群体的生存权与发展权问题

人类的生存权是人类的生命安全及生存条件获得基本保障的权利，没有人的生存权，其他一切人权均无从谈起。生存权通常理解为生命权。联合国《世界人权宣言》第三条提出"人人有权享有生命、自由和人身安全"。我国《宪法》规定，公民享有物质帮助权，就是公民在年老、疾病或者丧失劳动能力的情况下，有从国家和社会获得物质帮助的权利，即国家对其公民的生存权负有完全责任。由此可见，政府及社会对贫困群体的救助是政府的责任和义务，对贫困群体而言则是他们应该享有的权利。应该看到，从目前各级政府对城市贫困群体救助的水平和标准来看，绝大多数的贫困人口的生存已不存在问题，但是，是不是解决了他们的吃饭问题，社会上的贫困就不存在了呢?问题显然没有这么简单，因为人除了享有基本的生存权之外，还应随着社会的进步享有与社会经济发展相适应的发展权，即随着社会发展进程的推进，每个社会成员的尊严应当更加得到保证；每个社会成员的潜能应当不断得以开发；每个社会成员的基本需求应当持续不断地得以满足，其生活水准应不断得以提高。

第四节　灾害救助

一、自然灾害与灾害救助

灾害救助是国家和社会对灾后生活无着落的灾民给予生活上的救济和帮助的社会救助项目，灾害救助在整个社会救助工作中占有重要地位。

自然灾害是指因自然因素发生异常、环境遭到破坏而危及人类生存的灾害。一般分为四种类型：气象灾害，是指由于大气的各种物理现象引起的灾害，如干旱、洪涝、台风等；地表灾害，是指由于构成地表形态的各种自然物运动变化而造成的灾害，如雪崩、滑坡、泥石流等；地质构造灾害，是指由于地壳内部巨大能量的急剧释放而对人类造成的危害，如火山爆发、地震、山崩等；生物灾害，是指由于自然界中的有害生物或其毒素的大量繁殖、扩散而形成的灾害，如病虫害、畜疫、烈性传染病的爆发等。这些自然灾害的存在，给人类生活造成了巨大危害和损失。

灾害救助是社会救助的重要内容之一。国家和社会为遭受自然灾害袭击而生活无着落的公民提供紧急救助，以保证公民维持最低的生活水平。灾害救助的主要工作是抢救被灾害威胁、损害的国家和公民的财产，恢复灾区的生活秩序，解决灾害对公民造成的生产、生活困难，动员社会力量支援灾区，帮助灾民重建家园。

灾害救助工作有两大特点：第一，必须在公民遭受自然灾害袭击而生活无着落时进行救助；第二，救灾所提供的资金和物质必须是亟须物品并且能维持灾民最低生活水平的。自然灾害所造成的困难一般来说是短期的又必须紧急处理解决的，所以以最快的速度向灾民进行救助，以维持灾后重建时期灾民的最低生活水平，甚至维持简单再生产，就成为自然灾害救助工作的重要内容。

中国的自然灾害救助工作的方针是："依靠集体，生产自救，互助互济，辅之以国家必要的救济和扶持。"中国政府推行救灾扶贫相结合、发放救灾款无偿有偿相结合和"有灾救灾，无灾扶贫"的办法，调动灾民生产自救的积极性，增强群众的抗灾防灾能力。在救助灾民方面，中国政府还动员各政府部门、社会团体和企业出力支援。同时，中国政府还动员基层社区救助，并接受国际组织和个人的援助。

二、我国的灾害救助体制

我国自然灾害管理的基本领导体制是：党政统一领导，部门分工负责，灾害分级管理。在灾害管理过程中，党中央、国务院统揽全局、总体指挥，地方各级党委和政府统一领导，各有关职能部门分工负责，强调地方灾害管理主体责任的落实，注重发挥中国人民解放军指战员、武警官兵、公安干警和民兵预备役部队的突击队作用。实行各级党委和政府统一领导的灾害管理体制，是我国多年成功的救灾经验，可以充分发挥我国的政治和组织优势，明确各级党政领导的责任，最有效地全面协调在辖区内的各种救灾力量和资源，形成救灾的合力。

目前，在国务院统一领导下，中央层面上设有国家减灾委员会和全国抗灾救灾综合协调办公室等机构，负责自然灾害救助的协调和组织工作。在我国自然灾害管理综合协调机制中的这些协调机构既为中央灾害管理提供决策服务，又保证了中央灾害管理的决策能够在各个部门得到及时落实。

国家减灾委员会的前身是中国国际减灾委员会，成立于1989年，历届的主任都由国务院副总理或国务委员担任，民政部部长、国务院副秘书长及外交部、发改委、科技部、商务部领导为副主任，民政部副部长为副主任兼秘书长，共有30个部、委（单位）和总参作战部的领导担任委员，其办公室设在民政部。这是国家灾害管理的综合协调机构，主要承担研究国家减灾方针、政策和规划，协调国家有关部门，指导地方开展减灾等工作。

全国抗灾救灾综合协调办公室设在民政部，由民政部副部长担任主任，办公室的主要职责是：根据国务院的指示，承担全国的抗灾救灾综合协调工作；负责综合协调国务院系统有关部门听取受灾省份的灾情和抗灾救灾工作汇报；收集、汇总、评估、报告灾害信息、灾区需求和抗灾救灾工作意见；协调有关部门落实对灾区的支持措施；召开会商会议，分析评估灾区形势，为国务院提供抗灾救灾对策和意见；协调有关部门组成赴灾区联合工作组，协助、指导地方开展抗灾救灾工作。

民政部救灾救济司的主要工作是：拟定救灾工作的方针、政策、规章并监督实施；组织、协调救灾工作；统一发布灾情，管理、分配中央救灾款物并监督检查使用情况；组织核查灾情、慰问灾民；组织并指导救灾捐赠；承担国内外对中央政府捐赠款物的接收和分配工作；承担国家减灾委员会办公室和全国抗灾救灾综合协调办公室的工作。

三、我国灾害救助的现状

1998年4月，民政部出台了《民政部办公厅关于救灾体制改革试点工作的指导意见》，决定在辽宁、浙江、广东三省对救灾进行试点改革，目的是：要建立较为完善的救灾工作分级管理体制及与之相配套的运行机制；从管理体制、资金来源、工作方法等方面合理区分灾害救助与社会救济；提高救灾工作法制建设和科学管理水平；探索救灾工作社会化的新思路、新途径、新方法；以切实保障救灾救济对象基本生活为宗旨，解放思想，深化改革，建章立制，进一步巩固和完善救灾工作分级管理体制，大力推进救灾救济工作社会化进程，努力加强救灾救济工作法制化、科学化、规范化建设，逐步建立适合我国国情，与社会主义市场经济体制相适应的多层次灾害救助保障体系。

1998年7月，为提高灾害紧急救助能力，保证灾民救济工作的顺利进行，促进灾区社会的稳定，我国决定：中央和地方以及经常发生自然灾害的地区今后都要储备一定的救灾物资；储备物资专项用于遭受特大自然灾害地区灾民救济工作的紧急需要。

为了规范救灾捐赠活动，加强对救灾捐赠款物的管理，保护捐赠人、救灾捐赠受赠人和灾区受益人的合法权益，2000年5月，民政部颁布了《救灾捐赠管理办法》，规定了救灾捐赠的受赠人为县级及以上政府民政部门和经县级及以上政府民政部门认定的具有救灾宗旨的公益性社会团体。救灾捐赠款物的使用范围规定包括：解决灾民无力克服的衣、食、住、医等生活困难；紧急抢救、转移和安置灾民；灾民倒塌房屋的恢复重建；捐赠人指定的与救灾直接相关的用途；其他直接用于救灾方面的必要开支。关于接受境外捐赠方面，《救灾捐赠管理办法》规定：国务院民政部门负责接受境外对中央政府的救灾捐赠；县级以上地方人民政府民政部门负责接受境外对地方政府的救灾捐赠。另外，救灾捐赠款物的接受及分配、使用情况应当按照国务院民政部门规定的统计标准进行统计，并接受审计、监察等部门和社会的监督。

为建立健全应对突发重大自然灾害救助体系和运行机制，确保自然灾害发生后紧急救援工作的高效、有序进行，提高应急救助能力，最大限度减少人民群众的生命和财产损失，保障受灾群众基本生活，维护灾区社会稳定，2004年7月，民政部修订了应对自然灾害工作规程，《民政部应对自然灾害工作规程》将民政部应对自然灾害工作设定为四个响应等级。2011年10月，民政部修订了《国家自然灾害救助应急预案》。根据自然灾害的危害程度等因素，国家减灾委设定四个国家自然灾害救助应急响应等级。Ⅰ级响应由国家减灾委主任统一组织、领导；Ⅱ级响应由国家减灾委副主任（民政部部长）组织协调；Ⅲ级响应由国家减灾委秘书长组织协调；Ⅳ级响应由国家减灾委办公室组织协调。下面以最高一级响应——Ⅰ级响应为例来说明。

1.启动条件

（1）在某一省（自治区、直辖市）行政区域内，发生特别重大自然灾害，一次灾害过程出现下列情境之一的：

①死亡200人以上；

②紧急转移安置或需紧急生活救助100万人以上；

③倒塌和严重损坏房屋20万间以上；

④干旱灾害造成缺粮或缺水等生活困难，需政府救助人数占农牧业人口30%以上，或400万人以上。

（2）国务院决定的其他事项。

2.启动程序

灾害发生后，国家减灾委办公室经分析评估，认定灾情达到启动标准，向国家减灾委提出进入Ⅰ级响应的建议；国家减灾委决定进入Ⅰ级响应状态。按照图9-1显示的灾害救助流程，启动Ⅰ级响应。

```
                          ┌─────────────────────┐
                          │     预警及灾害发生      │
                          └─────────────────────┘
                                     │
          ┌──────────────────────────┘
          │
   ┌─────────────┐      与灾区民政部门沟通确认
   │             │      与气象、地震、水利等部门沟通确认
   │   备灾处      │      确认灾情后送救灾处
   │             │      会同救灾处综合灾害情况，经领导审核后
   └─────────────┘      由办公厅向国办报灾
          │
   ┌─────────────┐      对灾情进行分析评估、分级
   │             │      提出响应建议
   │   救灾处      │      制订救助方案
   │             │      报告分管副司长
   └─────────────┘
          │
   ┌─────────────┐      审核灾害程度
   │             │      明确响应建议
   │  分管副司长    │      向救灾救济司司长报告
   └─────────────┘
          │
   ┌─────────────┐      明确响应建议
   │             │      向分管副部长报告
   │   司  长      │      建议进入Ⅰ级响应
   └─────────────┘
          │
   ┌─────────────┐      审计灾害程度
   │             │      确定响应建议
   │  分管副部长    │      统筹部署全面的救灾工作
   └─────────────┘      向部长报告
          │
   ┌─────────────┐
   │   部  长      │      决定或报告进入Ⅰ级响应状态
   └─────────────┘
          │
   ┌─────────────┐
   │  国务院副总理   │      决定进入Ⅰ级响应状态
   │ （减灾委主任）  │
   └─────────────┘
```

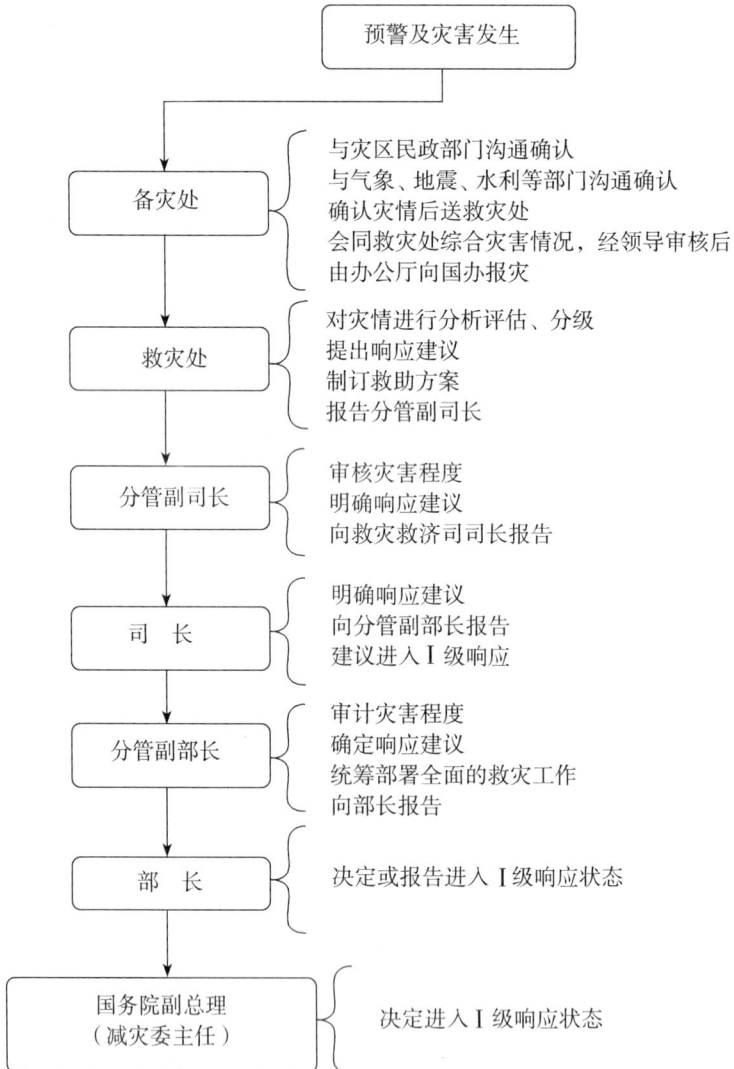

图 9-1 灾害救助流程

3.响应措施

由国家减灾委统一领导、组织自然灾害减灾救灾工作。

（1）国家减灾委主持会商，国家减灾委成员单位、国家减灾委专家委员会及有关受灾省份参加，对灾区抗灾救灾的重大事项做出决定。

（2）国家减灾委领导率有关部门赴灾区指导自然灾害救助工作。

（3）国家减灾委办公室组织灾情会商，按照有关规定统一发布灾情，及时发布灾区需求。有关部门按照职责，切实做好灾害监测、预警、预报工作和新闻宣传工作。必要时，国家减灾委专家委员会组织专家进行实时评估。

（4）根据地方申请和有关部门对灾情的核定情况，财政部、民政部及时下拨中央自然灾害生活补助资金。民政部为灾区紧急调拨生活救助物资，指导、监督基层

救灾应急措施的落实和救灾款物的发放；交通运输、铁路、民航等部门加强救灾物资运输组织协调，做好运输保障工作。

（5）公安部负责灾区社会治安工作，协助组织灾区群众紧急转移工作，参与配合有关救灾工作。总参谋部、武警总部根据国家有关部门和地方人民政府请求，组织协调军队、武警、民兵、预备役部队参加救灾，必要时协助地方人民政府运送、接卸、发放救灾物资。

（6）发改委、农业部、商务部、粮食局保障市场供应和价格稳定。工业和信息化部组织基础电信运营企业做好应急通信保障工作，组织协调救援装备、防护和消杀用品、医药等生产供应工作。住房城乡建设部指导灾后房屋和市政公用基础设施的质量安全鉴定等工作。卫生部及时组织医疗卫生队伍赴灾区协助开展医疗救治、卫生防病和心理援助等工作。

（7）民政部视灾情组织开展跨省（自治区、直辖市）或者全国性救灾捐赠活动，呼吁国际救灾援助，统一接收、管理、分配国际救灾捐赠款物。外交部协助做好救灾的涉外工作。中国红十字会依法开展救灾募捐活动，参与救灾和伤员救治工作。

（8）灾情稳定后，国家减灾委办公室组织评估、核定并按有关规定统一发布自然灾害损失情况，开展灾害社会心理影响评估，并根据需要组织开展灾后救助和心理援助。

（9）国家减灾委其他成员单位按照职责分工，做好有关工作。

4.响应终止

救灾应急工作结束后，由国家减灾委办公室提出建议，国家减灾委决定终止 I 级响应。

5.由国务院统一组织开展的抗灾救灾，按有关规定执行。

经过多年的完善和发展，我国灾害应急各项制度的基本框架初步建立，灾害应急体系基本确立。全国灾害信息系统已经覆盖到县级，重大灾情能够在 7 小时内报送到民政部。全国的救灾物资储备网络初步形成，各个中央级储备仓库和地方储备了大量衣被以及各类救灾物资。2017 年，国家减灾委、民政部共启动国家救灾应急响应 17 次，紧急转移安置 525.3 万人次，向各受灾省份累计下拨中央财政自然灾害生活补助资金 80.7 亿元（含中央冬春救灾资金 57.3 亿元），紧急调拨近 3 万顶救灾帐篷、11.6 万床（件）衣被、3.1 万条睡袋、6.9 万张折叠床等中央储备生活类救灾物资。2017 年 1 月，国务院办公厅印发《国家综合防灾减灾规划（2016—2020年）》，明确了"十三五"国家综合防灾减灾工作的主要任务，确定了包括全国自然灾害救助物资储备体系建设工程、自然灾害综合评估业务平台建设工程、民用空间基础设施减灾应用系统工程、应急避难场所建设工程和防灾减灾科普工程等 5 个重大项目。

第五节　农村社会救助

农村救助制度是指国家和集体对农村中无法定扶养义务人、无劳动能力、无生活来源的老年人、残疾人、未成年人和因病、因灾，缺少劳动能力等造成生活困难的贫困对象，采取现金物质帮助、扶持生产等多种形式，以保障他们的基本生活。农村救助是农村社会保障的重要组成部分。

1978年党的十一届三中全会，拉开了我国新时期改革开放的序幕，延续了近三十年的计划经济受到了前所未有的挑战。集体经济被极大地削弱，使得以集体经济为基础的农村社会救济工作失去了物质保障而陷入了一个艰难时期，农村社会救济工作面临着许多新的矛盾和问题。

为了适应新形势下的新情况，各地对农村社会救助制度进行了探索和改革。其中最重要措施就是实行救济与扶贫相结合的办法。扶持农村贫困户工作，是在农村社会救济和救灾的基础上发展而来的，它是新时期我国解决贫穷问题的一个创造，也是一种积极的社会救济措施。各级民政部门对有一定劳动力和生产条件的贫困户，积极从资金、物资、技术等方面扶持他们发展多种经营，兴办扶贫经济实体，吸收有劳动能力的贫困户和残疾人就业，增加收入，脱贫致富。从1979年到20世纪90年代中期，全国农村有2 000余万贫困户通过扶贫政策先后摆脱贫困。同时，对老弱病残和不具备扶持条件的贫困户，由民政部门继续给予救济，特别是在农村推广了定期定量救济的办法。在改革开放之前，国家对农村贫困户以临时救济为主，但是，这种方法使贫困户生活得不到全面保障，也容易产生救济款贪污挪用、优亲厚友的现象。为此，在原有探索的基础上，民政部先后推广北京、青海等地对"五保户"和特困户进行定期定量救济的经验，使这项工作有了新的进展。

农村社会救助工作有了很大发展，但是，由于城乡经济发展的不平衡、个体家庭经济发展速度有快慢以及区域经济发展的不平衡，农村的贫困问题仍然很突出，而且出现了新变化和新情况。因此，迫切需要加强农村社会救助体系的制度建设。

国家统计局发布数据，按照现行的国家农村贫困标准计算，截至2017年年末，农村贫困人口3 046万人，比上年年末减少1 289万人；贫困发生率3.1%，比上年下降1.4个百分点。贫困地区农村居民人均可支配收入9 377元，是全国农村平均水平的69.8%，与全国农村平均水平的差距进一步缩小。党的十八大以来，全国农村贫困人口累计减少6 853万人。到2017年年末，全国农村贫困人口从2012年年末的9 899万人减少至3 046万人，累计减少6 853万人；贫困发生率从2012年年末的10.2%下降至3.1%，累计下降7.1个百分点。

十九大报告指出，坚决打赢脱贫攻坚战。让贫困人口和贫困地区同全国一道进入全面小康社会是中国共产党的庄严承诺。要动员全党全国全社会力量，坚持精准扶贫、精准脱贫，坚持中央统筹省负总责市县抓落实的工作机制，强化党政一把手负总责的责任制，坚持大扶贫格局，注重扶贫同扶志、扶智相结合，深入实施东西部扶贫协作，重点攻克深度贫困地区脱贫任务，确保到2020年中国现行标准下农村贫困人口实现脱贫，贫困县全部摘帽，解决区域性整体贫困，做到脱真贫、真脱贫。

改革开放之后，党对我国社会主义现代化建设做出战略安排，提出"三步走"战略目标。解决人民温饱问题、人民生活总体上达到小康水平这两个目标已提前实现。在这个基础上，我们党提出，到建党一百年时建成经济更加发展、民主更加健全、科教更加进步、文化更加繁荣、社会更加和谐、人民生活更加殷实的小康社会。

从现在到2020年，是全面建成小康社会决胜期。要按照十六大、十七大、十八大、十九大提出的全面建成小康社会各项要求，紧扣中国社会主要矛盾变化，统筹推进经济建设、政治建设、文化建设、社会建设、生态文明建设，坚定实施科教兴国战略、人才强国战略、创新驱动发展战略、乡村振兴战略、区域协调发展战略、可持续发展战略、军民融合发展战略，突出抓重点、补短板、强弱项，特别是要坚决打好防范化解重大风险、精准脱贫、污染防治的攻坚战，使全面建成小康社会得到人民认可、经得起历史检验。

一、农村五保供养制度

在中华人民共和国成立之后的很长时期，国家对农村的救助工作主要是采取临时救助的形式，这种方式具有一定的随意性。从20世纪80年代以后，国家逐步扩大了农村定期救助的规模。1994年1月《农村五保供养工作条例》出台，标志着我国农村五保供养制度的确立。

五保供养是指对符合《农村五保供养工作条例》规定的村民，在吃、穿、住、医、葬等方面给予生活照顾和物质帮助。

1.五保供养的对象

五保供养的对象（以下简称五保对象）是指在村民中符合下列条件的老年人、残疾人和未成年人：①无法定扶养义务人，或者虽有法定扶养义务人，但是扶养义务人无扶养能力的；②无劳动能力的；③无生活来源的。法定扶养义务人，是指依照婚姻法规定负有扶养、抚养和赡养义务的人。

确定五保对象，应当由村民本人提出申请或者由村民小组提名，经村民委员会审核，报乡、民族乡、镇人民政府批准，发给《五保供养证书》。

五保对象具有下列情形之一的，经村民委员会审核，报乡、民族乡、镇人民政府批准，停止其五保供养，并且收回《五保供养证书》：①有了法定扶养义务人且法定扶养义务人具有扶养能力的；②重新获得生活来源的；③已满16周岁且具有劳动能力的。

2.五保供养的内容

五保供养的内容主要有：①供给粮油和燃料；②供给服装、被褥等用品和零用钱；③提供符合基本条件的住房；④及时治疗疾病，对生活不能自理者有人照料；

⑤妥善办理丧葬事宜。五保对象是未成年人的，还应当保障他们依法接受义务教育的权利。

五保供养的实际标准，不应低于当地村民的一般生活水平，具体标准由乡、民族乡、镇人民政府规定。

3.资金来源及供养形式

五保供养是农村的集体福利事业。农村集体经济组织负责提供五保供养所需的经费和实物，乡、民族乡、镇人民政府负责组织实施五保供养工作。五保供养所需经费和实物，应当从村提留或者乡统筹费中列支，不得重复列支；在有集体经营项目的地方，可以从集体经营的收入、集体企业上交的利润中列支。对五保对象可以根据当地的经济条件，实行集中供养或者分散供养；具备条件的乡、民族乡、镇人民政府应当兴办敬老院，集中供养五保对象。

2004年民政部、财政部、国家发展和改革委员会在《关于进一步做好农村五保供养的通知》中指出：农村五保供养是一项政策性、原则性很强的工作，各地民政部门要进一步规范对五保供养工作的管理；五保供养对象是农村最困难的群体，解决这部分人的生活问题，关系到党和政府在农村工作中的形象；各地、各部门要充分认识做好当前五保供养工作的紧迫性和重要性，加强领导，统一部署，从实践"三个代表"重要思想，落实科学发展观，维护宪法所赋予五保对象的合法权益，保持农村社会稳定的高度，认真研究解决在税费改革新形势下农村五保供养工作面临的新情况、新问题；各级民政、财政、发改委等部门要切实履行好自己的职责，把妥善解决好五保对象生活、实现五保对象"应保尽保"的工作，列为当前和今后工作的重点，进一步加大工作力度，全面提高农村五保供养工作水平。截至2017年年底，全国共有农村特困人员466.9万人，比上年减少6.0%。全年各级财政共支出农村特困人员救助供养资金269.4亿元，比上年增长17.7%。全国共有城市特困人员25.4万人。全年各级财政共支出城市特困人员救助供养资金21.2亿元。

二、农村最低生活保障制度

改革开放以来，农村经济快速发展，农民生活水平持续提高。各地在促进农村地区社会经济发展的同时，开展农村社会救助、五保供养、扶贫济困等工作，有效缓解了农村低收入居民的生活困难。为进一步完善社会保障体系，使农村社会救助工作制度化、规范化，切实保障农村低收入居民的基本生活，各地纷纷建立并实施农村居民最低生活保障制度。1994年山西省在阳泉市开展建立农村社会保障制度的试点工作。1996年，民政部确定把山东烟台、河北平泉和甘肃永昌作为发达、中等发达和欠发达三种不同类型的农村最低生活保障体系建设的试点区。1996年年底，民政部在总结各地试点的基础上，印发了《关于加快农村社会保障体系建设的意见》，要求各地在有条件的情况下建立农村居民最低生活保障制度。2016年9月，国务院办公厅转发民政部等部门《关于做好农村最低生活保障制度与扶贫开发政策有效衔接指导意见的通知》，要求切实做好农村最低生活保障制度与扶贫开发政策有效衔接工作，确保到2020年现行扶贫标准下农村贫困人口实现脱贫。

农村最低生活保障制度的保障范围一般是具有农业户口、家庭年人均收入低于户籍所在区县当年农村居民最低生活保障标准的农村居民，具体包括农村五保对象、孤老烈军属等特殊优抚对象、困难户、原民政部门管理的20世纪60年代初精减退职老职工、无劳动能力的重残人员以及其他特殊生活困难人员等。

各地根据经济社会发展水平的差异，制定了不同的保障标准。保障标准的制定一般遵循既要与本地区社会经济发展水平相适应，又要考虑当地财政的承受能力；既保障低收入农村居民的基本生活，又有利于克服依赖思想、调动劳动生产积极性的原则。保障标准的制定要按照维持当地农村居民衣、食、住等基本生活需要，并适当考虑水电燃煤（柴）以及未成年人义务教育等因素，合理确定保障标准，并随着当地社会的经济发展、人民生活水平和物价指数的变化情况，适时进行调整，一般每年度调整一次。截至2017年年底，全国有农村低保对象2 249.3万户，共4 045.2万人。全年各级财政共支出农村低保资金1 051.8亿元，全国农村低保平均标准为4 300.7元每人每年，较上年增长14.9%。

在农村最低生活保障的申请、审批程序和保障金发放上，如申请享受农村居民最低生活保障待遇，须由申请人向户籍所在地的村委会提出书面申请，并出具有关证明材料；村委会核实申请人的家庭收入，确认其符合申请条件后填写申请表报乡镇政府审核；乡镇政府负责将有关材料和审核意见报送所在区县民政部门审批；农村居民最低生活保障待遇，一般由乡镇政府委托村委会以货币形式按月发放。

农村的低保制度一方面要多渠道筹集资金，动员社会民间组织和个人以捐赠、资助等形式支持农村居民最低生活保障制度的实施，逐步建立多元化投入机制，增强保障实力；另一方面要采取多种帮扶措施，增加对农村居民最低生活保障对象的补贴，对农村低保家庭成员在就医、就学等方面给予优惠或照顾。

三、农村医疗救助制度

长期以来，国家没有出台过针对贫困农民的医疗救助政策法规，除少数经济发达地区外，全国还没有系统的农村医疗救助制度，结果造成大量农村贫困人口在患病后得不到医治，给贫困农民的生产和生活带来很大影响。2002年10月，国务院下发的《关于进一步加强农村卫生工作的决定》提出：对农村贫困家庭实行医疗救助，医疗救助的对象是农村五保户和贫困农民家庭。2003年11月，民政部、卫生部、财政部在联合下发的《关于实施农村医疗救助的意见》中明确提出：到2005年，在全国基本建立起规范、完善的农村医疗救助制度。2009年12月，民政部副部长罗平飞在"全国社会救助规范管理工作会议"上重点指出，推进医疗救助，重点要狠抓制度落实，完善救助模式，简化救助程序。

农村医疗救助制度是政府拨款和社会各界自愿捐助等多渠道筹资，对患大病农村五保户和贫困农民家庭实行医疗救助的制度。建立农村医疗救助制度，要从当地实际出发，医疗救助水平要与当地经济社会发展水平和财政支付能力相适应，确保这项制度平稳运行。农村医疗救助从最困难的贫困农民和最亟须的医疗支出开始实施，并随着经济的发展逐步完善农村医疗救助制度。

1.救助对象

（1）农村五保户，农村贫困户家庭成员。

（2）地方政府规定的其他符合条件的农村贫困农民。

2.救助办法

（1）开展新型农村合作医疗的地区，资助医疗救助对象缴纳个人应负担的全部或部分资金，参加当地合作医疗，享受合作医疗待遇；因患大病经合作医疗补助后个人负担医疗费用过高，影响家庭基本生活的，再给予适当的医疗救助。

（2）尚未开展新型农村合作医疗的地区，对因患大病个人负担费用难以承担，影响家庭基本生活的，给予适当的医疗救助。

（3）国家规定的特种传染病救治费用，按有关规定给予补助。

3.申请、审批程序

（1）医疗救助实行属地化管理原则，申请人（户主）向村民委员会提出书面申请，填写申请表，如实提供医疗诊断书、医疗费用收据、必要的病史材料、已参加合作医疗按规定领取的合作医疗补助凭证、社会互助帮困情况证明等，经村民代表会议评议同意后报乡镇人民政府审核。

（2）乡镇人民政府对上报的申请表和有关材料进行逐项审核，对符合医疗救助条件的上报县（市、区）民政局审批。

（3）县级人民政府民政部门对乡镇上报的有关材料进行复审核实，并及时签署审批意见；对符合医疗救助条件的家庭核准其享受医疗救助金额，对不符合医疗救助条件的，应当书面通知申请人，并说明理由。

（4）医疗救助金由乡镇人民政府发放，也可以采取社会化发放或其他发放办法。

4.医疗救助服务

（1）已开展新型农村合作医疗的地区，由农村合作医疗定点卫生医疗机构提供医疗救助服务；未开展新型农村合作医疗的地区，由救助对象户口所在地的乡（镇）卫生院和县级医院等提供医疗救助服务。

（2）提供医疗救助服务的医疗卫生机构等应在规定范围内，按照本地合作医疗或医疗保险用药目录、诊疗项目目录及医疗服务设施目录，为医疗救助对象提供医疗服务。

（3）遇到疑难重症须转到非指定医疗卫生机构就诊时，要按当地医疗救助的有关规定办理转院手续。

（4）承担医疗救助的医疗卫生机构要完善并落实各种诊疗规范和管理制度，保证服务质量，控制医疗费用。

5.基金的筹集和管理

各地要建立医疗救助基金，基金主要通过各级财政拨款和社会各界自愿捐助等多渠道筹集。地方各级财政每年年初根据实际需要和财力情况安排医疗救助资金，并列入当年财政预算。中央财政通过专项转移支付对中西部贫困地区农民贫困家庭医疗救助给予适当支持。

医疗救助基金纳入社会保障基金财政专户。各级财政、民政部门对医疗救助基金实行专项管理，专款专用。

思考题

1.社会救助的特征有哪些？
2.确定社会救助的标准有哪些？
3.我国社会救助体系的基本内容有哪些？
4.最低生活保障制度的主要内容有哪些？
5.我国的灾害救助体制是怎样的？
6.农村社会救助体系的内容有哪些？

案例

案例1 山东大幅提高临时救助标准，支出型贫困对象获助

临时救助是社会救助兜底脱贫攻坚制度体系的重要组成部分。为贯彻落实国务院常务会议精神和民政部、财政部《关于进一步加强和改进临时救助工作的意见》（民发〔2018〕23号），进一步加强和改进临时救助工作，切实保障好困难群众的基本生活，2018年10月9日，山东省民政厅、山东省财政厅出台《关于进一步加强和改进临时救助工作的意见》（以下简称《意见》），对临时救助的对象范围、审核审批程序、救助标准、救助方式、组织保障等政策措施做出进一步规范和完善，大大提高了临时救助的可及性、时效性、公正性。

《意见》明确将支出型贫困对象纳入临时救助范围，并对支出型贫困对象的认定条件做出具体规定。提出临时救助对象包括本地户籍人口和持有居住证的非本地户籍人口，根据困难情形，临时救助对象可分为急难型救助对象和支出型救助对象。急难型救助对象主要包括因火灾、交通事故等意外事件，家庭成员突发重大疾病及遭遇其他特殊困难等原因，导致基本生活暂时出现严重困难，需要立即采取救助措施的家庭和个人。支出型救助对象主要包括自负教育、医疗等生活必需支出突然增加超出家庭承受能力，导致基本生活一定时期内出现严重困难的家庭。其应同时具备下列条件：（1）在提出申请之月前6个月内，家庭可支配收入扣除自负医疗、教育等生活必需支出后，月人均可支配收入低于当地城乡最低生活保障标准；（2）提出申请之月前12个月家庭人均可支配收入低于当地上年度人均可支配收入；（3）家庭财产状况符合当地城乡低保申请家庭经济状况认定标准的相关规定。

山东省进一步简化、优化了临时救助审核审批程序，充分体现了临时救助"救急救难"作用。《意见》规定，对于急难型救助对象，乡镇人民政府（街道办事处）、县级民政部门应当在24小时内先行救助，并在5个工作日内补办相关手续；

对于支出型临时救助对象，要严格执行申请、受理、审核、审批程序，规范各个环节工作要求，审核审批工作应当在20个工作日内完成。同时明确提出县级民政部门可委托乡镇（街道）开展临时救助审批，委托乡镇（街道）直接审批的临时救助金额一般不超过3 000元/户·次，推动在县（市、区）或乡镇（街道）建立临时救助备用金制度，提高救助水平。

山东还大幅度提高了临时救助标准，实现了临时救助标准的城乡统一。《意见》明确提出，救助标准与当地城市最低生活保障标准挂钩，这是对2014年有关临时救助标准与城乡低保标准挂钩规定的一大突破，实现了临时救助标准的城乡统一，推动了社会救助城乡统筹发展。同时根据救助对象的家庭人口、困难类型、困难程度和困难持续时间等因素，分类分档制定临时救助标准，在2014年规定基础上大大提高了临时救助标准。具体救助标准如下：

（1）支出型临时救助标准。对患重特大疾病患者家庭，可视相关医疗保险补偿和医疗救助后个人自负费用给予救助，各地可按照个人自负费用分段分档进行救助，每人救助标准原则上控制在当地城市低保月标准的3~12倍；对因子女自负教育费用负担过重造成生活困难的家庭，每人救助标准原则上控制在当地城市低保月标准的3~6倍，其中低保家庭本科新生入学救助标准不低于4 000元。有条件的地方可结合本地经济社会发展，在上述基础上适当提高救助标准。

（2）急难型临时救助标准。对于符合急难型对象条件、困难程度较轻的，根据救助对象困难情形，及时给予1 000元以下（含1 000元）的临时救助。对于困难程度较重、救助金额较大的，参照支出型临时救助标准确定救助金额。

（3）重大生活困难临时救助标准。对于因各种原因造成重大生活困难的，按照一事一议的方式和适度提高救助额度的原则，由县级民政部门牵头制定综合救助方案和救助标准，报县级困难群众基本生活保障工作领导小组组长或部门联席会议召集人同意后执行。

此外，《意见》提出了深化"救急难"机制建设的具体要求，明确提出要建立健全"救急难"主动发现机制、快速响应机制、重大急难问题协调机制、"一门受理、协同办理"机制，为各地健全"救急难"工作机制提供参考。

更多案例（第九章）

第十章 社会福利

本章从社会福利内涵入手，介绍了广义和狭义的社会福利概念，我国通用的社会福利概念，社会福利历史沿革，中西方福利的早期发展和我国社会主义初级阶段福利制度的建立、发展和完善；还介绍了老年人福利、残疾人福利、妇女儿童福利等我国现阶段社会福利的内容；论述了我国福利制度自身的特点和问题；最后，提出了我国福利制度改革和发展的方向、措施以及对未来的展望。通过本章的学习，要掌握社会福利的基本知识情况，能够运用所学知识及方法解决社会福利问题。

第一节 社会福利的制度内涵及意义

一、社会福利的内涵

社会福利的研究有狭义的和广义的两种方法。

狭义社会福利理论认为，所谓福利，就是经济福利，即收入和财富给人们带来的效用。福利是指一种在基本收入之外的物质利益，或者说是指基本收入之外的其他待遇，即由政府、社会或者企业在基本收入之外给予居民或者职工的某种物质待遇。也可以说福利是收入、财富给人们带来的效用，或者说是人们的需要得到满足的程度。同样的收入和财富给予不同的人的效用是不一样的，因而给人们所带来的福利是不一样的。

广义社会福利理论认为，福利有个人福利和社会福利。个人福利优先于社会福利。社会福利是社会中全体个人福利的总和，个人福利只是社会福利中的一部分，按照系统论整体决定部分的原则，个人福利是由社会福利决定的。社会福利是以提高社会成员生活质量为目的的社会保障形式，是现代社会政府的一项重要社会职责。

目前我国通用的"社会福利"译自英文 social welfare。在不同时期，不同的国家、学者对社会福利的认识和理解各不相同，对社会福利概念的确定也不尽相同。

美国的社会学家普遍认为，社会福利是指对一国或社会的满意状况做出贡献的社会福利计划的总和，是为了保证个人以及集团成员拥有平均的生活水准和身体健康而提供的各项社会服务和有关制度的组织体系。社会福利是指"一种由社会福利计划、社会福利津贴和社会服务构成的，帮助人们维持对社会运转必不可少的社需要、教育需要和健康需要的国民制度"。①就是说，社会福利是一种制度设置，含义有两个：一是帮助有困难的社会成员，维持其起码的物质和精神文化生活；二是提高全体社会成员的生活水平和质量，增进全民的社会福祉。在英国，社会福利被定义为"为了保障全体国民的物质的、精神的、社会的最低生活水准而由政府和民间提供的各项社会服务的总和"。日本认为社会福利是指对于国家扶助的对象、残疾者、儿童及其他需要援助的人，给予必要的生活指导、回归社会指导、生活保护等，以达到充分发挥他们的能力，使其走向自立为目的的事业。它是以不能进行正常生活的人们为对象的，主要是通过救济、保护、预防等援助方式，使那些人能维持一般的生活。

在我国，社会福利分广义和狭义两种。广义的社会福利，泛指国家和社会对全体公民在生命全过程中所需要的生活、卫生、环境、住房、教育、就业等方面提供的各种公共服务。狭义的社会福利，是与社会保险、社会救助等并列的一种社会保障形式，是指国家和社会为维持和提高公民的生活质量而提供一定的物质帮助，以满足公民的共同和特殊生活需要的制度。

目前，我国认同狭义的社会福利，认为社会福利是国家和社会为增进与完善社会成员尤其是困难者的社会生活而实施的一种社会制度，认为其有如下含义：第一，社会福利是一种国家的项目、待遇和服务制度，它帮助人们满足社会的、经济的、教育的和医疗的需要。例如，教育、科学、环境保护、文化、体育、卫生等公益性福利设施，国家民政部门为残疾人、孤儿、孤寡老人建立的医院、教养院、敬老院等。这些需要对维持一个社会来说是最基本的。第二，社会福利是一个社会共同体或集体的幸福和正常的存在状态。例如，北方寒冷地区提供居民的冬季取暖补贴以及各个单位给予员工的住房补贴等。社会福利旨在通过提供资金和服务，保证社会成员一定的生活水平并尽可能提高他们的生活质量。

总之，社会福利是一种以经济福利为基础的包括政治福利和文化福利在内的广泛的社会福利。社会福利是通过制度性利他主义安排解决社会问题，满足部分或全体社会成员的需要，进而实现社会平等和社会公平的福利政策目标。

二、社会福利的目的

概括来说，社会福利的目的就是用制度化或非制度化的手段，来满足人们在福利特别是在福利服务方面的需要。在一个国家中，老年人、残疾人、儿童、妇女、青少年等弱势群体，由于自身能力以及其他方面条件的限制，需要社会提供必要的服务，使其在生活中得到相应的照顾，以保证他们像正常人一样在教育、就业、安全保护等方面享受到平等的服务。随着人民群众物质文化生活水平的不断提高和社会主义市场经济体制的逐步完善，社会福利工作的重要性日益显现。

---

① 威廉姆. 当今世界的社会福利［M］. 解俊杰，译. 北京：法律出版社，2003.

第二节　社会福利的历史沿革

一、西方福利制度的早期发展

西方资本主义国家的福利制度最早出现于19世纪末至20世纪初。19世纪后半期伴随着资本主义经济的早期发展，产业工人和资本家的矛盾日益加剧。由于机器生产代替了手工业生产，工人的劳动强度增加，工作环境危险、恶劣，工作单调乏味，导致工伤事故不断增加、工厂暴力事件层出不穷、工人罢工经常发生。在19世纪80年代中期，改革雇佣关系的呼声越来越高。1890—1914年，一些思想开明的企业家自觉地采用了一些稳定雇员的福利措施。例如，在公司设置澡堂和餐厅，提供公司自己的医疗保健服务，甚至派公司的福利代表到员工家里问寒问暖、提供营养和卫生方面的咨询。这些企业家认为，福利工作是强化诚信和提高雇员士气的有效措施，对改善雇佣关系大有益处。从这时起，福利运动逐渐流行起来。例如，美国的汉斯公司、科罗拉多燃料和钢铁公司、国际收割公司等纷纷设立了福利秘书的职位。福利秘书通过改善工人的工作环境、住房、医疗教育等，向工人提供帮助。

20世纪30年代以来，西方国家的福利事业有了迅速的发展。在第二次世界大战期间，各个国家兵源及劳动力短缺的问题很严重。各国争相提高本国国民的福利待遇，福利事业发展迅速。老牌资本主义国家英国率先宣布建成福利国家。瑞典等新兴北欧国家，北美洲、大洋洲以及亚洲等的发达国家和地区紧随其后，都先后宣布实现了"全民福利"的发展目标。随着社会经济的增长和人民生活水平的提高，社会保障制度得到了充分发展，社会福利水平与程度已经成为衡量一个国家是否发达或实现现代化的重要标志。在第二次世界大战以后，英国建立了"从摇篮到坟墓"的庞大的社会保障体系，美国建立了社会保障制度。在那时，社会福利是社会保障的同义词，包含全部公共文化、教育、卫生设施和社会救济以及社会保险。全民福利国家成为一种时髦的发展模式。

二、中国社会福利制度的建立与发展

中国社会福利的发展大致经历了以下几个时期：

1.中国社会主义福利制度初步建立与发展时期

中华人民共和国的成立标志着中国进入了崭新的历史时期。在1950年以后，我国颁布了《中华人民共和国劳动保险条例》等有关法规，并先后成立了全国性民间福利组织。例如，1950年4月成立了中国人民救济总会；1950年9月中国红十字会改组；1950年8月成立了中国福利会（改现名）；1955年7月成立了中国聋哑人福利会。1955年12月发布《国家机关工作人员退休处理暂行办法》《国家机关工作人员退职处理暂行办法》等法规，国家机关事业单位职工退休、退职制度由此确立。1956年6月第一届全国人民代表大会第三次会议通过了《高级农业合作社示范章程》，确立了面向乡村孤寡老幼的"五保供养制度"。在这一时期中央政府重组并建立了新的福利工作组织体系，巩固和扩大了社会福利领域的统一战线，改造了旧的"慈善"组织，还就职工福利、社会福利事业、福利工厂、生活困难补助等问题发布了一系列法规性文件。新的福利性组织在总结社会主义福利工作经验，组织救灾救济和提供直接福利服务，以及开展国际交流等方面都发挥了重要作用。这一时期是中国从旧制度向新制度转轨的过渡时期，是中国社会主义福利制度初步建立与发展的时期。

2.中国社会主义福利制度摇摆动荡时期

自1957年开始，随着中华人民共和国成立初期三大改造任务的完成，国家转入有计划地全面进行社会主义经济建设时期。从"大跃进"到"文化大革命"结束这一时期是中国社会福利事业发展过程中的摇摆动荡时期。"大跃进"是在农业、手工业和资本主义工商业的社会主义改造已取得决定性胜利，"一五"计划成功实施，社会主义制度已稳固确立和国家初步工业化的背景下开始的。集体化浪潮由农村扩散到城市，成为全国性社会运动。这个时期的主旋律是政治运动、经济生产、文化生活和社会生活的集体化。推行和实施集体化福利，是社会福利的核心主题，又是国家政策议程的核心议题。当时大力兴办的集体化福利事业（脱离实际并严重超前）既是全党工作的中心，又是普通百姓生活方式的重要组成部分。集体化福利制度已成为社会结构与社会生活的基本特征和基本内容。这一时期是中国集体化福利理论与实践迅猛发展的时期。

"文化大革命"期间是中国刚刚建立的福利事业大倒退时期，反对经济主义和福利主义成为政治斗争的重要组成部分。当时的意识形态认为：福利主义是资产阶级当权派为抵制革命群众对他们的批判，用大量金钱和优厚的物质福利拉拢、腐蚀革命群众的活动。社会福利再度与资本主义制度联系在一起，形成谁搞福利谁就是想拉拢腐蚀工人阶级的社会误解。社会福利改善人们生活状况和满足需要的功能完全被人为地扭曲和政治化。由于极左思潮把举办福利事业和福利生产说成是福利主义和唯生产力论，因此许多福利事业和福利生产被合并或撤销，残疾人、孤残儿童、老年人和普通市民的生活状况普遍恶化，许多基本生活需要无法满足。"文化大革命"期间，福利事业遭受严重挫折。

3.中国社会主义福利制度逐步完善时期

从改革开放以后，党和国家倡导思想解放和实事求是，全面推行经济体制改革和恢复生产，重建正常的社会经济生活秩序，开始社会福利的恢复、重建工作。1978年中国共产党第十一届三中全会召开并通过《中华人民共和国宪法》，对劳动者的福利、养老、疾病医疗或丧失劳动能力等问题，以及残疾军人、烈士家属等生活保障问题做出了原则规定；国家重设民政部，主管社会救济、社会福利优抚安置事务，劳动部门的工作开始恢复正常。国务院先后颁行了《关于安置老弱病残干部的暂行办法》《关于职工退休、退职的暂行办法》等法规，对于恢复被"文化大革命"破坏的退休养老制度起到了重要作用。

1986年公布实施的"七五"计划（1986—1990）标志着中国社会福利事业的发展进入全新时期。其象征性标志有两点：一是首次将"国民经济五年计划"改为"国民经济与社会发展五年计划"，社会发展的概念与意识进入国家政策议程。经济增长不是最终目的，而是促进人的发展和实现社会发展的基本途径；国家应在发展生产和提高经济效益的基础上，进一步改善人民物质文化生活状况的观念获得普遍认同。这为福利事业发展奠定了思想基础。二是"七五"计划首次采用专章论述"人民生活和社会保障"，明确提出了由社会保险、社会福利、社会救济与优抚组成的社会福利制度框架。1994年1月，国家颁布了《农村五保供养工作条例》，农村"五保供养"福利工作自此走向规范化。自此以后，《关于建立城镇职工基本医疗制度的决定》（1998）、《住房公积金管理条例》（1999）、《城市居民最低生活保障条例》（1999）、《工伤保险条例》（2003）等一系列法规或法规性文件相继发布实施。此外，全国社会保障基金理事会、劳动和社会保障部、民政部等也制定了一批有关社会保险、社会福利、社会救助方面的法规性文件。社会福利事业有了显著的发展。2008年3月，中共中央政治局常委会颁发了《中共中央国务院关于促进残疾人事业发展的意见》，为新时期中国残疾人事业发展提供了理论指导和行动指南，标志着中国残疾人事业发展进入全面科学发展的新阶段。2009年9月，国务院发布《关于开展新型农村社会养老保险试点的指导意见》，标志着全国新农保试点工作正式启动。2014年2月，国务院印发《关于建立统一的城乡居民基本养老保险制度的意见》，为后来基本养老保险制度的发展指明了方向。

2015年4月，国务院办公厅转发民政部、财政部、人力资源和社会保障部、卫生计生委、保监会等部门《关于进一步完善医疗救助制度全面开展重特大疾病医疗救助工作的意见》，对完善医疗救助制度、全面开展重特大疾病医疗救助工作做出部署。9月，国务院印发《关于全面建立困难残疾人生活补贴和重度残疾人护理补贴制度的意见》，决定自2016年1月1日起，全面实施困难残疾人生活补贴和重度残疾人护理补贴制度。这是全国层面首次建立残疾人专项福利补贴制度，将惠及1 000万困难残疾人和1 000万重度残疾人，成为保基本、兜底线的重要民生保障制度。2016年2月，国务院印发《关于进一步健全特困人员救助供养制度的意见》，部署进一步做好特困人员救助供养工作。3月16日，《中华人民共和国慈善法》由第十二届全国人民代表大会第四次会议通过，决定自2016年9月1日起正式施行。该法的颁布既促进了我国慈善事业的发展，也促进了社会救助制度的完善，对于健全社会救助体系、促进社会进步具有非常重要的意义。12月，国务院办公厅印发《关于全面放开养老服务市场提升养老服务质量的若干意见》，对促进养老服务业更好更快发展做出部署。2017年3月，国务院发布《"十三五"国家老龄事业发展和养老体系建设规划》，明确了"十三五"时期促进老龄事业发展和养老体系建设的指导思想、基本原则、发展目标和主要任务。6月，国务院办公厅印发《关于制定和实施老年人照顾服务项目的意见》，从我国国情出发，立足老年人服务需求，明确了老年人照顾服务工作的指导思想、基本原则和重点任务。2018年7月，国务院印发《关于建立残疾儿童康复救助制度的意见》，决定自2018年10月1日起全面实施残疾儿童康复救助制度。

第三节　中国社会福利的构成

社会福利制度，从对社会结构的影响程度上可以区分为两种模式，从社会福利的实施方式上又可以区分为两种组织体制。两种模式与两种体制的交互搭配和混合使用，又形成了各种不同的社会福利制度。依据对市场的乐观和悲观的不同估计，社会福利制度可区分为补救性福利模式和机制性福利模式。补救性福利模式认为市场可以自行解决绝大部分的社会问题，社会福利只需"将目标有选择地集中在一群残留的、人数不断减少的少数需求者"身上，就可以保障有一个健康、良好的社会环境。其典型代表是美国。机制性福利模式认为市场无力解决日益恶化的社会问题，政府只有通过全面干预的社会福利政策，在大范围内提供机制化的服务，才能解决普遍性的社会问题；否则，社会稳定就难以保证。其代表是北欧斯堪的纳维亚国家，如瑞典、丹麦、挪威等国。依据政府和社会在福利工作中的不同作用，社会福利制度的组织体制可区分为合作体制和国家主导体制。合作体制突出强调社会力量特别是社会中介组织在福利服务中的重要作用，认为大部分的福利服务，应该交由各类社会组织包括非政府、非营利机构来提供，公民整体的福利保障和服务应充分依托社会部门的作用。其代表性国家是德国、荷兰等国。国家主导体制强调国家应当基本包揽公民的福利收入和福利服务，全体公民能否享受到社会福利的基本权益，责任完全在于国家。

现阶段我国的社会福利处于政府财力有限，面对社会福利服务需求与供给之间比较尖锐的矛盾和不发达的现状，只有充分动员、依靠社会力量发展社会福利事业，才能适应时代发展的要求。我国正在加速建立社会主义市场经济体制，政府参与得越少越有利于培育、发挥市场的作用，社会力量的大规模介入和政府不再直接管理是建立相对完善的市场经济体制的必然要求。在改革过程中，由于经济成分、利益主体、社会组织和社会生活方式的多样化发展趋势，对增加社会福利设施、拓宽福利服务领域、提高福利水平提出了新的要求，尤其是我国老龄人口出现了"未富先老"的现象，高龄老人的迅速增长，更是对我们的制度提出了多层次、多形式的福利服务要求。我国的社会福利制度自然也会遵循这一规律并日臻成熟。

社会福利是国家和社会为社会成员尤其是困难者实施的一种社会制度，旨在通过提供资金和服务，保证社会成员一定的生活水平并尽可能提高他们的生活质量。社会福利是社会保障的重要组成部分。我国的社会福利主要包括对全体社会成员实施的公共福利，由单位和行业为其员工及家庭所提供的职业福利，以及专为特殊群体如老年人、残疾人、未成年人、妇女、军人及其家属提供的特殊社会福利。

在不同的国家，社会福利的内容不尽相同，有的国家多，有的国家少。一般情况下，在经济发达的国家，它的社会福利的内容较全面、水平较高；在经济欠发达的国家，社会福利的内容不可能全面，水平也不可能很高。社会福利按照享受对象可以分为老年人福利、残疾人福利、妇女儿童福利等；按照范围可以分为生活福利、教育福利、医疗卫生福利、文体娱乐福利、住房福利等；按照实施范围可以分为国家福利、地方福利和职业福利；按照给付方式可以分为货币形式、实物形式和服务形式。

在我国，社会福利服务的对象主要是老年人、残疾人和妇女儿童等弱势群体以及军人，社会福利服务的目的为他们提供社会保障和帮助。中国的社会福利制度是在计划经济时期建立起来的，为适应现代社会发展的需要，正在不断改革和完善。

一、老年人福利

家庭、社会、经济结构的变化和老年人的体力减退不但使老年人成为被扶养者，而且也把他们在社会上置于无足轻重的地位，老年人正在逐渐失去以往的地位和作用。这种情况需要家庭、亲人、社区和社会予以关注和帮助。社会福利应该着眼于努力填补由于社会和经济发展而出现的差距，并提供必要的手段来帮助处于困境中的老人。

1.老年人福利的概念

老年人福利是以老年人为对象的社会福利项目，是指国家和社会为了安定老人的生活，维护老人的健康，充实老人的精神文化生活而采取的政策措施和提供的设施与服务。

老年人福利是由政府和社会为达到法定年龄的老年人提供的各类福利，包括老年人文体娱乐福利、健康保健福利、托老院福利以及长寿老人福利等。

2.老年人的特征

①老年阶段生理功能衰退，抗御疾病的能力下降，患病的概率增加，并且容易患老年性疾病，影响其行动能力和独立生活的能力。

②收入来源少，收入水平相对比较低，老年人的经济没有保障。

③参与社会和经济领域的活动减少、社会地位降低到无足轻重的地步，这一切可能导致老年人产生空虚、孤独感。

④工作和社会作用的改变以及健康状况和行动能力的下降，引起了新的需要。

⑤由于老年人寿命延长，他们的知识和技能可能不能适应社会的需要，因而对培训和教育有新的需要。

⑥需要一些适合老年人的文娱活动以及老年人参与社会的活动。

老年人问题是各个历史时期和各个社会普遍存在的问题。在现代社会中老年人问题已经不再是个人问题，也不再是家庭问题，随着老年人口比例的增长、家庭规模的缩小、人口流动的加剧、观念的变化等，老年人问题已经成为一个社会问题。老年人福利正是解决老年人问题的一个重要制度。老年人福利是从工业发达国家发展起来的，在工业革命以后，随着经济水平的不断提高，在社会保障制度发展与完善的过程中，老年人的基本生活得到了保障，老年人的特殊福利政策也不断增加，老年人福利得到重视。在1969年召开的第24届联合国大会上，老年人的特殊需要问题被正式提出，此后的多次联大会议都将老年问题列入会议日程。1982年，在维也纳召开了"老年问题世界大会"，提出了针对老年人问题的众多建议。我国政府通过对社会政策的不断调整，进一步鼓励各类企、事业单位和个人向社会养老服务领域投资，以满足不断增长的老年社会福利服务的需要。

3. 老年人福利的主要内容

我国已经进入老龄化，人口老龄化速度很快，2000年60岁以上的老年人口在总人口中的比重为9.9%，预计到2020年将达到16.0%，2050年将达到25.8%。我国政府对老年人的社会福利工作极其重视，在1996年8月29日第八届全国人民代表大会常务委员会第二十一次会议上，通过并颁布了《中华人民共和国老年人权益保障法》，对老年人的福利问题做了一些原则性规定。目前我国的老年人福利的主要内容有：

（1）物质生活福利

物质生活福利主要包括以下方面：第一，举办老年经济实体，为退休人员增加再就业机会；第二，向困难老年人提供生活补贴；第三，建立福利院和敬老院，收养没有生活保障的老年人；第四，为老年人开展社区服务。

在近几年来我国的社区服务中，为老年人提供的服务得到了很大发展。例如，由基层街道居（村）委会为生活困难的老年人提供包户服务，建立包户服务组，订立包户服务协议；兴办托老所，对那些无人照料的老年人提供照料和生活帮助。社区服务能够较好地从物质生活方面为老年人提供保障。

（2）医疗保健

老年人医疗保健是老年福利的一项重要内容，全面良好的医疗保健是老年人生活保障的必然要求。其具体内容包括：第一，建立老年人健康检查制度。目前，在某些有条件的地方，由所在单位或社区组织老年人开展定期的身体检查，发现疾病，及时采取治疗措施。第二，建立老年病医院或设立老年病科，开展老年病的治疗工作。目前大多数医院都有老年人挂号、看病、取药三优先公约。第三，建立老年人康复和疗养机构。通常由国家组织和提供资金或者由社区建立康复疗养机构，使老年人的健康问题得到解决。

（3）文化服务设施

除了物质保障和医疗保健问题，老年人的精神需求也是一个不可忽视的方面。在经济条件较好和老年人比较集中的地方，由单位或社区建立专门的供老年人休闲娱乐的活动场所和设施，如老年人活动站、老年活动中心等，为老年人提供文化、教育、体育活动设施，对老年人实行优惠服务，解决老年人的精神需要。在我国的很多城镇社区，还建立了"老年人婚姻介绍所""老年人再就业介绍所""家政服务站"等，也在很大程度上解决了老人的实际问题。

由于我国的社会保障体系是农村与城市相分隔的二元体系，农村与城市的老年人社会福利制度有很大区别。农村的老年人社会福利工作主要是在农村实行"五保供养"制度，就是由国家和集体对农村基本无劳动能力、无生活来源的老年人以及残疾人和孤儿，实行保吃、保穿、保住、保医、保葬（孤儿保教）的供养。我国农村的"五保供养"制度始于1956年的合作化时期，这一制度对保证我国农村社会的稳定，提供社会化养老发挥了积极作用。"五保供养"制度有两种方式：一是集中在敬老院供养老年人，住在敬老院的老年人的经济来源是由其所在的村集体组织提供粮食和资金，由乡镇企业收入、乡村提留和地方财政给予一定的补贴；另一种方式是对老年人实行分散供养，即由村级基层组织给予照顾。

二、残疾人福利

残疾人福利是政府和社会以资金、设施和服务等形式为残疾人提供的生产和生活福利，其目的是使残疾人享有与正常人同样的工作和生活条件。残疾人福利在内容上主要包括为残疾人举办特殊职业培训、开办残疾人福利工厂、举办残疾人教育以及为残疾人提供医疗康复福利等。残疾人福利是国家和社会在保障残疾人基本物质生活需要的基础上，为残疾人在生活、工作、教育、医疗和康复等方面提供的设施、条件和服务，是社会福利的一个重要项目。

1.残疾人的定义

残疾人是指身体、智力或者精神状况违反常规或偏离正常状态（相对于相同年龄的正常健康状况而言），并非暂时的功能减退，而使其参与社会的能力受到影响的人。1990年12月28日全国人大常委会通过的《中华人民共和国残疾人保障法》第二条规定：残疾人是指在心理、生理、人体结构上某种组织、功能丧失或者不正常，全部或者部分丧失以正常方式从事某种活动能力的人。

关于"残疾人"一词的定义较多。国际公约《残疾人职业康复和就业公约》第159号中这样定义："残疾人是指因经正式承认的身体或精神损伤在适当职业的获得、保持和提升方面的前景大受影响的个人。"在《残疾人权利宣言》中指出："残疾人是指任何由于先天性或非先天性的身心缺陷而不能保证自己可以取得正常的个人生活和社会生活上一切或部分必需品的人。"在《关于残疾人的世界行动纲领》中的定义为："残疾人并不是一个单一性质的群体，包括精神病者，智力迟钝者，视觉、听觉和言语方面受损者，行动能力受限者和'内科残疾'者等。"

为了比较确切地判定什么样的人是残疾人，世界各国都根据本国的实际情况制定了"残疾人评定标准"，由于各国的标准有区别，因此各国的残疾发病率报告有很大的区别。我国在1987年公布了《中国残疾人评定标准》，该标准于1996年修改后，又以《中国实用残疾人评定标准》公布实施，对包括视力残疾、听力残疾、言语残疾、肢体残疾、智力残疾、精神残疾、多重残疾和其他残疾人在内的各类残疾人的分级和标准做出了具体规定。

2.残疾人福利的主要内容

（1）残疾人的就业

残疾人就业是指达到法定劳动年龄、具有劳动要求和一定劳动能力的残疾人获得劳动岗位并取得合法收入。残疾人就业是一个世界性的社会问题，目前还没有哪个国家能从根本上解决。一些国家采取了一些措施，使部分残疾人获得了就业机会。例如，日本规定各个企业应吸收3%的残疾人就业；在英国的企业中残疾工人的比例为4%；美国的残疾人就业率为15%；瑞典设立社会企业基金会，负责安排劳动市场排斥的残疾人就业，其就业率达到50%。我国由于残疾人数量大，解决就业的残疾人大约只占总数的30%，在大、中城市中有一定劳动能力的残疾人则有70%以上就业，部分城市已达到95%以上。

从目前国外解决残疾人劳动就业的情况看，大体可分为以下几类：

第一类是以日本、美国、英国等国家为代表，通过国家立法的形式，保证政府机关和企事业单位中有一定比例的残疾人就业。

第二类是以波兰、苏联等国家为代表，通过国家投资兴办残疾人工厂的形式，解决残疾人的就业问题，并且通过立法在税收、信贷、物资、产业等方面对这些工厂给予一定的照顾。

第三类是以瑞典、芬兰等一些北欧高福利国家为代表，其虽然也通过社会企业基金会等机构安排了部分残疾人就业，但更多的是采取发放残疾金的形式，由政府将残疾人养起来。

我国残疾人就业采取集中就业和分散就业相结合的方式：集中就业主要是在福利企业、公疗机构和盲人按摩、医疗等单位集中安排残疾人就业；分散就业主要是安排残疾人在机关、团体、企事业单位就业，残疾人个体从业或者自谋职业。

目前，各地规定按职工数的1.5%~2%的比例安排残疾人就业，按比例就业已经成为残疾人就业的主要渠道。

（2）残疾人的教育

残疾人的教育福利是国家提供给患有残疾的儿童、青年和成年人享有平等的教育机会，使残疾人教育成为教育系统的一个组成部分。

普通教育机构对具有接受普通教育能力的残疾人，不得拒绝其入学。残疾幼儿教育机构、普通幼儿教育机构附设的残疾儿童班、特殊教育学校的学前班、残疾儿童福利机构、残疾儿童家庭，对残疾儿童要实施学前教育；初级中等以上特殊教育学校和普通学校附设的特殊教育班，对不具有接受普通教育能力的残疾儿童、少年实施义务教育；高级中等以上特殊学校、普通学校附设的特殊教育班和残疾人职业技术教育机构，对符合条件的残疾人实施高级中等以上文化教育、职业技术教育。政府有关部门、残疾人所在单位和社会对残疾人开展扫除文盲、职业培训和其他成人教育，鼓励残疾人自学成才。

对盲、聋、哑等残疾人及问题儿童实施的教育是一种特殊教育。特殊教育是国家教育事业的组成部分，具有普通国民教育的共性，其目的和任务都是要让受教育者在德、智、体等方面全面发展，掌握生活和职业劳动技能，以及一定的文化、科学知识。残疾人教育是残疾人劳动就业的前提，也关系到其参与社会的能力，甚至是生存的能力，并为残疾人由社会的负担变为社会财富的创造者提供了条件。

（3）残疾人的康复

残疾人康复福利是由国家和社会采取措施，帮助残疾人恢复或者补偿功能，增强其参与社会活动的能力。

康复也称健康重建，是指人们因疾病或某些事故致残后，通过自身的努力和外力的辅助，使其在精神上、身体上以至劳动能力上得到最大限度的恢复。康复的宗旨，是最大限度地使残疾人身体的受损功能得到部分恢复；或锻炼相应的组织、器官，使之起代偿作用；用矫形手术装配假肢、矫形器等各种方法，使残疾者能充分参与社会生活和生产劳动，同健全人一样平等分享社会和经济发展的成果。康复工作是一项综合性工作，涉及面广，包括了心理康复、体疗、假肢与矫形器的装配、职业康复、精神病的治疗康复等。

3.中国残疾人福利事业存在的问题及改革方向

（1）中国残疾人福利事业存在的问题

中华人民共和国成立以后，我国残疾人福利事业得到了发展，内容逐渐丰富，形式日趋多样，但是随着社会文明程度和残疾人自身觉悟的提高，他们的需求层次也由单一的温饱需求向多层次的发展需求转变，希望像健全人一样实现自身的价值，是他们更高层次的生存需求。我国现行的残疾人社会福利基本格局仍然存在内容不系统、城乡分离、对象不全面的缺陷。目前所存在的种种现实问题，直接束缚着我国残疾人福利的生存与发展。

根据第六次全国人口普查我国总人口数及第二次全国残疾人抽样调查我国残疾人占全国总人口的比例和各类残疾人占残疾人总人数的比例，推算我国现有残疾人约8 500万。其中，重度残疾约2 518万人，中度和轻度残疾约5 984万人。2017年，困难残疾人生活补贴人数1 019.2万人，重度残疾人护理补贴人数1 053.7万人。其群体巨大，困难特殊，弱势明显，素质偏低，加之社会环境因素影响、国家财力物力制约以及其他客观因素等，使得我国残疾人的基本需求和基本生活状况仍然与我国社会经济发展水平、健全人生活水平存在较大差距。目前，我国残疾人福利事业存在的问题主要有以下几个方面：

第一，政府立法滞后，执法乏力。我国还没有真正建立起完备的社会保障体系，立法工作滞后，有些社会保障问题还缺乏明确的法律条文。虽然我国在许多方面先后制定、颁布了有关的政策性行政条例，但执行这些行政条例却缺乏力度，"有法不依，执法不严"的现象普遍。

第二，社会环境状况欠佳，歧视现象仍然存在。受传统观念影响，社会上对残疾人的偏见、歧视现象仍普遍存在；一些部门的领导、工作人员乃至个别残疾人工作者不重视、不关心残疾人事业和残联工作，使得我国残疾人社会保障工作更加滞后于其他社会保障工作。

第三，社保资金投入偏少，筹资渠道不畅。搞好社会保障，必须投入大量资金。目前残疾人社保资金的筹集渠道不甚畅通，融资困难，适应不了残疾人社会保障事业对资金的需求。

（2）中国残疾人社会福利事业的改革方向

社会保障与广大人民群众的切身利益息息相关，老有所养、病有所医、生有所补、弱有所助、安居乐业是人民群众的基本要求。随着我国社会保障体系的建立和完善，残疾人的社会保障问题应列上议事日程并认真研究，通过立法、立项拿出办法，走出一条有中国特色的残疾人社会保障路子，让全体残疾人与健全人一样，享有社会保障权利和义务。

我国残疾人福利事业改革应该以劳动福利型为主体模式，以单纯福利型为辅助模式。劳动福利型模式是指国家和社会在保证残疾人基本生活需要的同时，使其有机会行使劳动的权利，能够从事力所能及的社会劳动，而不是单纯地接受国家救济。这种模式把保证残疾人劳动就业放在第一位，适合我国国情，具有强烈的中国特色，它将社会公平和经济效率统一起来，尊重残疾人的劳动权利，兼顾了残疾人的利益和社会整体利益，同时还兼顾了残疾人的现实利益和长远利益，具有广阔的发展前景。单纯福利型模式是指对残疾人中已经丧失劳动能力和尚无劳动能力的未成年人按照规定给予供养救济。在残疾人中有部分完全丧失了劳动能力，还有部分是未成年的残疾人。根据有关抽样调查表明，在我国15岁以上的残疾人中有30%的人丧失了劳动能力，还有15.83%的1~14岁的尚无劳动能力的未成年人，对于这部分残疾人国家和社会可以通过举办福利院、残疾人村、残疾儿童村等形式给予供养和救济。我国残疾人社会福利事业的改革必须做到以下几点：

第一，坚持以政府为主导。推动残疾人社会福利事业的改革与发展，是各级政府的应尽职责，政府应当主动发挥自身的主导作用，促进残疾人社会福利事业改革的顺利进行。随着我国社会经济的发展，政府提供公共服务的职能越来越重要，政府的责任进一步强化。我国残疾人社会福利事业的改革是关系到人民生活与社会公平的大事，政府应该积极承担责任，加大资金投入和政策扶持力度，促进中国残疾人社会福利事业的改革，这也是衡量政府是否履行职责、社会是否文明进步的重要尺度。坚持政府主导，充分发挥政府在制定政策、出台规划、资金投入等方面的职能，是推动残疾人福利事业改革的基础，也是充分发动社会力量参与残疾人社会福利事业改革的前提和保证。

第二，加强立法，实现保障制度规范化。社会保障体系是政府通过立法建立的，将各级保障制度上升为法律是保障制度规范化的最终结果和最高标准，因此，立法是社会保障制度实现规范化的根本保证。我国制定出台了《中华人民共和国残疾人保障法》，各地也出台了实施细则，要加大社会保障执法的力度，各级人大、政协以及保障部门要加强保障执法的检查监督，坚决制止"有法不依，执法不严"的行为，切实将社会保障纳入法制化、规范化的轨道。

第三，加大资金投入、广开筹资渠道。资金是社会保障运行的物质基础，是完善社会保障体系的关键所在。由于我国幅员辽阔，人口众多，保障对象多，残疾人多，又处于经济发展阶段，属发展中国家，财力困难，因此单靠政府资金投入开展社会保障是难以为继的。为此，一方面政府必须加大社会保障资金的财政投入，积极调整财政结构，尤其是残疾人保障资金的投入，切实改变目前存在的政府财政投入少、甚至不投入，个别的地方政府挪用、挤占残疾人保障基金、专项经费的违纪违法行为；另一方面要把有限的社保经费百分之百用于社保，使之惠及残疾人。同时，国家也应积极开辟资金的来源渠道，认真做好扩大社保覆盖面和基金征缴工作，做到应收尽收。为了弥补社会保障资金的不足，目前我国实行了变现国有资产、发行社会保障债券和福利彩票、开征新税种等方法，力争筹措更多的资金，而目前实行的收缴残疾人就业保障金的政策应大力推行，以扩大覆盖面，加大征收力度，尽快实现100%到位。各级政府、各级残联组织还应加大残疾人基金的征集，向社会、海内外筹集更多基金，用于残疾人保障事业。

第四，做好残疾人安置就业，开展好培训工作。就业是最好的社会保障，促进残疾人就业是各级政府、各级残联组织的重要职责和任务，要帮助残疾人尽快找到就业岗位。各级政府、各级残联组织要继续实行集中与分散相结合，多渠道、多层次、多种形式发展残疾人就业的方针，依法全面推行按比例就业，鼓励残疾人自谋职业，制定有效措施，促进社会福利企业发展，吸纳更多的残疾人就业。社区就业是今后一段时间新的就业增长点，要以社区为依托，开发社区就业岗位，鼓励、动员残疾人在社区实现就业。加强职业培训，给残疾人一定的技能，使他们掌握一技之长，是残疾人就业之本，立足之源，所以要大力开展残疾人职业技能培训，多形式、多渠道、多层次举办培训班，提高培训质量和档次，让更多残疾人有一技之长，走上就业岗位。

第五，做好管理服务工作。开展残疾人社会保障工作，面临着人数众多、情况复杂、覆盖面广、涉及面多、工作量大等诸多困难。首先各级政府、各级残联组织必须深入调查研究，摸清底数，把残疾人保障的范围对象弄清楚，逐一登记造册，切实实现"应保尽保"，不缺漏一个人。开展残疾人社会保障是一项系统工程，需要各部门、各单位通力协作，各级残联要做好牵头、牵线工作，做好各项管理服务，真正让残疾人享受到社会保障的温暖。

三、妇女儿童福利

妇女儿童福利是妇女劳动者福利和未成年人福利的合称，是国家和社会为保障妇女、未成年人的特殊需要和特殊利益而提供的照顾和福利服务，是社会福利项目之一。妇女儿童福利项目是根据妇女、未成年人的生理、心理特点以及可能受到的歧视和侵害而设立的，对于保障和满足妇女、未成年人的特殊利益需要，具有重要的意义和作用。

1.妇女劳动者福利

妇女劳动者福利是政府和社会为妇女提供的就业、生育和健康保健福利等。妇女在生理、心理上有与男子相区别的特点，需加以特殊的照顾和保护。

妇女劳动者福利的主要内容包括以下方面：

一是以生育津贴为主的特殊津贴与照顾。国际劳工会议年会通过的"生育保护公约"（第3号）的宗旨就是，保护妇女劳动者在产前产后的全部假期内，使产妇本人及其婴儿得到支持和照顾。许多国家的劳工立法，规定雇主支付产假工资，如果对妇女没有这种足够的保护，便由社会保障机构提供。绝大多数国家给予妇女的特殊福利津贴，重点是围绕生育而提供。除了生育津贴外，有些国家还提供其他项目的福利津贴。

二是妇女劳保福利。女职工劳动保护是保障妇女合法权益，照顾妇女身心特殊需要的重要方面，是为了保护社会生产力，保护妇女及下一代身体健康所采取的必要措施。目前，我国规定在劳动过程中保护妇女的安全健康的特殊保护措施主要有7个方面：

第一，禁止妇女从事井下采掘、支柱等笨重体力劳动和接触特别有害妇女生理机能的有毒有害物质的工作。

第二，已经从事笨重劳动和有害健康工作的妇女，享受提前退休的照顾。

第三，对已经从事笨重劳动和经常攀高、弯腰等工作的孕妇，应调换后做适宜的工作。

第四，对于从事长久站立、蹲坐、行走等工作的怀孕7个月和哺乳未满12个月婴儿的妇女，给予工间休息，不上夜班；禁止怀孕和哺乳未满12个月婴儿的女职工加班加点。

第五，生育时，享受有薪产假待遇，各项工资、福利不变。

第六，哺乳未满12个月婴儿的女职工，每日在工作时间内可哺乳两次，每次半小时，哺乳时间算作工作时间。

第七，实行"四期"保护，在月经、怀孕、生育、哺乳期内，给予特别保护。

三是为妇女提供福利设施和福利服务。福利设施和服务涉及妇女生活、保健等多个方面，如妇幼保健院、妇产医院、妇女活动中心、咨询服务中心、健美中心、妇女用品专门店等。

2.未成年人福利

未成年人福利是由政府和社会为各年龄层次的未成年人在就业前提供的福利，包括教育福利、健康福利和生活福利。

未成年人是指未满18周岁的公民。未成年人是社会的弱者，他们对自身的保护能力和对社会的适应能力还未形成，具有心理、生理上的依赖性，需要家庭和社会的关心、帮助和教化。发展未成年人福利事业是国家义不容辞的责任。未成年人福利的目的主要在于保护未成年人的身心健康，保障未成年人的合法权益，促进未成年人的健康发展。

《中华人民共和国宪法》规定，儿童受国家保护；父母有抚养教育未成年子女的义务；禁止虐待儿童。《中华人民共和国婚姻法》规定，父母有管教和保护未成年子女的权利和义务；禁止溺婴和其他残害儿童的行为；非婚生子女、养子女和受继父、继母抚养的子女，享有与婚生子女同等的权利。在《中华人民共和国刑法》中，我国政府对各种侵害儿童合法权益的违法犯罪行为依法予以制裁。在《中华人民共和国义务教育法》中，对儿童享受国家义务教育的权利和禁止使用童工作了一系列规定。未成年人福利的内容主要包括以下方面：

（1）未成年人的医疗保健设施和服务

卫生部门对儿童实行预防接种制度，积极防治儿童常见病、多发病，加强对传染病防治工作的监督管理和对托儿所、幼儿园卫生保健的业务指导。另外，学校和卫生部门也应该为未成年人提供必要的卫生保健条件，做好预防疾病工作。

国家还兴办专为儿童医疗保健的儿童医院，或者在全科医院中设立儿科；开展儿童保健工作，定期进行儿童健康检查；预防接种；防治常见病、多发病，使儿童健康成长。

（2）儿童的活动场所和条件

国家、社会建立并普及托儿所、幼儿园，为婴幼儿提供良好的活动、生活条件和保育服务；建立儿童活动中心、少年之家、少年宫、少年活动站以及儿童公园、儿童乐园等儿童活动、学习场所。

（3）普及义务教育，保障每一位学龄儿童有受到教育的机会

中国实行九年制义务教育。凡年满6周岁的儿童均应就近接受义务教育，条件不具备的农村地区，可以延迟到7周岁上学。国家对接受义务教育的学生免收学费，实施义务教育的学校可以收取杂费，对家庭经济困难的学生应酌情减免杂费。

（4）未成年人的日常生活保障

未成年人的生命、健康权是应该受到保护的。父母或者其他监护人应当履行对未成年人的监护和抚养义务，不得虐待、遗弃未成年人；不得歧视女性未成年人或者有残疾的未成年人；禁止溺婴、弃婴。孤儿、弃儿和伤残儿童由国家养育。这部分未成年人的日常生活保障主要通过家庭领养、代养、收养的方式以及兴办儿童福利机构集中养育。儿童福利院是指我国民政部门在城市开办的以孤儿为主要收养对象的社会福利事业单位，其主要任务是收养城市中的无家可归、无生活来源、无法定义务抚养人的孤儿以及收养家庭无力看管的残疾儿童。

四、军人福利

军人福利是指为了提高军人的生活水平而给予军人基本工资以外的各种补贴津贴、免费或减费的消费品或服务。其中，补贴津贴是对军人特殊劳动和特殊生活条件给予的补偿，津贴与军人劳动的绩效、劳苦、责任等直接相关，补贴则与军人生活条件、困难直接相关。免费或减费的消费品或服务，主要包括带薪休假、医疗住房优惠、交通优惠、家属随军生活补贴等内容。基本工资是所有军人获得的并体现自身劳动禀赋和贡献差异的收入项目，而津贴和补贴等大多是对特定军人的特殊情况，以及从事特殊工作和获取特殊成绩所给予的一种特殊报酬或补助。完善军人福

利制度，是保障军人权益的重要内容，对于保障军队和国防建设的稳定发展具有重要意义。

中国军人福利事业不断发展，相关法律法规与福利制度逐渐建立起来。尤其本世纪以来，出台了一系列军人福利方面的规章制度。2001年1月，政府制定了《军队转业干部安置暂行办法》（中发〔2001〕3号）。2011年7月，出台了新的《军人抚恤优待条例》；同年10月30日，又实施了《退役士兵安置条例》。为规范军人保险关系，维护军人合法权益，促进国防和军队建设，2012年4月颁布了《中华人民共和国军人保险法》。2013年7月，民政部修订了《伤残抚恤管理办法》，进一步规范和加强了军人的伤残抚恤工作。2015年3月，经中央军委主席习近平批准，总参谋部、总政治部、总后勤部印发了《关于规范完善军队人员有关福利待遇的若干规定》，主要对现行福利待遇制度之外，政策规定不明确、不易把握的相关待遇问题予以明确，明确了官兵应当享受的合理福利待遇及标准。2018年成立了中华人民共和国退役军人事务部，专管退役军人相关事务，制定实施了许多保障军人权益、提高军人福利的规章制度，进一步完善了军人福利制度体系。

一直以来，关于军人福利的法律规章与制度体系在不断健全、完善，与此同时，有关军人福利的待遇标准也在不断提高。根据2018年退役军人事务部、财政部发布的《关于调整部分优抚对象等人员抚恤和生活补助标准的通知》，从2018年8月1日起，伤残人员（残疾军人、伤残人民警察、伤残国家机关工作人员、伤残民兵民工）残疾抚恤金标准、"三属"（烈士遗属、因公牺牲军人遗属、病故军人遗属）定期抚恤金标准、"三红"（在乡退伍红军老战士、在乡西路军红军老战士、红军失散人员）生活补助标准进一步提高，在乡老复员军人生活补助标准在原来基础上每人每年提高1 200元。提高后，一级因战、因公、因病残疾军人抚恤金标准分别为每人每年80 140元、77 610元、75 060元。烈属、因公牺牲军人遗属、病故军人遗属定期抚恤金标准分别提高到每人每年25 440元、21 850元和20 550元。

十九大报告提出，要维护军人军属合法权益，让军人成为全社会尊崇的职业。军人福利是军人社会保障的重要组成部分，是保障军人军属生活、维护军人军属合法权益的重要方面，对于维护军人合法权益，促进国防和军队建设具有非常重要的意义，未来应该继续完善军人福利制度，健全军人福利体系，提高军人福利待遇标准，大力发展军人福利事业。

军人福利由军人个人福利和军人集体福利两部分组成。通常所说的军人福利主要指军人个人的福利，是国家发给军人及家属的补助性费用，主要包括个人的救济费、各种福利补助、军人夫妻两地分居补助费、无工作随军家属的困难补助、军人职业津贴以及经特殊批准的专项福利开支等。以下列举了军人福利的几个方面：

1.救济费

救济费是按人头和标准计领的福利费，主要用于广大干部、战士、在编职工家庭生活困难的补助和救济，也可用于军队献血者或对伤病员出院后的保健补助。救济费专款专用，不准挪用。对生活困难的救济，一般应经本人申请或党小组提名，经群众评议，党支部委员会审核通过后，报团或相当团一级的政治机关审批，不准个人决定。开支数量过大的，应报党委审批。救济费使用的原则是困难多的多补助，困难少的少补助，经常有困难的经常补助，临时有困难的临时补助。

2.夫妻两地分居补助费

夫妻两地分居补助费是为鼓励军队干部家属尽量不随军，总政治部、总后勤部决定从1986年1月起对符合家属随军条件而家属不随军的现役干部给予优待，建立了夫妻两地分居补助费的制度。发放条件：一是对符合随军条件，妻子是农业户口，或虽系城镇户口但无固定工资收入的团职以下干部；二是对妻子在地方有正式工作，比照随军条件可调到部队驻地安置而不来部队驻地安置的团职以下干部；三是对家属随军或比照随军条件妻子调到部队驻地安置工作后，干部调往边防、海岛和高原艰苦地区，其家属随迁到上述地区安置有困难的干部。夫妻两地分居补助费按标准每月随工资发放。夫妻双方都是军人或丈夫是非军人的，不得享受夫妻两地分居补助费。

3.儿童教育机关补助费

儿童教育机关补助费是为解决军队各单位举办的幼儿园、子女学校除向家长收费外经费不足问题的补助费用。儿童教育机关补助费分两个部分：一部分是用于编制内的幼儿园、子女学校实有教职工、临时工以及待安置的人员的工资、补贴性质的费用，这是属于用于个人的经费部分；另一部分是用于购置教学器具、玩具、办公用品、图书、文体器材、生活用具和培训教师所需费用以及探亲路费、差旅费等，属于公用经费部分。

4.子女保育教育补助费

子女保育教育补助费是为解决军队干部子女因特殊情况不能入本部队幼儿园的问题而于1990年8月建立的。子女保育教育补助费发给军官、文职干部、在编职工的未能入幼儿园或未随军的6周岁以下子女。但对违反计划生育而超生的子女不发。

5.离休干部荣誉金

离休干部荣誉金是根据第七届全国人民代表大会常务委员会第二次会议批准的中央军委关于授予军队离休干部功勋荣誉章的规定，于1988年7月建立。凡荣获一级红星功勋荣誉章、二级红星功勋荣誉章、独立功勋荣誉章以及胜利功勋荣誉章的，每月按不同标准发给荣誉金，随离休干部的工资发放。

6.军队离休干部交通费

军队离休干部交通费是根据国务院、中央军委关于军队干部离职休养可按规定的标准发给交通补助费的规定，于1983年1月建立。在此之前，曾在个别军区进行了试点。离休干部交通费按配有专车而不配专车的干部、军职干部、师职以下干部设置了3个发放标准，每月随工资发给个人。离休干部领取交通费后，除开会、听报告、外出作传统教育报告、上级组织谈话，以及抢救危重病人用车免予收费外，其他用车一律收费。离休干部病故后半年之内，其配偶可继续享受交通费待遇；半年之后，停发交通费。

7.防暑降温费

防暑降温费是根据国务院有关部门的通知精神于1993年起建立的。享受防暑降温费地区范围，根据气候条件将部队驻地划分为5个区域，最低每年2个月，最高每年10个月不等。防暑降温费标准按军官和文职干部、士官区分，每月随工资发放。防暑降温费列"福利费"科目报销。

8.军人职业津贴

军人职业津贴是为了增强军人献身国防事业的光荣感和责任感，提高军人的社会地位，从1993年10月起，参照国家机关工作人员实行奖金制度的原则，结合军队实际建立的。军官和文职干部的职业津贴按职务和专业技术等级区分，士官的职业津贴按军衔等级区分发给。离退休干部也同时享受军人职业津贴。

9.干部公勤费

干部公勤费具有补助性质。在职的副军职以上干部和全体离休干部均可以享受公勤费的待遇。公勤费标准分为全费月标准、半费月标准和1/4月标准3种。凡按中央军委颁布的领导干部公勤人员编配专用公勤人员的，无论雇请与否，均发全费；两人编配1名公勤人员发半费；离休的师职以下干部按1/4计发。公勤费由财务部门按月随工资发给干部本人。

五、中国社会福利的评价及展望

1.中国社会福利制度的特点

现行社会福利制度是中国自20世纪50年代开始建立，并逐渐被巩固下来的一种福利制度，在中国持续了数十年，迄今为止仍在某种程度上被延续着。其具有如下特点：

（1）混合模式

国民福利在国家计划的控制下，被分割为财政价格补贴、民政福利和企业或单位办福利三大板块，三者之间既缺乏协调性，又缺乏稳定性；企业或单位主办福利事务，又缺少西方国家同类组织那样的自主性，完全听命于政府，真正独立运作的社会公共福利团体几近空白。中国的传统福利模式既非国外流行的社会化福利，也非西方发达国家福利多元主义模式，而是一种奇特的混合模式，为世界上所独有。

（2）典型的城镇福利制度

受传统福利制度的出发点与实施项目及范围所局限，普遍化的社会福利仅仅表现为面向城镇居民的高福利，农村居民仅有少数无依无靠的"五保"对象被集中供养。在福利项目支出方面，占全国人口约20%左右的城镇居民占有全国财政性福利支出95%以上的份额；而占全国人口75%以上的乡村居民的财政性福利支出不足全国福利性支出的5%。可见，尽管传统福利的水平并不太高，但就其项目与保障内容而言，对城镇居民确实既全面又慷慨，而对农村居民的福利保障则显得严重不足。

（3）典型的就业关联福利制度

现行社会福利制度是围绕着城镇就业劳动者设计的，且以企业或单位为本位实施。在这种模式下，城镇就业人口通过单位既可以获得工资收入，又可以获得诸如住房、教育、生活福利及享受集体福利设施等福利待遇，而缺乏就业人口的家庭或孤老残幼则只能享受最低的福利待遇。这种格局显然与工业化国家的社会福利实践截然不同。不过，由于计划经济体制能够保证企业或单位长生不死和城镇适龄劳动人口普遍就业，95%以上的城镇居民便通常能够享受到各种与就业关联的福利。

2.中国社会福利制度存在的问题

现行社会福利制度成为改革的对象，既是经济体制改革使其丧失了存在基础的结果，同时也是这种模式存在着制度性缺陷而又无法自我克服的结果。

目前我国的社会福利制度还存在一些值得研究的问题：

第一，资金投入不足，福利方面供需矛盾十分突出。社会福利属于长期供给项目，但在传统福利制度下，政府每年用于福利方面的开支极少，虽然理论上一个政府不可能承担起超出国家经济实力的责任，但我国民政支出费仅占国家财政支出的1.5%左右，分到社会福利事业的经费更少之又少。而且，在政府拨给社会福利单位的经费中，绝大部分都用于福利单位自身的日常开支，投入发展的只有10%~15%。此外，社会筹资渠道迄今仍未真正开辟。上述情况导致福利资金严重短缺，福利供需矛盾十分突出。

第二，国家、集体包办社会福利事业，社会动员不足且行业组织缺失，由此造成效率低下。政府职责的增强不等于事事都要由政府承办。对于我国这样一个人口众多的发展中国家，由于各地的经济和社会发展水平不平衡，政府的财力相对有限，要办好福利事业，必须坚持"有所为，有所不为"的原则。我国社会福利事业在计划经济时期形成的国家、集体包办，民政部门"直属、直办、直管"的办法还没有完全改变，过分注重政府福利的资源，对各种社会福利资源的广泛动员和综合利用不够。现行社会福利制度强调政府办福利的作用，因此缺乏行业组织的生存空间，但是随着福利社会化改革的推进，随着社区服务的发展，社会办的福利机构将大大增加。社会办的福利服务机构与政府部门没有直接联系，它们有独立自主权，因此有更多的事务需要自行处理，包括人员的培训、职业守则与行业守则的制定、业务协调等，这些事务由单个机构来做时效率低下，只能由行业组织来完成。再者，由于行业组织的空缺，使政府与游离于组织体系之外的服务机构缺少联结点。现有福利机构不能突破以街道、乡镇为边界的地域限制而联结在一起，很大程度上就是由于缺乏行业组织。

第三，立法建设不足，影响社会福利进程。我国虽然在社会福利的法制建设上做了不少工作，但法规建设还很不完善，比如在反弃婴问题上，没有行之有效的法规，使弃婴问题在多年内都无法得到有效的控制和解决。法规是现代法治国家的基石，对于人们的社会生活、经济生活以及政治生活来说都十分重要，要用法制的手段保证社会福利事业与国民经济以及其他社会事业的协调发展。建立健全社会福利制度，关键是要加强法制建设，强化法制手段。政府的责任、社会的责任和个人的责任，都应通过立法来明确和规范。对社会福利事业的优惠扶持政策，也要适时提升为法律的规定，明确规定社会福利在各地财政支出或者是财政投入中所占的比例，从制度设计层面上，促进并保证社会福利事业的持续发展。

第四，工资分配与福利分配界限模糊。传统福利制度以职业福利为主体，企业或单位须依据国家政策对职工及其家庭的福利负全部责任，不可避免地要花费大量的人力、物力、财力来举办各种福利事业，生产经营不但受到严重影响，而且只能选择低工资与多福利的混合分配方式；政府则因需要对企业的生死直接负责，也不得不强势干预企业的生产经营。在这种条件下，低工资构成了多福利的前提，而多福利自然成为低工资的必要补充。

第五，制度构建未适应我国老龄化发展趋势。我国现已进入老龄化社会，人口老龄化的速度快于全国总人口增长的速度，呈现老年人口基数大、增长速度快、未富先老的特点。我国社会福利制度并未顺应当前人口老龄化的趋势，一方面，随着人民生活水平提高，老年人要求多元化、多层次的社会福利，不仅要求保障物质需要，还要解决好社会照料和医疗护理问题。可当前我国针对老年人的社会福利有限，现有的福利制度以保障"三无"老人基本生活需要为主，养老机构缺乏，医疗机构床位紧张、服务不到位，老年人长期护理制度不健全等问题也日益突出；另一方面，我国"421"的家庭结构导致"空巢老人"增多，人口老龄化将导致抚养人群赡养老年人的负担加重。农村居民养老保险制度的财政投入逐年增长，但是保障水平仍然较低，加重了劳动人口的负担。当前我国传统的家庭养老模式弱化，但老年福利机构服务功能单一，多形式的社区养老福利数量较少，政府对老年人福利投入资金有限。因此，构建与老龄化趋势相适应的社会福利制度刻不容缓。

3.中国社会福利制度的改革

几十年来的中国福利制度改革，客观上已经发生了深刻的变化，迄今取得的成就包括：第一，观念上的突破，即由政府或企业包办福利的传统已被打破，社会福利社会办的观念正在得以确立；第二，福利结构的变化，如职业福利的地位在持续下降并正在恢复其为企业发展战略服务的本来面目，社区服务则日益引起重视并获得了一定程度的发展等；第三，福利制度运行的变化，如政府办的福利院开始向一般民众开放，企业办的职业福利项目亦在经由承包后走出原有的封闭格局，为社会福利社会化打下了初步基础；第四，住房福利与教育福利改革取得了较大的成绩，如住房福利由过去的国家或单位包办走向福利分配、房租补贴、公积金及住宅私有化等多种形式，教育也在走向分化，即义务教育的福利性得到了维护，高等教育及其他教育的福利色彩则在持续淡化；第五，民间力量开始介入福利领域，如私人养老院等的出现，即是社会福利走向社会办的重要标志。所有这些，均为新型福利制度的确立奠定了一定的基础。

从中国市场经济条件下的国民需求出发，中国社会福利制度的未来发展，适宜的取向将是以不断改善和提高国民的生活质量为追求目标，走福利社会化、多元化的发展道路。

（1）中国社会福利制度发展方向

第一，调整社会福利结构，建立完整、功能全面的服务体系。社区服务是中国新型福利制度的稳定基石，社会化福利则是新型福利制度的主体，而企业或单位自主兴办的职业福利构成了整个社会福利制度的有益补充。

第二，社会福利制度在发展中要与社会救助、社会保险等区别开来，实现社会福利的开放与社会化。我国应实现社会福利项目及实施对全体居民开放，并采取社会化手段来经营福利事业。

第三，在发展中国社会福利事业的过程中，推进社会福利的多元化，坚持家庭保障与社会福利相结合，推进政府与民间的合作，让政府、社会、社区、企业或用人单位分别成为不同社会福利事业的责任主体。

（2）发展新型社会福利制度所遵循的原则

第一，要坚持福利项目设置的基本原则。福利项目设置的基本原则如下：一是满足居民福利需求原则，即根据城乡居民的普遍需求来设置福利项目。二是与社会经济发展水平相适应原则，即根据现实国力来设置福利项目。三是适度引入市场机制原则。尽管社会福利的特殊性质决定了它不可能完全走市场化道路，但在市场经济条件下，将市场机制适度引入福利领域却很有必要。根据这一原则，凡是能够由市场提供的福利均应尽可能地由市场提供，非营利机构发展福利事业应当得到政府鼓励以及明确的政策引导。

第二，要遵循社会福利的发展规律。社会福利的发展规律如下：一是服务社会化规律，即社会福利必须通过广泛的社会公共组织网络来具体实施，服务越社会化，社会福利事业就越能够得到全面发展。二是对象群体化规律。不同的社会群体存在着不同的社会福利需求，如老年人、妇女、儿童、残疾人等均对社会性的福利有着自己独特的需求，为此，社会福利应当遵循这一规律，根据不同群体来制定相应的福利政策、建立必要的福利设施、提供专门的服务等。三是发展协调化规律，即追求福利项目结构、水平及项目之间地位的协调发展等。

第三，坚持并完善中国特色的原则。中国社会福利的特色应主要包括物质保障与服务保障相结合、国家救援与群众互助相结合、救助生活与发展生产相结合、发展社会福利与巩固家庭保障相结合、社会福利制度化建设与非制度化建设相结合等。

（3）新型社会福利制度的目标

在沿着上述发展道路推进传统福利改革进程中，国家应以改造政府福利、分化职业福利和完善福利制度作为新型社会福利制度的目标。

第一，改造政府福利。一方面，对政府举办的现有福利项目进行改造，使之与新型福利项目接轨。例如，保留残疾人福利项目；以原有的社会收养和相关福利待遇为基础设置老年人福利、儿童福利、妇女福利等项目；将财政性补贴转化为社会津贴项目；将教育福利、住房福利纳入统一的社会福利体系等，以促使福利体系的转型。另一方面，打破封闭，将政府举办的各种福利设施向全社会开放，使之真正成为社会性的福利，以适应社会成员对福利的普遍性需求。例如，政府举办的福利院或养老院以往只面向孤寡老人，从发展的角度出发，则应当作为老年人福利的一个组成部分面向需要进入养老院养老的所有老年人。通过类似改造，政府举办的现有福利项目在发展壮大过程中即会逐渐转化为社会化的社会福利。

第二，分化职业福利。按照市场经济的要求和社会福利与职业福利的职能差异来分化传统的职业福利，使具有社会职能的一部分传统职业福利通过从企业或单位中剥离而复原为社会化福利，而让另一部分符合企业或单位发展战略的职业福利真正成为企业或单位内部激励机制的有机组成部分。遵从市场经济的一般规律，将劳动者与企业或用人单位的关系简化为较为单纯的劳动工资关系，由社会公益事业团体具体承办，使之成为社会化或社区型的福利设施和福利项目。实现通过劳动力市场合理配置劳动力资源。

第三，完善整个福利制度。其中包括健全社会福利法制体系、重整福利资源、健全福利体系、完善运行机制等。例如，颁行《社会福利法》等法规；将财政性补贴逐步转变为面向城乡居民家庭的社会津贴；将教育福利重新界定并分类，强化义务教育，进一步淡化高考教育与职业培训教育的福利色彩；逐步形成住房公积金、公房贴租及住房补贴等多重结构的福利制度；大力促进社区服务的发展。

由于当今的中国社会正处于一个特殊的社会经济综合转型时期，国家对民政福利的改造、企业或用人单位福利事务的剥离和对相关福利制度的完善，均需要在现阶段考虑并拿出相应的政策措施加以推进。但就急切性、政府和社会的承受能力等而言，又很难实现并重发展，因此，目前的重点应当是尽快改造政府福利，稍后宜将社会福利与就业分离，在此基础上再对有关福利制度进行完善。

（4）建设新型社会福利制度的具体措施

受我国生产力发展水平的制约，我国政府的财政实力仍很薄弱，其他改革配套不够，要解决上述问题，须从制度改进的层面入手，从我国的国情出发，借鉴国外社会福利制度的经验和教训，发展具有中国特色的社会福利制度。

第一，坚持福利项目设置的基本原则。社会福利服务的目的就是为了满足社会上的特殊群体的特殊需求，以帮助他们克服困难，提高生活质量。应坚持在福利项目设置过程中引入市场机制的原则，凡是能够由市场提供的福利均应尽可能地由市场提供，这在老年人的社会福利上体现得最为明显。老年人福利服务体系是由不同种类、不同功能的福利机构、设施和各种服务组织以及家庭自我服务等多种实体结合而成的多元体系，现阶段我国60岁以上的老年人已达到1.26亿人，老年人福利市场的建设迫在眉睫。

第二，社会福利事业应引入非营利组织。中国是资本不充裕的国家，引入多元化投资机制，是解决特殊群体社会问题的有效途径。资金短缺是困扰中国社会福利发展的关键问题之一，采取多元化的筹资策略，扩充福利资金的来源，应当成为发展社会福利事业的努力方向。非营利组织是弥补"市场失灵"和"政府失灵"的有效组织创新。可以让非营利组织替代政府执行部分职能，政府应该对其加以扶持，给予各种补助，使之能提供部分社会福利产品与服务。

第三，重视立法，推进社会福利的制度化建设。社会福利走向制度化，是社会文明发展进步的一个重要标志，而通过相应的法律来规范社会福利的供给与需求，则是福利事业制度化的基本要求。然而，目前中国的社会福利立法虽然已取得一定的成绩，但基本上还未形成体系，已有的法律也存在着笼统且缺乏相应的细化单行法规的问题。故在改造传统的福利制度时，应当对已有的法律、法规、政策进行修订，同时制定新的《社会福利法》。在立法模式上，既可以依照《中华人民共和国残疾人保障法》的方式颁布多部并行的福利法，也可以在制定综合性的《社会福利法》基础上，分别制定相关的、适用于各主要福利项目的配套法规；同时，在法制建设中应明确个人、社会和国家的责任，明确各社会福利项目的管理与监督机制。社会福利法制的系统化、专门化，将是中国社会福利真正走向制度化、社会化并获得健康发展的基本条件。

第四，培植并壮大社会公共福利组织。社会福利的社会化，是通过社会福利组织的社会化和向全体社会成员的开放来实现的。新型社会福利制度的建设与发展，必须在培植社会化的公共福利组织方面多下工夫，具体包括以下举措：民政部门举办的福利院就可以成为独立的社会组织，并面向全社会开放；通过将企业或用人单位举办的福利设施的剥离，使托幼机构、老年保健服务、职工疗养院等单位附属机构转变成面向大众的社会化的公共福利组织；鼓励民间力量发展社会福利事业，简化民办福利机构的申办手续，提供政策优惠，扶持并促使民办社会福利组织的壮大与持续发展；引导并扶持社区服务组织，使社区服务网络化、普通化，如将企业举办的职工食堂、浴室、理发室、老年人活动中心等生活服务机构交由职工居民所在地的社区来举办就是一举两得的好办法。

第五，构建官助民办的新型社会福利事业运行机制，由政府主管部门承担起统一监管全国社会福利事务的责任。中国的福利事业虽然应当走向制度化，但又不能再走官督、官管、官办或官管企业办的老式道路。政府的职责重在优化福利资源的配置、监督福利事业的秩序，从而适合扮演监督者与供款者的角色；而各种福利事务则宜在政策的规范下，交由民间举办，走官助民办、民办或官民合办的道路。充分调动民间办福利的积极性，将是中国特色的新型社会福利制度可以持续、健康地发展下去的重要条件。

第六，建设家庭、社区和福利机构相结合的社会福利服务体系。家庭、社区和福利机构是社会福利服务体系的基础部分，建设新型社会福利制度、健全社会福利服务体系需要三者紧密结合，共同发挥作用。首先，要强化家庭的基础地位。坚持家庭在社会福利服务体系中的基础地位，符合我国国情。我国老年人、残疾人、孤儿基数大，特别是我国已进入老龄化社会，具有老年人口增速快、未富先老等特征，通过单纯建立社会福利机构解决供养问题不现实，必须发挥家庭的重要作用。

我国具有家庭养老、助残、扶孤的传统，家庭最具亲情，有利于老年人、残疾人和孤儿的身心健康。因此，应强化家庭在社会福利服务体系中的基础性地位。其次，要充分发挥社区的依托作用。一方面，要发挥社区组织在社会福利工作中的作用。特别是要发挥社区组织在提供福利服务、安排社会福利项目、实施社会福利政策等方面的积极作用；另一方面，发挥社区在社会福利社会化中的桥梁纽带作用。社会保障、社会救助、社会福利服务要实现社会化，社区作为重要平台不可或缺。最后，要加强社会福利机构建设。由于我国家庭小型化，一些残疾人、生病老人、独居老人、空巢家庭的老人甚至健康老人都需要有专门的康复护理机构和照顾机构。孤儿、弃婴不可能完全被收养和家庭寄养，也需要福利机构供养、教育。社会福利机构在养老、助残、救孤等方面发挥着重要补充作用，因此，需要加强社会福利机构的建设。

思考题

　　1.我国社会福利的含义是什么？
　　2.老年人福利的主要内容有哪些？
　　3.我国残疾人福利事业的问题及改革方向是什么？
　　4.中国福利制度的特点及改革方向是什么？

案例

　　案例1　　　　　　　　　　　　　　**上海市发布社会福利清单**

　　2017年，上海市政府正式印发《上海市基本公共服务项目清单》（以下简称《清单》），涉及9个领域96个服务项目，包括教育、就业和社会保险、社会服务、卫生、养老、住房保障、文化、体育和残疾人服务。一份上海老百姓最关心的政府责任清单正式发布。

　　一、对民生保障的庄严承诺

　　负面清单、责任清单、权力清单……近年来，随着全面深化改革持续推进，"清单"一词频频出现，它代表着政府职能转变、治理能力提升的方向。上海的这份《基本公共服务项目清单》，是一份重要的政府责任清单，它的最大特点是"接地气"，与每一位市民的切身利益密切相关。

　　党的十九大报告指出，"坚持在发展中保障和改善民生"，要"在幼有所育、学有所教、劳有所得、病有所医、老有所养、住有所居、弱有所扶上不断取得新进展"。此次上海贯彻落实党的十九大精神，围绕民生保障最迫切、最基本的需求制定《清单》，同时结合上海实际，完善基本公共服务体系，进一步保障和改善民生。

　　《基本公共服务项目清单》，是指将所有基本公共服务项目及其服务内容、服务对象、保障标准、牵头负责单位等信息汇总形成清单，向全社会公布。这样的一份清单，既代表着政府对民生保障"保基本、兜底线"的庄严承诺，也让广大上海市民明确了解自己享有的基本公共服务内容。

列入上海《清单》的 9 大类 96 个公共服务项目中，全都紧扣"基本"这一关键词：教育主要是义务教育和各级各类教育资助；就业和社会保险主要是基本就业服务、基本社会保险和劳动关系协调；社会服务主要是社会救助、社会福利和优抚安置；卫生主要是基本公共卫生和基本医疗；养老主要是养老照护服务和补贴；住房保障主要是廉租房和公租房；文化主要是基本公共文化；体育主要是全民健身服务；残疾人服务主要是残疾人基本的生活、康复、就业等服务。

二、新制度明确"轻重缓急"

《清单》出台，是否意味着上海的相关民生保障政策有所调整？上海市发改委介绍，此次所有列入《清单》的内容，都是目前上海已经实行的基本公共服务，每一项都有政策依据。

相比内容，更重要的是建立了新的制度。上海市发改委社会处负责人介绍，虽然《清单》中的内容都是已出台政策，但对进入《清单》的条目进行了严格筛选，一旦列入，即不再是临时性、小范围的政策，而是常年持续实施，体现政府"应保尽保"职责的服务。

社会公共服务领域研究专家指出，随着需求不断变化，社会公共服务内容很多，但对政府来说，在财力有限的前提下，需要分清'轻重缓急'，首先要保证让最大范围的人，享受到最基本的公共服务。有时，政府部门会针对特定区域和人群，出台一些特殊的福利政策，如果没有事先规划安排，这类福利过多，势必会影响基本公共服务的供给，并影响更多人的民生保障权利。

对于政府部门来说，有了清单，就可以更好地在民生保障工作中分清"轻重缓急"，列入《清单》的服务，是社会保障的底线，必须作为民生保障的第一要务。比如，在财政预算安排中，从市级到各区，财政要优先保障《清单》内的基本公共服务；在基础设施建设、人力物力资源配套等方面，也都需要将这些基本公共服务视作"第一要务"。

三、推动基本公共服务均等化

2017 年年初，国务院印发《"十三五"国家基本公共服务清单》。在服务领域上，上海的《清单》与国家基本一致，在具体领域划分上，上海结合实际，将养老和体育做了单列，并将就业与社会保险做了合并。

在服务项目上，国家明确的 81 项服务项目，上海《清单》全部实施，在此基础上，上海结合实际增加了部分项目：一是上海已出台的普惠性社会政策，如"因病支出型贫困家庭生活救助""老年综合津贴""婚前医学检查"等；二是上海已组织实施，形成社会共识，符合基本公共服务相关标准，但之前未明确纳入的项目，如"120 院前医疗急救""社会全科门诊诊疗"等。在保障标准上，上海《清单》对项目标准做了细化和具体化，按照尽力而为、量力而行的原则，在标准设定上充分考虑了上海市经济社会发展的水平。

2017 年，我国还制定了《"十三五"推进基本公共服务均等化规划》，规划中明确提出，要实现全国基本公共服务"均等化水平"稳步提高，包括城乡区域间基本公共服务大体均衡，贫困地区基本公共服务主要领域指标接近全国平均水平等。

制定《上海市基本公共服务项目清单》，一个重要目标就是推动基本公共服务的均等化。未来在上海，不论住在哪个区域，市民所享受到的基本公共服务应当是基本一致的。新时代背景下，上海的《清单》对应国家提出的基本公共服务均等化目标，不断实践，努力创新，探索在超大城市实现基本公共服务均等化的路径。

上海市发改委介绍，《清单》在未来不是一成不变的，目前初定每半年根据国家和上海有关法律法规政策调整情况，对《清单》进行一次更新，同时本市将加快完善部门联动工作机制，通过信息化管理系统，最终实现《清单》信息的实时更新。

更多案例（第十章）

第十一章　人口老龄化和社会保障

人口老龄化问题是全球性的问题。无论在发达国家还是大多数发展中国家，都在关注人口老龄化的问题，这种人口结构的变化将对社会生活的每一个方面都产生深刻影响。发达国家用100多年的时间进入老龄化社会，中国用了18年时间跑步进入老龄化社会。社会形态表现为未富先老、人口规模大；老年人口在年龄结构上呈现"人口盈利"到"人口亏损"的趋势。因此，我们必须研究并掌握人口老龄化的发展规律，正确处理由人口老龄化带来的正面和负面影响，以促进保障体系逐步完善，使社会和谐发展。

本章主要讲解了人口老龄化、少子高龄化的概况和发展趋势，以及我国和日本老龄化的成因及对策，并重点强调了发展老龄产业和完善保障体系的必要性和应对措施。

第一节　人口老龄化

一、人口群体划分和老龄化的标准

人口学家把一个人口群体按年龄分为三部分，即：0~14岁为少年人口（也称抚养人口）；15~59岁或64岁称劳动人口；60岁或65岁及以上称老年人口（也称赡养人口）。这三部分人口的具体数字还可以换算成百分数。按照联合国的人口机构确定的原则，凡是在一个人口群体中，60岁及以上人口达到10%或65岁及以上人口达到7%，那么这个人口群体就被认为已经进入了人口的老龄化。

我国一般是以60岁作为老年人口的起点年龄，国际上则多以65岁为起点年龄。目前，随着人民健康水平的提高和人口寿命的延长，在分析老年人口问题时也逐渐地将老年人口的起点年龄向65岁的国际标准靠拢。

我国2004年65岁及以上和60岁及以上人口都分别达到了7%和10%，所以，我国也进入了人口老龄化国家的行列。

二、老龄社会的演变特征

1.年龄结构的变化

人口老龄化的特点是出生率减少，死亡率降至最低水平，长寿水平达到前所未有的状态。从数字上看，少儿人口减少至30%以下，老年人口增长至7%以上。人口老龄化还表现出两个具体特征：第一，人口的高龄化，高龄老年人口占老年总人口比例不断上升；第二，老年人口的女性化，女性寿命长于男性而导致女性老年人口占老年总人口比例不断上升。年龄结构的变化主要有三个方面：

（1）劳动年龄人口结构的变化。伴随着人口老龄化，青年劳动人口相对匮乏，这就需要相应地调整就业结构。

（2）抚养结构的变化。少儿抚养比逐渐降低，而老年抚养比不断提高。

（3）消费群体结构的变化。老年人口的增多同时也意味着整个社会的消费结构会发生根本变化，老年消费群体会成为消费群体中的主导力量之一。

2.社会结构的变化

（1）家庭结构的变迁。在青年型社会，家庭结构主要是联合家庭和扩大家庭结构；在成年型社会，家庭结构主要是联合家庭，核心家庭越来越多；而在老龄社会，家庭结构则以核心家庭和空巢家庭为主，从血源亲属结构上表现为"421"结构。

（2）养老方式的变化。在老龄社会必须依靠健全完善的社会养老保障制度，辅以家庭养老。

（3）公共基础设施的倾向的变化。在老龄化社会必须考虑建设一整套适合老年人特点的无障碍环境：在公共卫生方面，发展以老年人为主体的公共卫生体系；在教育方面，以现代终身教育和老年教育为主；在社会服务方面，面向老年人的服务发展前景广阔。

3.文化价值导向的变化

以往社会"老年崇拜"和"青年崇拜"两种极端的文化价值观念逐渐被摒弃，取而代之的是联合国提出的"建立不分年龄、人人平等的社会"这一年龄平等的文化价值导向，从而构建起新的适合老龄社会要求的文化。

三、全球人口老龄化概况

联合国最新统计，目前全球老龄人口总数已达6.29亿，平均每10个人中就有一位60岁或60岁以上的老人。到2050年，60岁以上的老龄人口总数将近20亿，占总人口21%，并将超过14岁以下儿童人口的总数。百岁老人将从2002年的约21万增长到320万。到2050年，非洲老龄人口数将从4 200万上升到2.05亿；亚洲老龄人口数将从3.38亿增加到12.27亿；欧洲老龄人口数将从1.48亿增加到2.21亿；美洲老龄人口数将从9 600万增加到3亿。

四、中国人口老龄化发展趋势与特点（见表11-1）

1.中国人口老龄化的一个重要特点是老年人口规模的庞大，老年人口比例迅速提高，人口老龄化的速度加快

从老年人口规模看，60岁以上的老年人口数量，从2000年的1.32亿，2012年的2亿，到2024年将达到3亿，2034年的4亿，最高到2050年的4.35亿之后

才开始回落；相应地，65 岁及以上的老年人口规模，从 2000 年的 0.90 亿要持续增加到 2055 年的 3.3 亿，其后绝对量才开始下降。从相对量上看，65 岁以上老年人口的比例由 7% 上升到 14%，只需 21 年，快于世界上人口老龄化速度最快的日本。中国老年人口比例由 14% 上升到 28%，只需要 28 年左右。

表 11-1　　　中国 2000—2065 年人口年龄结构及老年人口预测数据

年份	人口总数（亿）	年龄中位数（岁）	14 岁及以下（%）	15~59 岁（%）	60 岁及以上（%）	65 岁及以上（%）	老少比（%）
2000	12.658	29.8	22.85	66.71	10.44	7.09	31.02
2005	13.056	32.9	17.82	70.36	11.82	8.35	46.85
2010	13.414	35.7	16.05	70.11	13.83	9.34	58.15
2015	13.722	37.7	16.21	67.01	16.78	10.94	67.48
2020	13.823	39.7	15.58	65.41	19.01	13.56	87.03
2025	13.709	42.1	14.01	63.13	22.86	15.50	110.60
2030	13.464	44.2	12.06	60.39	27.56	18.86	156.46
2035	13.122	46.7	11.13	57.75	31.12	22.90	205.76
2040	12.637	49.1	11.23	56.14	32.62	25.77	229.34
2045	12.082	50.2	11.34	54.10	34.56	26.74	235.79
2050	11.364	50.4	10.95	50.80	38.25	28.22	257.76
2055	10.583	50.3	10.28	50.52	39.20	31.49	306.49
2060	9.808	50.5	9.97	51.68	38.35	32.01	320.91
2065	9.068	51.2	10.20	51.99	37.80	30.82	302.07

2.中国老年人口规模增长速度表现出或高或低的阶段性特征

20 世纪 80 年代，老年人口规模以年平均 3%~4% 的速度增长；20 世纪 90 年代，老年人口年均增加 200 万人左右；2000—2005 年间年均增加 442 万人（65 岁以上人口为 385 万）；2006—2010 年间将年均增加 625 万人（65 岁人口为 324 万）；2011—2018 年间将年均增加近 871 万人；在 2019—2021 年间有所回落，年均增加 283 万人；在 2014—2023 年间 65 岁以上人口每年增加 697 万人；在 2022—2032 年间 60 岁以上老年人口则以更大的幅度增加，将年均增加近 968 万人；2033 年以后，老年人口每年的增长量迅速回落，除在 2042 年和 2047 年直到 2050 年有所增加外，之后的老年人口绝对增长量变为负值。老年人口规模增长速度经历了一个由慢到快再由快到慢的"倒 U 形"变化过程。在这一变化过程中，还伴随高龄老年人口、女性高龄人口快速增长等特征。

3.随着人口预期寿命的逐步提高，人口高龄化、老龄化相伴而生

中国低龄和中龄老人规模宏大，且不断增加，到2021年以后，中、低龄老人比例相对降低，真正意义上的老年赡养负担开始持续加重。在假定老年人口预期寿命（71.4岁）不变的情况下，高龄老年人口的规模急剧扩大，2000年为1 220万人，2008年为2 000万人，2017年为3 000万人，2028年为4 000万人，2032年为5 000万人，2036年为6 000万人，2044年为7 000万人，2047年为8 000万人，到2055年达到9 334万人的高峰后才开始缓慢回落。同时，80岁以上老年人口占全部老年人口（60岁以上）的比例从1990年的7.9%，上升到2003年的10.3%，在2008—2031年保持在12%左右，之后开始加快速度，到2049年将上升到20%以上。从老少比的角度看，老年（65岁以上）人口与少儿（14岁以下）人口的比值从2000年的31.02%提高到2022年的100%，并迅速发展到2035年的200%，2055年的300%，并在2060年达到顶峰的321%后才开始回落。

4.劳动人口就业压力十分突出，并在2013年达到顶峰，此后才开始缓解

中国的劳动适龄人口，在1982—1990年平均递增率为2.48%。进入20世纪90年代以来，以每年净增1 100多万人的速度递增。到2000年达到8.87亿人，占总人口的比例为70.1%，根据预测模型推算，劳动适龄人口还将继续增长，到2013年达到10.06亿人的峰值，占总人口的74%。人口年龄结构对于经济的持续发展仍然处于比较好的拉动状态。再经过10年左右（至少到2023年前还可以称为"人口红利"时期），人口老龄化开始加速，同时，劳动力短缺开始显现。

5.各种消费结构以及相关产业将受到冲击，并导致产业结构的调整

按照模型推算，新生儿的数量到2016年仍然以每年1 500万左右的速度增加，至2023年将迅速减少到1 000万以内，2040年新生儿将减少到900万以内。假如人口政策依然不变，新增儿童的大幅度下降将会剧烈地冲击各种消费结构以及相关产业，并导致产业结构的调整。进入21世纪以来，我国人口形势发生了重大变化。人口众多仍然是我国的基本国情，同时人口结构性问题日益成为影响经济社会发展的重要因素。一是低生育水平稳中趋降。20世纪90年代初，我国总和生育率降到生育更替水平以下，目前为1.5~1.6，达到发达国家的平均水平。人口总量虽然保持持续增长，但惯性趋弱。如果维持现行生育政策不变，总和生育率将继续下降，总人口在达到峰值后将快速减少，影响人口长期均衡发展以及中华民族的长远发展。因此，在2013年11月召开的中国共产党第十八届三中全会上，审议通过了《中共中央关于全面深化改革若干重大问题的决定》。该决定提出：坚持计划生育的基本国策，启动实施一方是独生子女的夫妇可生育两个孩子的政策，逐步调整完善生育政策，促进人口长期均衡发展。

6.根据中国人口老龄化在21世纪中的人口学特征，可大致将未来人口发展划分为两大时期

（1）目前至2020年为老龄化前期。这一时期恰处于稳定的低生育水平时期，

人口惯性增长依年代向前推进而加速衰减，0~14岁人口的规模依年代次序而绝对减少。这一时期的老年人口是20世纪70年代中国推行计划生育前出生的。这一时期，总人口将持续增长，少儿人口比例下降，老年人口比例增加，到2020年人口总数达到顶峰。

（2）2020年后称之为人口老龄化后期（或被称为高龄化时期）。在这一时期，同前期的人口老龄化特征一样，也是处于低生育水平时期。后期的老年人口，由于他们大都是在20世纪70年代后出生的，其出生规模一开始就受到全面推行计划生育工作的控制，尤其是其中还有相当部分是受低生育水平时期的影响。在这一时期，老年人口规模和老年人口在总人口中的比例开始急剧膨胀，并进入持续快速的老龄化阶段，在2059年左右人口老龄化达到顶峰，老年人口比例居于高位。

第二节 老龄人口保障的必要性及措施取向

从20世纪下半叶以来，伴随着计划生育工作的不断深入开展，我国开始了人口老龄化的演变过程。我国人口老龄化具有发展速度快，人口数量大，底子薄、负担重的特点，"未富先老"，被称为"跑步进入老龄化"。

一、我国老龄人口结构的发展状况

全国老龄委第四次调查是针对我国老年人生活状况的基础性、公益性、战略性的法定国情调查。本次调查的时点为2015年8月1日0时。调查对象为居住在中华人民共和国内（港澳台地区除外）的60周岁及以上中国公民。调查的内容涵盖九大方面，调查采用"分层、多阶段PPS、最后阶段等概率"抽样设计，所得样本是近似自加权的，样本具有全国代表性。调查采取入户访谈和问卷调查的方法收集数据。调查范围为全国31个省、自治区、直辖市（港澳台地区除外）和新疆生产建设兵团，样本涉及466个县（市、区），参与调查的工作人员将近4万人。调查发放样本22.368万份，抽样比约为1.0‰，调查实际回收样本22.270万份，有效样本为22.017万份，样本有效比率达到98.8%。经过立项筹备、组织实施、问卷回收、数据录入和清理、数据评估和分析等各个环节的紧张工作，调查已取得丰硕成果。其调查结果显示：

1.老年人口城镇化水平持续提高

2015年，在全国老年人口中，城镇老年人口占52.0%、农村老年人口占48.0%。2000年，城镇和农村老年人口分别占全国老年人口的34.2%、65.8%，15年间，我国老年人口的城镇化水平提高了17.8个百分点。这是新型城镇化建设不断加快的结果，也是落实以人民为中心的发展思想、以人的城镇化为核心的新型城镇化建设理念的重要体现。

2.女性老年人口占比逐渐提升

2015 年，在全国老年人口中，女性老年人口占 52.2%、男性老年人口占 47.8%，女性老年人口比例比男性老年人口高 4.4 个百分点。与 2000 年相比，我国女性老年人口比例上升了 1 个百分点，城镇女性老年人口比例上升更为明显。按照人口发展的一般趋势，老龄化程度越高，女性老年人口比例也会相应走高。我国老年人口中女性比例提高的趋势是我国经济社会发展在老年人口性别结构变化上的具体体现，既符合人口发展规律，也反映了我国经济社会发展和老龄事业取得的显著成绩。随着老龄政策的逐步完善，我国女性老年人口增多趋势还将进一步增强。

3.老年人口的年龄结构相对年轻

2015 年，低龄（60~69 岁）老年人口占 56.1%，中龄（70~79 岁）老年人口占 30.0%，高龄（80 岁及以上）老年人口占 13.9%。与 2000 年相比，我国低龄老年人口占比仅下降 2.7 个百分点。这表明，当前我国老年人口仍以低龄老年人口为主，老年人口年龄结构相对年轻。"十三五"时期，我国仍处于积极应对人口老龄化的战略机遇期。

4.老年人口受教育程度大幅提升

2015 年，我国老年人口中未上过学的占 29.6%，小学文化程度的占 41.5%，初中和高中文化程度的占 25.8%，大专及以上文化程度的占 3.1%。与 2000 年相比，未上过学的老年人口下降了 23.2 个百分点；小学文化程度的老年人口上升了 7.8 个百分点；初中和高中文化程度的老年人口上升了 14.3 个百分点；大专及以上文化程度的老年人口上升了 1.1 个百分点。这说明，我国老年人口文化水平显著提升，老年人力资源开发空间十分广阔。

5.老年人口丧偶率显著下降

2015 年，老年人口中有配偶的占 71.6%，丧偶的占 26.1%，离婚的占 0.8%，从未结过婚的占 1.5%。与 2000 年相比，有配偶老年人口比例上升了 8.9 个百分点，丧偶老年人口比例下降了 9.5 个百分点。这表明，我国老年人的健康水平不断提高，婚姻状况呈现向好发展趋势。

6.中高龄老年人子女数高于低龄老年人

2015 年，老年人子女数平均为 3.0 人，城镇为 2.7 人，农村为 3.3 人。与 2000 年相比，老年人平均子女数减少 1.0 人，其平均子女数呈递减趋势。分年龄组来看，2015 年，60~64 岁低龄老年人平均子女数为 2.3 人，65~69 岁中低龄老年人平均子女数为 2.7 人，70~74 岁中龄老年人平均子女数为 3.3 人，75~79 岁低高龄老年人平均子女数为 3.7 人，80~84 岁中高龄老年人平均子女数为 4.0 人，80 岁及以上高龄老年人为 4.1 人。这说明，当前我国中高龄老年人的家庭养老资源仍然比较丰富，但长期来看，家庭养老基础面临挑战。

二、老年人经济状况显著改善

1.农村老年人收入增长速度快于城镇

2014年，我国城镇老年人年人均收入达到23 930元，农村老年人年人均收入达到7 621元，分别比2000年增加16 538元和5 970元。扣除价格因素，城镇老年人收入年均增长率为5.9%，农村老年人收入年均增长率为9.1%，农村老年人收入增长速度快于城镇老年人。从城乡差距来看，2000年，城镇老年人年人均收入是农村老年人的4.5倍，随后逐渐缩小，到2014年，城镇老年人年人均收入是农村老年人的3.1倍。这说明，15年来，随着我国经济的快速发展以及城乡社会保障制度的建立和完善，特别是党的十八大以来，随着农村社会保障制度加快建立和完善以及扶贫工作的强力推进，农村老年人收入水平得到明显提高。

2.城镇老年人收入来源显现结构性转变

2014年，城镇老年人保障性收入比例为79.4%，经营性收入、财产性收入、家庭转移性收入等非保障性收入的比例为20.6%，与2000年相比，非保障性收入占比增加接近10个百分点。这说明，随着我国经济社会的快速发展，城镇老年人收入来源主要依靠社会保障金的格局有所改变，收入结构逐步趋于多元、合理和优化。

3.农村老年人保障性收入比例明显提升

2014年，农村老年人保障性收入比例为36.0%，经营性收入、财产性收入、家庭转移性收入等非保障性收入的比例为64.0%。与2000年相比，农村老年人保障性收入提高了21.7个百分点。这是各级党委和政府重视农村老年人民生保障，建立健全农村养老保险、社会救助、社会福利等社会保障制度的重要成果。

4.城乡老年人消费结构转型升级已现端倪

2014年，城乡老年人人均消费支出为14 764元。从支出结构来看，日常生活支出占56.5%，非经常性支出占17.3%，医疗费支出占12.8%，家庭转移支出占9.0%，文化活动支出占3.2%，其他支出占1.2%。与2010年相比，日常生活支出、医疗费支出、其他支出占比降低，非经常性支出、文化活动支出、家庭转移支出占比提高。这表明，城乡老年人消费行为正在逐步由生存型向文化休闲型转变。

三、老年医疗卫生工作取得积极进展

1.老年人预防保健服务取得积极进展

2000年，覆盖城乡老年人的体检制度刚刚起步；2015年，56.9%的城乡老年人享受过免费体检。这是我国落实健康老龄化战略、重视老年人预防保健工作的重要成果，也是城乡基本公共卫生服务均等化取得的可喜进展。

2.医疗保障制度基本实现老年人全覆盖

2015年，城乡享有医疗保障的老年人比例分别达到98.9%和98.6%，分别比2006年上升了24.8个百分点和53.9个百分点。这是我国医疗保障制度建设取得的重大成就，是世界上老年人口第一大国老年人医疗保健事业的重大成就。

3.老年人健康状况整体改善

2015年，32.8%的城乡老年人自评健康状况"好"，比2000年提升了5.5个百分点。分城乡来看，27.7%的农村老年人自评健康状况"好"，比2000年提升了1.4个百分点；37.6%的城镇老年人自评健康状况"好"，比2000年提升了7.0个百分点。这表明我国实施健康发展战略、加快老年健康保障体系建设、提升公共健康服务取得了显著效果。

四、老龄产业市场不断升温

1.老年人照护服务需求持续上升

2015年，我国城乡老年人自报需要照护服务的比例为15.3%，比2010年的13.7%上升了1.6个百分点，比2000年的6.6%上升近9个百分点。分城乡来看，城镇老年人自报需要照护服务的比例从2000年的8.0%上升到2015年的14.2%，上升了6.2个百分点，农村老年人自报需要照护服务的比例从2000年的6.2%上升到2015年的16.5%，上升了10.3个百分点，农村比城镇上升更快。分年龄段来看，79岁及以下的老年人自报需要照护服务的比例从2000年的5.1%上升到2015年的11.2%，上升了6.1个百分点，80岁及以上老年人自报需要照护服务的比例从2000年的21.5%上升到2015年的41.0%，上升了将近20个百分点，上升幅度是79岁及以下老年人的3倍多。可见，城乡老年人对照护服务的需求非常迫切，农村老年人尤其如此。十八大以来，党中央、国务院把积极发展养老服务等老龄事业作为老龄工作的重中之重，不仅回应了广大老年人的现实关切，也为今后一个时期发展老龄服务事业明确了方向。

2.社区老龄服务的需求结构基本稳定

2015年，38.1%的老年人需要上门看病服务，12.1%的老年人需要上门做家务服务，11.3%的老年人需要康复护理服务，10.6%的老年人需要心理咨询或聊天解闷服务，10.3%的老年人需要健康教育服务，9.4%的老年人需要日间照料服务，8.5%的老年人需要助餐服务，4.5%的老年人需要助浴服务，3.7%的老年人需要老年辅具用品租赁服务。总体来看，我国城乡老年人的社区服务需求结构变化不大，上门看病、康复护理等医疗健康类服务需求始终居于首位，其次是上门做家务等日常生活类服务，再次是心理咨询或聊天服务。这说明，城乡老年人对社区提供的健康服务、日常生活服务和心理咨询服务的期望很高，这是今后发展社区和居家养老服务的重要方向。

3.社区老龄服务内容丰富、提供主体多元

2015年，社区提供生活类服务的情况是：33.0%的社区有法律或维权服务，21.8%的社区有殡葬服务，15.6%的社区有托老服务，15.2%的社区有家政服务，5.9%的社区有老年餐桌服务，2.2%的社区有陪同购物服务，1.6%的社区有老年婚介服务。社区提供医疗康复类服务的情况是：37.5%的社区有健康讲座服务，35.0%的社区有上门看病服务，15.5%的社区有心理咨询服务，12.3%的社区有康

复服务，7.0%的社区有上门护理服务，5.6%的社区有陪同看病服务，4.5%的社区有家庭病床服务，3.9%的社区有康复辅具租赁或出售服务。这充分说明，近年来，党中央、国务院和各部门、各地区围绕发展老龄服务事业和产业所采取的一系列举措初见成效，社区养老服务多元化、多层次发展态势日益显现。

4.老龄用品加快推广应用

2015年，有65.6%的老年人使用过老龄特色用品，其中城镇为71.8%，农村为59.0%。使用老花镜的比例为46.8%，使用假牙的比例为27.0%，使用血压计的比例为14.2%，使用拐杖的比例为9.3%，使用血糖仪的比例为3.9%，使用按摩器具的比例为3.3%，使用轮椅的比例为1.9%，使用助听器的比例为1.6%，使用成人纸尿裤或护理垫的比例为1.0%。这说明，日常生活类老龄用品得到了广泛使用，医疗康复类老龄用品开始走进老年人生活。随着人口老龄化的快速发展和人们生活水平的不断提高，未来老年人及其家庭对老龄用品尤其是康复辅具的需求将不断增加和细化，老龄用品业将迎来空前的发展机遇。

五、老年人社会参与不断拓展

1.老年人参与公益活动愈趋活跃

2015年，45.6%的老年人经常参加各种公益活动，参与的总人数突破1.0亿。34.2%的老年人经常帮助邻里，20.7%的老年人经常参与维护社区卫生环境，17.0%的老年人经常协助调解邻里纠纷，13.1%的老年人经常关心教育下一代，8.6%的老年人经常维护社区社会治安，2.3%的老年人经常参加文化科技推广活动。2000年，城镇老年人公益活动参与率为38.7%，2015年的这一比率上升到43.2%，上升了近5个百分点。这说明，我国老年人是人口老龄化社会背景下发展公益事业、维护社会和谐稳定的重要力量。

2.有助老意愿的老年人占比较高

2015年，72.9%的老年人表示愿意帮助社区有困难的老年人。15年来，老年人中愿意帮助社区有困难的老年人的比例始终保持在较高水平。这表明，老年人互助养老具有较好的现实基础，应加强这方面的政策创制，对老年人互助养老进行引导和规范，促进老年人更好地发挥自身在养老服务中的积极作用。

3.老年人在社区公共事务中发挥重要作用

2015年，21.4%的老年人向社区提出过建议，39.5%的老年人表示社区在办大事时征求过他们的意见。这表明，老年人积极参与社区建设，有高度的社区归属感，愿意利用自身的知识、技能和经验积极为社区建设献言献策。这也说明，基层政府和社区组织越来越注重从老年人的利益和诉求出发，推动老龄政策落地生根。

4.基层老年协会活动广受欢迎

2015年，在参加老年协会的老年人中，76.7%的老年人对老年协会组织的活动表示满意。这是近年来国家注重老龄工作重心下沉、大力推动基层老年协会建设所取得的显著成绩，也是今后在人口老龄化社会背景下创新社会治理的重要主攻方向。

六、老年人权益保障工作不断推进

1.老年优待工作取得长足进展

2015年，65.8%的老年人享受过多种优待，其中，20.8%的老年人享受过公共交通票价减免，13.4%的老年人享受过公园门票减免，10.1%的老年人享受过旅游景点门票减免，9.1%的老年人享受过普通门诊挂号费减免。这说明，近年来，我国老年人优待工作取得了重大进展，优待服务对象从特殊困难老年群体逐步向全体老年人扩展，初步建立起普惠型的老年人优待政策体系。

2.绝大多数老年人合法权益得到有效保障

2015年，92.6%的老年人认为自己的合法权益得到保障，其中城镇为93.6%，农村为91.6%。95.6%的老年人表示没有遇到侵犯其权益的情况。这说明，在人口老龄化加速发展的背景下，我国保障老年人合法权益的各项制度得到了基本落实，全社会尊老、养老、助老的社会风尚逐步形成。

七、老年人精神文化生活与时俱进

1.老年人闲暇生活更加注重品质和时尚

2015年，88.9%的老年人经常看电视或听广播，20.9%的老年人经常读书或看报，20.7%的老年人经常种花养草或养宠物，13.4%的老年人经常参加棋牌活动。与2000年相比，老年人种花养草或养宠物的比例上升了8.8个百分点，读书或看报的比例上升了4.5个百分点，看电视或听广播的比例上升了2.8个百分点，参加棋牌活动的比例下降了3.3个百分点。2015年，有5.0%的老年人经常上网，在城镇老年人中这一比例为9.1%，城镇低龄老年人经常上网的比例提高到12.7%。而2000年，老年人学电脑的比例仅为0.3%。可见，15年来，随着老年人受教育程度逐步提高，我国老年人休闲生活层次有了较大提升；同时，随着互联网的普及，越来越多的老年人学会了上网，网络为老年人的文化生活增添了现代元素。

2.旅游日益成为老年人休闲生活的新选择

2015年，13.1%的老年人明确表示未来一年计划外出旅游，9.1%的老年人表示有可能在未来一年外出旅游。其中，城镇老年人未来一年有明确外出旅行计划的占17.5%，农村老年人占8.3%。2014年，8.7%的老年人有外出旅游支出。2000年，只有2.5%的老年人经常会去旅游，其中城镇老年人经常旅游的占7.9%，农村老年人只有0.9%。这说明，随着经济发展和社会进步，老年人的休闲生活方式更加丰富多彩，旅游成为老年人休闲方式的新选择。

八、城乡老年人幸福感显著提升

在本次调查中，60.8%的老年人回答"感到幸福"，比2000年的48.8%提升了

12.0个百分点。分城乡来看，城镇老年人回答"感到幸福"的比例为68.1%，比2000年的66.2%提升了1.9个百分点；农村老年人回答"感到幸福"的比例为53.1%，比2000年的43.5%提升了9.6个百分点。这是党和国家长期重视积极应对人口老龄化、持续推动老龄工作、全面推进老龄事业发展的综合效应。特别是党的十八大以来，党中央、国务院高度重视老龄工作，把积极应对人口老龄化纳入国家战略，采取了一系列发展老龄事业的政策举措，地方各级党委、政府积极作为，社会各界广泛支持，老龄工作和老龄事业取得重大成就，老年人的生活得到显著改善。

九、调查中所发现的主要问题

第四次调查数据显示，我国老龄工作和老龄事业取得了重大成就。同时，调查也发现我国老龄工作和老龄事业仍然面临一些问题和短板，还难以完全适应人口老龄化快速发展的客观需要。一是老年人口数量持续增加，人口老龄化程度持续加深，对此必须高度重视。二是老年人收入水平总体不高，贫困和低收入老年人口数量依然较多。三是老年人健康状况不容乐观，失能、半失能老年人口数量较大。2015年，全国城乡失能、半失能老年人口在老年人口中占比18.3%，总量约为4 063万人。四是老龄服务业发展不平衡，供求矛盾依然严峻。五是老年居住环境建设滞后，农村老年人住所不适老问题尤为突出，58.7%的城乡老年人认为住房存在不适老的问题，在农村老年人中这一比例高达63.2%。六是老年人精神慰藉服务严重不足，农村老年人精神孤独问题尤为突出，空巢老年人（老年夫妇户、独居老人）占老年人口的比例为51.3%，其中农村为51.7%。这些问题表明，我国老龄事业尚不能完全适应我国老年人物质文化需求日益增长的形势，发展老龄事业任重道远。

十、我国老龄人口保障措施取向

从我国经济相对不发达、老年人口庞大的实际情况出发，应当采取少投入、易实施、见成效的对策和措施。

1.保证老年人正常的收入来源，提高老年人的经济保障能力，在社会分配机制中充分考虑老年人，使其能够共享社会发展成果

第一，加强社会保障基金的征管，多渠道筹集社会保障基金，加强社会保障基金的社会化管理和发放。当前要重点解决国有企业退休职工退休金偏低的问题。近年来政府为退休职工多次调整了退休金和生活补贴，使绝大多数退休人员的生活水平有了很大的提高，但是，在"九五"期间由于种种原因不少企业退休职工的退休金没能得到提高，建议中央在财政中一次性给予解决，以缩小机关事业单位与企业退休金水平的差距。我国要逐步建立和完善正常的退休金调整机制，并通过财政转移支付和调整财政支出结构的方式来保证企业职工退休金随着经济发展和工资水平的提高合理地调整。

第二，对城市中没有退休金收入的老年人，国家已经制定了最低生活保障制度，但保障水平偏低，要根据当地经济发展和物价水平，适当提高老年人最低生活保障标准。老年人收入水平随年龄增长呈递减趋势，没有退休金的高龄老人是老年人口中收入水平最低的群体，建议国家制定特困高龄老人"高龄津贴"。

第三，子女或其他家庭成员要履行赡养老年人的义务，给予老年人必要的经济支持。

第四，建立老人财产的合法转移途径，尤其是老年人拥有的住房等不动产能够通过抵押、租借方式转化为老年人可支配收入，严禁侵占老年人的合法财产。

第五，老年妇女是老年人口中的脆弱群体，平均寿命长，丧偶比例高，她们的生活困难应该得到政府和全社会更多关注，建议国家尽快研究制定遗属保险办法。

第六，随着我国老年人口的高龄化，残疾、带病、生活不能自理以及卧床的老年人不断增多，这部分老年人给家庭和社会带来沉重的负担，建议国家尽快研究制定老年人长期护理保险办法。

第七，老年人口大多数在农村，要注意研究和探索适合农村经济发展水平的养老办法；进一步完善农村"五保"供养制度，提高供养水平。

第八，加强对贫困老人状况的调查和研究，制定贫困老年人口的评估制度，并逐步建立贫困老年人口的监测系统，使工作制度化、科学化、规范化。

2.深化医疗改革，发展医疗事业，注重加强老年群体的照料服务

第一，加强老年病研究，提高医疗技术和水平，延长老年人健康预期寿命，减轻老年人病痛及家庭成员压力。

第二，健全医疗保健防护体系，探索并建立适合区域发展的医疗保障制度。

第三，增加照料来源。我国应排除老人再婚的社会和家庭干扰，使丧偶老人得到配偶的照料和心理支持；采取鼓励老人与子女就近居住的政策，保证老年人能够及时获得子女的照顾；由社会提供保姆、小时工、志愿者等照料来源，鼓励邻里互助和老年人之间的互助，如开展时间储蓄等方式作为补充。

第四，提高照料质量。我国应普及老年照料和护理知识，使老年人可以获得科学的护理方式；设立日间护理中心、托老所等专门的照料机构，建立社区专业护理服务队伍，制定老年人护理标准和规范，使老年人得到高质量的专业服务。

第五，改善照料环境。我国应在社区整合老年服务资源，设立方便、快捷的社区医疗机构，建立老年人健康状况监测信息卡片，设置家庭病床并提供上门服务等；改善老年人居住环境，在上下楼梯、交通出行、居家设施等方面的设计上充分考虑老年人的特殊需求，开发能够增强老年人自立能力的器材，普及应急铃、紧急呼叫系统等防范老年人出现意外事件的装备。

3.创造代际和谐的其他社会条件

第一，加强城市社区老龄工作，加大政府投入力度，逐步完善社区老年文化教育、生活照料、医疗保健等设施建设，建立社区老年人教育和管理机制，广泛开展适合城乡老年人特点、有利于老年人参与的社会活动，加强老年人的人际交往，丰

富老年人的精神文化生活，改变老年人孤立的生活环境。

第二，普及老年人心理知识，加强老年人与子女之间的交流和沟通，设立专业的老年人心理咨询场所和服务热线，及时排除老年人的心理压力。

第三，采取鼓励家庭养老的政策，包括住房政策、迁移政策、休假政策、福利政策，保证老年人能够和子女共同生活或得到更好的照顾。

第四，加强老年法制建设，完善《老年人权益保障法》，制定配套的更具操作性和适用性的法律规章制度，保障老年人的合法权益不受家庭成员和社会的侵犯；对采取推诿态度或其他虐待和遗弃老年人的子女实行强有力的道德谴责和必要的法律制裁。

第五，消除老年歧视，发扬尊老敬老的文化传统，将有关内容列入社会教育的书本和教材，并作为人事选拔考核制度的标准。

第六，用社会化、产业化的思路发展老龄产业，为老年人及其家庭提供满足其需要的老年服务和产品。加强养老机构的设施和条件建设，将养、护、医等内容联系起来，实现社会化养老的专业化和规范化管理。当然，整个社会经济的可持续发展和生活环境的改善，将使得社会有足够的能力保障代际之间的公平分配，子女能够有更多的时间和条件与老年人沟通、联系和相处，最终将有力地促进社会和家庭代际关系的和谐与发展。这会是一个长期的发展过程，有待于我们每一个社会成员的努力。

第三节 老龄化社会的再探讨

人口老龄化是一种社会进步的象征，我们应该以阳光的心态来看待人口老龄化现象，这种阳光的心态不单指个体的思想，而是社会的主流思潮。国际社会普遍认为，只有实现社会的稳定、生产力的提高、科学技术的进步、社会经济的发展以及生活和医疗的保障，才能使人的寿命得以延长。

人口老龄化既然是社会发展的必然规律，我们就要建设一个积极的老龄化社会，一个可持续发展的社会，这要求社会高度重视老年人的正面作用，而不要过分强调老年人的负面作用，同时要将负面作用想方设法进行转化。老年人不是负担、包袱和问题的代名词，那种把老年人当作负担和包袱的片面而偏执的观点，不仅不利于社会的发展，而且还会加大负面作用；因为老年人口的存在一定会表现出他们的影响力，他们的影响力是正是负，取决于我们如何对待这一群体。如果能正确发展、扶持老龄产业，对社会的协调、可持续发展具有重要意义。

一、老龄产业的概念

目前老龄产业还存在"概念不清、归属不明"的现象，在第二次、第三次全国老龄产业研讨会中老龄产业都是讨论的焦点问题之一。

产业是社会分工的产物，是社会生产力发展的必然结果，是具有某种同类属性的经济活动集合。"产业"一词在不同历史时期和不同研究领域有不尽相同的含义，而且随着社会生产力水平的不断提高，产业的内涵不断充实和丰富，其外延不断扩展。按照一般理解，产业是指"财富"，指各种生产的事业，也有的指工业。产业指财富，多见于文学作品中，常指家产、财产；产业指工业，是相对农业而言。在经济理论研究中，产业是指具有投入产出活动的经济单位；在产业经济学理论中，产业是指由具有某些共同特征的企业经济活动组成的集合。

在西方经济学中，经典的产业定义是"在完全竞争市场的分析框架内，生产同质产品的、相互竞争的一大群厂商"。显然这个产业定义比较狭窄，只是指企业；而"集合概念"的产业是比较宽泛的。迄今为止，关于老龄产业概念的界定仍然存在争议。

比较有代表性的观点将老龄产业界定为：为老年人提供产品或劳务、满足老年人口衣、食、住、行等各方面需求的各种行业、部门的统称。从这个概念看，老龄产业不是一个独立的产业部门，而是跨行业、部门的综合产业群，而且，这是一个非经济学角度的定义。经济学意义上的产业是指"国民经济中按照一定的社会分工原则，为满足社会某种需要而划分的、从事产品和服务生产及经营的各部门"。抽象地说，一个产业就是具有某种同一属性的经济活动的集合；从企业层次上说，产业就是同类企业的结合体。因此，按照当今国际社会较为通用的三个产业的分类标准，老龄产业的称谓是很"特殊的"。简单地理解，老龄产业可以说是一种服务对象锁定在年龄上属于老年人的专门产业，其划分的基础和依据是人口老龄化趋势的加强和老年人口数量的庞大与增长，以及随之而来的对老年产品和服务的需求。

此外，老龄产业概念的提出具有中国特色，因为在国外没有老龄产业的提法，只有"银色产业"或"健康产业"的概念。在西方经济发达国家，通常社会化服务的程度非常高，向老年人提供的社会服务也是多种多样的。同时，各种专门针对老年人喜好的商品也很丰富。因此似乎没有必要单独提出老龄产业的概念。老龄产业概念的不清晰，表现在没有把握老龄事业和老龄产业的区别和联系。老龄事业是指老龄工作体系，具体为一系列的工作计划、目标和任务；而老龄产业是社会化、产业化的经济活动。国务院原副总理李岚清曾说："老龄事业是一项新型的社会事业，也是一项大有可为的新兴产业。"对这句话，现在学界和实际工作者在理解上存在歧义。有学者认为，老龄事业和老龄产业都是以老年群体为服务对象，为老龄群体提供与生活保障相关的各种制度、设施、物品、服务等老龄产品。当这些老龄产品的提供主要由政府承担时，我们称之为老龄事业；当这些产品主要通过市场提供时，我们称之为老龄产业。当老龄事业逐步脱离政府包办的局面，有越来越多的社会资金投入，越来越以企业化经营为特征后，老龄事业就转变为老龄产业，老龄产业是老龄事业适应市场经济的表现形式（《上海老龄事业社会化、产业化的理论与实践探讨》课题组，2004）。老龄事业性质上是社会公共管理的政府行为活动，而老龄产业性质上是指经济单位的市场交易活动。在我国大力发展老龄产业，实际上是政府转变职能的需要，让政府在面临人口老龄化的趋势下，借助社会资金的参与，缓解老年福利面临的持续增加的压力（过去计划经济遗留下来的，由于政府大包大揽造成的），为满足老年人口的物质和精神产品的需求，提高老年人口生活质量的宏观管理模式改革行为。今后，政府要从直接的管理转向间接的服务，以前政府必须承担的对老年人的社会福利、最低生活保障将借助市场手段进行更为有效的提供。但是，我们必须认识到老龄事业与老龄产业的内在联系，那就是：与其说政府鼓励发展老龄产业，不如说政府是在通过老龄产业的发展来解决原本应该由政府出面解决而又无力解决的中国老龄问题。

二、老龄产业的定性

由于目前老龄产业的性质徘徊在事业和产业之间，因此部分学者坚持认为，福利性和微利性是老龄产业的显著特征，是老龄产业和其他产业的主要区别。在社会主义市场经济条件下，要促进老龄产业的健康、稳定、持续地发展，必须既要强调其福利性，又要保持其微利性。

有学者认为由于老年人群在社会中处于相对弱势地位，决定了老龄产业是一个带有公共性、福利性特征的领域。在这种思想的指导下，目前相当一部分优惠政策和法规只给予福利性的、非营利的老龄产业，导致大多数社会养老机构依赖财政拨款支持、不积极开拓市场；将那些以纯粹民间资本涉入老龄产业方向上（包括老龄产品、老龄住宅、老龄旅游、老龄服务等）的企业排除在政府的扶持之外。实际上，老龄群体是个消费需求多样化、多层次的异质消费群。不同年龄段、不同收入的老年人口，在老龄产品的需求和消费能力上差异很大。目前，处于老年阶段的老年人与将进入老年阶段的老年人，在消费理念、消费习惯上，也存在差异。目前各地政府的老龄产业政策侧重扶持为老年人提供基本生活保障的产品和服务的企业，在老龄产业发展的初期可能有效，但从长远的发展角度看，可能又不利于老龄产业的健康、可持续发展。近几年来，在经济发达地区出现了越来越多的民营资本积极参与老龄产业领域的现象，并且已经出现了不少成功经营老龄产品和服务的企业。它们的实践证明，走完全市场化运作模式也是可行的思路。有学者在比较社办养老机构和政府福利养老机构在管理能力、盈利水平以及提供养老服务的质量的差异时，发现社办养老机构比政府福利养老机构更具社会竞争能力，入住老人对社办养老机构的满意程度比政府福利养老机构要高。

老龄产业的定性问题还表现在老龄产业"产品"性质的分类上。从经济学角度看，任何产品在产品性质上，一般都可分为三种类型，即"公共产品""私人产品"和"准公共产品"。老龄"产品"应该主要是指老龄产业部门所提供的产品，这类产品主要是为老年人服务。简单来说，老龄公共产品是指由政府财政和民政等部门免费给老年人提供的服务；私人产品是指老年人通过市场按照市场价格而获得的产品和服务；准公共产品是指老年人以低于"市场价格"获得的由特定组织或团体提供的服务。由于资源的有限性，老年人实际能享受的老龄产品都是选择的结果，这主要由老年人自身特征、家庭状况以及所在地区的社会经济发展水平决定的。而一般意义上，发展老龄产业主要在于鼓励市场提供更多的老龄"私人产品"。因此，认同老龄产业的"产业"性质，应在一定程度上弱化老龄产品的福利性，至少现阶段对于刺激更多的商业资本介入老龄产业领域，形成老龄产业规模是必要的。否则，保持现有的老龄产业扶持政策，过于强调老龄"公共产品"和"准公共产品"，不仅会加重政府的财政负担，而且会丧失当前老龄产业发展的黄金时期。

三、政府、市场和企业在老龄产业发展中的作用与地位

有学者对政府、市场和企业在老龄产业发展中的作用进行了明确划分：政府行为是塑造产业化的环境条件，市场是产业化的基础，企业是产业化的核心力量，各个要素应各司其职，而不能越俎代庖。还有的学者指出：政府的作用不是一成不变的，在不同阶段它的作用也是不同的。政府作用的阶段可以分为组织阶段、指导阶段和调节阶段。目前我国老龄产业处于萌芽期，政府的作用基本处于组织阶段，在这个时期政府应发挥更多的组织、引导作用。

大家都对政府在老龄产业发展中的作用寄予厚望。例如，有人指出政府部门在管理方面还不规范，并且对国有和民营产业的政策存在着不公平的地方，这都是政府部门亟须改变和加强的；有人提出应加大政府支持力度，把老龄产业纳入到国家社会经济的中长期发展计划之中。

四、老龄产业实践

1.社区养老服务

近年来，学术界对于社区养老给予了很多关注。将来，居家养老和规范化的社区养老相结合将成为我国养老的主要模式。

社区养老服务产业是老龄产业的重要内容。为此，必须注重充分发挥政府的主导作用，面向市场，实现社区养老服务的产业化，逐步建立起以社会效益为主、兼顾经济效益的社区养老服务实体化的发展新机制。

应加强对社区老年服务需求规律的研究，转变社区产业发展思路。例如，组织以社区为主体的社区老年消费品生产、销售、服务产业体系，发展老年教育等。发展老年人社区照顾服务，是解决我国老年人照顾困难的一条可行的道路。与此同时，我国虽在20世纪80年代后期在城镇开辟了社区为老服务的新领域，但至今发展仍很不平衡。如何借鉴城市的社区养老经验，在农村逐步开展社区养老，开发农村社区老龄产业，也是需要进一步探索的问题。

2.老年护理和医疗产业

如何对老年人进行照顾护理，特别是长期照顾护理，应进行细致和深入的分析。长期照顾护理是发展老龄产业的重中之重。我国的老年护理产业起步较晚，存在许多薄弱的环节。为此，一些学者认为可以借鉴发达国家社区服务立法的经验，明确社区服务在老年照护服务体系中的地位和目标。从我国国情出发，以提供最亟须的服务为重点建立老年服务供给体制。有人借鉴日本的护理保险制度，认为我国

将面临严重的老年护理问题，护理保险将成为一个重要险种。日本的护理保险是强制性的险种，我国可以根据国情，作为商业险种来进行推广。

3.老龄产业的经营管理问题

民营企业在进行老龄产业的经营管理时，应注意采取适合老年人特点的经营策略，在企业基础建设、市场营销、人力资源、服务项目等方面做到独特化。有人对民办老年公寓的管理和发展问题进行了探讨，认为目前民办老年公寓面临入住少、设施差、优惠政策缺乏等困难，提出在进一步发展中应注意扩大床位使用率、合理定价、全面落实优惠政策等方面的问题。

老龄产业的发展领域需要进一步拓展。我国可以根据国情借鉴发达国家的经验，探索发展跨国养老产业的可能性。另外，还可以有发展老年旅游产业、老年服装产业、老年人房地产业等领域的设想。

五、老龄相关产业问题

1.与养老和养老社会保障相关的问题

我国养老设施存在入住率不高的现象，我国目前对养老设施的市场需求情况尚缺乏科学调查研究，以至于我们对养老设施的需求量缺乏正确认识，由此造成养老设施的盲目上马。

有学者指出在实行社会统筹和个人账户相结合的部分积累式养老模式之初，养老保险费率会超过国际通行的警戒费率，这不符合我国目前的经济发展水平和人均收入情况，而且过高的养老保险费率也会加重企业的负担。在传统的家庭养老观念还处于支配地位的情况下，发展针对中低收入家庭养老的民营商业化托老院，无论对国家、家庭还是对投资者都具有积极的意义。

2.老龄产业的长期发展问题

伴随着我国的老龄化过程，市场对老龄产品的需求快速增长，老龄产品生命周期中的投入期缩短，成长期和成熟期相对延长，企业的利润空间增大。针对这种变化，企业要有一个长期的发展战略。老年人的健康需求、长寿需求、注重生命质量的需求都会加大社会对老龄产业安全问题的关注。老年产业安全问题将会增强或抑制老年人的需求，从而影响老龄产业的发展。

针对老年市场的营销策略，有人指出在产品策略上，应发展操作简便的商品；采取薄利多销的价格策略；实行在老年人聚集区销售的分销策略；注重媒体宣传。

3.老年人力资源的开发和利用

在我国开发老年人力资源具有特殊意义，既可以提高老年人的生活质量、减轻养老负担，又可以改善我国人力资源利用中的不足之处。而现实情况是我国老年人力资源开发还存在很多的不足，如老年人力资源开发利用水平较低、人们对其重视不够等。

第四节　少子老龄化的对策

少子老龄化是发达国家共有的社会现象，因少子老龄化而引发的一系列社会问题已经受到了国际社会的普遍关注。我国由于计划生育政策的实施，人口出生率得到人为控制，出生率迅速下降，已经提前进入了低生育水平国家的行列。如果说日本是在发达国家中少子老龄化最快的国家，那么，中国则是在发展中国家中少子老龄化最快的国家。分析日本少子老龄化的现状及成因，可以为我国少子老龄化问题的研究提供必要的参考和借鉴。

一、日本"少子老龄化"的现状及成因

"少子老龄化"是目前人口学上一个新的表达方式，因为人口老龄化与低生育率越来越显示出其密切的关系。

日本已经是世界上人均寿命最长的国家。2017年，日本男性的人均寿命已经达到80岁，女性更达到了87岁，平均预期寿命为83.4岁，预期寿命均在世界上名列前茅。平均寿命的延长意味着死亡率的降低。人口死亡率降低必然会进一步促使人口老龄化。日本是从1970年开始进入老龄化社会的，那一年，日本65岁以上的人口达到了739万人，老龄人口系数为7.1%，1998年更是达到了16.4%。日本的人口老龄化速度在世界上也名列前茅。

出生率的下降是促使人口老龄化的另一个重要因素。在日本战后第一次生育高峰时的1947年，日本的人口出生率曾达3.43%，但1990年后降至1.0%以下。出生率的下降不仅促进了老龄化的进展，还直接导致了另一个人口现象——"少子化"的发生。

所谓"少子化"，是指由于出生率下降造成的儿童数量减少的现象。用来表示"少子化"的另一个常用指标是总和出生率，它指的是一个妇女一生所生育的孩子数量。日本国这一指标近年来也明显下降，1996年为1.43，1998年又下降到1.38，这说明日本的年轻夫妇已经不愿意多要孩子甚至根本不要孩子。照此趋势发展下去，日本人口总数将开始转为负增长。对此，日本朝野上下早已颇感忧虑。

日本政府敲定的2005年版《少子化社会白皮书》，十分忧虑地将本国人口现状形容为"超少子化国"，并预计日本有可能从2006年开始进入总人口减少阶段。这一"时间表"比先前有关专家的估测有所提前，并且是首次出现在政府部门的正式公文中。社会的"老龄化"和"少子化"趋势，早已成为困扰日本国家的严重社会问题。在老龄化问题方面，日本早已因其全球最高的平均寿命值而步入高龄人口比例的"世界之最"。由此不难解释出现的"养老金风波"何以给日本政坛带来强大震撼。标榜"改革路线"的小泉首相在选举中主打"邮政改革牌"而大获其利，但养老金改革一环，则明显被视为"畏途"。与日趋严重的老龄问题相互映衬的便是少子化问题。日本目前的人口出生率已经降到战后最低水准，晚婚晚育乃至不婚不

育，已经成为社会惯常现象。专家指出，在此方面，日本也已超越了欧美发达国家水准。高龄人群越多，越需要新生的劳动人口扶养，而出生率越低，养老问题就愈发突出。日本社会在今后的相当时期内，将不可回避这一循环式的困局。

从少子老龄化的成因来看，70%是由于低生育率，30%是由于低死亡率及长寿化造成的。日本"少子老龄化"日趋严重的背景成因在于以下几个方面：

（1）《优生保护法》的颁布是形成出生率下降转折点的主要原因

在第二次世界大战前及战争期间，日本政府鼓励多生育，禁止人工流产；战后，日本在法律上颁布了《优生保护法》，随着人流解禁、经济逐渐复苏和人民生活水平的提高，人们倾向于少生子女以使生活质量进一步提高。这样一来，使日本的生育率大幅度下降。

（2）随着科技发展和生活质量的提高，死亡率降低，人均寿命延长，使得生命周期发生变化

日本在近代化以前，平均每个妇女生5个孩子，到40岁生育结束，55岁可以完成抚育子女的任务，到60岁时生命行将结束。而20世纪60年代，情况就有不同，平均每个妇女生育子女数减少到2个，在30岁左右就可以完成生育使命，45岁结束抚养期，按人均寿命70年计算，剩下还有20~30年的晚年期。由于生命周期发生了变化，使人们的生活方式也发生了变化，而不同的生活方式，又加剧了少子老龄化的进程。

（3）日本女性的晚婚化、非婚化的比率节节高升

随着社会进步，观念的更新，女性的高学历化正在持续进行中，女性对于走出家庭进入社会工作、体现个人价值的意愿也逐年提高，因此日本女性的晚婚化、非婚化的比率也节节高升。根据数据显示，日本男性的平均结婚年龄是28.5岁，女性是26.4岁，然而女性未婚率在25岁时则有六成，30岁以上还占有两成的比率（厚生省统计情报部人口动态统计《平均婚姻年龄调查》（1998））。

（4）影响低生育率的其他因素

影响低生育率的其他因素还有：双薪家庭大量产生，儿童的社会保育设施还不充足；养育子女和教育费用致使生活费用支出过大；持有"无子女反而更能享受生活"看法的人群在不断扩大；固定居住环境得不到满足，不适合抚养下一代；受欧美的女性解放主义的影响，生不生孩子是自己的自由，可以自己来决定，持此种看法的女性在增加；临时职业者和不就业者人数的膨胀，造成因经济收入不稳定而无法结婚的年轻人增多。

二、日本"少子老龄化"的对策

目前，日本的少子化和老龄化情况给社会发展带来的矛盾日益突出。因此，制定和实行少子老龄化对策所面临的形势十分严峻，政府和社会予以高度重视。多年前日本就已经在少子老龄化问题方面作了相应探索并制定了相应的对策，值得各国分析和借鉴。

1.老龄人口方面的政策

（1）树立日本老年人的形象

目前日本 65 岁以上和 85 岁以上老人和子女的同居率分别为 54.3% 和 69.6%。事实上，老年人在家庭中也一直发挥着积极的作用。在日本经常可以看到这样的"风景"：爷爷骑着自行车送孙子上幼儿园，在放学后常对他们表示关心；在不动产方面，老年人以其经济实力给予中年一代以资产上的支持。因此，老龄化社会应当从积极的方面看待老年人的作用，不能简单地把老年人看作社会家庭的负担。

（2）将老年人分成低龄、中龄、高龄三个年龄段人群，制定适合不同老年人的有针对性的对策和措施

低龄老人的年龄段为 60~70 岁，他们身体健康，已积累了丰富的经验、技能和知识，还可以继续参加社会劳动，为社会工作，但他们的就业方式与劳动力人口是有所不同的，他们大多从事些自营业等力所能及的工作，是老有所为意义上的再就业。中龄老人的年龄段为 70~80 岁之间，他们中的大多数人享有基本的社会保障，多在生活的社区内发挥作用，他们参与社会，是为了体现自身的价值。高龄老人的年龄段为 80 岁以上，其中 80% 以上的依靠养老金生活。虽然对于高龄老人来说，卧床不起需照顾者的比例相对其他年龄段的老年人要高些，但这一比例仅在 5% 左右，我们要明白这是生命的正常发展过程，不能以偏概全，不能以悲观的态度来评价全体老年人的晚年生活。

（3）在老年人的照料护理措施方面的政策

在这个方面，有两点需要考虑：一是负担照料的人力资源。有关人力资源的战略计划早在 10 年前就提出了，除费用问题外，在对策制定、人员培训方面尚需加以实际考察。除专业人员外，照料者还应包括低龄和中龄老人，这部分老人有其突出的优点，就是与被照料的老人容易沟通，既有助于照料工作，又有利于老人的身心健康。二是老年设施的建设。除护理设施外，还包括日托设施，这方面主要是费用的问题。目前，日本在老龄化程度极高的情况下，只有提倡并发动全社会力量来参与建设老年护理等设施才可能缓解供需矛盾。现在日本不提倡建立新的为老服务组织，要让原有的自治会等组织发挥潜力，创造条件为老年人服务。同时，老年设施的理念较过去也有所不同：第一，设施是要建在社区里，建在老年人熟悉的生活环境中，能使老年人随意进出，而不是老年人到不熟悉的某一设施里去生活；第二，要明确老年设施的主要功能不是收容老年人（长期在老年设施中生活的只是极少部分老年人），而是为老服务的机构，它可以为居家养老的老人提供上门服务，如洗澡、送饭等。

2.其他相关的社会政策

现在日本社会政策的重中之重，就是少子老龄化问题，但不能单从老龄化一个方面来着手解决。由于老龄化与低生育率相关联，老龄化政策离不开少子化政策，因而日本在少子化现象方面也做了相当多的对策。少子老龄化对策需要的是多元化

方案，并且由中央、地方政府及各方面共同解决。

（1）推动"安琪儿计划"（Angel Plan）

1994年12月26日"安琪儿计划"获得教育、厚生、劳动、建设等省各部长的同意而成立。"安琪儿计划"所持的基本理念在于：第一，结婚生子虽是个人自由，但政府应该为想生孩子的家庭提供一个可以安心生儿、养儿的环境；第二，以家庭保育为基本，但社会全体应合力建构一套保育支持体系，帮助这些育儿中的家庭；第三，该保育支持体系，应以尊重儿童的最大利益为考量。为达成上述理念，计划拟定以两个阶段、10年为期，由教育、厚生、劳动、建设等各相关部门合力推动，先在社会上形成一股支持育儿的风气，继而诱导企业、职场、地方小区等全部加入保育支持行列；并制定具体施行细则，支持范围分国民生活和总体经济两大方向。其中，国民生活包括：①结婚、生产、儿童保育支持；②年金、医疗保险、税金支持；③扩充教育机会；④改善住宅环境；⑤支持女性积极参与地方活动，实现男女共治社会等。总体经济则包括：①促进高龄者、女性雇用；②改革薪资体系；③改革企业福利厚生制度；④促成缩短工作时间，男性积极分担育儿责任等。在实施5年计划的同时，日本政府还做了如下推动工作：①保育费用减免措施；②扩充托育机构人力；③充实母子保健医疗；④督促地方政府策划地方版的《安琪儿计划》等。

（2）强调男性就业形态改革的育儿休假制度

厚生劳动省部长在视察瑞典的少子化对策回国后，推出了"少子化对策 Plus One"方案。该方案特别强调男性也应配合调整其就业形态，并且设定男女必须取得一定目标值的育儿休假率，政府当局必须完成两大目标：①规定企业主动导入育儿期间减少加班、弹性工时等措施；②婴儿出生时父亲最少请产假5天以上。

（3）推动21世纪母子保健全民运动

推动21世纪母子保健全民运动的主要方针为：第一，强化思春期保健对策，推动健康教育；第二，确保怀孕、生产的安全与舒适，支持不孕者家庭；第三，充实设备，维持并提高小儿医疗保健水平；第四，保护儿童身心发育，减轻育儿过程的不安。

（4）修订《儿童福利法》

《儿童福利法》于1947年制定，是培养下一代健全发育并增进儿童福利的基本法。至1997年为止，该法历经了50多次改革，构成儿童福利法体系。基于家庭与小区间的环境变化，必须改善各种不利于儿童健康成长的环境。1997年6月日本大幅修订《儿童福利法》，除导入契约式托育机构利用制度外（2000年4月起与介护保险一起实施），还包括支持育儿家庭自立、放学后儿童身心保护、支持单亲家庭等措施。今后婴幼儿进入保育园时，托育机构与利用者双方签订契约便可达成。此亦是2000年度社会福利基础结构改革的目标之一。

（5）扩大儿童福利给付

扩大儿童福利给付具体包括儿童津贴给付、生产育儿健保一次给付金、生产津贴。

（6）年轻学子助学金

2002年9月10日，厚生劳动省提案以公共年金的提存储备金为财源，提供给高中生、大学生每人每年50万日元助学金的无息融资，以作为少子化对策的一环。贷款对象包括所有16~20岁学生，申请者满20岁时必须加入公共年金制度，该助学金分20年归还给所属的公共年金制度。

三、中国少子高龄化现状和趋势

1.中国少子高龄化现状

中国是世界上人口最多的国家，所以中国的人口动向受到全世界的关注。中国人口增加受到许多自然及人为因素的影响，中华人民共和国成立以来人口结构变化经历了四个主要时期：

第一阶段：中华人民共和国成立后人口增加期。

从毛泽东的"人口资本说"开始提倡"为数众多的人口是中国的武器、中国的财产"，以及受中国古老传统的"多子多孙多福气"的思维影响，中华人民共和国成立初期前后兴起一波可观的婴儿潮。生产力的发展和公共卫生的提升使传染性疾病死亡的概率也大幅降低，使得在此阶段对于人口问题是一片乐观。此外，一夫一妻制的男女平等婚姻制度也引起了结婚潮，合计出生率也因此达到6.3%。

第二阶段：人口减少期。

1959年开始，由于"大跃进"运动失败加上连续3年的自然灾害不断，农作物产量大减形成大饥荒，人民生活穷困不已，使得中华人民共和国成立以来首次出现人口减少的情况。另外，为了大规模建设工作，青年男性人口在从事大量劳动的过程中由于缺乏足够的粮食导致其营养失调，也是人口减少的原因之一。在死亡率攀升、出生率减少的情形下，3年内人口数目减少了1 400万。

第三阶段：第二次人口增加期。

1962年起农业生产好转，经济状况逐渐安定，人民的生活得以改善，相较于过去3年的出生率急落，从该年开始又有另一波婴儿潮发生。人口的自然增加率由每千人突破30人达到近33人的高水平，使得政府再次考虑实施人口抑制政策。然而，1966年开始的"文化大革命"，使得人口抑制系统完全失效，人口抑制政策完全失去意义，造成另外一波婴儿潮。

第四阶段：国家主导的人口抑制期。

从1979年以"独子政策"为代表的计划生育政策实施后，人口增长速度得到坚决控制。2013年11月15日，十八届三中全会通过的《中共中央关于全面深化改革若干重大问题的决定》对外宣布了单独二胎政策，坚持计划生育的基本国策，启动实施一方是独生子女的夫妇可生育两个孩子的政策。这标志着延后多年的"单独二胎"政策将正式实施。"单独二胎"是指夫妻双方一方为独生子女的可生育第二个孩子。单独二胎政策将不会分省试点，而是一次性全面放开，接下来是依据中国

《人口与计划生育法》，各个省份的人大或人大常委会修改各自的《计划生育条例》，将新政策在法理上予以确认。2015年10月十八届五中全会决定全面放开二胎，这意味着一对夫妇可以生育两个孩子。全面二胎于2016年1月1日起正式实施。人口与计划生育法修正案中规定，生育一孩或两孩的夫妻均可获得延长生育假的奖励。我国将实行生育登记服务制度，对生育两个以内（含两个）孩子的，不实行审批，由家庭自主安排生育。过去30多年中国经济的发展得益于人口红利，但由于少子老龄化，将不可避免地进入人口负债阶段。日本因为少子老龄化导致的经济停滞值得中国警醒。

中国在人口构造变迁的过程中并非全由经济因素来决定，政治政策的人为因素才是发挥强力效用的重要因素。这是中国人口少子高龄化的主因，也是和其他国家的不同之处。中国由于幅员辽阔，各地的经济跟社会发展很不一致，所以即使是实施计划生育政策，各地还有显著差异。换言之，人口密度高、经济发达、政策强力运作的东南沿海地区的出生率快速下降，高龄人口的比率就相对为高；西北部地区的情况则正好相反。同样地，除了地区的差距之外，都市和农村的差异也十分显著，且农村的青壮年人口外移严重，农村的高龄化速度也将会加快。

2.中国少子老龄化发展趋势

人口高龄化对任何国家而言基本上都是不利的，中国自然也不例外。综观我国人口少子老龄化的发展趋势，呈现以下六个特征：第一，人口基数大；第二，人口老龄化发展速度快；第三，未富先老；第四，老年人口区域分布不均衡；第五，社会保障程度很低；第六，老龄人口高龄化趋势明显。

四、中国少子高龄化的对策和长远问题

人口少子老龄化是经济、社会、科技发展的产物。发达国家大部分早在几十年前就已进入了老年型国家的行列，因此我们也不必过于惊慌。正因为人口少子老龄化是一个波及许多领域的重要趋势，因此也必须在更加广泛的领域内综合考虑，协调运筹，以发达国家为鉴，将其作为一个战略性的大问题全面策划，及早部署。

一方面，我国应构建多元化老龄生活援助体系（如图11-1所示）。老年群体在身体、精神等各个方面都是比较脆弱的，他们需要三个方面的援助才能有安稳的晚年生活，即生活上的照顾、经济上的援助和精神上的慰藉。而且老年人由于个体情况不同，消费需求和偏好有较大差异，要实现对老年人完整、贴心的照顾，就必须调动一切可以利用的因素，把各种资源整合起来，援助老人，才能满足老人不同层次、不同种类的需求。政府、企业、地区、社区、家庭必须联合起来，齐心协作，共同为老年人提供必要的生活供给（见表11-2），为老年群体编织一张安全、舒适的保护网。在这个网中老年人将通过一个多支柱的生活援助体系的支撑，提高生活能力和信心，成为有活力的社会中的积极部分。

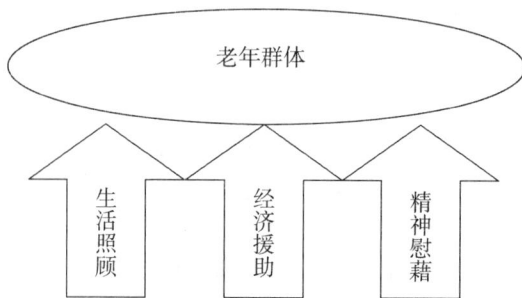

图 11-1　老龄生活援助体系构造图

表 11-2　　　　　　老年人的生活供给

资　源	内　容
家庭和个人	对老年人生活全面关心和照顾
地域和社区	社区家务助理功能：家庭养护员、义工、居家服务（呼叫系统）、社区医疗保健服务、社区老年人协会、老人活动室、社区救助和救济
企业和服务组织	普通企业：为退休职工提供养老保障如企业年金等；养老产业和非营利的服务组织提供服务：养老机构、配送采买服务公司、老人综合服务中心、专业护理服务、老年日托、教育（老年大学）和再就业服务等
政府	社会保险，社会救济，社会福利，长远规划的社会政策

另一方面，在劳动和社会保险的政策方面，需要以下几方面的配合：第一，做实"个人账户"，逐步增强养老保险基金的支付能力；第二，建立老年医疗健康保险制度，逐步实现健康老龄化；第三，实行弹性退休年龄制度，充分发挥老年人力资源优势；第四，在农村实行以家庭养老为主与社会扶持相结合的养老制度；第五，积极发展老龄产业，开拓老年消费市场。

思考题

1.如何处理少子老龄化和劳动人口数量变化的关系？

2.面对中国老龄化发展趋势与特点，如何不断完善社会保障体系以满足老年人及其家庭成员的需要？

3.如何理解老龄产业？如何在实践中发展老龄产业？

案例

案例 1　　　　　　　大连银发养老服务超市

大连银发养老服务超市在省、市民政部门的指导下，于 2003 年 11 月 18 日正式诞生。它是由大连银发集团、世达集团、大连市中山区桃源街道联合创办的全国首家养老服务超市。

大连银发养老服务超市自创办以来在社会上引起强烈反响。《人民日报》《光明日报》《经济日报》《辽宁日报》《大连日报》《大连晚报》等各大报纸争相报道，中央电视台曾做专访并在不同的频道播放三次，大连电视台、大连电台、香港凤凰卫视与凤凰网也多次做过报道，新华社通过网站向世界发布此条消息，因此，在海外也产生了影响：纽约《华人日报》《纽约时报》对此做了专题报道。随着时间的推移，来参观学习的各地民政部门及团体络绎不绝。

显然，这项举措在企业乃至社会力量如何参与老年保障工作，推动养老产业发展方面，迈出了极为重要的一步，为探索具有中国特色的养老产业发展之路，做了大胆尝试。

一、养老工作的需求为"超市"的诞生创造了条件

进入 21 世纪，人口老龄化问题已国际化。我国老龄化来势猛、速度快，仅用了 18 年的时间就进入了老龄化社会，百姓未富先老。这无疑给我们的社会带来了冲击和挑战。我国正处在经济转型时期，政府的财力物力都有限，一时还很难满足老年群体的多方面需要。这就需要在老年保障工作中引进社会力量。

大连银发集团，是以老年产业为主体的企业，历来关注老年事业，并多次为老年人献爱心、做好事。2002 年，集团与大连市民政局共同成功举办了"第三届华裔国际老年论坛"，得到了各级领导部门的认可。目前，集团正在大连市民政局的指导下探索养老产业化的新路子。

面对如此庞大的消费群体，如何帮助他们并解决他们的亟须?我们进行了深入思考：把所有与老人有关的服务集中到一个店里，让老人选择自己需要的服务与产品；在涉老产品的企业与老年群体之间架起一座桥梁，创办一个为老年人服务的中介机构，为老年人提供一个"选择服务"的"方便店"；建立和培育涉老产品的销售网络，为本企业的养老产业打造平台。我们的这一思路，得到大连市民政局的支持和指导。银发养老服务超市在有关政府部门和社会各界的支持、孕育下诞生了!

二、以人性化服务为主旨的六大功能

大连银发养老服务超市以积极开拓老年产业，实施健康老年化的战略规划，做好"老有所养""老有所医""老有所教""老有所为""老有所乐""老有所学"六个方面的工作为己任，以协助党和政府更加系统地研究老龄社会的有关问题，探讨服务老年人的有效途径，交流养老服务信息，反映老年人的意见要求，倾心为老年朋友提供优质服务为宗旨。大连银发养老服务超市一切从老人出发，想老人之所想，帮老人之所需，做好个性化选择、人性化服务；开业半年多以来，已为 20 000 多超市会员提供了各项服务。

大连银发养老服务超市主要的服务功能：

(一) 涉老法律咨询及维权求助服务——维护老年人的合法权益，方便老年人维权求助

老年群体是社会的弱势群体，老人或法律意识薄弱，或无力维护自己的合法权益。在社会中，有许多老年人需要法律的保护。

为此，大连银发养老服务超市聘请大连亚太律师事务所的刘辉律师，到超市设

固定的法律咨询日，主要针对老年人日常生活中的法律问题，提供专业咨询和维权帮助，如老年婚姻、老年财产分割、财产继承、老年赡养、保险纠纷、入住养老院纠纷等。

桃源街道的一位老人与老伴长期吵架，最后协议离婚，但在财产分割方面却遇到麻烦。他们听说养老服务超市有免费法律咨询服务，二人就来寻求法律解决。刘辉律师热情接待了老人，详细地了解二位老人的情况。刘律师发现二位老人在感情上并没有完全破裂，没有根本不可调和的矛盾。于是刘辉不仅耐心地讲解了有关法律知识，而且还真诚地做二位老人的思想工作。刘律师的真诚、养老服务超市的爱心与温馨感动了二位老人，二老终于和好如初。此后，二位老人一起到养老服务超市参加各种活动，老大爷成为书法班的骨干，老大妈参加插花、茶艺班活动，二位老人双双出入养老服务超市。老人说："我和老伴终于又找回几十年前的美好感觉了。"

养老服务超市针对老年人的理财需要，为老人免费提供理财服务。例如，有的老人外出购物或旅游，带现金很不方便，银行在服务超市免费为他们办理了银行卡，使用十分便捷；有的老人有些贴己的钱物，不愿让儿女或他人知道，需要存放在一个可靠的保密处，银行就为他们提供密码保险箱保管；还有的老人想贷款购买大商品，但手续繁杂让老人不知如何办理。现在，在养老服务超市里，银行的一站式服务还为老人免费赠送家庭财产保险，得到了老人们的称赞。

（二）居家养老、社区养老及机构养老咨询服务——推动养老事业，解决养老难题

目前，大连的养老形式是多样的，既有居家养老，又有社区养老，更有国家兴办的社会福利机构和其他所有制形式的养老院。

在我国，居家养老占绝大多数。这里所说的居家养老，是指纳入街道统一组织管理的养老模式，即老人仍住在自家，由街道组织安排家庭养护员上门进行养老服务。由于这是一个新兴的服务行业，这些养护员基本上没有经过专业培训，缺乏养老服务的知识和技能。大连银发养老服务超市针对这一状况，及时与各街道联系，为居家养老提供科学规范的服务培训，培养了一批专业护理人员。这不仅为街道的居家养老提供技术支持，而且又为许多大龄下岗职工的再就业提供了机会。所以，养老服务超市的这一服务功能深受街道与下岗职工的欢迎。

据大连市不完全统计，有12%的老人愿意进住或准备进住养老院。但是，一方面绝大部分老人面临选择养老院的问题；另一方面，各养老机构又普遍存在着空床的难题。帮助老人了解各个养老院的情况与特点，已成为养老服务超市义不容辞的任务。大连银发养老服务超市与全市87家养老机构建立了联系。养老服务超市的银发世界网站备有这些养老机构的全部资料，可以随时上网查看。

另外，超市还有计划地先后组织1 000多名老人到各养老院参观考察。我国的

老年人普遍有一个错误的认识：觉得有儿有女不能住进养老院，怕人家说儿女不孝顺。老人们参观了各个养老院后，观念发生了变化，开始认识到：住进养老院，是为了提高自身的生存质量。60多岁的王大爷，老伴去世多年，子女很孝顺。以前尽管自己在家感到孤单，但却不想住养老院。几次参观、考察养老院以后，看到那里的老人生活得很幸福。于是，王大爷便决定选一家满意的养老院。有许多老人通过养老服务超市的帮助住进养老院，使许多养老院的养员不断增加。还有北京、抚顺、长春等地的老人，从"银发世界网"上得到参观养老机构的信息，他们也来加入参观队伍，准备在大连选择条件适合的养老院入住。

为了给养老院输送人才，大连银发养老服务超市主动作为大连职业技术学院老年护理专业的实习基地。大连银发养老服务超市把应届毕业生的相关资料输入电脑，向各养老机构推荐。同时，又举办了"首届养老人才用工洽谈会"，请各养老机构参加。70多名应届毕业生被各养老院一抢而空。在养老服务超市实习过的毕业生，既有专业知识又有了一些实践经验，所以用人单位很欢迎。有的学生还很快被聘为副院长。对于养老服务超市的这一举措，用人单位与毕业生双方都十分满意。一位养老院的负责人说得好：这不单单是一个介绍工作的问题，它将直接关系到今后大连养老院专业服务质量的提升。

（三）老年保健、医疗知识咨询服务——保障老人健康安乐，塑造蓬勃的生命质量

如今的老年人特别重视养生保健，追求健康长寿。市场上，保健品种类繁多，令人眼花缭乱，真假难辨。为了帮助老年人树立科学的保健养生理念，选择有效的保健方法和产品，大连银发养老服务超市与大连医学会、大连市中心医院、大连友谊医院、大连第三人民医院、大连老年学会等单位和团体建立了联系；每周三次请专家学者到养老服务超市举办医疗保健讲座，向老人们宣传医疗保健等科普常识；经常组织专家为老人义诊，老人们特别感动。三家医院还为大连银发养老服务超市会员开通绿色通道并免去挂号费。老人在医院的诊察、治疗得到特殊照顾。

为了给老人们传送新的保健理念，养老服务超市专程邀请全国著名医学教授、保健专家洪昭光来大连讲授长寿养生保健课，听课人数达2 500多人，在大连市引起轰动。

（四）公益活动推广及信息传播服务——陶冶老人性情，倾注无限爱心

当代老年人不仅需要物质赡养，而且还需要精神赡养。大连银发养老服务超市，为老人提供多种免费的文化娱乐活动，陶冶老人的情趣，丰富老人的生活。

首先，养老服务超市组建了老年模特队、银发老年合唱队、银发魔术队、银发书画院、京剧票友等各种老年文化娱乐团队。这里还经常举办各种文化娱乐培训班，培养老人的兴趣爱好，如茶艺课、插花课等。

其次，养老服务超市把真心、爱心献给老人，为老人举办各种大型活动，让其

感受家的温暖，驱走心中的孤独与郁闷。2003 年为纪念毛泽东诞辰 110 周年，养老服务超市在世纪宾馆举行了文艺会演，各老年文艺队纷纷登台展示艺术才华。2004 年的大年除夕，大连银发养老服务超市在大连市民政局，市老龄委的支持下，联合大连电台文体频道、大连出租车行业爱心车队，共同在世纪宾馆举办"'敬老、爱老'迎春文艺演出"。爱心车队用 30 台出租车免费接送老人来欢度除夕，喜迎春节。此次活动盛况空前，摆了 12 桌丰盛的酒席，参加人数逾百人，其中有 50 名孤寡老人。他们中年龄最大的 95 岁，最小的 67 岁。有的无子女，有的子女不在身边，往年过除夕常常独自一人过；如今，看文艺演出，一起唱歌、跳舞、包饺子、吃年夜饭，感受着久违的浓郁亲情。老人们非常感动，有的流下了热泪。一位 74 岁的老妈妈冒着严寒早早来到会场，坐在那儿静静地等待活动开始。在活动中，她几次流下感动的泪水。当活动结束时，她激动地说："我太感激你们了，养老服务超市让我度过了一个最愉快、最难忘的除夕。"原来，这位离休老教师没有子女，自老伴去世后，每年的除夕夜，她为逃避孤独就一个人到中山公园坐在椅子上在别人家的鞭炮声中度过。杨霞轩老人席间即兴赋诗："金猴献桃呈吉祥，银发老人聚一堂。欢欢喜喜过大年，感谢政府感谢党。"

为了弘扬中华民族敬老、爱老的传统美德，大连银发养老服务超市还主办了旨在倡导孝道的"百名孝道之星"和"十名最佳孝星"评选活动，在社会上引起良好的反响。

清明节，为了扫除陋习、提倡文明祭祀，养老服务超市举办了"清明远足健身、文明祭祀运动"，参加人数达 1 100 人；五一国际劳动节，在闻名于世的"世界和平公园"为来自全国的 99 对老人，举办"2004 中国浪漫之都'银发玫瑰婚礼庆典'"活动，丰富了老人的精神生活。

（五）异地养老及旅游咨询服务——关爱老人异地养老，保障老人安享晚年

旅游已成为当代老年人生活中的一项重要内容。然而，老年人旅游具有其独特性，必须在保险、经费、线路、交通、食宿等各方面能够适应老年人的特点。

大连银发养老服务超市分别与深圳、上海、郑州、青岛、杭州、沈阳、鸡西等地的老年机构联合，共同开展旅游养老项目。同时，还开展国家间老人文化交流活动。

旅游养老新项目是由大连银发养老服务超市重点推出的，它集旅游与养老于一体。自推出后，很受老年朋友欢迎，每天都有老年人来报名。养老服务超市先后组织了 20 余次总数达 1 000 多人的旅游养老活动。其中，有一对日本老年夫妇在大连的养老院住了 1 个月。这一活动，又为养老院解决了淡季空床的困难。

为了做好各项活动，大连银发养老服务超市的领导多次深入到旅游养老活动的住地养老公寓去监督检查，对食宿卫生等提出要求，发现问题及时帮助解决。旅顺董坨子养老公寓依山傍海，即使在仲春季节室温仍然较低。发现这一问题后，为了让旅游养老的老人们住得舒适，养老服务超市的领导立即派车免费给董坨子养老公

寓送去 5 吨（每吨价值 700 多元）的优质块煤。

（六）提供配送老年产品服务

超市工作人员与街道居民委联手，和下岗职工一起为活动不便的老人送货上门。老人需要的东西只要打电话，服务人员就及时送到。此外，还开展了"养老服务超市进我家"的活动。

从上述养老服务超市的六大功能中，完全可以得出这样的结论：养老服务超市的精髓就是让老年人充分地享受到社会物质成果。

主要参考文献

［1］杨燕绥. 清华大学民生保障与社会发展研究系列：中国老龄社会与养老保障发展报告（2013）［M］. 北京：清华大学出版社，2014.

［2］刘云龙. 养老金帝国Ⅱ［M］. 北京：中国财政经济出版社，2012.

［3］林闽钢. 社会保障理论与政策：中国经验视角［M］. 北京：中国社会科学出版社，2012.

［4］邓大松，刘昌平. 社会保障管理［M］. 北京：中国人民大学出版社，2011.

［5］封进. 可持续的养老保险水平：全球化、城市化、老龄化的视角［M］. 北京：中信出版社，2016.

［6］卢淑华. 社会统计学［M］. 北京：北京大学出版社，2009.

［7］祁祥，郑伟. 中国养老年金市场——发展现状、国际经验与未来战略［M］. 北京：经济科学出版社，2013.

［8］郑功成. 社会保障学［M］. 北京：中国劳动社会保障出版社，2006.

［9］联合国劳工组织. 社会保障基础［M］. 长春：吉林大学出版社，1989.

［10］郭士征. 社会保障研究［M］. 上海：上海财经大学出版社，2005.

［11］德鲁克. 养老金革命［M］. 沈国华，译. 北京：机械工业出版社，2016.

［12］丛春霞. 社会保障基金运行的行为效应研究［M］. 北京：中国社会科学出版社，2013.

［13］巴尔，戴蒙德. 养老金改革：理论精要［M］. 郑秉文，等，译. 北京：中国劳动社会保障出版社，2013.

［14］张英明. 中小企业年金制度设计与创新研究［M］. 北京：科学出版社，2017.

［15］韩永江. 企业年金投资运营的理论分析［M］. 北京：中国劳动社会保障出版社，2013.

［16］殷俊. 中国企业年金计划设计与制度创新研究［M］. 北京：人民出版社，2009.

［17］田雪原. 人口老龄化与养老保险体制创新［J］. 人口学刊，2014（1）.

［18］郑功成. 社会保障与国家治理的历史逻辑及未来选择［J］. 社会保障评论，2017（1）.

［19］杨斌，丁建定．中国养老保险制度政府财政责任：差异及改革［J］．中央财经大学学报，2015（2）．

［20］林义．中国多层次养老保险的制度创新与路径优化［J］．社会保障评论，2017（3）．

［21］宋晓梧．企业社会保险缴费成本与政策调整取向［J］．社会保障评论，2017（1）．

［22］李珍，黄万丁．城镇职工基本养老保险个人账户向何处去［J］．国家行政学院学报，2016（5）．

［23］杨一心，何文炯．养老保险缴费年限增加能够有效改善基金状况吗？——基于现行制度的代际赡养和同代自养之精算分析［J］．人口研究，2016（3）．

［24］金维刚．养老保险基金投资走向市场化［J］．中国金融，2015（18）．